本书暨 2020 年教育部哲学社会科学研究重大委托项目《构建新时代全社会协同的校外教育治理体系研究》（项目编号：20JZDW011）子项目" 校外教育立法推进 "阶段性研究成果

# 校外实践教育
# 法律法规与
# 政策文件汇编

Compilation of Laws, Regulations and Policy Documents
for Off-campus Practical Education

吴强 ◎ 主编

蔡一军 邹竑 ◎ 副主编

当代世界出版社
THE CONTEMPORARY WORLD PRESS

**图书在版编目（CIP）数据**

校外实践教育法律法规与政策文件汇编／吴强主编. -- 北京：当代世界出版社，2023.1

ISBN 978-7-5090-1537-7

Ⅰ.①校… Ⅱ.①吴… Ⅲ.①教育法-汇编-中国②教育政策-汇编-中国 Ⅳ.①D922.169

中国版本图书馆 CIP 数据核字（2022）第 227562 号

书　　名：校外实践教育法律法规与政策文件汇编
出版发行：当代世界出版社
地　　址：北京市东城区地安门东大街 70-9 号
邮　　箱：ddsjchubanshe@163.com
编务电话：（010）83907528
发行电话：（010）83908410
经　　销：新华书店
印　　刷：英格拉姆印刷(固安)有限公司
开　　本：720 毫米×960 毫米　1/16
印　　张：29
字　　数：380 千字
版　　次：2023 年 1 月第 1 版
印　　次：2023 年 1 月第 1 次
书　　号：978-7-5090-1537-7
定　　价：116.00 元

# 编写说明

校外实践教育是学生素质教育的重要载体，是中国特色社会主义教育体系的重要组成部分，也是缓解当前社会教育焦虑、办好"人民满意教育"的迫切需要。

为适应新时代上海更高水平、更高质量教育现代化目标和深化教育综合改革新要求，发挥地方立法的引领、促进和保障作用。上海市教委、市校外联办公室开展校外实践教育法治化研究探索已逾十年。上海建设了国家教育综合改革示范区、国家"三全育人"综合改革试点区和国家基础教育综合改革实验区，为全国校外实践教育依法治理提供上海经验。教育部也明确表示支持上海的立法探索。

近两年中，为落实构建"校内外育人共同体"的教育综合改革重点任务，此项实践探索和文本研制进一步提速。根据中央和市委市政府的重要精神，以及国家《教育法》《义务教育法》等法律法规规定，在充分总结实践经验和深入调研基础上，目前已起草完成《上海市校外实践教育促进条例（草案）》，共七章49条，并形成了立法说明、论证报告和相关法律法规与政策汇编等配套性成果，被列入今年市人大常委会立法预备项目。

《上海市校外实践教育促进条例（草案）》没有直接的国家上位法依循，属于地方创制性立法。我国涉及教育的法律法规和政策文件数量众多。课题组在制定条例时，无法从数量巨大的法律法规和政策文件中快速找到可以参考依据的条文和文件。因此，课题组从中选摘出与校外实践教育相关的法律条文和政策文件编成此书，以助于在条例的制定过程中能够方便高效地找到参考依据，从而提高条例制定的效率和质量。更为之后制定全国性法律法规时提供一本可以参考的法律汇编。

本书的编纂受上海市教委德育处、上海市青少年学生校外活动联席会议办公室的委托，在此特别感谢上海市教委德育处、上海市青少年学生校外活动联席会议办公室和上海政法学院课题组，为本书的成稿做了大量工作。

本书编写组

2022 年 12 月 22 日

# 目 录

**第一章 基本法律法规与政策文件（全文）** ……………… 1

一、中华人民共和国教育法 ……………………………… 1

二、中华人民共和国义务教育法 ………………………… 16

三、关于进一步加强和改进未成年人思想道德建设的若干
意见 ……………………………………………………… 26

四、关于进一步加强和改进未成年人校外活动场所建设和
管理工作的意见 ………………………………………… 40

五、关于深化教育教学改革全面提高义务教育质量的意见 …… 48

六、关于新时代推进普通高中育人方式改革的指导意见 ……… 65

七、新时代公民道德建设实施纲要 ……………………… 72

八、新时代爱国主义教育实施纲要 ……………………… 85

九、中小学综合实践活动课程指导纲要 ………………… 98

十、上海市红色资源传承弘扬和保护利用条例 ………… 111

十一、关于加强和改进新时代上海未成年人校外教育的意见 … 123

十二、上海市校外教育三年行动计划（2017—2019 年）…… 130

**第二章 德智体美与劳动等教育（节选）** ………… 140

第一节 德育 …………………………………………………………… 140

  一、关于适应新形势进一步加强和改进中小学德育工作的

     意见 …………………………………………………………… 140

  二、关于学习贯彻《中共中央国务院关于进一步加强和改进

     未成年人思想道德建设的若干意见》的实施意见 ……… 143

  三、关于培育和践行社会主义核心价值观 进一步加强中小学

     德育工作的意见 …………………………………………… 146

  四、中小学德育工作指南 ………………………………………… 150

  五、关于在青少年中深入开展群众性爱国主义教育活动的通知 … 159

  六、关于在大中学生中深入开展培育和践行社会主义核心

     价值观活动的通知 ………………………………………… 160

  七、关于加强新时代青少年道德建设的实施意见 …………… 163

  八、关于加强和改进爱国主义教育基地工作的意见 ………… 169

  九、关于全面加强新时代少先队工作的意见 ………………… 171

  十、中华人民共和国国防教育法 ……………………………… 172

  十一、关于加强新形势下学校国防教育工作的意见 ………… 173

  十二、大中小学国家安全教育指导纲要 ……………………… 175

  十三、关于加强中小学幼儿园公共安全教育的指导意见 …… 178

  十四、上海市对区县政府加强未成年人思想道德建设工作

      督导评估指标 ……………………………………………… 182

  十五、上海市青少年发展"十三五"规划 …………………… 186

  十六、上海市青少年发展"十四五"规划 …………………… 188

  十七、上海市教育发展"十四五"规划 ……………………… 190

第二节 科普与创新实践 ……………………………………………… 193

  一、中华人民共和国科学技术普及法 ………………………… 193

二、全民科学素质行动计划纲要（2006—2010—2020 年）　… 196

三、全民科学素质行动计划纲要实施方案（2016—2020 年）…… 201

四、上海市科普基地管理办法 …………………………………… 210

第三节　体育与艺术教育 ……………………………………………… 216

一、中华人民共和国体育法 ……………………………………… 216

二、学校体育工作条例 …………………………………………… 218

三、公共文化体育设施条例 ……………………………………… 220

四、关于加强青少年体育 增强青少年体质的意见 …………… 223

五、关于全面加强和改进新时代学校体育工作的意见 ……… 226

六、关于强化学校体育 促进学生身心健康全面发展的意见 … 228

七、体育强国建设纲要 …………………………………………… 233

八、全民健身计划（2021—2025 年） ………………………… 238

九、关于加快发展青少年校园足球的实施意见 ……………… 241

十、关于公共体育场所应进一步向中、小学生开放的通知 …… 241

十一、关于进一步加强学校体育工作 切实提高学生健康
　　　素质的意见 ……………………………………………… 242

十二、关于深化体教融合 促进青少年健康发展意见 ………… 244

十三、上海市市民体育健身条例 ……………………………… 246

十四、关于全面加强和改进学校美育工作的意见 …………… 249

十五、关于全面加强和改进新时代学校美育工作的意见 …… 252

十六、关于加强中小学影视教育的指导意见 ………………… 257

十七、关于利用博物馆资源开展中小学教育教学的意见 …… 259

十八、关于加强本市中小学体育艺术工作的指导意见 ……… 262

十九、关于全面加强和改进学校美育工作的实施意见 ……… 264

二十、博物馆条例 ……………………………………………… 268

二十一、关于推进博物馆改革发展的指导意见 ……………… 270

第四节　劳动教育 ……………………………………………… 271

一、关于全面加强新时代大中小学劳动教育的意见 ………… 271

二、大中小学劳动教育指导纲要（试行） ………………… 274

三、关于全面加强新时代大中小学劳动教育的实施意见 …… 280

第五节　中华优秀传统文化 …………………………………… 286

一、完善中华优秀传统文化教育指导纲要 ………………… 286

二、关于开展中华优秀传统文化传承基地建设的通知 ……… 291

三、加强和改进中小学中华优秀传统文化教育工作方案 …… 294

四、关于完善中华优秀传统文化教育长效机制的

实施意见 ……………………………………………… 298

第六节　研学实践和志愿服务 ………………………………… 301

一、关于推进中小学生研学旅行的意见 …………………… 301

二、上海市初中学生社会实践管理工作实施办法 ………… 304

三、关于加强上海市普通高中学生志愿服务（公益劳动）

管理工作的实施意见（试行） …………………………… 307

四、志愿服务条例 …………………………………………… 309

五、学生志愿服务管理暂行办法 …………………………… 313

六、上海市志愿服务条例 …………………………………… 315

第七节　家庭教育 ……………………………………………… 320

一、关于加强家庭教育工作的指导意见 …………………… 320

二、全国家庭教育指导大纲 ………………………………… 324

三、关于进一步加强家庭教育工作的实施意见 …………… 328

第八节　招生考试与学生综合素质评价 ……………………… 330

一、关于深化考试招生制度改革的实施意见 ……………… 330

二、深化新时代教育评价改革总体方案 …………………… 331

三、关于推进中小学教育质量综合评价改革的意见 ………… 335

四、上海市初中学生综合素质评价实施办法 …………………… 338

五、上海市普通高中学生综合素质评价实施办法 ……………… 341

**第三章　校外实践教育的支持和保障法律法规与政策（节选）** ……… 345

第一节　校外实践教育机构和场所 …………………………… 345

一、中华人民共和国未成年人保护法 ………………………… 345

二、关于加强青少年学生活动场所建设和管理工作的通知…… 346

三、关于适应新形势进一步加强和改进中小学德育工作
　　的意见 ……………………………………………………… 349

四、关于全面加强新时代大中小学劳动教育的意见 ………… 353

五、县级青少年学生校外活动场所开展科普教育共建共享
　　试点工作指南 ……………………………………………… 354

六、关于深入贯彻落实《关于进一步加强和改进未成年人
　　校外活动场所建设和管理工作的意见》的通知 ………… 355

七、关于进一步做好社区未成年人活动场所建设和
　　管理工作的意见 ………………………………………… 357

八、上海市基本公共服务"十四五"规划 ………………… 359

第二节　队伍建设 …………………………………………… 364

一、关于进一步加强和改进未成年人校外活动场所建设和
　　管理工作的意见 ………………………………………… 364

二、全民科学素质行动计划纲要（2006—2010—2020 年） …… 365

三、全民科学素质行动计划纲要实施方案（2016—2020 年）…… 366

四、关于强化学校体育促进学生身心健康全面发展的意见 … 367

五、关于全面加强和改进新时代学校体育工作的意见 …… 368

六、关于全面加强和改进新时代学校美育工作的意见 …… 369

七、关于全面加强新时代大中小学劳动教育的意见 ………… 370

第三节 财政税收土地 ………………………………………… 371

一、中华人民共和国公共文化服务保障法 ……………… 371

二、中华人民共和国企业所得税法 ……………………… 372

三、中华人民共和国个人所得税法 ……………………… 373

四、中华人民共和国增值税法（征求意见稿） ………… 373

五、中华人民共和国慈善法 ……………………………… 375

六、中华人民共和国民办教育促进法 …………………… 376

七、中华人民共和国土地管理法 ………………………… 377

八、中华人民共和国城市房地产管理法 ………………… 377

九、中华人民共和国企业所得税法实施条例 …………… 378

十、中华人民共和国个人所得税法实施条例 …………… 379

十一、中华人民共和国契税暂行条例 …………………… 379

十二、中华人民共和国耕地占用税暂行条例 …………… 380

十三、中华人民共和国民办教育促进法实施条例 ……… 380

十四、志愿服务条例 ……………………………………… 381

十五、中华人民共和国城镇国有土地使用权出让和转让

暂行条例 ……………………………………………… 382

十六、关于鼓励社会力量兴办教育 促进民办教育健康发展的

若干意见 ……………………………………………… 382

十七、关于同意对科教用品进口实行税收优惠政策的批复 …… 383

十八、关于鼓励科普事业发展税收政策问题的通知 …… 383

十九、关于全面推开营业税改征增值税试点的通知 …… 384

二十、关于鼓励科普事业发展进口税收政策的通知 …… 384

二十一、对检查公共文化服务保障法实施情况报告的意见

和建议 ……………………………………………… 385

二十二、关于进一步加强和规范教育收费管理的意见 …… 385

二十三、城市居住区规划设计标准 ……………………… 386

二十四、上海市公共文化服务保障与促进条例 ………… 387

二十五、上海市志愿服务条例 …………………………… 388

二十六、上海市公益基地创建与管理办法 ……………… 389

二十七、上海市科普基地管理办法 ……………………… 389

二十八、上海市实施《中华人民共和国土地管理法》办法 … 390

二十九、上海市土地使用权出让办法 …………………… 390

三十、关于促进民办教育健康发展的实施意见 ………… 391

三十一、关于中央企业履行社会责任的指导意见 ……… 391

第四节　优化社会环境 …………………………………… 392

一、中华人民共和国未成年人保护法 …………………… 392

二、关于进一步减轻义务教育阶段学生作业负担和校外培训
　　负担的意见 ………………………………………… 398

三、关于进一步明确义务教育阶段校外培训学科类和
　　非学科类范围的通知 ……………………………… 404

四、关于进一步加强校外培训机构登记管理的通知 …… 404

五、上海市未成年人保护条例 …………………………… 406

第五节　安全保障 ………………………………………… 408

一、中华人民共和国义务教育法 ………………………… 408

二、关于全面加强新时代大中小学劳动教育的意见 …… 408

三、关于推进中小学生研学旅行的意见 ………………… 409

四、中小学综合实践活动课程指导纲要 ………………… 410

五、关于贯彻未成年人保护法实施"未成年人保护行动"的
　　意见 ………………………………………………… 411

六、关于利用博物馆资源开展中小学教育教学的意见 … 411

七、关于加强上海市普通高中学生志愿服务（公益劳动）
管理工作的实施意见（试行） ……………………… 412

**第四章　领导管理体制（节选）** ………………………… 413

第一节　政府管理 …………………………………………… 413

一、关于学习贯彻《中共中央国务院关于进一步加强和
改进未成年人思想道德建设的若干意见》的实施意见…… 413

二、关于进一步推进未成年人思想道德建设工作的实施意见 … 415

三、中华人民共和国科学技术普及法 ……………………… 415

四、全民科学素质行动计划纲要（2006—2010—2020 年） … 416

五、科学教育与培训基础工程实施方案 …………………… 416

六、上海市公民科学素质行动计划纲要实施方案（2016—
2020 年） ……………………………………………… 417

七、关于进一步开展县级青少年学生校外活动场所科普教育
共建共享试点工作的通知 …………………………… 418

八、全民健身计划（2021—2025 年） …………………… 419

第二节　民办校外实践教育 ………………………………… 420

一、中华人民共和国民办教育促进法 ……………………… 420

二、中华人民共和国民办教育促进法实施条例 ………… 422

第三节　督导评估 …………………………………………… 432

一、中华人民共和国民办教育促进法 ……………………… 432

二、学校体育工作条例 ……………………………………… 432

三、关于适应新形势进一步加强和改进中小学德育工作
的意见 ………………………………………………… 433

四、深化新时代教育评价改革总体方案 ………………… 433

五、关于全面加强和改进新时代学校体育工作的意见 ……… 434

六、关于加强青少年体育增强青少年体质的意见 …………… 435

七、关于全面加强和改进新时代学校美育工作的意见 ……… 435

八、关于全面加强新时代大中小学劳动教育的意见 ………… 436

九、关于强化学校体育促进学生身心健康全面发展
　　的意见 …………………………………………………… 436

十、关于规范校外培训机构发展的意见 …………………… 437

十一、关于推进中小学教育质量综合评价改革的意见 ……… 437

十二、中小学德育工作指南 ………………………………… 438

十三、义务教育质量评价指南 ……………………………… 438

十四、大中小学劳动教育指导纲要（试行） ……………… 439

十五、关于深化新时代教育督导体制机制改革的意见 …… 439

第四节　长三角一体化 ………………………………………… 443

一、长江三角洲区域一体化发展规划纲要 ………………… 443

二、上海市贯彻《长江三角洲区域一体化发展规划纲要》
　　实施方案 ………………………………………………… 443

三、关于支持和保障长三角地区更高质量一体化发展
　　的决定 …………………………………………………… 445

四、关于进一步推进长江三角洲地区教育改革与合作
　　发展的指导意见 ………………………………………… 446

# 第一章　基本法律法规与政策文件（全文）

## 一、中华人民共和国教育法

（根据 2021 年 4 月 29 日第十三届全国人民
代表大会常务委员会第二十八次会议《关于修改
〈中华人民共和国教育法〉的决定》第三次修正）

### 第一章　总则

**第一条**　为了发展教育事业，提高全民族的素质，促进社会主义物质文明和精神文明建设，根据宪法，制定本法。

**第二条**　在中华人民共和国境内的各级各类教育，适用本法。

**第三条**　国家坚持中国共产党的领导，坚持以马克思列宁主义、毛泽东思想、邓小平理论、"三个代表"重要思想、科学发展观、习近平新时代中国特色社会主义思想为指导，遵循宪法确定的基本原则，发展社会主义的教育事业。

**第四条**　教育是社会主义现代化建设的基础，对提高人民综合素质、促进人的全面发展、增强中华民族创新创造活力、实现中华民族伟大复兴具有决定性意义，国家保障教育事业优先发展。

全社会应当关心和支持教育事业的发展。

全社会应当尊重教师。

**第五条** 教育必须为社会主义现代化建设服务、为人民服务，必须与生产劳动和社会实践相结合，培养德智体美劳全面发展的社会主义建设者和接班人。

**第六条** 教育应当坚持立德树人，对受教育者加强社会主义核心价值观教育，增强受教育者的社会责任感、创新精神和实践能力。

国家在受教育者中进行爱国主义、集体主义、中国特色社会主义的教育，进行理想、道德、纪律、法治、国防和民族团结的教育。

**第七条** 教育应当继承和弘扬中华优秀传统文化、革命文化、社会主义先进文化，吸收人类文明发展的一切优秀成果。

**第八条** 教育活动必须符合国家和社会公共利益。

国家实行教育与宗教相分离。任何组织和个人不得利用宗教进行妨碍国家教育制度的活动。

**第九条** 中华人民共和国公民有受教育的权利和义务。

公民不分民族、种族、性别、职业、财产状况、宗教信仰等，依法享有平等的受教育机会。

**第十条** 国家根据各少数民族的特点和需要，帮助各少数民族地区发展教育事业。

国家扶持边远贫困地区发展教育事业。

国家扶持和发展残疾人教育事业。

**第十一条** 国家适应社会主义市场经济发展和社会进步的需要，推进教育改革，推动各级各类教育协调发展、衔接融通，完善现代国民教育体系，健全终身教育体系，提高教育现代化水平。

国家采取措施促进教育公平，推动教育均衡发展。

国家支持、鼓励和组织教育科学研究，推广教育科学研究成果，促进教育质量提高。

**第十二条** 国家通用语言文字为学校及其他教育机构的基本教育教学语言文字，学校及其他教育机构应当使用国家通用语言文字进行教育教学。

民族自治地方以少数民族学生为主的学校及其他教育机构，从实际出发，使用国家通用语言文字和本民族或者当地民族通用的语言文字实施双语教育。

国家采取措施，为少数民族学生为主的学校及其他教育机构实施双语教育提供条件和支持。

**第十三条** 国家对发展教育事业做出突出贡献的组织和个人，给予奖励。

**第十四条** 国务院和地方各级人民政府根据分级管理、分工负责的原则，领导和管理教育工作。

中等及中等以下教育在国务院领导下，由地方人民政府管理。

高等教育由国务院和省、自治区、直辖市人民政府管理。

**第十五条** 国务院教育行政部门主管全国教育工作，统筹规划、协调管理全国的教育事业。

县级以上地方各级人民政府教育行政部门主管本行政区域内的教育工作。

县级以上各级人民政府其他有关部门在各自的职责范围内，负责有关的教育工作。

**第十六条** 国务院和县级以上地方各级人民政府应当向本级人民代表大会或者其常务委员会报告教育工作和教育经费预算、决算情况，接受监督。

## 第二章 教育基本制度

**第十七条** 国家实行学前教育、初等教育、中等教育、高等教育的学校教育制度。

国家建立科学的学制系统。学制系统内的学校和其他教育机构的设置、教育形式、修业年限、招生对象、培养目标等，由国务院或者由国务院授权教育行政部门规定。

**第十八条** 国家制定学前教育标准，加快普及学前教育，构建覆盖城乡，特别是农村的学前教育公共服务体系。

各级人民政府应当采取措施，为适龄儿童接受学前教育提供条件和支持。

**第十九条** 国家实行九年制义务教育制度。

各级人民政府采取各种措施保障适龄儿童、少年就学。

适龄儿童、少年的父母或者其他监护人以及有关社会组织和个人有义务使适龄儿童、少年接受并完成规定年限的义务教育。

**第二十条** 国家实行职业教育制度和继续教育制度。

各级人民政府、有关行政部门和行业组织以及企业事业组织应当采取措施，发展并保障公民接受职业学校教育或者各种形式的职业培训。

国家鼓励发展多种形式的继续教育，使公民接受适当形式的政治、经济、文化、科学、技术、业务等方面的教育，促进不同类型学习成果的互认和衔接，推动全民终身学习。

**第二十一条** 国家实行国家教育考试制度。

国家教育考试由国务院教育行政部门确定种类，并由国家批准的实施教育考试的机构承办。

**第二十二条** 国家实行学业证书制度。

经国家批准设立或者认可的学校及其他教育机构按照国家有关规定，颁发学历证书或者其他学业证书。

**第二十三条** 国家实行学位制度。

学位授予单位依法对达到一定学术水平或者专业技术水平的人员授予

相应的学位，颁发学位证书。

**第二十四条**　各级人民政府、基层群众性自治组织和企业事业组织应当采取各种措施，开展扫除文盲的教育工作。

按照国家规定具有接受扫除文盲教育能力的公民，应当接受扫除文盲的教育。

**第二十五条**　国家实行教育督导制度和学校及其他教育机构教育评估制度。

## 第三章　学校及其他教育机构

**第二十六条**　国家制定教育发展规划，并举办学校及其他教育机构。

国家鼓励企业事业组织、社会团体、其他社会组织及公民个人依法举办学校及其他教育机构。

国家举办学校及其他教育机构，应当坚持勤俭节约的原则。

以财政性经费、捐赠资产举办或者参与举办的学校及其他教育机构不得设立为营利性组织。

**第二十七条**　设立学校及其他教育机构，必须具备下列基本条件：

（一）有组织机构和章程；

（二）有合格的教师；

（三）有符合规定标准的教学场所及设施、设备等；

（四）有必备的办学资金和稳定的经费来源。

**第二十八条**　学校及其他教育机构的设立、变更和终止，应当按照国家有关规定办理审核、批准、注册或者备案手续。

**第二十九条**　学校及其他教育机构行使下列权利：

（一）按照章程自主管理；

（二）组织实施教育教学活动；

（三）招收学生或者其他受教育者；

（四）对受教育者进行学籍管理，实施奖励或者处分；

（五）对受教育者颁发相应的学业证书；

（六）聘任教师及其他职工，实施奖励或者处分；

（七）管理、使用本单位的设施和经费；

（八）拒绝任何组织和个人对教育教学活动的非法干涉；

（九）法律、法规规定的其他权利。

国家保护学校及其他教育机构的合法权益不受侵犯。

**第三十条**　学校及其他教育机构应当履行下列义务：

（一）遵守法律、法规；

（二）贯彻国家的教育方针，执行国家教育教学标准，保证教育教学质量；

（三）维护受教育者、教师及其他职工的合法权益；

（四）以适当方式为受教育者及其监护人了解受教育者的学业成绩及其他有关情况提供便利；

（五）遵照国家有关规定收取费用并公开收费项目；

（六）依法接受监督。

**第三十一条**　学校及其他教育机构的举办者按照国家有关规定，确定其所举办的学校或者其他教育机构的管理体制。

学校及其他教育机构的校长或者主要行政负责人必须由具有中华人民共和国国籍、在中国境内定居、并具备国家规定任职条件的公民担任，其任免按照国家有关规定办理。学校的教学及其他行政管理，由校长负责。

学校及其他教育机构应当按照国家有关规定，通过以教师为主体的教职工代表大会等组织形式，保障教职工参与民主管理和监督。

**第三十二条**　学校及其他教育机构具备法人条件的，自批准设立或者登记注册之日起取得法人资格。

学校及其他教育机构在民事活动中依法享有民事权利，承担民事责任。

学校及其他教育机构中的国有资产属于国家所有。

学校及其他教育机构兴办的校办产业独立承担民事责任。

## 第四章　教师和其他教育工作者

**第三十三条**　教师享有法律规定的权利，履行法律规定的义务，忠诚于人民的教育事业。

**第三十四条**　国家保护教师的合法权益，改善教师的工作条件和生活条件，提高教师的社会地位。

教师的工资报酬、福利待遇，依照法律、法规的规定办理。

**第三十五条**　国家实行教师资格、职务、聘任制度，通过考核、奖励、培养和培训，提高教师素质，加强教师队伍建设。

**第三十六条**　学校及其他教育机构中的管理人员，实行教育职员制度。

学校及其他教育机构中的教学辅助人员和其他专业技术人员，实行专业技术职务聘任制度。

## 第五章　受教育者

**第三十七条**　受教育者在入学、升学、就业等方面依法享有平等权利。

学校和有关行政部门应当按照国家有关规定，保障女子在入学、升学、就业、授予学位、派出留学等方面享有同男子平等的权利。

**第三十八条**　国家、社会对符合入学条件、家庭经济困难的儿童、少年、青年，提供各种形式的资助。

**第三十九条**　国家、社会、学校及其他教育机构应当根据残疾人身心特性和需要实施教育，并为其提供帮助和便利。

第四十条　国家、社会、家庭、学校及其他教育机构应当为有违法犯罪行为的未成年人接受教育创造条件。

第四十一条　从业人员有依法接受职业培训和继续教育的权利和义务。

国家机关、企业事业组织和其他社会组织，应当为本单位职工的学习和培训提供条件和便利。

第四十二条　国家鼓励学校及其他教育机构、社会组织采取措施，为公民接受终身教育创造条件。

第四十三条　受教育者享有下列权利：

（一）参加教育教学计划安排的各种活动，使用教育教学设施、设备、图书资料；

（二）按照国家有关规定获得奖学金、贷学金、助学金；

（三）在学业成绩和品行上获得公正评价，完成规定的学业后获得相应的学业证书、学位证书；

（四）对学校给予的处分不服向有关部门提出申诉，对学校、教师侵犯其人身权、财产权等合法权益，提出申诉或者依法提起诉讼；

（五）法律、法规规定的其他权利。

第四十四条　受教育者应当履行下列义务：

（一）遵守法律、法规；

（二）遵守学生行为规范，尊敬师长，养成良好的思想品德和行为习惯；

（三）努力学习，完成规定的学习任务；

（四）遵守所在学校或者其他教育机构的管理制度。

第四十五条　教育、体育、卫生行政部门和学校及其他教育机构应当完善体育、卫生保健设施，保护学生的身心健康。

## 第六章　教育与社会

**第四十六条**　国家机关、军队、企业事业组织、社会团体及其他社会组织和个人，应当依法为儿童、少年、青年学生的身心健康成长创造良好的社会环境。

**第四十七条**　国家鼓励企业事业组织、社会团体及其他社会组织同高等学校、中等职业学校在教学、科研、技术开发和推广等方面进行多种形式的合作。

企业事业组织、社会团体及其他社会组织和个人，可以通过适当形式，支持学校的建设，参与学校管理。

**第四十八条**　国家机关、军队、企业事业组织及其他社会组织应当为学校组织的学生实习、社会实践活动提供帮助和便利。

**第四十九条**　学校及其他教育机构在不影响正常教育教学活动的前提下，应当积极参加当地的社会公益活动。

**第五十条**　未成年人的父母或者其他监护人应当为其未成年子女或者其他被监护人受教育提供必要条件。

未成年人的父母或者其他监护人应当配合学校及其他教育机构，对其未成年子女或者其他被监护人进行教育。

学校、教师可以对学生家长提供家庭教育指导。

**第五十一条**　图书馆、博物馆、科技馆、文化馆、美术馆、体育馆（场）等社会公共文化体育设施，以及历史文化古迹和革命纪念馆（地），应当对教师、学生实行优待，为受教育者接受教育提供便利。

广播、电视台（站）应当开设教育节目，促进受教育者思想品德、文化和科学技术素质的提高。

**第五十二条**　国家、社会建立和发展对未成年人进行校外教育的设施。

学校及其他教育机构应当同基层群众性自治组织、企业事业组织、社会团体相互配合，加强对未成年人的校外教育工作。

**第五十三条** 国家鼓励社会团体、社会文化机构及其他社会组织和个人开展有益于受教育者身心健康的社会文化教育活动。

## 第七章 教育投入与条件保障

**第五十四条** 国家建立以财政拨款为主、其他多种渠道筹措教育经费为辅的体制，逐步增加对教育的投入，保证国家举办的学校教育经费的稳定来源。

企业事业组织、社会团体及其他社会组织和个人依法举办的学校及其他教育机构，办学经费由举办者负责筹措，各级人民政府可以给予适当支持。

**第五十五条** 国家财政性教育经费支出占国民生产总值的比例应当随着国民经济的发展和财政收入的增长逐步提高。具体比例和实施步骤由国务院规定。

全国各级财政支出总额中教育经费所占比例应当随着国民经济的发展逐步提高。

**第五十六条** 各级人民政府的教育经费支出，按照事权和财权相统一的原则，在财政预算中单独列项。

各级人民政府教育财政拨款的增长应当高于财政经常性收入的增长，并使按在校学生人数平均的教育费用逐步增长，保证教师工资和学生人均公用经费逐步增长。

**第五十七条** 国务院及县级以上地方各级人民政府应当设立教育专项资金，重点扶持边远贫困地区、少数民族地区实施义务教育。

**第五十八条** 税务机关依法足额征收教育费附加，由教育行政部门统筹管理，主要用于实施义务教育。

省、自治区、直辖市人民政府根据国务院的有关规定，可以决定开征用于教育的地方附加费，专款专用。

**第五十九条** 国家采取优惠措施，鼓励和扶持学校在不影响正常教育教学的前提下开展勤工俭学和社会服务，兴办校办产业。

**第六十条** 国家鼓励境内、境外社会组织和个人捐资助学。

**第六十一条** 国家财政性教育经费、社会组织和个人对教育的捐赠，必须用于教育，不得挪用、克扣。

**第六十二条** 国家鼓励运用金融、信贷手段，支持教育事业的发展。

**第六十三条** 各级人民政府及其教育行政部门应当加强对学校及其他教育机构教育经费的监督管理，提高教育投资效益。

**第六十四条** 地方各级人民政府及其有关行政部门必须把学校的基本建设纳入城乡建设规划，统筹安排学校的基本建设用地及所需物资，按照国家有关规定实行优先、优惠政策。

**第六十五条** 各级人民政府对教科书及教学用图书资料的出版发行，对教学仪器、设备的生产和供应，对用于学校教育教学和科学研究的图书资料、教学仪器、设备的进口，按照国家有关规定实行优先、优惠政策。

**第六十六条** 国家推进教育信息化，加快教育信息基础设施建设，利用信息技术促进优质教育资源普及共享，提高教育教学水平和教育管理水平。

县级以上人民政府及其有关部门应当发展教育信息技术和其他现代化教学方式，有关行政部门应当优先安排，给予扶持。

国家鼓励学校及其他教育机构推广运用现代化教学方式。

## 第八章　教育对外交流与合作

**第六十七条** 国家鼓励开展教育对外交流与合作，支持学校及其他教育机构引进优质教育资源，依法开展中外合作办学，发展国际教育服务，培养国际化人才。

教育对外交流与合作坚持独立自主、平等互利、相互尊重的原则，不得违反中国法律，不得损害国家主权、安全和社会公共利益。

**第六十八条** 中国境内公民出国留学、研究、进行学术交流或者任教，依照国家有关规定办理。

**第六十九条** 中国境外个人符合国家规定的条件并办理有关手续后，可以进入中国境内学校及其他教育机构学习、研究、进行学术交流或者任教，其合法权益受国家保护。

**第七十条** 中国对境外教育机构颁发的学位证书、学历证书及其他学业证书的承认，依照中华人民共和国缔结或者加入的国际条约办理，或者按照国家有关规定办理。

## 第九章　法律责任

**第七十一条** 违反国家有关规定，不按照预算核拨教育经费的，由同级人民政府限期核拨；情节严重的，对直接负责的主管人员和其他直接责任人员，依法给予处分。

违反国家财政制度、财务制度，挪用、克扣教育经费的，由上级机关责令限期归还被挪用、克扣的经费，并对直接负责的主管人员和其他直接责任人员，依法给予处分；构成犯罪的，依法追究刑事责任。

**第七十二条** 结伙斗殴、寻衅滋事，扰乱学校及其他教育机构教育教学秩序或者破坏校舍、场地及其他财产的，由公安机关给予治安管理处罚；构成犯罪的，依法追究刑事责任。

侵占学校及其他教育机构的校舍、场地及其他财产的，依法承担民事责任。

**第七十三条** 明知校舍或者教育教学设施有危险，而不采取措施，造成人员伤亡或者重大财产损失的，对直接负责的主管人员和其他直接责任人员，依法追究刑事责任。

**第七十四条**　违反国家有关规定，向学校或者其他教育机构收取费用的，由政府责令退还所收费用；对直接负责的主管人员和其他直接责任人员，依法给予处分。

**第七十五条**　违反国家有关规定，举办学校或者其他教育机构的，由教育行政部门或者其他有关行政部门予以撤销；有违法所得的，没收违法所得；对直接负责的主管人员和其他直接责任人员，依法给予处分。

**第七十六条**　学校或者其他教育机构违反国家有关规定招收学生的，由教育行政部门或者其他有关行政部门责令退回招收的学生，退还所收费用；对学校、其他教育机构给予警告，可以处违法所得五倍以下罚款；情节严重的，责令停止相关招生资格一年以上三年以下，直至撤销招生资格、吊销办学许可证；对直接负责的主管人员和其他直接责任人员，依法给予处分；构成犯罪的，依法追究刑事责任。

**第七十七条**　在招收学生工作中滥用职权、玩忽职守、徇私舞弊的，由教育行政部门或者其他有关行政部门责令退回招收的不符合入学条件的人员；对直接负责的主管人员和其他直接责任人员，依法给予处分；构成犯罪的，依法追究刑事责任。

盗用、冒用他人身份，顶替他人取得的入学资格的，由教育行政部门或者其他有关行政部门责令撤销入学资格，并责令停止参加相关国家教育考试二年以上五年以下；已经取得学位证书、学历证书或者其他学业证书的，由颁发机构撤销相关证书；已经成为公职人员的，依法给予开除处分；构成违反治安管理行为的，由公安机关依法给予治安管理处罚；构成犯罪的，依法追究刑事责任。

与他人串通，允许他人冒用本人身份，顶替本人取得的入学资格的，由教育行政部门或者其他有关行政部门责令停止参加相关国家教育考试一年以上三年以下；有违法所得的，没收违法所得；已经成为公职人员的，依法给予处分；构成违反治安管理行为的，由公安机关依法给予治安管理处罚；构成犯罪的，依法追究刑事责任。

组织、指使盗用或者冒用他人身份，顶替他人取得的入学资格的，有违法所得的，没收违法所得；属于公职人员的，依法给予处分；构成违反治安管理行为的，由公安机关依法给予治安管理处罚；构成犯罪的，依法追究刑事责任。

入学资格被顶替权利受到侵害的，可以请求恢复其入学资格。

**第七十八条** 学校及其他教育机构违反国家有关规定向受教育者收取费用的，由教育行政部门或者其他有关行政部门责令退还所收费用；对直接负责的主管人员和其他直接责任人员，依法给予处分。

**第七十九条** 考生在国家教育考试中有下列行为之一的，由组织考试的教育考试机构工作人员在考试现场采取必要措施予以制止并终止其继续参加考试；组织考试的教育考试机构可以取消其相关考试资格或者考试成绩；情节严重的，由教育行政部门责令停止参加相关国家教育考试一年以上三年以下；构成违反治安管理行为的，由公安机关依法给予治安管理处罚；构成犯罪的，依法追究刑事责任：

（一）非法获取考试试题或者答案的；

（二）携带或者使用考试作弊器材、资料的；

（三）抄袭他人答案的；

（四）让他人代替自己参加考试的；

（五）其他以不正当手段获得考试成绩的作弊行为。

**第八十条** 任何组织或者个人在国家教育考试中有下列行为之一，有违法所得的，由公安机关没收违法所得，并处违法所得一倍以上五倍以下罚款；情节严重的，处五日以上十五日以下拘留；构成犯罪的，依法追究刑事责任；属于国家机关工作人员的，还应当依法给予处分：

（一）组织作弊的；

（二）通过提供考试作弊器材等方式为作弊提供帮助或者便利的；

（三）代替他人参加考试的；

（四）在考试结束前泄露、传播考试试题或者答案的；

（五）其他扰乱考试秩序的行为。

**第八十一条**　举办国家教育考试，教育行政部门、教育考试机构疏于管理，造成考场秩序混乱、作弊情况严重的，对直接负责的主管人员和其他直接责任人员，依法给予处分；构成犯罪的，依法追究刑事责任。

**第八十二条**　学校或者其他教育机构违反本法规定，颁发学位证书、学历证书或者其他学业证书的，由教育行政部门或者其他有关行政部门宣布证书无效，责令收回或者予以没收；有违法所得的，没收违法所得；情节严重的，责令停止相关招生资格一年以上三年以下，直至撤销招生资格、颁发证书资格；对直接负责的主管人员和其他直接责任人员，依法给予处分。

前款规定以外的任何组织或者个人制造、销售、颁发假冒学位证书、学历证书或者其他学业证书，构成违反治安管理行为的，由公安机关依法给予治安管理处罚；构成犯罪的，依法追究刑事责任。

以作弊、剽窃、抄袭等欺诈行为或者其他不正当手段获得学位证书、学历证书或者其他学业证书的，由颁发机构撤销相关证书。购买、使用假冒学位证书、学历证书或者其他学业证书，构成违反治安管理行为的，由公安机关依法给予治安管理处罚。

**第八十三条**　违反本法规定，侵犯教师、受教育者、学校或者其他教育机构的合法权益，造成损失、损害的，应当依法承担民事责任。

## 第十章　附则

**第八十四条**　军事学校教育由中央军事委员会根据本法的原则规定。宗教学校教育由国务院另行规定。

**第八十五条** 境外的组织和个人在中国境内办学和合作办学的办法，由国务院规定。

**第八十六条** 本决定自 2021 年 4 月 30 日起施行。

# 二、中华人民共和国义务教育法

（根据 2018 年 12 月 29 日第十三届全国人民代表大会
常务委员会第七次会议《关于修改〈中华人民共和国
产品质量法〉等五部法律的决定》第二次修正）

## 第一章 总则

**第一条** 为了保障适龄儿童、少年接受义务教育的权利，保证义务教育的实施，提高全民族素质，根据宪法和教育法，制定本法。

**第二条** 国家实行九年义务教育制度。

义务教育是国家统一实施的所有适龄儿童、少年必须接受的教育，是国家必须予以保障的公益性事业。

实施义务教育，不收学费、杂费。

国家建立义务教育经费保障机制，保证义务教育制度实施。

**第三条** 义务教育必须贯彻国家的教育方针，实施素质教育，提高教育质量，使适龄儿童、少年在品德、智力、体质等方面全面发展，为培养有理想、有道德、有文化、有纪律的社会主义建设者和接班人奠定基础。

**第四条** 凡具有中华人民共和国国籍的适龄儿童、少年，不分性别、民族、种族、家庭财产状况、宗教信仰等，依法享有平等接受义务教育的权利，并履行接受义务教育的义务。

**第五条** 各级人民政府及其有关部门应当履行本法规定的各项职责，保障适龄儿童、少年接受义务教育的权利。

适龄儿童、少年的父母或者其他法定监护人应当依法保证其按时入学接受并完成义务教育。

依法实施义务教育的学校应当按照规定标准完成教育教学任务，保证教育教学质量。

社会组织和个人应当为适龄儿童、少年接受义务教育创造良好的环境。

**第六条** 国务院和县级以上地方人民政府应当合理配置教育资源，促进义务教育均衡发展，改善薄弱学校的办学条件，并采取措施，保障农村地区、民族地区实施义务教育，保障家庭经济困难的和残疾的适龄儿童、少年接受义务教育。

国家组织和鼓励经济发达地区支援经济欠发达地区实施义务教育。

**第七条** 义务教育实行国务院领导，省、自治区、直辖市人民政府统筹规划实施，县级人民政府为主管理的体制。

县级以上人民政府教育行政部门具体负责义务教育实施工作；县级以上人民政府其他有关部门在各自的职责范围内负责义务教育实施工作。

**第八条** 人民政府教育督导机构对义务教育工作执行法律法规情况、教育教学质量以及义务教育均衡发展状况等进行督导，督导报告向社会公布。

**第九条** 任何社会组织或者个人有权对违反本法的行为向有关国家机关提出检举或者控告。

发生违反本法的重大事件，妨碍义务教育实施，造成重大社会影响的，负有领导责任的人民政府或者人民政府教育行政部门负责人应当引咎辞职。

**第十条** 对在义务教育实施工作中做出突出贡献的社会组织和个人，各级人民政府及其有关部门按照有关规定给予表彰、奖励。

## 第二章　学生

**第十一条**　凡年满六周岁的儿童，其父母或者其他法定监护人应当送其入学接受并完成义务教育；条件不具备的地区的儿童，可以推迟到七周岁。

适龄儿童、少年因身体状况需要延缓入学或者休学的，其父母或者其他法定监护人应当提出申请，由当地乡镇人民政府或者县级人民政府教育行政部门批准。

**第十二条**　适龄儿童、少年免试入学。地方各级人民政府应当保障适龄儿童、少年在户籍所在地学校就近入学。

父母或者其他法定监护人在非户籍所在地工作或者居住的适龄儿童、少年，在其父母或者其他法定监护人工作或者居住地接受义务教育的，当地人民政府应当为其提供平等接受义务教育的条件。具体办法由省、自治区、直辖市规定。

县级人民政府教育行政部门对本行政区域内的军人子女接受义务教育予以保障。

**第十三条**　县级人民政府教育行政部门和乡镇人民政府组织和督促适龄儿童、少年入学，帮助解决适龄儿童、少年接受义务教育的困难，采取措施防止适龄儿童、少年辍学。

居民委员会和村民委员会协助政府做好工作，督促适龄儿童、少年入学。

**第十四条**　禁止用人单位招用应当接受义务教育的适龄儿童、少年。

根据国家有关规定经批准招收适龄儿童、少年进行文艺、体育等专业训练的社会组织，应当保证所招收的适龄儿童、少年接受义务教育；自行实施义务教育的，应当经县级人民政府教育行政部门批准。

## 第三章 学校

**第十五条** 县级以上地方人民政府根据本行政区域内居住的适龄儿童、少年的数量和分布状况等因素，按照国家有关规定，制定、调整学校设置规划。新建居民区需要设置学校的，应当与居民区的建设同步进行。

**第十六条** 学校建设，应当符合国家规定的办学标准，适应教育教学需要；应当符合国家规定的选址要求和建设标准，确保学生和教职工安全。

**第十七条** 县级人民政府根据需要设置寄宿制学校，保障居住分散的适龄儿童、少年入学接受义务教育。

**第十八条** 国务院教育行政部门和省、自治区、直辖市人民政府根据需要，在经济发达地区设置接收少数民族适龄儿童、少年的学校（班）。

**第十九条** 县级以上地方人民政府根据需要设置相应的实施特殊教育的学校（班），对视力残疾、听力语言残疾和智力残疾的适龄儿童、少年实施义务教育。特殊教育学校（班）应当具备适应残疾儿童、少年学习、康复、生活特点的场所和设施。

普通学校应当接收具有接受普通教育能力的残疾适龄儿童、少年随班就读，并为其学习、康复提供帮助。

**第二十条** 县级以上地方人民政府根据需要，为具有预防未成年人犯罪法规定的严重不良行为的适龄少年设置专门的学校实施义务教育。

**第二十一条** 对未完成义务教育的未成年犯和被采取强制性教育措施的未成年人应当进行义务教育，所需经费由人民政府予以保障。

**第二十二条** 县级以上人民政府及其教育行政部门应当促进学校均衡发展，缩小学校之间办学条件的差距，不得将学校分为重点学校和非重点学校。学校不得分设重点班和非重点班。

县级以上人民政府及其教育行政部门不得以任何名义改变或者变相改

变公办学校的性质。

**第二十三条** 各级人民政府及其有关部门依法维护学校周边秩序，保护学生、教师、学校的合法权益，为学校提供安全保障。

**第二十四条** 学校应当建立、健全安全制度和应急机制，对学生进行安全教育，加强管理，及时消除隐患，预防发生事故。

县级以上地方人民政府定期对学校校舍安全进行检查；对需要维修、改造的，及时予以维修、改造。

学校不得聘用曾经因故意犯罪被依法剥夺政治权利或者其他不适合从事义务教育工作的人担任工作人员。

**第二十五条** 学校不得违反国家规定收取费用，不得以向学生推销或者变相推销商品、服务等方式谋取利益。

**第二十六条** 学校实行校长负责制。校长应当符合国家规定的任职条件。校长由县级人民政府教育行政部门依法聘任。

**第二十七条** 对违反学校管理制度的学生，学校应当予以批评教育，不得开除。

## 第四章 教师

**第二十八条** 教师享有法律规定的权利，履行法律规定的义务，应当为人师表，忠诚于人民的教育事业。

全社会应当尊重教师。

**第二十九条** 教师在教育教学中应当平等对待学生，关注学生的个体差异，因材施教，促进学生的充分发展。

教师应当尊重学生的人格，不得歧视学生，不得对学生实施体罚、变相体罚或者其他侮辱人格尊严的行为，不得侵犯学生合法权益。

**第三十条** 教师应当取得国家规定的教师资格。

国家建立统一的义务教育教师职务制度。教师职务分为初级职务、中级职务和高级职务。

**第三十一条**　各级人民政府保障教师工资福利和社会保险待遇，改善教师工作和生活条件；完善农村教师工资经费保障机制。

教师的平均工资水平应当不低于当地公务员的平均工资水平。

特殊教育教师享有特殊岗位补助津贴。在民族地区和边远贫困地区工作的教师享有艰苦贫困地区补助津贴。

**第三十二条**　县级以上人民政府应当加强教师培养工作，采取措施发展教师教育。

县级人民政府教育行政部门应当均衡配置本行政区域内学校师资力量，组织校长、教师的培训和流动，加强对薄弱学校的建设。

**第三十三条**　国务院和地方各级人民政府鼓励和支持城市学校教师和高等学校毕业生到农村地区、民族地区从事义务教育工作。

国家鼓励高等学校毕业生以志愿者的方式到农村地区、民族地区缺乏教师的学校任教。县级人民政府教育行政部门依法认定其教师资格，其任教时间计入工龄。

## 第五章　教育教学

**第三十四条**　教育教学工作应当符合教育规律和学生身心发展特点，面向全体学生，教书育人，将德育、智育、体育、美育等有机统一在教育教学活动中，注重培养学生独立思考能力、创新能力和实践能力，促进学生全面发展。

**第三十五条**　国务院教育行政部门根据适龄儿童、少年身心发展的状况和实际情况，确定教学制度、教育教学内容和课程设置，改革考试制度，并改进高级中等学校招生办法，推进实施素质教育。

学校和教师按照确定的教育教学内容和课程设置开展教育教学活动，保证达到国家规定的基本质量要求。

国家鼓励学校和教师采用启发式教育等教育教学方法,提高教育教学质量。

**第三十六条** 学校应当把德育放在首位,寓德育于教育教学之中,开展与学生年龄相适应的社会实践活动,形成学校、家庭、社会相互配合的思想道德教育体系,促进学生养成良好的思想品德和行为习惯。

**第三十七条** 学校应当保证学生的课外活动时间,组织开展文化娱乐等课外活动。社会公共文化体育设施应当为学校开展课外活动提供便利。

**第三十八条** 教科书根据国家教育方针和课程标准编写,内容力求精简,精选必备的基础知识、基本技能,经济实用,保证质量。

国家机关工作人员和教科书审查人员,不得参与或者变相参与教科书的编写工作。

**第三十九条** 国家实行教科书审定制度。教科书的审定办法由国务院教育行政部门规定。

未经审定的教科书,不得出版、选用。

**第四十条** 教科书价格由省、自治区、直辖市人民政府价格行政部门会同同级出版主管部门按照微利原则确定。

**第四十一条** 国家鼓励教科书循环使用。

## 第六章 经费保障

**第四十二条** 国家将义务教育全面纳入财政保障范围,义务教育经费由国务院和地方各级人民政府依照本法规定予以保障。

国务院和地方各级人民政府将义务教育经费纳入财政预算,按照教职工编制标准、工资标准和学校建设标准、学生人均公用经费标准等,及时足额拨付义务教育经费,确保学校的正常运转和校舍安全,确保教职工工资按照规定发放。

国务院和地方各级人民政府用于实施义务教育财政拨款的增长比例应

当高于财政经常性收入的增长比例，保证按照在校学生人数平均的义务教育费用逐步增长，保证教职工工资和学生人均公用经费逐步增长。

**第四十三条**　学校的学生人均公用经费基本标准由国务院财政部门会同教育行政部门制定，并根据经济和社会发展状况适时调整。制定、调整学生人均公用经费基本标准，应当满足教育教学基本需要。

省、自治区、直辖市人民政府可以根据本行政区域的实际情况，制定不低于国家标准的学校学生人均公用经费标准。

特殊教育学校（班）学生人均公用经费标准应当高于普通学校学生人均公用经费标准。

**第四十四条**　义务教育经费投入实行国务院和地方各级人民政府根据职责共同负担，省、自治区、直辖市人民政府负责统筹落实的体制。农村义务教育所需经费，由各级人民政府根据国务院的规定分项目、按比例分担。

各级人民政府对家庭经济困难的适龄儿童、少年免费提供教科书并补助寄宿生生活费。

义务教育经费保障的具体办法由国务院规定。

**第四十五条**　地方各级人民政府在财政预算中将义务教育经费单列。

县级人民政府编制预算，除向农村地区学校和薄弱学校倾斜外，应当均衡安排义务教育经费。

**第四十六条**　国务院和省、自治区、直辖市人民政府规范财政转移支付制度，加大一般性转移支付规模和规范义务教育专项转移支付，支持和引导地方各级人民政府增加对义务教育的投入。地方各级人民政府确保将上级人民政府的义务教育转移支付资金按照规定用于义务教育。

**第四十七条**　国务院和县级以上地方人民政府根据实际需要，设立专项资金，扶持农村地区、民族地区实施义务教育。

**第四十八条**　国家鼓励社会组织和个人向义务教育捐赠，鼓励按照国家有关基金会管理的规定设立义务教育基金。

**第四十九条** 义务教育经费严格按照预算规定用于义务教育；任何组织和个人不得侵占、挪用义务教育经费，不得向学校非法收取或者摊派费用。

**第五十条** 县级以上人民政府建立健全义务教育经费的审计监督和统计公告制度。

### 第七章 法律责任

**第五十一条** 国务院有关部门和地方各级人民政府违反本法第六章的规定，未履行对义务教育经费保障职责的，由国务院或者上级地方人民政府责令限期改正；情节严重的，对直接负责的主管人员和其他直接责任人员依法给予行政处分。

**第五十二条** 县级以上地方人民政府有下列情形之一的，由上级人民政府责令限期改正；情节严重的，对直接负责的主管人员和其他直接责任人员依法给予行政处分：

（一）未按照国家有关规定制定、调整学校的设置规划的；

（二）学校建设不符合国家规定的办学标准、选址要求和建设标准的；

（三）未定期对学校校舍安全进行检查，并及时维修、改造的；

（四）未依照本法规定均衡安排义务教育经费的。

**第五十三条** 县级以上人民政府或者其教育行政部门有下列情形之一的，由上级人民政府或者其教育行政部门责令限期改正、通报批评；情节严重的，对直接负责的主管人员和其他直接责任人员依法给予行政处分：

（一）将学校分为重点学校和非重点学校的；

（二）改变或者变相改变公办学校性质的。

县级人民政府教育行政部门或者乡镇人民政府未采取措施组织适龄儿童、少年入学或者防止辍学的，依照前款规定追究法律责任。

**第五十四条**　有下列情形之一的，由上级人民政府或者上级人民政府教育行政部门、财政部门、价格行政部门和审计机关根据职责分工责令限期改正；情节严重的，对直接负责的主管人员和其他直接责任人员依法给予处分：

（一）侵占、挪用义务教育经费的；

（二）向学校非法收取或者摊派费用的。

**第五十五条**　学校或者教师在义务教育工作中违反教育法、教师法规定的，依照教育法、教师法的有关规定处罚。

**第五十六条**　学校违反国家规定收取费用的，由县级人民政府教育行政部门责令退还所收费用；对直接负责的主管人员和其他直接责任人员依法给予处分。

学校以向学生推销或者变相推销商品、服务等方式谋取利益的，由县级人民政府教育行政部门给予通报批评；有违法所得的，没收违法所得；对直接负责的主管人员和其他直接责任人员依法给予处分。

国家机关工作人员和教科书审查人员参与或者变相参与教科书编写的，由县级以上人民政府或者其教育行政部门根据职责权限责令限期改正，依法给予行政处分；有违法所得的，没收违法所得。

**第五十七条**　学校有下列情形之一的，由县级人民政府教育行政部门责令限期改正；情节严重的，对直接负责的主管人员和其他直接责任人员依法给予处分：

（一）拒绝接收具有接受普通教育能力的残疾适龄儿童、少年随班就读的；

（二）分设重点班和非重点班的；

（三）违反本法规定开除学生的；

（四）选用未经审定的教科书的。

**第五十八条**　适龄儿童、少年的父母或者其他法定监护人无正当理由未依照本法规定送适龄儿童、少年入学接受义务教育的，由当地乡镇人民政府或者县级人民政府教育行政部门给予批评教育，责令限期改正。

**第五十九条**　有下列情形之一的，依照有关法律、行政法规的规定予以处罚：

（一）胁迫或者诱骗应当接受义务教育的适龄儿童、少年失学、辍学的；

（二）非法招用应当接受义务教育的适龄儿童、少年的；

（三）出版未经依法审定的教科书的。

**第六十条**　违反本法规定，构成犯罪的，依法追究刑事责任。

### 第八章　附则

**第六十一条**　对接受义务教育的适龄儿童、少年不收杂费的实施步骤，由国务院规定。

**第六十二条**　社会组织或者个人依法举办的民办学校实施义务教育的，依照民办教育促进法有关规定执行；民办教育促进法未作规定的，适用本法。

**第六十三条**　本法自 2006 年 9 月 1 日起施行。

# 三、关于进一步加强和改进未成年人思想
## 道德建设的若干意见

中共中央、国务院

2004 年 2 月 26 日

为深入贯彻落实党的十六大精神，适应新形势、新任务的要求，全面提高未成年人的思想道德素质，现就进一步加强和改进未成年人思想道德

建设，提出如下意见。

一、加强和改进未成年人思想道德建设是一项重大而紧迫的战略任务

（一）未成年人是祖国未来的建设者，是中国特色社会主义事业的接班人。目前，我国 18 岁以下的未成年人约有 3.67 亿。他们的思想道德状况如何，直接关系到中华民族的整体素质，关系到国家前途和民族命运。高度重视对下一代的教育培养，努力提高未成年人思想道德素质，是我们党的优良传统，是党和国家事业后继有人的重要保证。十三届四中全会以来，以江泽民同志为核心的第三代中央领导集体，坚持"两手抓、两手都要硬"的战略方针，采取一系列重大举措，在全面推进社会主义精神文明建设中，切实加强未成年人思想道德建设。十六大以来，以胡锦涛同志为总书记的党中央，从全面建设小康社会的战略高度，对新世纪新阶段进一步加强和改进未成年人思想道德建设提出了明确要求，作出了新的重要部署。各地区各部门认真贯彻中央要求，坚持以邓小平理论和"三个代表"重要思想指导未成年人思想道德建设，深入进行爱国主义、集体主义、社会主义和中华民族精神教育，大力加强公民道德教育，切实改进学校德育工作，广泛开展精神文明创建活动和形式多样的社会实践、道德实践活动，积极营造有利于未成年人健康成长的良好舆论氛围和社会环境，广大未成年人的综合素质不断提高。热爱祖国、积极向上、团结友爱、文明礼貌是当代中国未成年人精神世界的主流。

（二）面对国际国内形势的深刻变化，未成年人思想道德建设既面临新的机遇，也面临严峻挑战。我国对外开放的进一步扩大，为广大未成年人了解世界、增长知识、开阔视野提供了更加有利的条件。与此同时，国际敌对势力与我争夺接班人的斗争也日趋尖锐和复杂，他们利用各种途径加紧对我未成年人进行思想文化渗透，某些腐朽没落的生活方式对未成年人的影响不能低估。我国社会主义市场经济的深入发展，社会经济成分、组织形式、就业方式、利益关系和分配方式的日益多样化，为未成年人的

全面发展创造了更加广阔的空间，与社会进步相适应的新思想新观念正在丰富着未成年人的精神世界。与此同时，一些领域道德失范，诚信缺失、假冒伪劣、欺骗欺诈活动有所蔓延；一些地方封建迷信、邪教和黄赌毒等社会丑恶现象沉渣泛起，成为社会公害；一些成年人价值观发生扭曲，拜金主义、享乐主义、极端个人主义滋长，以权谋私等消极腐败现象屡禁不止等等，也给未成年人的成长带来不可忽视的负面影响。互联网等新兴媒体的快速发展，给未成年人学习和娱乐开辟了新的渠道。与此同时，腐朽落后文化和有害信息也通过网络传播，腐蚀未成年人的心灵。在各种消极因素影响下，少数未成年人精神空虚、行为失范，有的甚至走上违法犯罪的歧途。这些新情况新问题的出现，使未成年人思想道德建设面临一系列新课题。

（三）面对新的形势和任务，未成年人思想道德建设工作还存在许多不适应的地方和亟待加强的薄弱环节。一些地方和部门的领导对这项工作认识不足，重视不够，没有真正担负起领导责任；全社会关心和支持未成年人思想道德建设的风气尚未全面形成，还存在种种不利于未成年人健康成长的社会环境和消极因素；学校教育中重智育轻德育、重课堂教学轻社会实践的现象依然存在，推进素质教育的任务艰巨，教师职业道德建设有待进一步加强；随着人员流动性加大，一些家庭放松了对子女的教育，一些家长在教育子女尤其是独生子女的观念和方法上存在误区，给未成年人教育带来新的问题；未成年人思想道德建设在体制机制、思想观念、内容形式、方法手段、队伍建设、经费投入、政策措施等方面还有许多与时代要求不相适应的地方。这些问题应当引起足够重视，并采取有效措施加以解决。

（四）实现中华民族的伟大复兴，需要一代又一代人的不懈努力。从未成年人抓起，培养和造就千千万万具有高尚思想品质和良好道德修养的合格建设者和接班人，既是一项长远的战略任务，又是一项紧迫的现实任务。我们要从确保党的事业后继有人和社会主义事业兴旺发达的战略高度，从全面建设小康社会和实现中华民族伟大复兴的全局高度，从树立和落实科学发展观，坚持以人为本，执政为民的高度，充分认识加强和改进未成年人思想道德建设的重要性和紧迫性，适应新形势新任务的要求，积极应对挑战，加强薄弱环节，在巩固已有成果的基础上，采取扎实措施，努力开创未成年人思想道德建设工作的新局面。

二、加强和改进未成年人思想道德建设的指导思想、基本原则和主要任务

（五）当前和今后一个时期，加强和改进未成年人思想道德建设的指导思想是：坚持以马克思列宁主义、毛泽东思想、邓小平理论和"三个代表"重要思想为指导，深入贯彻十六大精神，全面落实《爱国主义教育实施纲要》、《公民道德建设实施纲要》，紧密结合全面建设小康社会的实际，针对未成年人身心成长的特点，积极探索新世纪新阶段未成年人思想道德建设的规律，坚持以人为本，教育和引导未成年人树立中国特色社会主义的理想信念和正确的世界观、人生观、价值观，养成高尚的思想品质和良好的道德情操，努力培育有理想、有道德、有文化、有纪律的，德、智、体、美全面发展的中国特色社会主义事业建设者和接班人。

（六）加强和改进未成年人思想道德建设要遵循以下原则：（1）坚持与培育"四有"新人的目标相一致、与社会主义市场经济相适应、与社会主义法律规范相协调、与中华民族传统美德相承接的原则。既要体现优良传统，又要反映时代特点，始终保持生机与活力。（2）坚持贴近实际、贴近生活、贴近未成年人的原则。既要遵循思想道德建设的普遍规律，又要适应未成年人身心成长的特点和接受能力，从他们的思想实际和生活实际出发，深入浅出，寓教于乐，循序渐进。多用鲜活通俗的语言，多用生动典型的事例，多用喜闻乐见的形式，多用疏导的方法、参与的方法、讨论的方法，进一步增强工作的针对性和实效性，增强吸引力和感染力。

（3）坚持知与行相统一的原则。既要重视课堂教育，更要注重实践教育、体验教育、养成教育，注重自觉实践、自主参与，引导未成年人在学习道德知识的同时，自觉遵循道德规范。（4）坚持教育与管理相结合的原则。不断完善思想道德教育与社会管理、自律与他律相互补充和促进的运行机制，综合运用教育、法律、行政、舆论等手段，更有效地引导未成年人的思想，规范他们的行为。

（七）未成年人思想道德建设的主要任务是：（1）从增强爱国情感做起，弘扬和培育以爱国主义为核心的伟大民族精神。深入进行中华民族优良传统教育和中国革命传统教育、中国历史特别是近现代史教育，引导广大未成年人认识中华民族的历史和传统，了解近代以来中华民族的深重灾难和中国人民进行的英勇斗争，从小树立民族自尊心、自信心和自豪感。（2）从确立远大志向做起，树立和培育正确的理想信念。进行中国革命、建设和改革开放的历史教育与国情教育，引导广大未成年人正确认识社会发展规律，正确认识国家的前途和命运，把个人的成长进步同中国特色社会主义伟大事业、同祖国的繁荣富强紧密联系在一起，为担负起建设祖国、振兴中华的光荣使命做好准备。（3）从规范行为习惯做起，培养良好道德品质和文明行为。大力普及"爱国守法、明礼诚信、团结友善、勤俭自强、敬业奉献"的基本道德规范，积极倡导集体主义精神和社会主义人道主义精神，引导广大未成年人牢固树立心中有祖国、心中有集体、心中有他人的意识，懂得为人做事的基本道理，具备文明生活的基本素养，学会处理人与人、人与社会、人与自然等基本关系。（4）从提高基本素质做起，促进未成年人的全面发展。努力培育未成年人的劳动意识、创造意识、效率意识、环境意识和进取精神、科学精神以及民主法制观念，增强他们的动手能力、自主能力和自我保护能力，引导未成年人保持蓬勃朝气、旺盛活力和昂扬向上的精神状态，激励他们勤奋学习、大胆实践、勇于创造，使他们的思想道德素质、科学文化素质和健康素质得到全面提高。

三、扎实推进中小学思想道德教育

（八）学校是对未成年人进行思想道德教育的主渠道，必须按照党的教育方针，把德育工作摆在素质教育的首要位置，贯穿于教育教学的各个环节。要把弘扬和培育民族精神作为思想道德建设极为重要的任务，纳入中小学教育的全过程。

加快中小学思想品德、思想政治课的改进和建设，充分利用和整合各种德育资源，深入研究中小学生思想品德形成的规律和特点，把爱国主义教育、革命传统教育、中华传统美德教育和民主法制教育有机统一于教材之中，并保证占有适当分量，努力构建适应21世纪发展需要的中小学德育课程体系。积极改进中小学思想品德、思想政治课教学方法和形式，采用未成年人喜闻乐见、生动活泼的方式进行教学，把传授知识同陶冶情操、养成良好的行为习惯结合起来。要积极探索实践教学和学生参加社会实践、社区服务的有效机制，建立科学的学生思想道德行为综合考评制度。要因地制宜，积极开展各种富有趣味性的课外文化体育活动、怡情益智的课外兴趣小组活动和力所能及的公益性劳动，培养劳动观念和创新意识，丰富课外生活。要加强心理健康教育，培养学生良好的心理品质。要把思想品德教育与法制教育紧密结合起来，使二者有机统一，相辅相成。要在中小学生中广泛开展"珍惜生命、远离毒品"教育和崇尚科学文明、反对迷信邪教教育，坚决防止毒品、邪教进校园。要加强工读学校建设，对有不良行为的未成年人进行矫治和帮助。

要采取坚决措施，改革课程设置、教材和教学方法，切实减轻中小学生的课业负担，为加强学生思想道德建设，增强创新精神和实践能力，培育德、智、体、美全面发展的社会主义事业接班人创造良好条件。

（九）要依据不同年龄段学生的特点，抓紧修订和完善中小学生《守则》和日常行为规范。对小学生重点是规范其基本言行，培养良好习惯。对中学生重点是加强爱祖国、爱人民、爱劳动、爱科学、爱社会主义教育，引导他们树立正确的理想信念和世界观、人生观、价值观。制定和推行行为规范，要以促进学生全面发展为出发点和落脚点，反映时代和社会进步的要求，体现对学生的尊重与信任，引导学生自觉遵纪守法。

（十）切实加强教师职业道德建设。学校全体教职员工要树立育人为本的思想，认真贯彻《中华人民共和国教育法》、《中华人民共和国教师法》和《中小学教师职业道德规范》，热爱学生，言传身教，为人师表，教书育人，以高尚的情操引导学生德、智、体、美全面发展。教育行政部门和学校要制定和完善有关规章制度，调动全体教师的工作积极性与责任感，充分发挥广大教师在全面推进素质教育进程中的主力军作用。要完善学校的班主任制度，高度重视班主任工作，选派思想素质好、业务水平高、奉献精神强的优秀教师担任班主任。学校各项管理工作、服务工作也要明确育人职责，做到管理育人、服务育人。

四、充分发挥共青团和少先队在未成年人思想道德建设中的重要作用

（十一）加强中学团组织建设，把中学共青团工作纳入学校素质教育的总体布局，推荐优秀青年教师做团的工作。要办好中学生业余团校，配合学校党组织办好高中生业余党校，在确保质量、坚持标准的前提下，做好在高中生中择优培养发展党员的工作。加强对中学学生会工作的指导，更好地发挥他们的作用。

（十二）把少先队工作纳入教育发展规划，把对少先队工作的指导、检查、考核纳入教育行政部门的督导、评估范畴。各级共青团组织和教育行政部门的有关负责同志要参与同级少先队工作委员会工作。中小学校党组织和行政部门要积极支持少先队开展活动，并选派优秀青年教师担任少先队辅导员，把少先队辅导员培训纳入师资培训体系。要建立和完善校外辅导员制度，选聘热心少先队工作、有责任心、有能力、有经验的人士担任校外志愿辅导员。少先队小干部要实行民主选举，定期轮流任职。共青团组织和教育、民政等部门要密切协作，积极推进社区少工委建设，扩大

少先队工作的覆盖面。

五、重视和发展家庭教育

（十三）家庭教育在未成年人思想道德建设中具有特殊重要的作用。要把家庭教育与社会教育、学校教育紧密结合起来。各级妇联组织、教育行政部门和中小学校要切实担负起指导和推进家庭教育的责任。要与社区密切合作，办好家长学校、家庭教育指导中心，并积极运用新闻媒体和互联网，面向社会广泛开展家庭教育宣传，普及家庭教育知识，推广家庭教育的成功经验，帮助和引导家长树立正确的家庭教育观念，掌握科学的家庭教育方法，提高科学教育子女的能力。充分发挥各类家庭教育学术团体的作用，针对家庭教育中存在的突出问题，积极开展科学研究，为指导家庭教育工作提供理论支持和决策依据。

（十四）党政机关、企事业单位和社区、村镇等城乡基层单位，要关心职工、居民的家庭教育问题，教育引导职工、居民重视对子女特别是学龄前儿童的思想启蒙和道德品质培养，支持子女参与道德实践活动。注意加强对成年人的思想道德教育，引导家长以良好的思想道德修养为子女作表率。要把家庭教育的情况作为评选文明职工、文明家庭的重要内容。特别要关心单亲家庭、困难家庭、流动人口家庭的未成年子女教育，为他们提供指导和帮助。

要高度重视流动人口家庭子女的义务教育问题。进城务工就业农民流入地政府要建立和完善保障进城务工就业农民子女接受义务教育的工作制度和机制。流出地政府要积极配合做好各项服务工作。民政部门及其所属的儿童福利机构和流浪儿童救助保护机构，要按照《中华人民共和国未成年人保护法》等有关法律法规的要求，做好孤残儿童合法权益的保护工作和流浪儿童的救助保护工作。

六、广泛深入开展未成年人道德实践活动

（十五）思想道德建设是教育与实践相结合的过程。要按照实践育人的要求，以体验教育为基本途径，区分不同层次未成年人的特点，精心设计和组织开展内容鲜活、形式新颖、吸引力强的道德实践活动。各种道德实践活动都要突出思想内涵，强化道德要求，并与丰富多彩的兴趣活动和文体活动结合起来，注意寓教于乐，满足兴趣爱好，使未成年人在自觉参与中思想感情得到熏陶，精神生活得到充实，道德境界得到升华。

面向中小学生开展的活动，要经教育行政部门或学校党团队组织统一协调和部署，把学生安全和社会效益放在首位。要采取多种手段，支持中西部地区和农村开展未成年人道德实践活动。

（十六）各种法定节日，传统节日，革命领袖、民族英雄、杰出名人等历史人物的诞辰和逝世纪念日，建党纪念日、红军长征、辛亥革命等重大历史事件纪念日，"九一八"、"南京大屠杀"等国耻纪念日，以及未成年人的入学、入队、入团、成人宣誓等有特殊意义的重要日子，都蕴藏着宝贵的思想道德教育资源。要抓住时机，整合资源，集中开展思想道德主题宣传教育活动。要组织丰富多彩的主题班会、队会、团会，举行各种庆祝、纪念活动和必要的仪式，引导未成年人弘扬民族精神，增进爱国情感，提高道德素养。每年的"公民道德宣传日"，在面向社会公众开展道德教育的同时，要注意组织好面向未成年人的宣传教育活动。要丰富未成年人节假日参观、旅游活动的思想道德内涵，精心组织夏令营、冬令营、革命圣地游、红色旅游、绿色旅游以及各种参观、瞻仰和考察等活动，把深刻的教育内容融入到生动有趣的课外活动之中，用祖国大好风光、民族悠久历史、优良革命传统和现代化建设成就教育未成年人。

要运用各种方式向广大未成年人宣传介绍古今中外的杰出人物、道德楷模和先进典型，激励他们崇尚先进、学习先进。通过评选三好学生、优秀团员和少先队员、先进集体等活动，为未成年人树立可亲、可信、可敬、可学的榜样，让他们从榜样的感人事迹和优秀品质中受到鼓舞、汲取力量。

七、加强以爱国主义教育基地为重点的未成年人活动场所建设、使用和管理

（十七）充分发挥爱国主义教育基地对未成年人的教育作用。各类博物馆、纪念馆、展览馆、烈士陵园等爱国主义教育基地，要创造条件对全社会开放，对中小学生集体参观一律实行免票，对学生个人参观可实行半票。要采取聘请专业人才、招募志愿者等方式建立专兼职结合的辅导员队伍，为未成年人开展参观活动服务。

（十八）要加强青少年宫、儿童活动中心等未成年人专门活动场所建设和管理。已有的未成年人专门活动场所，要坚持把社会效益放在首位，坚持面向未成年人、服务未成年人的宗旨，积极开展教育、科技、文化、艺术、体育等未成年人喜闻乐见的活动，把思想道德建设内容融于其中，充分发挥对未成年人的教育引导功能。要深化内部改革，增强自身发展活力，不断提高社会服务水平。同时，各级政府要把未成年人活动场所建设纳入当地国民经济和社会事业发展总体规划。大城市要逐步建立布局合理、规模适当、功能配套的市、区、社区未成年人活动场所。中小城市要因地制宜重点建好市级未成年人活动场所。有条件的城市要辟建少年儿童主题公园。经过3至5年的努力，要做到每个县都有一所综合性、多功能的未成年人活动场所。各地在城市建设、旧城改造、住宅新区建设中，要配套建设可向未成年人开放的基层活动场所，特别是社区活动场所。有关部门要对已建的未成年人活动场所进行认真清理整顿，名不副实的要限期改正，被挤占、挪用、租借的要限期退还。图书馆、文化馆（站）、体育场（馆）、科技馆、影剧院等场所，也要发挥教育阵地的作用，积极主动地为未成年人开展活动创造条件。

（十九）属于公益性文化事业的未成年人校外活动场所建设和运行所需资金，地方各级人民政府要予以保证，中央可酌情对全国重点爱国主义教育基地以及中西部地区和贫困地区的未成年人活动设施建设，予以一定

补助。要在国家彩票公益金中安排一定数额资金，用于未成年人活动场所建设。国家有关部门和地方各级人民政府要制定优惠政策，吸纳社会资金，鼓励、支持社会力量兴办未成年人活动场所。

八、积极营造有利于未成年人思想道德建设的社会氛围

（二十）各类大众传媒都要增强社会责任感，把推动未成年人思想道德教育作为义不容辞的职责，为加强和改进未成年人思想道德建设创造良好舆论氛围。要发挥各自优势，积极制作、刊播有利于未成年人身心健康的公益广告，增加数量，提高质量，扩大影响。各级电台、电视台都要开设和办好少儿专栏或专题节目。中央电视台要进一步办好少儿频道，各地要切实抓好中央电视台少儿频道的落地、覆盖工作。省（区、市）和副省级城市电视台要创造条件逐步开设少儿频道。少儿节目要符合少年儿童的欣赏情趣，适应不同年龄层次少年儿童的欣赏需求，做到知识性、娱乐性、趣味性、教育性相统一。各类报刊要热心关注未成年人思想道德建设，加强宣传报道。面向未成年人的报纸、刊物和其他少儿读物，要把向未成年人提供更好的精神食粮作为自己的神圣职责，努力成为未成年人开阔眼界、提高素质的良师益友和陶冶情操、愉悦身心的精神园地。

加强少年儿童影视片的创作生产，积极扶持国产动画片的创作、拍摄、制作和播出，逐步形成具有民族特色、适合未成年人特点、展示中华民族优良传统的动画片系列。积极探索与社会主义市场经济发展相适应的少年儿童电影发行、放映工作新路子，形成少年儿童电影的发行放映院线。

（二十一）各类互联网站都要充分认识所肩负的社会责任，积极传播先进文化，倡导文明健康的网络风气。重点新闻网站和主要教育网站要发挥主力军作用，开设未成年人思想道德教育的网页、专栏，组织开展各种形式的网上思想道德教育活动。在有条件的校园和社区内，要有组织地建设一批非营业性的互联网上网服务场所，为未成年人提供健康有益的绿色

网上空间。信息产业等有关部门要制定相关政策，积极推进这项工作。学校要加强对校园网站的管理，规范上网内容，充分发挥其思想道德教育的功能。要遵循网络特点和网上信息传播规律，充分考虑未成年人的兴趣爱好，加强网上正面宣传，唱响主旋律，打好主动仗，为广大未成年人创造良好的网络文化氛围。

（二十二）要充分考虑未成年人成长进步的需求，精心策划选题，创作、编辑、出版并积极推荐一批知识性、趣味性、科学性强的图书、报刊、音像制品和电子出版物等未成年人读物和视听产品。有关部门要继续做好面向未成年人的优秀影片、歌曲和图书的展演、展播、推介工作，使他们在学习娱乐中受到先进思想文化的熏陶。要积极鼓励、引导、扶持软件开发企业，开发和推广弘扬民族精神、反映时代特点、有益于未成年人健康成长的游戏软件产品。要积极推进全国文化信息资源共享工程建设，让健康的文化信息资源通过网络进入校园、社区、乡村、家庭，丰富广大未成年人的精神文化生活。

（二十三）要积极推动少儿文化艺术繁荣健康发展。加强少儿文艺创作、表演队伍建设，注重培养少儿文艺骨干力量。鼓励作家、艺术家肩负起培养和教育下一代的历史责任，多创作思想内容健康、富有艺术感染力的少儿作品。加大政府对少儿艺术演出的政策扶持力度，增强少儿艺术表演团体发展活力。文化、教育、共青团、妇联、文联、作协等有关职能部门和人民团体要认真履行各自的职责，党委宣传部门要加强指导协调，大力繁荣和发展少儿文化艺术。

九、净化未成年人的成长环境

（二十四）坚持不懈地开展"扫黄""打非"斗争，加强文化市场监管，坚决查处传播淫秽、色情、凶杀、暴力、封建迷信和伪科学的出版物。严格审查面向未成年人的游戏软件内容，查处含有诱发未成年人违法犯罪行为和恐怖、残忍等有害内容的游戏软件产品。制定相关法规，加强对玩具、饰品制作销售的监管，坚决查处宣扬色情和暴力的玩具、饰品。严格未成年人精神文化产品的进口标准，严把进口关，既要有选择地把世界各国的优秀文化产品介绍进来，又要防止境外有害文化的侵入。

（二十五）加强对互联网上网服务营业场所和电子游戏经营场所的管理。严格执行《互联网上网服务营业场所管理条例》，要按照取缔非法、控制总量、加强监管、完善自律、创新体制的要求，切实加强对网吧的整治和管理。认真落实未成年人不得进入营业性网吧的规定，落实在网吧终端设备上安装封堵色情等不健康内容的过滤软件，有效打击违法行为。推广绿色上网软件，为家长监管未成年人在家庭中的上网行为提供有效技术手段。各有关部门要依法治理利用电子邮件、手机短信等远程通信工具和群发通信传播有害信息、危害未成年人身心健康的违法行为。

加强对营业性歌舞娱乐场所、电子游艺厅、录像厅等社会文化场所的管理。认真落实《互联网上网服务营业场所管理条例》和国务院办公厅转发文化部等部门《关于开展电子游戏经营场所专项治理意见的通知》、《关于开展网吧等互联网上网服务营业场所专项整治意见的通知》规定，进一步优化校园周边环境，中小学校园周边 200 米内不得有互联网上网服务营业场所和电子游戏经营场所，不得在可能干扰学校教学秩序的地方设立经营性娱乐场所。

十、切实加强对未成年人思想道德建设工作的领导

（二十六）各级党委和政府要把加强和改进未成年人思想道德建设作为一项事关全局的战略任务，纳入经济社会发展总体规划，列入重要议事日程，切实加强和改善领导。要形成党委统一领导、党政群齐抓共管、文明委组织协调、有关部门各负其责、全社会积极参与的领导体制和工作机制。地方各级党委主要负责同志要负起政治责任，经常分析未成年人思想道德状况，及时了解未成年人思想道德建设工作情况，认真研究解决重大问题。各级政府要把未成年人思想道德建设摆在重要位置，狠抓措施的落

实；要给予必要的财力支持，并随着财政收入的增长逐步加大支持力度。

（二十七）中央精神文明建设指导委员会负责指导全国未成年人思想道德建设工作，督促检查各地区各部门贯彻落实中央关于加强和改进未成年人思想道德建设工作部署的情况，组织协调各有关部门和社会各方面共同做好未成年人思想道德建设工作。各地文明委要在同级党委领导下，担负起相应责任。要采取切实措施，充实和加强各级文明委的办事机构，搞好思想建设、组织建设和作风建设，使其更好地履行职能，发挥作用。各级宣传、教育、文化、体育、科技、广播影视、新闻出版、信息产业、民政、公安、海关、财政、税务等部门，共青团和工会、妇联等群团组织，在加强和改进未成年人思想道德建设中担负着重要责任，要结合业务工作，发挥各自优势，明确职责，密切配合，形成合力。要加强对未成年人成长规律的科学研究，为做好未成年人思想道德建设工作提供科学依据。要充分发挥民主党派、工商联和无党派人士在未成年人思想道德建设中的作用。

（二十八）要建立健全学校、家庭、社会相结合的未成年人思想道德教育体系，使学校教育、家庭教育和社会教育相互配合，相互促进。城市社区、农村乡镇和村民委员会，以及其他一切基层组织要切实担负起加强未成年人思想道德建设的社会责任，整合利用各种教育资源和活动场所，开展富有吸引力的思想教育和文体活动，真正把教育引导未成年人的工作落实到基层。要把为未成年人健康成长创造良好社会环境作为创建文明城市、文明社区、文明村镇、文明单位的重要内容。各级党委、政府和社会各界都要认真贯彻《中华人民共和国未成年人保护法》，切实维护未成年人的合法权益。要着力建设好中小学及幼儿园教师队伍，各类文化市场管理队伍，青少年宫、博物馆、爱国主义教育基地等各类文化教育设施辅导员队伍，老干部、老战士、老专家、老教师、老模范等"五老"队伍，形成一支专兼结合、素质较高、人数众多、覆盖面广的未成年人思想道德建设工作队伍。要重视关心下一代工作委员会的工作，支持他们为加强和改进未成年人思想道德建设贡献力量。

加强和改进未成年人思想道德建设，是全党全社会的共同任务。各有关部门和社会各有关方面，都要大力弘扬求真务实精神，大兴求真务实之风，根据各自担负的职责和任务，采取有效措施，狠抓贯彻落实，勇于开拓创新，注重工作实效，切实把加强和改进未成年人思想道德建设的各项工作落到实处。

# 四、关于进一步加强和改进未成年人校外活动场所建设和管理工作的意见

中共中央办公厅、国务院办公厅

2006 年 1 月 21 日

为深入贯彻落实《中共中央、国务院关于进一步加强和改进未成年人思想道德建设的若干意见》（中发〔2004〕8 号），充分发挥青少年宫、少年宫、青少年学生活动中心、儿童活动中心、科技馆等公益性未成年人校外活动场所的重要作用，现就进一步加强和改进未成年人校外活动场所建设和管理工作，提出如下意见。

一、加强和改进未成年人校外活动场所建设和管理工作的重要性和总的要求

1. 公益性未成年人校外活动场所是与学校教育相互联系、相互补充、促进青少年全面发展的实践课堂，是服务、凝聚、教育广大未成年人的活动平台，是加强思想道德建设、推进素质教育、建设社会主义精神文明的重要阵地，在教育引导未成年人树立理想信念、锤炼道德品质、养成行为习惯、提高科学素质、发展兴趣爱好、增强创新精神和实践能力等方面具

有重要作用。

2. 新中国成立以来特别是改革开放以来，党和国家高度重视未成年人校外活动场所建设和管理工作。各地区各有关部门采取积极措施，加强建设，规范管理，突出服务，扎实工作，初步形成了覆盖全国大中城市及部分县区的校外活动场所网络。各类未成年人校外活动场所积极拓展教育内容，创新活动载体，改进服务方式，广泛开展思想道德建设、科学技术普及、文艺体育培训、劳动技能锻炼等教育实践活动，有力地促进了未成年人德智体美全面发展。

3. 随着我国经济社会的不断发展和广大未成年人精神文化需求的日益增长，未成年人校外活动场所建设和管理工作还存在一些不适应的地方。主要是：活动场所总量不足，分布不均，发展不平衡；一些活动场所侧重于经营性创收，偏重于培养特专长学生，未能充分体现公益性原则和面向广大未成年人的服务宗旨；校外活动与学校教育衔接不紧密；管理体制不顺，投入保障机制不健全，内部运行缺乏活力，发展后劲不足，等等。这些问题制约了未成年人校外活动场所功能的发挥，影响了校外教育事业的健康发展，迫切需要采取有效措施加以解决。

4. 适应新形势新任务的要求，切实加强和改进未成年人校外活动场所建设和管理工作，是关系到造福亿万青少年、教育培养下一代的重要任务。我们要从落实科学发展观、构建社会主义和谐社会，确保广大未成年人健康成长、全面发展，确保党和国家事业后继有人、兴旺发达的高度，充分认识这项工作的重要性，认真总结经验教训，调整发展思路，在巩固已有成果的基础上，采取切实措施，加强薄弱环节，解决存在问题，努力开创未成年人校外活动场所建设和管理工作的新局面。

5. 进一步加强和改进未成年人校外活动场所建设和管理工作总的要求是：必须坚持以邓小平理论和"三个代表"重要思想为指导，按照全面落实科学发展观、构建社会主义和谐社会的要求，深入贯彻《爱国主义教育实施纲要》、《公民道德建设实施纲要》和《中共中央、国务院关于进一步加强和改进未成年人思想道德建设的若干意见》，以贴近和服务广大未成年人为宗旨，以加强思想道德教育为核心，以培养创新精神和实践能力为重点，明确定位、完善功能，统筹规划、加快建设，理顺体制、整合资源，健全机制、改善服务，逐步形成布局合理、功能完备、充满活力、可持续发展的校外活动场所网络，使广大未成年人在丰富多彩的校外活动中增长知识，开阔眼界，陶冶情操，提高能力，愉悦身心，健康成长。

二、始终坚持未成年人校外活动场所的公益性质

6. 由各级政府投资建设的专门为未成年人提供公共服务的青少年宫、少年宫、青少年学生活动中心、儿童活动中心、科技馆等场所，是公益性事业单位。要始终坚持把社会效益放在首位，切实把公益性原则落到实处。

7. 未成年人校外活动场所要坚持面向广大未成年人，使他们充分享有校外活动场所提供的公共服务。要坚持以普及性活动为主，力求丰富多彩、生动活泼，把思想道德教育融入其中，满足未成年人多种多样的兴趣爱好。要坚持常年开放，节假日的开放时间要适当延长，增强接待能力，提高场所利用率，为未成年人更好地参加校外活动创造条件。

8. 未成年人校外活动场所不得开展以赢利为目的的经营性创收。对集体组织的普及性教育实践活动和文体活动要实行免费。对确需集中食宿和使用消耗品的集体活动，以及特专长培训项目，只能收取成本费用，对特困家庭的未成年人要全部免费。公益性未成年人校外活动场所的收费项目必须经当地财政和物价部门核准。

9. 制定《未成年人校外活动场所公益性评估标准》，从服务对象、活动内容、时间安排、服务质量、经费使用等方面设置相应指标，定期进行考核、评估，并将考评结果作为财政支持的依据。对违背公益性原则的要限期整改，逾期不改的不再享受公益性事业单位的相关优惠政策。

三、充分发挥不同类型未成年人校外活动场所的教育服务功能

10. 各类青少年宫、少年宫、青少年学生活动中心、儿童活动中心、科技馆等未成年人校外活动场所，要根据自身类型和规模，结合未成年人的身心特点、接受能力和实际需要，明确功能定位，发挥各自优势，实现资源共享，满足未成年人多样化的校外活动需求。

11. 大中城市的中心青少年宫、少年宫、儿童活动中心等，要充分发挥示范带动、人才培养、服务指导的功能。要利用基础设施好、师资力量强的优势，在项目设计、活动组织、运行模式等方面进行积极探索，为基层校外活动场所提供示范；要在积极开展普及性教育实践活动的基础上，发现和培养优秀人才；要在加强自身发展的同时，发挥好领头作用，为基层校外活动场所提供业务指导和咨询服务。

12. 城区和县（市）的青少年宫、少年宫、儿童活动中心等，要充分发挥普及推广、兴趣培养、体验实践的功能。要针对未成年人的身心特点，精心设计和广泛开展经常性、大众化、参与面广、实践性强的校外活动；要结合学校的课程设置，组织开展生动活泼、怡情益智的文体、科技等兴趣小组和社团活动，使广大未成年人在形式多样的校外活动中，培养兴趣爱好，发挥发展特长，得到锻炼和提高。

13. 社区和农村的校外活动场所要充分发挥贴近基层、就近就便的优势，与所在地学校密切配合，利用节假日和课余时间，组织开展小型多样的主题教育、文体娱乐和公益服务等活动，组织开展家长和学生共同参与的亲子活动。要把社区和农村的未成年人校外活动与"四进社区"、"三下乡"、志愿服务等活动结合起来，整合利用各种教育资源，充实活动内容，丰富校外生活。

14. 青少年学生活动中心等校外活动场所要充分发挥体验性、实践性、参与性强的优势，组织学生集中开展生产劳动、军事训练、素质拓展等活动，让学生在亲身体验和直接参与中，树立劳动观念，提高动手能

力，增强团队精神，磨练意志品质。

15. 各类科技馆要积极拓展为未成年人服务的功能。要切实改进展览方式，充实适合未成年人的展出内容，增强展馆的吸引力。要利用展馆资源，开展面向未成年人的科普活动，引导青少年走近科学、热爱科学。要走出馆门、走进学校、深入社区和农村，利用科普大篷车、科普小分队等各种形式，传播科技知识，支持和指导学校和基层的科普活动。

四、积极促进校外活动与学校教育的有效衔接

16. 积极探索建立健全校外活动与学校教育有效衔接的工作机制。各级教育行政部门要会同共青团、妇联、科协等校外活动场所的主管部门，对校外教育资源进行调查摸底，根据不同场所的功能和特点，结合学校的课程设置，统筹安排校外活动。要把校外活动列入学校教育教学计划，逐步做到学生平均每周有半天时间参加校外活动，实现校外活动的经常化和制度化。要把学校组织学生参加校外活动以及学生参加校外活动的情况，作为对学校和学生进行综合评价的重要内容。

17. 中小学校要根据教育行政部门的统筹安排，结合推进新一轮课程改革，把校外实践活动排入课程表，切实保证活动时间，并做好具体组织工作。要增加德育、科学、文史、艺术、体育等方面课程的实践环节，充分利用校外活动场所开展现场教学。

18. 各类校外活动场所要加强与教育行政部门和学校的联系，积极主动地为学生参加校外活动提供周到优质的服务。要根据学校校外活动的需要，及时调整活动内容，精心设计开发与学校教育教学有机结合的活动项目，积极探索参与式、体验式、互动式的活动方式，创新活动载体，并配备相应的辅导讲解人员，使校外活动与学校教育相互补充、相互促进。

19. 各地区各部门要高度重视中小学生参加校外活动的安全问题，明确责任，落实措施。学校要开展必要的自护自救教育，增强中小学生的安全防范意识和能力。校外活动场所要切实保证活动场地、设施、器材的安

全性，配备安全保护人员，设置必要的安全警示标志，防止意外事故发生。要建立完善中小学生校外活动人身安全保险制度和相关配套制度。有条件的地方政府可为学生参加校外活动和各种社会实践活动购买保险，鼓励中小学参加学校责任保险，提倡学生自愿参加意外伤害保险。

五、切实加强未成年人校外活动场所的规划和建设

20. 各级政府要把未成年人校外活动场所建设纳入当地国民经济和社会发展总体规划。大中城市要逐步建立布局合理、规模适当、经济实用、功能配套的未成年人校外活动场所，"十一五"期间要实现每个城区、县（市）都有一所综合性、多功能的未成年人校外活动场所。各地要认真贯彻落实建设部、民政部《关于进一步做好社区未成年人活动场所建设和管理工作的意见》，在城市的旧区改建或新区开发建设中，配套建设未成年人校外活动场所。人口规模在30000—50000人以上的居住区要建设文化活动中心，人口规模在7000—15000人的居住小区要建设文化活动站，重点镇和县城关镇要设置文化活动站或青少年之家。社区文化活动中心（站）中都要开辟专门供未成年人活动的场地。

21. 加大农村未成年人校外活动场所的规划和建设力度。要按照建设社会主义新农村和加快发展农村文化教育事业的要求，加强农村未成年人校外活动场所建设。各地可因地制宜，依托基础设施较好的乡镇中心学校或其他社会资源，配备必要的设施设备，建立乡村少年儿童活动场所，为农村未成年人就近就便参加校外活动提供条件。农村现有的宣传文化中心（站）、科技活动站等要开辟未成年人活动场地。要研究制定农村未成年人校外活动场所的制度规范，在设施配置、管理模式、活动方式等方面作出明确规定。

22. 进一步拓宽渠道，鼓励支持社会力量兴办公益性未成年人校外活动场所；鼓励社会各界通过捐赠、资助等方式，支持未成年人校外活动场所建设，开展公益性活动。

六、认真落实未成年人校外活动场所财政保障和税收优惠政策

23. 公益性未成年人校外活动场所建设和改造资金以各级政府投入为主。国家对中西部地区和贫困地区的未成年人校外活动场所建设和改造予以支持和补助。在总结评估"十五"期间"青少年学生校外活动场所建设和维护专项彩票公益金"执行情况的基础上，研究"十一五"期间未成年人校外活动场所建设的投入方式和力度。

24. 各级政府要把未成年人校外活动场所运转、维护和开展公益性活动的经费纳入同级财政预算，切实予以保障。中央财政通过逐步加大转移支付力度，对中西部地区和贫困地区未成年人校外活动场所的运转和维护予以支持。各级政府要加强对未成年人校外活动场所使用经费的监督管理，提高资金使用效益。

25. 实行支持公益性未成年人校外活动场所发展的税收优惠政策。符合现行营业税政策规定的公益性未成年人校外活动场所的门票收入免征营业税，用于事业发展；公益性未成年人校外活动场所中符合现行政策规定的自用房产、土地免征房产税、城镇土地使用税；社会力量通过非营利性的社会团体和国家机关对公益性未成年人校外活动场所（包括新建）的捐赠，在缴纳企业所得税和个人所得税前，准予全额扣除。

七、努力建设高素质的未成年人校外活动场所工作队伍

26. 充实优化未成年人校外活动场所工作队伍。各级政府要加强未成年人校外活动场所工作队伍建设，建立科学合理的队伍结构。按照《中华人民共和国教师法》、《中小学教师职务试行条例》等有关规定，制定未成年人校外活动场所教师专业技术职务评聘办法。精心选拔热爱校外教育事业、思想素质好、懂业务、会管理的优秀人才充实到领导岗位，提高未成年人校外活动场所管理水平。

27. 加强校外教育人才培养工作。高等师范院校和教育学院可根据自身条件，开设校外教育课程。在硕士、博士学位的相关专业和学科中，可

设置校外教育研究方向。要把未成年人校外活动场所教师的继续教育纳入教师岗位培训计划，不断提高他们的综合素质。

28．调动整合社会力量，参与校外活动场所工作。高度重视少先队组织在少年儿童校外教育中的作用，支持少先队利用校外场所开展丰富多彩的实践教育活动，提高少年儿童综合素质。充分发挥青少年宫协会、教育学会、家庭教育学会、青少年科技辅导员协会等社团组织的作用，吸引各方面人才，为未成年人校外活动贡献力量。鼓励支持志愿者、离退休老同志，以及文艺、体育、科技工作者，为未成年人校外活动提供义务服务。组织高等院校、社科研究机构的有关专家，开展校外教育理论研究，为未成年人校外活动场所工作提供理论支持。

八、进一步完善未成年人校外活动场所的管理体制和工作机制

29．各级党委和政府要切实加强对未成年人校外活动场所建设和管理工作的领导，把这项工作摆上议事日程，及时掌握工作情况，研究解决重要问题。各级精神文明建设委员会要把这项工作纳入未成年人思想道德建设的总体布局，予以高度重视，加强督促指导。各地区各有关部门要定期对未成年人校外活动场所的建设、管理和使用情况进行检查，被挤占、挪用、租借的未成年人校外活动场所要限期退还，服务对象和活动内容名不副实的未成年人校外活动场所要限期改正。对不适宜未成年人参与的活动项目和服务内容要坚决予以清除。

30．切实发挥"全国青少年校外教育工作联席会议"的统筹协调职能。联席会议要建立规范化、制度化的议事制度，定期召开会议，制定发展规划，研究相关政策，协调重大问题，组织开展经常性的活动，做好培训和表彰奖励工作。联席会议办公室设在教育部，教育部、团中央、全国妇联等有关成员单位派人参加，具体负责联席会议日常事务和有关工作的落实。

31．理顺未成年人校外活动场所的管理体制。教育行政部门和共青

团、妇联、科协等组织所属现有的未成年人校外活动场所原隶属关系不变。今后，由专项彩票公益金资助建设的公益性未成年人校外活动场所，原则上由各级教育行政部门管理，并注重发挥共青团、妇联等群众团体的积极作用。各有关部门要加强联系，积极配合，共同做好校外教育工作。

32. 完善未成年人校外活动场所的管理制度。未成年人校外活动场所主管部门要按照职能分工，根据不同类型校外活动场所的实际，制定行业管理标准，建立考核评价体系，规范对未成年人校外活动场所的管理。各类未成年人校外活动场所要进一步深化内部改革，完善规章制度，增强自身发展活力，改进管理工作，提高服务水平。

## 五、关于深化教育教学改革全面提高义务教育质量的意见

中共中央、国务院

2019 年 6 月 23 日

义务教育质量事关亿万少年儿童健康成长，事关国家发展，事关民族未来。为深入贯彻党的十九大精神和全国教育大会部署，加快推进教育现代化，建设教育强国，办好人民满意的教育，现就深化教育教学改革、全面提高义务教育质量提出如下意见。

一、坚持立德树人，着力培养担当民族复兴大任的时代新人

1. 指导思想。坚持以习近平新时代中国特色社会主义思想为指导，全面贯彻党的教育方针，落实立德树人根本任务，遵循教育规律，强化教师队伍基础作用，围绕凝聚人心、完善人格、开发人力、培育人才、造福人民的工作目标，发展素质教育，培养德智体美劳全面发展的社会主义建设者和接班人。

2. 基本要求。树立科学的教育质量观，深化改革，构建德智体美劳

全面培养的教育体系，健全立德树人落实机制，着力在坚定理想信念、厚植爱国主义情怀、加强品德修养、增长知识见识、培养奋斗精神、增强综合素质上下功夫。坚持德育为先，教育引导学生爱党爱国爱人民爱社会主义；坚持全面发展，为学生终身发展奠基；坚持面向全体，办好每所学校、教好每名学生；坚持知行合一，让学生成为生活和学习的主人。

二、坚持"五育"并举，全面发展素质教育

3. 突出德育实效。完善德育工作体系，认真制定德育工作实施方案，深化课程育人、文化育人、活动育人、实践育人、管理育人、协同育人。大力开展理想信念、社会主义核心价值观、中华优秀传统文化、生态文明和心理健康教育。加强爱国主义、集体主义、社会主义教育，引导少年儿童听党话、跟党走。加强品德修养教育，强化学生良好行为习惯和法治意识养成。打造中小学生社会实践大课堂，充分发挥爱国主义、优秀传统文化等教育基地和各类公共文化设施与自然资源的重要育人作用，向学生免费或优惠开放。广泛开展先进典型、英雄模范学习宣传活动，积极创建文明校园。健全创作激励与宣传推介机制，提供寓教于乐的优秀儿童文化精品；强化对网络游戏、微视频等的价值引领与管控，创造绿色健康网上空间。突出政治启蒙和价值观塑造，充分发挥共青团、少先队组织育人作用。

4. 提升智育水平。着力培养认知能力，促进思维发展，激发创新意识。严格按照国家课程方案和课程标准实施教学，确保学生达到国家规定学业质量标准。充分发挥教师主导作用，引导教师深入理解学科特点、知识结构、思想方法，科学把握学生认知规律，上好每一堂课。突出学生主体地位，注重保护学生好奇心、想象力、求知欲，激发学习兴趣，提高学习能力。加强科学教育和实验教学，广泛开展多种形式的读书活动。各地要加强监测和督导，坚决防止学生学业负担过重。

5. 强化体育锻炼。坚持健康第一，实施学校体育固本行动。严格执行学生体质健康合格标准，健全国家监测制度。除体育免修学生外，未达体质健康合格标准的，不得发放毕业证书。开齐开足体育课，将体育科目纳入高中阶段学校考试招生录取计分科目。科学安排体育课运动负荷，开展好学校特色体育项目，大力发展校园足球，让每位学生掌握 1 至 2 项运动技能。广泛开展校园普及性体育运动，定期举办学生运动会或体育节。鼓励地方向学生免费或优惠开放公共运动场所。通过购买服务等方式，鼓励体育社会组织为学生提供高质量体育服务。精准实施农村义务教育学生营养改善计划。健全学生视力健康综合干预体系，保障学生充足睡眠时间。

6. 增强美育熏陶。实施学校美育提升行动，严格落实音乐、美术、书法等课程，结合地方文化设立艺术特色课程。广泛开展校园艺术活动，帮助每位学生学会 1 至 2 项艺术技能、会唱主旋律歌曲。引导学生了解世界优秀艺术，增强文化理解。鼓励学校组建特色艺术团队，办好中小学生艺术展演，推进中华优秀传统文化艺术传承学校建设。通过购买服务等方式，鼓励专业艺术人才到中小学兼职任教。支持艺术院校在中小学建立对口支援基地。

7. 加强劳动教育。充分发挥劳动综合育人功能，制定劳动教育指导纲要，加强学生生活实践、劳动技术和职业体验教育。优化综合实践活动课程结构，确保劳动教育课时不少于一半。家长要给孩子安排力所能及的家务劳动，学校要坚持学生值日制度，组织学生参加校园劳动，积极开展校外劳动实践和社区志愿服务。创建一批劳动教育实验区，农村地区要安排相应田地、山林、草场等作为学农实践基地，城镇地区要为学生参加农业生产、工业体验、商业和服务业实践等提供保障。

三、强化课堂主阵地作用，切实提高课堂教学质量

8. 优化教学方式。坚持教学相长，注重启发式、互动式、探究式教学，教师课前要指导学生做好预习，课上要讲清重点难点、知识体系，引

导学生主动思考、积极提问、自主探究。融合运用传统与现代技术手段，重视情境教学；探索基于学科的课程综合化教学，开展研究型、项目化、合作式学习。精准分析学情，重视差异化教学和个别化指导。各地要定期开展聚焦课堂教学质量的主题活动，注重培育、遴选和推广优秀教学模式、教学案例。

9. 加强教学管理。省级教育部门要分学科制定课堂教学基本要求，市县级教育部门要指导学校形成教学管理特色。学校要健全教学管理规程，统筹制定教学计划，优化教学环节；开齐开足开好国家规定课程，不得随意增减课时、改变难度、调整进度；严格按课程标准零起点教学，小学一年级设置过渡性活动课程，注重做好幼小衔接；坚持和完善集体备课制度，认真制定教案。各地各校要切实加强课程实施日常监督，不得有提前结课备考、超标教学、违规统考、考试排名和不履行教学责任等行为。

10. 完善作业考试辅导。统筹调控不同年级、不同学科作业数量和作业时间，促进学生完成好基础性作业，强化实践性作业，探索弹性作业和跨学科作业，不断提高作业设计质量。杜绝将学生作业变成家长作业或要求家长检查批改作业，不得布置惩罚性作业。教师要认真批改作业，强化面批讲解，及时做好反馈。从严控制考试次数，考试内容要符合课程标准、联系学生生活实际，考试成绩实行等级评价，严禁以任何方式公布学生成绩和排名。建立学有困难学生帮扶制度，为学有余力学生拓展学习空间。各地要完善政策支持措施，不断提高课后服务水平。

11. 促进信息技术与教育教学融合应用。推进"教育+互联网"发展，按照服务教师教学、服务学生学习、服务学校管理的要求，建立覆盖义务教育各年级各学科的数字教育资源体系。加快数字校园建设，积极探索基于互联网的教学。免费为农村和边远贫困地区学校提供优质学习资源，加快缩小城乡教育差距。加强信息化终端设备及软件管理，建立数字化教学资源进校园审核监管机制。

四、按照"四有好老师"标准，建设高素质专业化教师队伍

12. 大力提高教育教学能力。以新时代教师素质要求和国家课程标准为导向，改革和加强师范教育，提高教师培养培训质量。实施全员轮训，突出新课程、新教材、新方法、新技术培训，强化师德教育和教学基本功训练，不断提高教师育德、课堂教学、作业与考试命题设计、实验操作和家庭教育指导等能力。进一步实施好"国培计划"，增加农村教师培训机会，加强紧缺学科教师培训。实施乡村优秀青年教师培养奖励计划，定期开展教学素养展示和教学名师评选活动，对教育教学业绩突出的教师予以表彰奖励。

13. 优化教师资源配置。各地要按照中小学教职工编制标准做好编制核定工作，并制定小规模学校编制核定标准和通过政府购买服务方式为寄宿制学校提供生活服务的实施办法。对符合条件的非在编教师要加快入编，不得产生新的代课教师。县级教育部门要按照班额、生源等情况，在核定的总量内，统筹调配各校编制和岗位数量，并向同级机构编制、人力资源社会保障和财政部门备案。制定符合教师职业特点的公开招聘办法，充分发挥教育部门和学校在教师招聘中的重要作用，严格教师资格准入制度。实行教师资格定期注册制度，对不适应教育教学的应及时调整。加大县域内城镇与乡村教师双向交流、定期轮岗力度，建立学区（乡镇）内教师走教制度。进一步实施好农村教师"特岗计划"和"银龄讲学计划"。完善教师岗位分级认定办法，适当提高教师中、高级岗位比例。

14. 依法保障教师权益和待遇。制定教师优待办法，保障教师享有健康体检、旅游、住房、落户等优待政策。坚持教育投入优先保障并不断提高教师待遇。完善义务教育绩效工资总量核定办法，建立联动增长机制，确保义务教育教师平均工资收入水平不低于当地公务员平均工资收入水平。完善绩效工资分配办法，绩效工资增量主要用于奖励性绩效工资分配；切实落实学校分配自主权，并向教学一线和教学实绩突出的教师倾

斜。落实乡村教师乡镇工作补贴、集中连片特困地区生活补助和艰苦边远地区津贴等政策，有条件的地方对在乡村有教学任务的教师给予交通补助。加强乡村学校教师周转宿舍建设。制定实施细则，明确教师教育惩戒权。依法依规妥善处理涉及学校和教师的矛盾纠纷，坚决维护教师合法权益。

15．提升校长实施素质教育能力。校长是学校提高教育质量的第一责任人，应经常深入课堂听课、参与教研、指导教学，努力提高教育教学领导力。尊重校长岗位特点，完善选任机制与管理办法，推行校长职级制，努力造就一支政治过硬、品德高尚、业务精湛、治校有方的高素质专业化校长队伍。加大校长特别是乡村学校校长培训力度，开展校长国内外研修。倡导教育家办学，支持校长大胆实践，创新教育理念、教育模式、教育方法，营造教育家脱颖而出的制度环境。

五、深化关键领域改革，为提高教育质量创造条件

16．加强课程教材建设。国家建立义务教育课程方案、课程标准修订和实施监测机制，完善教材管理办法。省级教育部门制定地方课程和校本课程开发与实施指南，并建立审议评估和质量监测制度。县级教育部门要加强校本课程监管，构建学校间共建共享机制。学校要提高校本课程质量，校本课程原则上不编写教材。严禁用地方课程、校本课程取代国家课程，严禁使用未经审定的教材。义务教育学校不得引进境外课程、使用境外教材。完善义务教育装备基本标准，有条件的地方可建设创新实验室、综合实验室。

17．完善招生考试制度。推进义务教育学校免试就近入学全覆盖。健全联控联保机制，精准做好控辍保学工作。严禁以各类考试、竞赛、培训成绩或证书证明等作为招生依据，不得以面试、评测等名义选拔学生。民办义务教育学校招生纳入审批地统一管理，与公办学校同步招生；对报名人数超过招生计划的，实行电脑随机录取。高中阶段学校实行基于初中学

业水平考试成绩、结合综合素质评价的招生录取模式，落实优质普通高中招生指标分配到初中政策，公办民办普通高中按审批机关统一批准的招生计划、范围、标准和方式同步招生。稳步推进初中学业水平考试省级统一命题，坚持以课程标准为命题依据，不得制定考试大纲，不断提高命题水平。

18. 健全质量评价监测体系。建立以发展素质教育为导向的科学评价体系，国家制定县域义务教育质量、学校办学质量和学生发展质量评价标准。县域教育质量评价突出考查地方党委和政府对教育教学改革的价值导向、组织领导、条件保障和义务教育均衡发展情况等。学校办学质量评价突出考查学校坚持全面培养、提高学生综合素质以及办学行为、队伍建设、学业负担、社会满意度等。学生发展质量评价突出考查学生品德发展、学业发展、身心健康、兴趣特长和劳动实践等。坚持和完善国家义务教育质量监测制度，强化过程性和发展性评价，建立监测平台，定期发布监测报告。

19. 发挥教研支撑作用。加强和改进新时代教研工作，理顺教研管理体制，完善国家、省、市、县、校教研体系，有条件的地方应独立设置教研机构。明确教研员工作职责和专业标准，健全教研员准入、退出、考核激励和专业发展机制。建立专兼结合的教研队伍，省、市、县三级教研机构应配齐所有学科专职教研员。完善区域教研、校本教研、网络教研、综合教研制度，建立教研员乡村学校联系点制度。鼓励高等学校、科研机构等参与教育教学研究与改革工作。

20. 激发学校生机活力。推进现代学校制度建设，落实学校办学自主权，保障学校自主设立内设机构，依法依规实施教育教学活动、聘用教师及其他工作人员、管理使用学校经费等。各地要完善统筹协调机制，严格控制面向义务教育学校的各类审批、检查验收、创建评比等活动，未经当地教育部门同意，任何单位不得到学校开展有关活动。发挥优质学校示范辐射作用，完善强校带弱校、城乡对口支援等办学机制，促进新优质学校成长。对提高教育质量成效显著和发挥示范辐射作用突出的学校，应给予支持和奖励。

21. 实施义务教育质量提升工程。保障义务教育财政经费投入，加大对教师队伍建设、教育教学改革、提高教育质量经费支持力度。实施优秀教学成果推广应用计划，整合建设国家中小学生网络学习平台。推进义务教育薄弱环节改善与能力提升，重点加强乡村小规模学校和乡镇寄宿制学校建设，打造"乡村温馨校园"；加快消除城镇大班额，逐步降低班额标准，促进县域义务教育从基本均衡向优质均衡发展。

六、加强组织领导，开创新时代义务教育改革发展新局面

22. 坚持党的全面领导。各级党委和政府要把办好义务教育作为重中之重，全面加强党的领导，切实履行省级和市级政府统筹实施、县级政府为主管理责任。党政有关负责人要牢固树立科学教育观、正确政绩观，严禁下达升学指标或片面以升学率评价学校和教师。要选优配强教育部门领导干部，特别是县级教育局局长。县级党委和政府每年要至少听取1次义务教育工作汇报，及时研究解决有关重大问题。加强学校党的建设，充分发挥学校党组织领导作用，强化党建带团建、队建。将校园安全纳入社会治理，完善校园安全风险防控体系和依法处理机制，坚决杜绝"校闹"行为，维护正常教育教学秩序。

23. 落实部门职责。教育部门要会同有关部门为深化教育教学改革、提高义务教育质量提供保障条件，切实管好学校。组织部门要加强对党政领导班子及有关领导干部履行教育职责的考核，按照干部管理权限做好教育部门和单位领导干部选拔任用工作，指导学校做好党建工作。宣传部门要抓好正面宣传和舆论引导工作，营造教书育人良好氛围。机构编制部门要做好学校编制核定工作。发展改革部门要将义务教育发展纳入国民经济和社会发展规划。自然资源、住房城乡建设部门要配合做好学校布局规

划，统筹做好土地供给和学校建设工作。财政部门要加大财政投入，优化支出结构，确保义务教育经费落实到位。人力资源社会保障部门要依法落实教师待遇，为学校招聘教师提供支持。民政部门要牵头做好农村留守儿童关爱保护工作。网信、文化和旅游部门要推动提供更多儿童优秀文化产品，净化网络文化环境。党委政法委要协调公安、司法行政等政法机关和有关部门，加强校园及周边综合治理，维护校园正常秩序和师生合法权益。市场监督管理部门要做好校外培训机构登记、收费、广告、反垄断等监管工作。共青团组织要积极开展思想政治引领和价值引领。妇联要加强社区家庭教育指导服务，少先队等群团组织和关心下一代工作委员会要做好少年儿童有关教育引导和关爱保护工作。

24. 重视家庭教育。加快家庭教育立法，强化监护主体责任。加强社区家长学校、家庭教育指导服务站点建设，为家长提供公益性家庭教育指导服务。充分发挥学校主导作用，密切家校联系。家长要树立科学育儿观念，切实履行家庭教育职责，加强与孩子沟通交流，培养孩子的好思想、好品行、好习惯，理性帮助孩子确定成长目标，克服盲目攀比，防止增加孩子过重课外负担。

25. 强化考核督导。各级党委和政府要把全面提高义务教育质量纳入党政领导干部考核督查范围，并将结果作为干部选任、表彰奖励的重要参考。强化教育教学督导，将其作为对省、市、县级政府履行教育职责督导评估的重要内容，把结果作为评价政府履职行为、学校办学水平、实施绩效奖励的重要依据。对办学方向、教育投入、学校建设、教师队伍、教育生态等方面存在严重问题的地方，要依法依规追究当地政府和主要领导责任；对违背党的教育方针、背离素质教育导向、不按国家课程方案和课程标准实施教学等行为，要依法依规追究教育行政部门、学校、教师和有关人员责任。

26. 营造良好生态。全党全社会都要关心支持深化教育教学改革、全面提高义务教育质量工作。新闻媒体要坚持正确舆论导向，做好党的教育方针、科学教育观念和教育教学改革典型经验宣传报道。坚决治理校外违规培训和竞赛行为。大力营造义务教育持续健康协调发展的良好氛围，更好发挥义务教育在实现中华民族伟大复兴中国梦中的奠基作用。

## 附件：关于贯彻《中共中央、国务院关于深化教育教学改革全面提高义务教育质量的意见》的实施意见

中共上海市委、上海市人民政府

2020 年 1 月 23 日

为贯彻《中共中央、国务院关于深化教育教学改革全面提高义务教育质量的意见》，落实全国和上海市教育大会部署，进一步推进义务教育高质量发展，结合实际，提出如下实施意见。

一、总体要求

（一）指导思想

坚持以习近平新时代中国特色社会主义思想为指导，全面贯彻党的教育方针，遵循教育规律，发展素质教育，以立德树人为根本任务，以凝聚人心、完善人格、开发人力、培育人才、造福人民为工作目标，以重点领域和关键环节的改革为主要抓手，全面推进我市义务教育优质、均衡、科学发展，培养德智体美劳全面发展的社会主义建设者和接班人。

（二）基本要求

——提高质量。深化义务教育课程教学改革，建立健全教、考、招联动机制，建设义务教育质量保障体系。提升教师队伍质量，激励和引导教师专业发展。激发学校办学活力，引导学校打造鲜明办学特色，提高办学质量。

——深化改革。通过规范义务教育招生入学、优化教育资源配置、深化考试评价制度改革等举措，推动城乡义务教育一体化发展、公民办学校协调发展。办好每一所家门口的学校，引导学校为学生提供适合的教育。

——科学发展。遵循教育教学规律和人才成长规律，重点围绕义务教育的育人目标，推进中小学课程一体化建设。提高课堂教学实效，促进学生学会学习。发挥评价的诊断、激励、改进功能。提高义务教育治理能力，完善教育治理体系。

二、主要任务

（一）完善"五育并举"课程体系，发展素质教育

1. 注重德育实效。推进习近平新时代中国特色社会主义思想进教材、进课堂、进学生头脑，结合"三全育人"综合改革，把理想信念、爱国主义、社会主义核心价值观、中华优秀传统文化、公民道德等融入学生日常行为习惯养成过程。加强思政课和学科德育建设，形成课程协同效应。突出政治启蒙和价值观塑造，充分发挥共青团、少先队组织育人作用。用好红色文化等教育资源，增加学生社会实践基地和岗位，丰富实践体验。完善学校心理健康教育工作体系，配齐配强专职教师，开齐开好心理课程。

2. 提高智育水平。高质量落实国家课程方案和课程标准，培育学生面向未来的核心知识、必备技能和关键能力。探索因材施教的有效路径和深度学习的实践模式。重视信息科技、科学实践和工程技术教育。结合学生生活开展教学，培养终身学习、创新实践、问题解决的能力和勇于探索的精神。加强学业质量监测和督导，科学开展学业评价，防止学生学业负担过重。

3. 强化体育锻炼。全面深化学校体育改革，优化项目布局，完善培养体系，实施高水平体育教育。加强学校体育课程建设，落实我市中小学体育课时，推动每所学校开设 7 种以上运动项目、每位学生每天运动不少于 1 小时。构建普及与提高相结合的赛事育人体系。实施学生体育素养评

价，让每位学生掌握 1 至 2 项运动技能。推进近视综合防控工作，提升学生视力健康水平。

4. 提升美育素养。优化学校艺术项目布局，创新艺术人才培养模式。构建以审美和人文素养为核心的美育课程体系，增设舞蹈、戏剧等课程内容。加强中华优秀文化传承教育，开展青少年民族文化培训系列活动。用好文教结合的优质资源，建设高水平中小学生艺术团队。完善艺术素养评价机制，引导每位学生形成 1 至 2 项艺术爱好和特长，提高拥有 3 个以上艺术特色项目的中小学校比例。

5. 加强劳动教育。把劳动教育纳入人才培养全过程，贯通各学段和家庭、学校、社会各方面。推进学校劳动教育规范化、家庭劳动教育日常化、社会劳动教育多样化。建立校外劳动教育基地。全面落实初中学生每人每学年公益劳动不少于 20 课时的要求。

（二）深化教育内涵发展，促进义务教育提质增效

1. 深化创新创造教育。围绕创新创造教育的课题、课程、课堂开展研究与实践，推进考试招生制度、学校管理制度改革。鼓励开发体现区域特色的创新创造教育校本课程，开展真实情境下的教学实践，引导学生学会创意，提升创新创造能力。以考查学生思维的深刻性、灵活性、独创性为重点，加强考试命题改革。深化学校管理制度改革，支持学校和教师开展各种创新创造教育实验。

2. 优化课程管理。健全市、区、校三级课程管理机制，加强课程开发、实施、评估和质量监测等全过程管理，提高课程建设水平。系统设计课程实施方案。聚焦学校课程、学科教学、教师教研，整体提升中小学校长的课程领导力。优化学校课程结构，探索跨学科课程，培育精品课程。鼓励学校围绕学生的发展需求开发个性化课程。

3. 提高课堂教学实效。坚持"以学定教、以教促学、教学相长"的原则，改革课堂教学方式。探索基于学科的课程综合化教学，开展研究

式、项目化、合作式学习。推进小幼双向衔接，全面实施基于课程标准的教学与评价，深入实施小学低年段主题式综合活动课程。将评价融入教学，发挥评价对学生发展的促进作用。推广应用基础教育国家级教学成果，加强教学实践研究。

4. 加强中小学教研工作。研究制定新时代进一步加强我市基础教育教研工作的若干意见，健全教研机构设置，优化教研队伍建设。构建结构形态多样的教研合作共同体，采用"问题导向、任务驱动、沟通协作"的项目运作方式，提高教研工作的针对性和有效性。开发应用教研工具，提升教研质量。

5. 促进信息技术与教育教学深度融合。健全数字教材运行保障机制，加强教、研、训有效整合，推进数字教材常态化应用。积极探索未来学校建设，构建基于物联网、大数据、虚拟现实、人工智能的未来学习场景，推进教学精准分析和反馈改进体系建设，推动个性化学习的开展。

6. 加强教材管理。落实专业机构，承担教材审核和选用跟踪研究任务。高质量推进义务教育国家统编教材的使用，严禁用地方课程、校本课程取代国家课程，严禁使用未经审定的教材。义务教育学校不得引进境外课程、使用境外教材。校本课程原则上不编写教材。鼓励学校挖掘课程资源和空间，开设多样化综合实践活动课程。建立健全中小学使用教辅材料管理制度。

7. 加强作业管理。加强对作业的统筹管理和科学指导，提升教师作业设计能力。建立符合学校实际的作业长效管理机制。开展区域学校作业管理效能监测。将作业设计与实施纳入科研、教研、教师培训和教师教育教学能力评价范围。完善学生校内课后服务机制，提高课后服务质量。

（三）深化招生考试制度改革，完善义务教育评价体系

1. 深化义务教育招生制度改革。推进义务教育学校免试就近入学全覆盖。严禁以各类考试、竞赛、培训成绩或证书证明等作为招生依据，不

得以面试、评测等名义选拔学生。将民办义务教育学校招生纳入审批地统一管理，与公办学校同步招生；对报名人数超过招生计划的，实行电脑随机录取。健全控辍保学联动机制，精准做好劝返复学工作。

2. 完善高中阶段考试招生制度改革。实行依据初中学业水平考试成绩、结合综合素质评价的招生录取制度。完善初中学业水平考试制度，关注培养学生的社会主义核心价值观，突出能力导向，加强跨学科案例分析等命题研究，优化物理、化学实验操作考试方式。完善初中学生综合素质评价制度，促进学生参与社会考察、探究学习、职业体验等综合实践活动。完善高中阶段学校招生录取办法。

3. 健全义务教育质量评价制度。深入实施上海市中小学学业质量绿色指标评价改革，优化指标体系，改进评价技术，推动基于科学评价的教育教学改进。探索实施区域基础教育环境质量评估，着力考查各区党委和政府对义务教育保障、支持的情况，营造有利于全面落实素质教育的良好生态。

（四）建设"家门口好学校"，促进义务教育优质均衡发展

1. 推进义务教育优质均衡发展区创建。各区政府要强化义务教育改革发展的主体责任，凝心聚力促进区域义务教育高质量发展。加强市、区联动，加大市级层面对跨区优质教育资源的统筹力度，推动各区采取有力措施提高校际均衡水平。加快推进义务教育优质均衡发展区创建。

2. 加强公办学校建设。开展"家门口好学校"建设，努力办好每一所家门口的学校。推进紧密型学区、集团建设，有效利用绩效工资、职称评定、职务晋升等机制，加大对跨区集团办学的保障和激励力度。探索建立以学区、集团为单位进行岗位设置并实施绩效考核的新模式。推进公办初中"强校工程"，加强内涵建设，促进学校办学质量明显提高。落实城乡教育融合发展，持续推进优质学校到郊区对口办学，实施城乡学校携手共进计划。

3. 促进民办学校发展。各区要设立民办教育发展专项资金，支持民办学校开展特色创建。按照不低于我市义务教育公办学校生均公用经费基本标准，对民办学校补助公用经费（含免学杂费部分）。落实民办学校教师在科研、教研、教师培训、职称评定等方面与公办学校教师同等待遇。完善民办学校教师社会保障机制，支持民办学校建立年金制度，改善教职工退休后待遇。

4. 改善义务教育薄弱环节。切实加强乡村小规模学校和乡镇寄宿制学校建设，促进学校"小而优"发展。健全管理机制，确保公建配套学校与住宅建设同步规划、同步建设、同步交付使用。加强新建学校、改扩建项目建设用地和教育用房保障。建立学校不动产登记"绿色通道"，力争在3年内所有义务教育阶段公办学校完成不动产登记。

5. 激发学校办学活力。建立各类检查、验收、调查及专题教育活动进校归口管理制度，未经教育部门批准，任何单位、组织和个人不得到学校开展有关活动。探索新优质学校认证工作。完善区教育部门对学校绩效工资总量10%的统筹分配，加大绩效奖励力度。鼓励学校、教师积极申请竞争性科研项目，项目经费管理参照市级教育财政科研类项目经费管理有关规定执行。

（五）强化师资保障，提升教师专业能力

1. 优化教师资源配置。完善基础教育学校人员配备和编制管理政策，加强市级统筹。支持师范院校扩大师范生培养规模、优化结构，支持综合性大学开办高层次教师教育学院，加大对优秀中小学教师的定向培养力度。

2. 加强研训一体建设。结合教研转型的要求，实施教师专业能力提升计划，加强教师分层分类培养培训。支持中小学校开展形式多样的师生国际交流与合作，每年安排一定的因公出国（境）经费，用于义务教育阶段教师出国（境）研修。

3. 建立科学的教师评价激励制度。注重对师德师风、教育教学、教育科研、社会服务等的综合评价，科学设置、合理优化高级教师岗位结构比例。将优秀青年教师纳入各区人才公寓保障范围。提高教师待遇水平，坚持多劳多得、优绩优酬的分配原则，对一线教师、骨干教师、考核优秀的教师、长期在乡村学校任教的教师予以重点倾斜。

4. 提升校长实施素质教育的能力。深化校长职级制度改革，提升校长专业领导能力。构建校长分层分类培养培训体系，重点关注初任校长、农村学校校长的专业能力和高端校长的引领作用，着力做好名校长后备人选培养工作。倡导教育家办学，营造教育家脱颖而出的制度环境。

三、组织领导

（一）坚持党的全面领导

各级党委和政府要把办好义务教育作为重中之重，全面加强党的领导，切实履行市级统筹实施、区级为主管理的责任。严禁下达升学指标或片面以升学率评价学校和教师。各区党委和政府每年要至少听取 1 次义务教育工作汇报，及时研究解决有关重大问题。选优配强教育部门领导干部。加强学校党的建设，充分发挥学校党组织领导作用。完善校园安全风险防控体系和依法处理机制。

（二）落实部门职责

教育部门要会同有关部门为深化教育教学改革、提高义务教育质量提供保障条件。组织部门要加强对党政领导班子及有关领导干部履行教育职责的考核，按照干部管理权限，做好教育部门和单位领导干部选拔任用工作，指导学校做好党建工作。宣传部门要做好正面宣传和舆论引导工作，营造教书育人的良好氛围。机构编制部门要做好学校事业编制核定工作。发展改革部门要将义务教育发展纳入国民经济和社会发展规划。规划资源、住房城乡建设管理部门要配合做好学校布局规划，统筹做好土地供给和学校建设工作。财政部门要不断优化教育经费支出结构，加大对义务教育重点领域、薄弱环节的支持力度，确保义务教育经费落实到位。人力资源社会保障部门要依法落实教师待遇，为学校招聘教师提供支持。民政部门要牵头做好困境儿童保障和农村留守儿童关爱保护工作。网信、文化旅游部门要推动提供更多儿童青少年优秀文化产品，净化网络文化环境。政法部门要协调公安、司法行政等政法机关和有关部门加强校园及周边综合治理。市场监管部门要依法做好教育培训机构市场主体登记、收费、广告等监管工作。共青团组织要积极开展思想政治引领和价值引领，少先队组织要发挥好组织教育、自主教育和实践教育作用。妇联要加强社区家庭教育指导服务。

（三）健全家校互动机制

推进家校共育，密切家校联系，实现家长学校全覆盖，加强分年段家庭教育指导。引导家长树立科学育儿观念，防止增加孩子过重的课外负担。推动社区完善家庭教育指导机制，为家长提供公益性指导服务。

（四）加强培训机构监督管理

落实国家及我市有关培训市场综合治理和校外培训机构监管的要求，健全培训机构监管体系，完善培训市场综合治理格局。坚持"属地负责、行为监管、分工配合"，聚焦中小学生文化学科培训的教师资格、培训时间、难度进度等方面，加强对培训机构证照、培训内容、收费、从业人员、场地安全、广告宣传等方面的全方位监管。

（五）强化考核督导

各级党委和政府要把提高义务教育质量纳入党政领导干部考核督查范围，并将结果作为干部选任、表彰奖励的重要参考。强化教育教学督导，将其作为对区政府履行教育职责督导评估的重要内容，把评估结果作为评价政府履职行为、学校办学水平的重要依据。对办学方向、教育投入、学校建设、教师队伍、教育生态等方面存在严重问题的区域，依法依规追究所在区政府和主要领导的责任；对违背党的教育方针、背离素质教育导向、不按国家课程方案和课程标准实施教学等行为，依法依规追究教育部门、学校、教师和有关人员的责任。

（六）营造良好生态

各级党委和政府以及全社会都要关心支持深化教育教学改革、全面提高义务教育质量工作。新闻媒体要坚持正确舆论导向，做好党的教育方针、科学教育观念和教育教学改革典型经验宣传报道。宣传部门要加强对教育类自媒体的综合治理，不断完善舆情回应和舆论引导机制。大力营造有利于义务教育持续健康协调发展的良好氛围。

## 六、关于新时代推进普通高中育人方式改革的指导意见

国务院办公厅

2019 年 6 月 11 日

普通高中教育是国民教育体系的重要组成部分，在人才培养中起着承上启下的关键作用。办好普通高中教育，对于巩固义务教育普及成果、增强高等教育发展后劲、进一步提高国民整体素质具有重要意义。为贯彻落实全国教育大会精神，统筹推进普通高中新课程改革和高考综合改革，全面提高普通高中教育质量，经国务院同意，现就新时代推进普通高中育人方式改革提出如下意见。

一、总体要求

（一）指导思想。坚持以习近平新时代中国特色社会主义思想为指导，深入贯彻党的十九大和十九届二中、三中全会精神，全面贯彻党的教育方针，落实立德树人根本任务，发展素质教育，遵循教育规律，围绕凝聚人心、完善人格、开发人力、培育人才、造福人民的工作目标，深化育人关键环节和重点领域改革，坚决扭转片面应试教育倾向，切实提高育人水

平，为学生适应社会生活、接受高等教育和未来职业发展打好基础，努力培养德智体美劳全面发展的社会主义建设者和接班人。

（二）改革目标。到 2022 年，德智体美劳全面培养体系进一步完善，立德树人落实机制进一步健全。普通高中新课程新教材全面实施，适应学生全面而有个性发展的教育教学改革深入推进，选课走班教学管理机制基本完善，科学的教育评价和考试招生制度基本建立，师资和办学条件得到有效保障，普通高中多样化有特色发展的格局基本形成。

二、构建全面培养体系

（三）突出德育时代性。坚持把立德树人融入思想道德教育、文化知识教育、社会实践教育各环节。深入开展习近平新时代中国特色社会主义思想教育，强化理想信念教育，引导学生树立正确的国家观、历史观、民族观、文化观，切实增强"四个自信"，厚植爱党爱国爱人民思想情怀，立志听党话、跟党走，树立为中华民族伟大复兴而勤奋学习的远大志向。积极培育和践行社会主义核心价值观，深入开展中华优秀传统文化教育，加强学生品德教育，帮助学生养成良好个人品德和社会公德。要结合实际制定德育工作实施方案，突出思想政治课关键地位，充分发挥各学科德育功能，积极开展党团组织活动和主题教育、仪式教育、实践教育等活动。

（四）强化综合素质培养。改进科学文化教育，统筹课堂学习和课外实践，强化实验操作，建设书香校园，培养学生创新思维和实践能力，提升人文素养和科学素养。强化体育锻炼，修订学生体质健康标准及评价办法，丰富运动项目和校园体育活动，培养体育兴趣和运动习惯，使学生掌握1—3项体育技能。加强美育工作，积极开展舞蹈、戏剧、影视与数字媒体艺术等活动，培养学生艺术感知、创意表达、审美能力和文化理解素养。重视劳动教育，制定劳动教育指导纲要，统筹开展好生产性、服务性和创造性劳动，使学生养成劳动习惯、掌握劳动本领、树立热爱劳动的品质。

（五）拓宽综合实践渠道。健全社会教育资源有效开发配置的政策体系，因地制宜打造学生社会实践大课堂，建设一批稳定的学生社会实践基地。充分发挥爱国主义、优秀传统文化、军事国防等教育基地，以及高等学校、科研机构、现代企业、美丽乡村、国家公园等方面资源的重要育人作用，按规定免费或优惠向学生开放图书馆、博物馆、科技馆、文化馆、纪念馆、展览馆、运动场等公共设施。定期组织学生深入社区、医院、福利院、社会救助机构等开展志愿服务，走进军营、深入农村开展体验活动。

（六）完善综合素质评价。把综合素质评价作为发展素质教育、转变育人方式的重要制度，强化其对促进学生全面发展的重要导向作用。强化对学生爱国情怀、遵纪守法、创新思维、体质达标、审美能力、劳动实践等方面的评价。要从城乡学校实际出发，完善综合素质评价实施办法，以省为单位建立学生综合素质评价信息管理系统，统一评价档案样式，建立健全信息确认、公示投诉、申诉复议、记录审核等监督保障与诚信责任追究制度。要客观真实、简洁有效记录学生突出表现，对在学生综合素质评价中造假的，要依规依纪严肃追究相关人员责任。

三、优化课程实施

（七）全面实施新课程新教材。各省（区、市）要结合推进高考综合改革，制定普通高中新课程实施方案，2022 年前全面实施新课程、使用新教材。组织开展国家级示范性培训、校长教师全员培训和中西部贫困地区专项培训。遴选一批新课程培训基地学校，开展校长教师挂职交流和跟岗学习，对口帮扶薄弱高中。遴选一批新课程新教材实施示范区示范校，发挥引领带动作用。

（八）完善学校课程管理。依照普通高中课程方案，合理安排三年各学科课程，开齐开足体育与健康、艺术、综合实践活动和理化生实验等课程。加强学校特色课程建设，积极开展校园体育、艺术、阅读、写作、演讲、科技创新等社团活动。鼓励普通高中与中等职业学校课程互选、学分互认、资源互通，促进普职融通。严格学分认定管理，对未按课程方案修满相应学分的学生，不得颁发高中毕业证书。加强课程实施监管，落实校长主体责任，强化责任追究。

四、创新教学组织管理

（九）有序推进选课走班。适应普通高中新课程改革和高考综合改革，依据学科人才培养规律、高校招生专业选考科目要求和学生兴趣特长，因地制宜、有序实施选课走班，满足学生不同发展需要。指导学校制订选课走班指南，开发课程安排信息管理系统，加大对班级编排、学生管理、教师调配、教学设施配置等方面的统筹力度，提高教学管理水平和资源使用效率，构建规范有序、科学高效的选课走班运行机制。加强走班教学班级管理和集体主义教育，强化任课教师责任，充分发挥学生组织自主管理作用。

（十）深化课堂教学改革。按照教学计划循序渐进开展教学，提高课堂教学效率，培养学生学习能力，促进学生系统掌握各学科基础知识、基本技能、基本方法，培养适应终身发展和社会发展需要的正确价值观念、必备品格和关键能力。积极探索基于情境、问题导向的互动式、启发式、探究式、体验式等课堂教学，注重加强课题研究、项目设计、研究性学习等跨学科综合性教学，认真开展验证性实验和探究性实验教学。提高作业设计质量，精心设计基础性作业，适当增加探究性、实践性、综合性作业。积极推广应用优秀教学成果，推进信息技术与教育教学深度融合，加强教学研究和指导。

（十一）优化教学管理。完善普通高中教学管理规范，落实市、县监管责任，强化教学常规管理。严格执行教学计划，严禁超课标教学、抢赶教学进度和提前结束课程，严禁组织有偿补课，切实减轻学生过重课业负担。减少高中统考统测和日常考试，加强考试数据分析，认真做好反馈，引导改进教学。

五、加强学生发展指导

（十二）注重指导实效。加强对学生理想、心理、学习、生活、生涯规划等方面指导，帮助学生树立正确理想信念、正确认识自我，更好适应高中学习生活，处理好个人兴趣特长与国家和社会需要的关系，提高选修课程、选考科目、报考专业和未来发展方向的自主选择能力。

（十三）健全指导机制。各地要制定学生发展指导意见，指导学校建立学生发展指导制度，加强指导教师培训。普通高中学校要明确指导机构，建立专兼结合的指导教师队伍，通过学科教学渗透、开设指导课程、举办专题讲座、开展职业体验等对学生进行指导。注重利用高校、科研机构、企业等各种社会资源，构建学校、家庭、社会协同指导机制。高校应以多种方式向高中学校介绍专业设置、选拔要求、培养目标及就业方向等，为学生提供咨询和帮助。

六、完善考试和招生制度

（十四）规范学业水平考试。普通高中学业水平考试主要检验学生达到国家规定学习要求的程度，考试成绩是学生毕业和升学的重要依据。除综合实践活动课程纳入综合素质评价外，国家课程方案规定的其他科目均实行合格性考试，考试内容为必修内容。语数外、政史地、理化生等科目合格性考试由省级统一命题、统一组织实施，鼓励有条件的地方将技术科目和理化生实验操作纳入省级统一考试。体育与健康科目合格性考试按照省级要求由地市统一组织实施；艺术（或音乐、美术）科目合格性考试由省级确定具体组织实施方式。省级统一组织实施的合格性考试应安排在学期末，高一学生参加考试的科目原则上不超过4科。高校招生录取所需学业水平考试科目实行选择性考试，考试内容为必修和选择性必修内容，由省级统一组织实施。

（十五）深化考试命题改革。学业水平选择性考试与高等学校招生全国统一考试命题要以普通高中课程标准和高校人才选拔要求为依据，实施普通高中新课程的省份不再制定考试大纲。优化考试内容，突出立德树人导向，重点考查学生运用所学知识分析问题和解决问题的能力。创新试题形式，加强情境设计，注重联系社会生活实际，增加综合性、开放性、应用性、探究性试题。科学设置试题难度，命题要符合相应学业质量标准，体现不同考试功能。加强命题能力建设，优化命题人员结构，加快题库建设，建立命题评估制度，提高命题质量。

（十六）稳步推进高校招生改革。进一步健全分类考试、综合评价、多元录取的高校招生机制，逐步改变单纯以考试成绩评价录取学生的倾向，引导高中学校转变育人方式、发展素质教育。加强高等学校招生工作能力建设，不断提高招生录取工作科学化专业化水平。高等学校要根据人才培养目标和专业学习基本需要，结合实施高考综合改革省份学生选考情况，不断完善招生专业选考科目要求；把综合素质评价作为招生录取的重要参考，并充分考虑城乡差异和不同群体学生特点，研究制订高中学生综合素质评价使用办法，提前向社会公布。

七、强化师资和条件保障

（十七）加强教师队伍建设。各地要进一步加大编制统筹调配力度，于 2020 年底前完成普通高中教职工编制核定，适应选课走班教学需要。各省（区、市）要完善普通高中绩效工资管理办法，在核定绩效工资总量时予以适当倾斜，并指导学校完善分配办法。创新教师培训方式，重点提升教师新课程实施、学生发展指导和走班教学管理能力。

（十八）改善学校校舍条件。各地要完善学校建设规划，扩大教育资源，优化校舍功能。要制订优惠政策，建立绿色通道，加快项目审批和工程建设进度。有条件的地方应建设学科教室、创新实验室、社团活动室等，推进数字校园建设。各省（区、市）要制订消除普通高中大班额专项规划，并于 2019 年 12 月底前报教育部备案。修订普通高中学校建设标准和装备配备标准，继续实施教育基础薄弱县普通高中建设项目，加大普通高中改造计划实施力度。

（十九）完善经费投入机制。各省（区、市）要完善普通高中建设经费投入机制，明确省市县分担责任。在严格遵守政府债务管理规定的前提下，多渠道筹措普通高中建设资金。科学核定普通高中培养成本，健全生均公用经费拨款制度，各地生均公用经费拨款标准应于2020年达到每生每年1000元以上，个别确有困难的地区可延至2022年前。完善成本分担机制，按照规定程序适当调整学费标准，建立生均公用经费拨款标准和学费标准动态调整机制。

八、切实加强组织领导

（二十）坚持党的全面领导。各地要高度重视普通高中教育工作，全面加强党的领导，强化省级政府统筹，落实市、县举办普通高中教育的责任。地方各级政府要将推进普通高中育人方式改革工作纳入重要议事日程，深入研究普通高中教育改革发展中面临的突出问题，特别是高考综合改革背景下师资和校舍资源不足问题，采取有效措施予以解决。要树立正确政绩观和科学教育质量观，完善对学校和教师的考核激励办法，严禁给学校下达升学指标或单纯以升学率评价及奖惩学校和教师。要加强普通高中学校党组织建设，发挥党组织把方向、管大局、保落实的领导作用。

（二十一）明确部门分工。各级教育部门要加强同有关部门的协调沟通，推动落实好各项改革措施。机构编制部门要加大编制统筹力度，做好普通高中教职工编制核定工作。发展改革部门要支持普通高中项目建设，建立并落实学费标准动态调整机制。财政部门要积极健全普通高中经费投入机制。人力资源社会保障部门要支持普通高中学校及时补充教师，完善普通高中绩效工资总量核定办法。自然资源部门要保障学校建设用地。住房城乡建设部门要会同教育部门修订完善普通高中学校建设标准。

（二十二）强化考核督导。国家制定普通高中办学质量评价标准，完善质量监测办法。国务院教育督导委员会要把推进普通高中教育改革发展作为对省级人民政府履行教育职责督导评估的重要内容，特别是对校舍资源建设、师资队伍保障、化解大班额、经费使用管理等方面进行重点督导。省级教育督导部门要强化对市、县政府履行相应职责的督导。要把督导检查结果作为评价政府履职行为的重要依据，对发现的问题要强化问责、限期整改。

（二十三）营造良好环境。推进普通高中育人方式改革是一项复杂的系统工程，各地要统一思想，加强统筹，形成合力。要加强家庭教育指导，引导家长关心孩子身心健康与全面发展。要坚持正确舆论导向，及时解读相关政策，深入宣传正确教育观念和各地典型经验，严禁炒作升学率和高考状元，积极营造有利于推进改革的良好氛围。

# 七、新时代公民道德建设实施纲要

中共中央、国务院

2019 年 10 月 27 日

中华文明源远流长，孕育了中华民族的宝贵精神品格，培育了中国人民的崇高价值追求。中国共产党领导人民在革命、建设和改革历史进程中，坚持马克思主义对人类美好社会的理想，继承发扬中华传统美德，创造形成了引领中国社会发展进步的社会主义道德体系。坚持和发展中国特色社会主义，需要物质文明和精神文明全面发展、人民物质生活和精神生活水平全面提升。中国特色社会主义进入新时代，加强公民道德建设、提高全社会道德水平，是全面建成小康社会、全面建设社会主义现代化强国的战略任务，是适应社会主要矛盾变化、满足人民对美好生活向往的迫切需要，是促进社会全面进步、人的全面发展的必然要求。

2001 年，党中央颁布《公民道德建设实施纲要》，对在社会主义市场经济条件下加强公民道德建设提供了重要指导，有力促进了社会主义精神文明建设。党的十八大以来，以习近平同志为核心的党中央高度重视公民道德建设，立根塑魂、正本清源，作出一系列重要部署，推动思想道德建设取得显著成效。中国特色社会主义和中国梦深入人心，践行社会主义核心价值观、传承中华优秀传统文化的自觉性不断提升，爱国主义、集体主义、社会主义思想广为弘扬，崇尚英雄、尊重模范、学习先进成为风尚，民族自信心、自豪感大大增强，人民思想觉悟、道德水准、文明素养不断提高，道德领域呈现积极健康向上的良好态势。

同时也要看到，在国际国内形势深刻变化、我国经济社会深刻变革的大背景下，由于市场经济规则、政策法规、社会治理还不够健全，受不良思想文化侵蚀和网络有害信息影响，道德领域依然存在不少问题。一些地方、一些领域不同程度存在道德失范现象，拜金主义、享乐主义、极端个人主义仍然比较突出；一些社会成员道德观念模糊甚至缺失，是非、善恶、美丑不分，见利忘义、唯利是图，损人利己、损公肥私；造假欺诈、不讲信用的现象久治不绝，突破公序良俗底线、妨害人民幸福生活、伤害国家尊严和民族感情的事件时有发生。这些问题必须引起全党全社会高度重视，采取有力措施切实加以解决。

加强公民道德建设是一项长期而紧迫、艰巨而复杂的任务，要适应新时代新要求，坚持目标导向和问题导向相统一，进一步加大工作力度，把握规律、积极创新，持之以恒、久久为功，推动全民道德素质和社会文明程度达到一个新高度。

一、总体要求

要以习近平新时代中国特色社会主义思想为指导，紧紧围绕进行伟大斗争、建设伟大工程、推进伟大事业、实现伟大梦想，着眼构筑中国精神、中国价值、中国力量，促进全体人民在理想信念、价值理念、道德观念上紧密团结在一起，在全民族牢固树立中国特色社会主义共同理想，在全社会大力弘扬社会主义核心价值观，积极倡导富强民主文明和谐、自由平等公正法治、爱国敬业诚信友善，全面推进社会公德、职业道德、家庭美德、个人品德建设，持续强化教育引导、实践养成、制度保障，不断提升公民道德素质，促进人的全面发展，培养和造就担当民族复兴大任的时代新人。

——坚持马克思主义道德观、社会主义道德观，倡导共产主义道德，以为人民服务为核心，以集体主义为原则，以爱祖国、爱人民、爱劳动、爱科学、爱社会主义为基本要求，始终保持公民道德建设的社会主义方向。

——坚持以社会主义核心价值观为引领，将国家、社会、个人层面的价值要求贯穿到道德建设各方面，以主流价值建构道德规范、强化道德认同、指引道德实践，引导人们明大德、守公德、严私德。

——坚持在继承传统中创新发展，自觉传承中华传统美德，继承我们党领导人民在长期实践中形成的优良传统和革命道德，适应新时代改革开放和社会主义市场经济发展要求，积极推动创造性转化、创新性发展，不断增强道德建设的时代性实效性。

——坚持提升道德认知与推动道德实践相结合，尊重人民群众的主体地位，激发人们形成善良的道德意愿、道德情感，培育正确的道德判断和道德责任，提高道德实践能力尤其是自觉实践能力，引导人们向往和追求讲道德、尊道德、守道德的生活。

——坚持发挥社会主义法治的促进和保障作用，以法治承载道德理念、鲜明道德导向、弘扬美德义行，把社会主义道德要求体现到立法、执法、司法、守法之中，以法治的力量引导人们向上向善。

——坚持积极倡导与有效治理并举，遵循道德建设规律，把先进性要求与广泛性要求结合起来，坚持重在建设、立破并举，发挥榜样示范引领作用，加大突出问题整治力度，树立新风正气、祛除歪风邪气。

要把社会公德、职业道德、家庭美德、个人品德建设作为着力点。推动践行以文明礼貌、助人为乐、爱护公物、保护环境、遵纪守法为主要内容的社会公德，鼓励人们在社会上做一个好公民；推动践行以爱岗敬业、诚实守信、办事公道、热情服务、奉献社会为主要内容的职业道德，鼓励人们在工作中做一个好建设者；推动践行以尊老爱幼、男女平等、夫妻和睦、勤俭持家、邻里互助为主要内容的家庭美德，鼓励人们在家庭里做一个好成员；推动践行以爱国奉献、明礼遵规、勤劳善良、宽厚正直、自强自律为主要内容的个人品德，鼓励人们在日常生活中养成好品行。

二、重点任务

1. 筑牢理想信念之基。人民有信仰，国家有力量，民族有希望。信仰信念指引人生方向，引领道德追求。要坚持不懈用习近平新时代中国特色社会主义思想武装全党、教育人民，引导人们把握丰富内涵、精神实质、实践要求，打牢信仰信念的思想理论根基。在全社会广泛开展理想信念教育，深化社会主义和共产主义宣传教育，深化中国特色社会主义和中国梦宣传教育，引导人们不断增强道路自信、理论自信、制度自信、文化自信，把共产主义远大理想与中国特色社会主义共同理想统一起来，把实现个人理想融入实现国家富强、民族振兴、人民幸福的伟大梦想之中。

2. 培育和践行社会主义核心价值观。社会主义核心价值观是当代中国精神的集中体现，是凝聚中国力量的思想道德基础。要持续深化社会主义核心价值观宣传教育，增进认知认同、树立鲜明导向、强化示范带动，引导人们把社会主义核心价值观作为明德修身、立德树人的根本遵循。坚持贯穿结合融入、落细落小落实，把社会主义核心价值观要求融入日常生活，使之成为人们日用而不觉的道德规范和行为准则。坚持德法兼治，以道德滋养法治精神，以法治体现道德理念，全面贯彻实施宪法，推动社会主义核心价值观融入法治建设，将社会主义核心价值观要求全面体现到中国特色社会主义法律体系中，体现到法律法规立改废释、公共政策制定修订、社会治理改进完善中，为弘扬主流价值提供良好社会环境和制度保障。

3. 传承中华传统美德。中华传统美德是中华文化精髓，是道德建设的不竭源泉。要以礼敬自豪的态度对待中华优秀传统文化，充分发掘文化经典、历史遗存、文物古迹承载的丰厚道德资源，弘扬古圣先贤、民族英雄、志士仁人的嘉言懿行，让中华文化基因更好植根于人们的思想意识和道德观念。深入阐发中华优秀传统文化蕴含的讲仁爱、重民本、守诚信、崇正义、尚和合、求大同等思想理念，深入挖掘自强不息、敬业乐群、扶正扬善、扶危济困、见义勇为、孝老爱亲等传统美德，并结合新的时代条件和实践要求继承创新，充分彰显其时代价值和永恒魅力，使之与现代文化、现实生活相融相通，成为全体人民精神生活、道德实践的鲜明标识。

4. 弘扬民族精神和时代精神。以爱国主义为核心的民族精神和以改革创新为核心的时代精神，是中华民族生生不息、发展壮大的坚实精神支撑和强大道德力量。要深化改革开放史、新中国历史、中国共产党历史、中华民族近代史、中华文明史教育，弘扬中国人民伟大创造精神、伟大奋斗精神、伟大团结精神、伟大梦想精神，倡导一切有利于团结统一、爱好和平、勤劳勇敢、自强不息的思想和观念，构筑中华民族共有精神家园。要继承和发扬党领导人民创造的优良传统，传承红色基因，赓续精神谱系。要紧紧围绕全面深化改革开放、深入推进社会主义现代化建设，大力倡导解放思想、实事求是、与时俱进、求真务实的理念，倡导"幸福源自奋斗"、"成功在于奉献"、"平凡孕育伟大"的理念，弘扬改革开放精神、劳动精神、劳模精神、工匠精神、优秀企业家精神、科学家精神，使全体人民保持昂扬向上、奋发有为的精神状态。

三、深化道德教育引导

1. 把立德树人贯穿学校教育全过程。学校是公民道德建设的重要阵地。要全面贯彻党的教育方针，坚持社会主义办学方向，坚持育人为本、德育为先，把思想品德作为学生核心素养、纳入学业质量标准，构建德智体美劳全面培养的教育体系。加强思想品德教育，遵循不同年龄阶段的道德认知规律，结合基础教育、职业教育、高等教育的不同特点，把社会主义核心价值观和道德规范有效传授给学生。注重融入贯穿，把公民道德建设的内容和要求体现到各学科教育中，体现到学科体系、教学体系、教材体系、管理体系建设中，使传授知识过程成为道德教化过程。开展社会实践活动，强化劳动精神、劳动观念教育，引导学生热爱劳动、尊重劳动，懂得劳动最光荣、劳动最崇高、劳动最伟大、劳动最美丽的道理，更好认识社会、了解国情，增强社会责任感。加强师德师风建设，引导教师以德立身、以德立学、以德施教、以德育德，做有理想信念、有道德情操、有扎实学识、有仁爱之心的好老师。建设优良校风，用校训励志，丰富校园文化生活，营造有利于学生修德立身的良好氛围。

2. 用良好家教家风涵育道德品行。家庭是社会的基本细胞，是道德养成的起点。要弘扬中华民族传统家庭美德，倡导现代家庭文明观念，推动形成爱国爱家、相亲相爱、向上向善、共建共享的社会主义家庭文明新风尚，让美德在家庭中生根、在亲情中升华。通过多种方式，引导广大家庭重言传、重身教，教知识、育品德，以身作则、耳濡目染，用正确道德观念塑造孩子美好心灵；自觉传承中华孝道，感念父母养育之恩、感念长辈关爱之情，养成孝敬父母、尊敬长辈的良好品质；倡导忠诚、责任、亲情、学习、公益的理念，让家庭成员相互影响、共同提高，在为家庭谋幸福、为他人送温暖、为社会作贡献过程中提高精神境界、培育文明风尚。

3. 以先进模范引领道德风尚。伟大时代呼唤伟大精神，崇高事业需要榜样引领。要精心选树时代楷模、道德模范等先进典型，综合运用宣讲报告、事迹报道、专题节目、文艺作品、公益广告等形式，广泛宣传他们的先进事迹和突出贡献，树立鲜明时代价值取向，彰显社会道德高度。持续推出各行各业先进人物，广泛推荐宣传最美人物、身边好人，让不同行业、不同群体都能学有榜样、行有示范，形成见贤思齐、争当先进的生动局面。尊崇褒扬、关心关爱先进人物和英雄模范，建立健全关爱关怀机制，维护先进人物和英雄模范的荣誉和形象，形成德者有得、好人好报的价值导向。

4. 以正确舆论营造良好道德环境。舆论具有成风化人、敦风化俗的重要作用。要坚持以正确的舆论引导人，把正确价值导向和道德要求体现到经济、社会、文化等各领域的新闻报道中，体现到娱乐、体育、广告等各类节目栏目中。加强对道德领域热点问题的引导，以事说理、以案明德，着力增强人们的法治意识、公共意识、规则意识、责任意识。发挥舆论监督作用，对违反社会道德、背离公序良俗的言行和现象，及时进行批评、驳斥，激浊扬清、弘扬正气。传媒和相关业务从业人员要加强道德修养、强化道德自律，自觉履行社会责任。

5. 以优秀文艺作品陶冶道德情操。文以载道，文以传情，文以植德。要把培育和弘扬社会主义核心价值观作为根本任务，坚持以人民为中心的创作导向，推出更多讴歌党、讴歌祖国、讴歌人民、讴歌英雄、讴歌劳动、讴歌奉献的精品力作，润物无声传播真善美，弘扬崇高的道德理想和道德追求。坚持把社会效益放在首位，倡导讲品位、讲格调、讲责任，抵制低俗、庸俗、媚俗，用健康向上的文艺作品温润心灵、启迪心智、引领风尚。要把社会主义道德作为文艺评论、评介、评奖的重要标准，更好地引导文艺创作生产传播坚守正道、弘扬正气。文艺工作者要把崇德尚艺作为一生的功课，把为人、做事、从艺统一起来，加强思想积累、知识储备、艺术训练，提高学养、涵养、修养，努力追求真才学、好德行、高品位，做到德艺双馨。

6. 发挥各类阵地道德教育作用。各类阵地是面向广大群众开展道德教育的基本依托。要加强新时代文明实践中心建设，大力推进媒体融合发展，抓好县级融媒体中心建设，推动基层广泛开展中国特色社会主义文化、社会主义思想道德学习教育实践，引导人们提高思想觉悟、道德水准、文明素养。加强爱国主义教育基地和革命纪念设施建设保护利用，充实展陈内容，丰富思想内涵，提升教育功能。民族团结、科普、国防等教育基地，图书馆、文化馆、博物馆、纪念馆、科技馆、青少年活动中心等公共文化设施，都要结合各自功能特点有针对性地开展道德教育。用好宣传栏、显示屏、广告牌等户外媒介，营造明德守礼的浓厚氛围。

7. 抓好重点群体的教育引导。公民道德建设既要面向全体社会成员开展，也要聚焦重点、抓住关键。党员干部的道德操守直接影响着全社会道德风尚，要落实全面从严治党要求，加强理想信念教育，补足精神之钙；要加强政德修养，坚持法律红线不可逾越、道德底线不可触碰，在严肃规范的党内政治生活中锤炼党性、改进作风、砥砺品质，践行忠诚老实、公道正派、艰苦奋斗、清正廉洁等品格，正心修身、慎独慎微，严以律己、廉洁齐家，在道德建设中为全社会作出表率。青少年是国家的希望、民族的未来，要坚持从娃娃抓起，引导青少年把正确的道德认知、自觉的道德养成、积极的道德实践紧密结合起来，善于从中华民族传统美德中汲取道德滋养，从英雄人物和时代楷模身上感受道德风范，从自身内省中提升道德修为，不断修身立德，打牢道德根基。全社会都要关心帮助支持青少年成长发展，完善家庭、学校、政府、社会相结合的思想道德教育体系，引导青少年树立远大志向，热爱党、热爱祖国、热爱人民，形成好思想、好品行、好习惯，扣好人生第一粒扣子。社会公众人物知名度高、影响力大，要加强思想政治引领，引导他们承担社会责任，加强道德修养，注重道德自律，自觉接受社会和舆论监督，树立良好社会形象。

四、推动道德实践养成

1. 广泛开展弘扬时代新风行动。良好社会风尚是社会文明程度的重要标志，涵育着公民美德善行，推动着社会和谐有序运转。要紧密结合社会发展实际，广泛开展文明出行、文明交通、文明旅游、文明就餐、文明观赛等活动，引导人们自觉遵守社会交往、公共场所中的文明规范。着眼完善社会治理、规范社会秩序，推动街道社区、交通设施、医疗场所、景区景点、文体场馆等的精细管理、规范运营，优化公共空间、提升服务水平，为人们增强公共意识、规则意识创造良好环境。

2. 深化群众性创建活动。各类群众性创建活动是人民群众自我教育、自我提高的生动实践。群众性精神文明创建活动要突出道德要求，充实道德内容，将社会公德、职业道德、家庭美德、个人品德建设贯穿创建全过程。文明城市、文明村镇创建要坚持为民利民惠民，突出文明和谐、宜居宜业，不断提升基层社会治理水平和群众文明素质。文明单位创建要立足行业特色、职业特点，突出涵养职业操守、培育职业精神、树立行业新风，引导从业者精益求精、追求卓越，为社会提供优质产品和服务。文明家庭创建要聚焦涵育家庭美德，弘扬优良家风。文明校园创建要聚焦立德树人，培养德智体美劳全面发展的社会主义建设者和接班人。各级党政机关、各行业各系统开展的创建活动，要把公民道德建设摆在更加重要的位置，以扎实有效的创建工作推动全民道德素质提升。

3. 持续推进诚信建设。诚信是社会和谐的基石和重要特征。要继承发扬中华民族重信守诺的传统美德，弘扬与社会主义市场经济相适应的诚信理念、诚信文化、契约精神，推动各行业各领域制定诚信公约，加快个人诚信、政务诚信、商务诚信、社会诚信和司法公信建设，构建覆盖全社会的征信体系，健全守信联合激励和失信联合惩戒机制，开展诚信缺失突出问题专项治理，提高全社会诚信水平。重视学术、科研诚信建设，严肃查处违背学术科研诚信要求的行为。深入开展"诚信建设万里行"、"诚信兴商宣传月"等活动，评选发布"诚信之星"，宣传推介诚信先进集体，激励人们更好地讲诚实、守信用。

4. 深入推进学雷锋志愿服务。学雷锋和志愿服务是践行社会主义道德的重要途径。要弘扬雷锋精神和奉献、友爱、互助、进步的志愿精神，围绕重大活动、扶贫救灾、敬老救孤、恤病助残、法律援助、文化支教、环境保护、健康指导等，广泛开展学雷锋和志愿服务活动，引导人们把学雷锋和志愿服务作为生活方式、生活习惯。推动志愿服务组织发展，完善激励褒奖制度，推进学雷锋志愿服务制度化常态化，使"我为人人、人人为我"蔚然成风。

5. 广泛开展移风易俗行动。摒弃陈规陋习、倡导文明新风是道德建设的重要任务。要围绕实施乡村振兴战略，培育文明乡风、淳朴民风，倡导科学文明生活方式，挖掘创新乡土文化，不断焕发乡村文明新气象。充分发挥村规民约、道德评议会、红白理事会等作用，破除铺张浪费、薄养厚葬、人情攀比等不良习俗。要提倡科学精神，普及科学知识，抵制迷信和腐朽落后文化，防范极端宗教思想和非法宗教势力渗透。

6. 充分发挥礼仪礼节的教化作用。礼仪礼节是道德素养的体现，也是道德实践的载体。要制定国家礼仪规程，完善党和国家功勋荣誉表彰制度，规范开展升国旗、奏唱国歌、入党入团入队等仪式，强化仪式感、参与感、现代感，增强人们对党和国家、对组织集体的认同感和归属感。充分利用重要传统节日、重大节庆和纪念日，组织开展群众性主题实践活动，丰富道德体验、增进道德情感。研究制定继承中华优秀传统、适应现代文明要求的社会礼仪、服装服饰、文明用语规范，引导人们重礼节、讲礼貌。

7. 积极践行绿色生产生活方式。绿色发展、生态道德是现代文明的重要标志，是美好生活的基础、人民群众的期盼。要推动全社会共建美丽中国，围绕世界地球日、世界环境日、世界森林日、世界水日、世界海洋日和全国节能宣传周等，广泛开展多种形式的主题宣传实践活动，坚持人与自然和谐共生，引导人们树立尊重自然、顺应自然、保护自然的理念，树立绿水青山就是金山银山的理念，增强节约意识、环保意识和生态意识。开展创建节约型机关、绿色家庭、绿色学校、绿色社区、绿色出行和垃圾分类等行动，倡导简约适度、绿色低碳的生活方式，拒绝奢华和浪费，引导人们做生态环境的保护者、建设者。

8. 在对外交流交往中展示文明素养。公民道德风貌关系国家形象。实施中国公民旅游文明素质行动计划，推动出入境管理机构、海关、驻外机构、旅行社、网络旅游平台等，加强文明宣传教育，引导中国公民在境外旅游、求学、经商、探亲中，尊重当地法律法规和文化习俗，展现中华美德，维护国家荣誉和利益。培育健康理性的国民心态，引导人们在各种国际场合、涉外活动和交流交往中，树立自尊自信、开放包容、积极向上的良好形象。

五、抓好网络空间道德建设

1. 加强网络内容建设。网络信息内容广泛影响着人们的思想观念和道德行为。要深入实施网络内容建设工程，弘扬主旋律，激发正能量，让科学理论、正确舆论、优秀文化充盈网络空间。发展积极向上的网络文化，引导互联网企业和网民创作生产传播格调健康的网络文学、网络音乐、网络表演、网络电影、网络剧、网络音视频、网络动漫、网络游戏等。加强网上热点话题和突发事件的正确引导、有效引导，明辨是非、分清善恶，让正确道德取向成为网络空间的主流。

2. 培养文明自律网络行为。网上行为主体的文明自律是网络空间道德建设的基础。要建立和完善网络行为规范，明确网络是非观念，培育符合互联网发展规律、体现社会主义精神文明建设要求的网络伦理、网络道德。倡导文明办网，推动互联网企业自觉履行主体责任、主动承担社会责任，依法依规经营，加强网络从业人员教育培训，坚决打击网上有害信息传播行为，依法规范管理传播渠道。倡导文明上网，广泛开展争做中国好网民活动，推进网民网络素养教育，引导广大网民尊德守法、文明互动、理性表达，远离不良网站，防止网络沉迷，自觉维护良好网络秩序。

3. 丰富网上道德实践。互联网为道德实践提供了新的空间、新的载体。要积极培育和引导互联网公益力量，壮大网络公益队伍，形成线上线下踊跃参与公益事业的生动局面。加强网络公益宣传，引导人们随时、随地、随手做公益，推动形成关爱他人、奉献社会的良好风尚。拓展"互联网+公益"、"互联网+慈善"模式，广泛开展形式多样的网络公益、网络慈善活动，激发全社会热心公益、参与慈善的热情。加强网络公益规范化运行和管理，完善相关法规制度，促进网络公益健康有序发展。

4. 营造良好网络道德环境。加强互联网管理，正能量是总要求，管得住是硬道理，用得好是真本事。要严格依法管网治网，加强互联网领域立法执法，强化网络综合治理，加强网络社交平台、各类公众账号等管理，重视个人信息安全，建立完善新技术新应用道德评估制度，维护网络道德秩序。开展网络治理专项行动，加大对网上突出问题的整治力度，清理网络欺诈、造谣、诽谤、谩骂、歧视、色情、低俗等内容，反对网络暴力行为，依法惩治网络违法犯罪，促进网络空间日益清朗。

六、发挥制度保障作用

1. 强化法律法规保障。法律是成文的道德，道德是内心的法律。要发挥法治对道德建设的保障和促进作用，把道德导向贯穿法治建设全过程，立法、执法、司法、守法各环节都要体现社会主义道德要求。及时把实践中广泛认同、较为成熟、操作性强的道德要求转化为法律规范，推动社会诚信、见义勇为、志愿服务、勤劳节俭、孝老爱亲、保护生态等方面的立法工作。坚持严格执法，加大关系群众切身利益重点领域的执法力度，以法治的力量维护道德、凝聚人心。坚持公正司法，发挥司法裁判定分止争、惩恶扬善功能，定期发布道德领域典型指导性司法案例，让人们从中感受到公平正义。推进全民守法普法，加强社会主义法治文化建设，营造全社会讲法治、重道德的良好环境，引导人们增强法治意识、坚守道德底线。

2. 彰显公共政策价值导向。公共政策与人们生产生活和现实利益密切相关，直接影响着人们的价值取向和道德判断。各项公共政策制度从设计制定到实施执行，都要充分体现道德要求，符合人们道德期待，实现政策目标和道德导向有机统一。科学制定经济社会政策和改革举措，在涉及就业、就学、住房、医疗、收入分配、社会保障等重大民生问题上，妥善处理各方面利益关系，充分体现维护社会公平正义的要求。加强对公共政策的道德风险和道德效果评估，及时纠正与社会主义道德相背离的突出问题，促进公共政策与道德建设良性互动。

3. 发挥社会规范的引导约束作用。各类社会规范有效调节着人们在共同生产生活中的关系和行为。要按照社会主义核心价值观的基本要求，健全各行各业规章制度，修订完善市民公约、乡规民约、学生守则等行为准则，突出体现自身特点的道德规范，更好发挥规范、调节、评价人们言行举止的作用。要发挥各类群众性组织的自我教育、自我管理、自我服务功能，推动落实各项社会规范，共建共享与新时代相匹配的社会文明。

4. 深化道德领域突出问题治理。道德建设既要靠教育倡导，也要靠有效治理。要综合施策、标本兼治，运用经济、法律、技术、行政和社会管理、舆论监督等各种手段，有力惩治失德败德、突破道德底线的行为。要组织开展道德领域突出问题专项治理，不断净化社会文化环境。针对污蔑诋毁英雄、伤害民族感情的恶劣言行，特别是对于损害国家尊严、出卖国家利益的媚外分子，要依法依规严肃惩戒，发挥警示教育作用。针对食品药品安全、产品质量安全、生态环境、社会服务、公共秩序等领域群众反映强烈的突出问题，要逐一进行整治，让败德违法者受到惩治、付出代价。建立惩戒失德行为常态化机制，形成扶正祛邪、惩恶扬善的社会风气。

七、加强组织领导

加强新时代公民道德建设，是推进中国特色社会主义事业的一项基础性、战略性工程。要坚持和加强党的领导，增强"四个意识"，坚定"四个自信"，做到"两个维护"，确保公民道德建设的正确方向。各级党委和政府要担负起公民道德建设的领导责任，将其摆上重要议事日程，纳入全局工作谋划推进，有机融入经济社会发展各方面。纪检监察机关和组织、统战、政法、网信、经济、外交、教育、科技、卫生健康、交通运输、民政、文化和旅游、民族宗教、农业农村、自然资源、生态环境等党政部门，要紧密结合工作职能，积极履行公民道德建设责任。发挥基层党组织和党员在新时代公民道德建设中的战斗堡垒作用和先锋模范作用。工会、共青团、妇联等群团组织，各民主党派和工商联，要积极发挥自身优势，共同推动公民道德建设。

各级文明委和党委宣传部要切实履行指导、协调、组织职能，统筹力量、精心实施、加强督查，抓好工作任务落实。注重分析评估公民道德建设的进展和成效，及时总结推广成功经验和创新做法，加强道德领域重大理论和实践问题研究，推动形成公民道德建设蓬勃开展、深入发展的良好局面。

# 八、新时代爱国主义教育实施纲要

中共中央、国务院

2019 年 11 月 12 日

爱国主义是中华民族的民族心、民族魂，是中华民族最重要的精神财富，是中国人民和中华民族维护民族独立和民族尊严的强大精神动力。爱国主义精神深深植根于中华民族心中，维系着中华大地上各个民族的团结统一，激励着一代又一代中华儿女为祖国发展繁荣而自强不息、不懈奋斗。中国共产党是爱国主义精神最坚定的弘扬者和实践者，90 多年来，中国共产党团结带领全国各族人民进行的革命、建设、改革实践是爱国主义的伟大实践，写下了中华民族爱国主义精神的辉煌篇章。党的十八大以来，以习近平同志为核心的党中央高度重视爱国主义教育，固本培元、凝心铸魂，作出一系列重要部署，推动爱国主义教育取得显著成效。当前，中国特色社会主义进入新时代，中华民族伟大复兴正处于关键时期。新时代加强爱国主义教育，对于振奋民族精神、凝聚全民族力量，决胜全面建成小康社会，夺取新时代中国特色社会主义伟大胜利，实现中华民族伟大复兴的中国梦，具有重大而深远的意义。

一、总体要求

1. 指导思想。坚持以马克思列宁主义、毛泽东思想、邓小平理论、"三个代表"重要思想、科学发展观、习近平新时代中国特色社会主义思想为指导，增强"四个意识"，坚定"四个自信"，做到"两个维护"，着眼培养担当民族复兴大任的时代新人，始终高扬爱国主义旗帜，着力培养爱国之情、砥砺强国之志、实践报国之行，使爱国主义成为全体中国人民的坚定信念、精神力量和自觉行动。

2. 坚持把实现中华民族伟大复兴的中国梦作为鲜明主题。伟大事业需要伟大精神，伟大精神铸就伟大梦想。要把国家富强、民族振兴、人民幸福作为不懈追求，着力扎紧全国各族人民团结奋斗的精神纽带，厚植家国情怀，培育精神家园，引导人们坚持中国道路、弘扬中国精神、凝聚中国力量，为实现中华民族伟大复兴的中国梦提供强大精神动力。

3. 坚持爱党爱国爱社会主义相统一。新中国是中国共产党领导的社会主义国家，祖国的命运与党的命运、社会主义的命运密不可分。当代中国，爱国主义的本质就是坚持爱国和爱党、爱社会主义高度统一。要区分层次、区别对象，引导人们深刻认识党的领导是中国特色社会主义最本质特征和最大制度优势，坚持党的领导、坚持走中国特色社会主义道路是实现国家富强的根本保障和必由之路，以坚定的信念、真挚的情感把新时代中国特色社会主义一以贯之进行下去。

4. 坚持以维护祖国统一和民族团结为着力点。国家统一和民族团结是中华民族根本利益所在。要始终不渝坚持民族团结是各族人民的生命线，巩固和发展平等团结互助和谐的社会主义民族关系，引导全国各族人民像爱护自己的眼睛一样珍惜民族团结，维护全国各族人民大团结的政治局面，巩固和发展最广泛的爱国统一战线，不断增强对伟大祖国、中华民族、中华文化、中国共产党、中国特色社会主义的认同，坚决维护国家主权、安全、发展利益，旗帜鲜明反对分裂国家图谋、破坏民族团结的言行，筑牢国家统一、民族团结、社会稳定的铜墙铁壁。

5. 坚持以立为本、重在建设。爱国主义是中华儿女最自然、最朴素的情感。要坚持从娃娃抓起，着眼固本培元、凝心铸魂，突出思想内涵，强化思想引领，做到润物无声，把基本要求和具体实际结合起来，把全面覆盖和突出重点结合起来，遵循规律、创新发展，注重落细落小落实、日常经常平常，强化教育引导、实践养成、制度保障，推动爱国主义教育融入贯穿国民教育和精神文明建设全过程。

6. 坚持立足中国又面向世界。一个国家、一个民族，只有开放兼容，才能富强兴盛。要把弘扬爱国主义精神与扩大对外开放结合起来，尊重各国历史特点、文化传统，尊重各国人民选择的发展道路，善于从不同文明中寻求智慧、汲取营养，促进人类和平与发展的崇高事业，共同推动人类文明发展进步。

二、基本内容

7. 坚持用习近平新时代中国特色社会主义思想武装全党、教育人民。习近平新时代中国特色社会主义思想是马克思主义中国化最新成果，是党和人民实践经验和集体智慧的结晶，是中国特色社会主义理论体系的重要组成部分，是全党全国人民为实现中华民族伟大复兴而奋斗的行动指南，必须长期坚持并不断发展。要深刻理解习近平新时代中国特色社会主义思想的核心要义、精神实质、丰富内涵、实践要求，不断增强干部群众的政治意识、大局意识、核心意识、看齐意识，坚决维护习近平总书记党中央的核心、全党的核心地位，坚决维护党中央权威和集中统一领导。要紧密结合人们生产生活实际，推动习近平新时代中国特色社会主义思想进企业、进农村、进机关、进校园、进社区、进军营、进网络，真正使党的创新理论落地生根、开花结果。要在知行合一、学以致用上下功夫，引导干部群众坚持以习近平新时代中国特色社会主义思想为指导，展现新气象、激发新作为，把学习教育成果转化为爱国报国的实际行动。

8. 深入开展中国特色社会主义和中国梦教育。中国特色社会主义集中体现着国家、民族、人民根本利益。要高举中国特色社会主义伟大旗帜，广泛开展理想信念教育，用党领导人民进行伟大社会革命的成果说话，用改革开放以来社会主义现代化建设的伟大成就说话，用新时代坚持和发展中国特色社会主义的生动实践说话，用中国特色社会主义制度的优势说话，在历史与现实、国际与国内的对比中，引导人们深刻认识中国共产党为什么"能"、马克思主义为什么"行"、中国特色社会主义为什么"好"，牢记红色政权是从哪里来的、新中国是怎么建立起来的，倍加珍惜我们党开创的中国特色社会主义，不断增强道路自信、理论自信、制度自信、文化自信。要深入开展中国梦教育，引导人们深刻认识中国梦是国家的梦、民族的梦，也是每个中国人的梦，深刻认识中华民族伟大复兴绝不是轻轻松松、敲锣打鼓就能实现的，要付出更为艰巨、更为艰苦的努力，争做新时代的奋斗者、追梦人。

9. 深入开展国情教育和形势政策教育。要深入开展国情教育，帮助人们了解我国发展新的历史方位、社会主要矛盾的变化，引导人们深刻认识到，我国仍处于并将长期处于社会主义初级阶段的基本国情没有变，我国是世界上最大发展中国家的国际地位没有变，始终准确把握基本国情，既不落后于时代，也不脱离实际、超越阶段。要深入开展形势政策教育，帮助人们树立正确的历史观、大局观、角色观，了解世界正经历百年未有之大变局，我国仍处于发展的重要战略机遇期，引导人们清醒认识国际国内形势发展变化，做好我们自己的事情。要发扬斗争精神，增强斗争本领，引导人们充分认识伟大斗争的长期性、复杂性、艰巨性，敢于直面风险挑战，以坚忍不拔的意志和无私无畏的勇气战胜前进道路上的一切艰难险阻，在进行伟大斗争中更好弘扬爱国主义精神。

10. 大力弘扬民族精神和时代精神。以爱国主义为核心的民族精神和以改革创新为核心的时代精神，是凝心聚力的兴国之魂、强国之魂。要聚焦培养担当民族复兴大任的时代新人，培育和践行社会主义核心价值观，广泛开展爱国主义、集体主义、社会主义教育，提高人们的思想觉悟、道德水准和文明素养。要唱响人民赞歌、展现人民风貌，大力弘扬中国人民在长期奋斗中形成的伟大创造精神、伟大奋斗精神、伟大团结精神、伟大梦想精神，生动展示人民群众在新时代的新实践、新业绩、新作为。

11. 广泛开展党史、国史、改革开放史教育。历史是最好的教科书，也是最好的清醒剂。要结合中华民族从站起来、富起来到强起来的伟大飞跃，引导人们深刻认识历史和人民选择中国共产党、选择马克思主义、选择社会主义道路、选择改革开放的历史必然性，深刻认识我们国家和民族从哪里来、到哪里去，坚决反对历史虚无主义。要继承革命传统，弘扬革命精神，传承红色基因，结合新的时代特点赋予新的内涵，使之转化为激励人民群众进行伟大斗争的强大动力。要加强改革开放教育，引导人们深刻认识改革开放是党和人民大踏步赶上时代的重要法宝，是坚持和发展中国特色社会主义的必由之路，是决定当代中国命运的关键一招，也是决定实现"两个一百年"奋斗目标、实现中华民族伟大复兴的关键一招，凝聚起将改革开放进行到底的强大力量。

12. 传承和弘扬中华优秀传统文化。对祖国悠久历史、深厚文化的理解和接受，是爱国主义情感培育和发展的重要条件。要引导人们了解中华民族的悠久历史和灿烂文化，从历史中汲取营养和智慧，自觉延续文化基因，增强民族自尊心、自信心和自豪感。要坚持古为今用、推陈出新，不忘本来、辩证取舍，深入实施中华优秀传统文化传承发展工程，推动中华文化创造性转化、创新性发展。要坚守正道、弘扬大道，反对文化虚无主义，引导人们树立和坚持正确的历史观、民族观、国家观、文化观，不断增强中华民族的归属感、认同感、尊严感、荣誉感。

13. 强化祖国统一和民族团结进步教育。实现祖国统一、维护民族团结，是中华民族的不懈追求。要加强祖国统一教育，深刻揭示维护国家主权和领土完整、实现祖国完全统一是大势所趋、大义所在、民心所向，增进广大同胞心灵契合、互信认同，与分裂祖国的言行开展坚决斗争，引导全体中华儿女为实现民族伟大复兴、推进祖国和平统一而共同奋斗。深化民族团结进步教育，铸牢中华民族共同体意识，加强各民族交往交流交融，引导各族群众牢固树立"三个离不开"思想，不断增强"五个认同"，使各民族同呼吸、共命运、心连心的光荣传统代代相传。

14. 加强国家安全教育和国防教育。国家安全是安邦定国的重要基石。要加强国家安全教育，深入学习宣传总体国家安全观，增强全党全国人民国家安全意识，自觉维护政治安全、国土安全、经济安全、社会安全、网络安全和外部安全。要加强国防教育，增强全民国防观念，使关心国防、热爱国防、建设国防、保卫国防成为全社会的思想共识和自觉行动。要深入开展增强忧患意识、防范化解重大风险的宣传教育，引导广大干部群众强化风险意识，科学辨识风险、有效应对风险，做到居安思危、防患未然。

三、新时代爱国主义教育要面向全体人民、聚焦青少年

15. 充分发挥课堂教学的主渠道作用。培养社会主义建设者和接班人，首先要培养学生的爱国情怀。要把青少年作为爱国主义教育的重中之重，将爱国主义精神贯穿于学校教育全过程，推动爱国主义教育进课堂、

进教材、进头脑。在普通中小学、中职学校，将爱国主义教育内容融入语文、道德与法治、历史等学科教材编写和教育教学中，在普通高校将爱国主义教育与哲学社会科学相关专业课程有机结合，加大爱国主义教育内容的比重。创新爱国主义教育的形式，丰富和优化课程资源，支持和鼓励多种形式开发微课、微视频等教育资源和在线课程，开发体现爱国主义教育要求的音乐、美术、书法、舞蹈、戏剧作品等，进一步增强吸引力感染力。

16. 办好学校思想政治理论课。思想政治理论课是爱国主义教育的主阵地。要紧紧抓住青少年阶段的"拔节孕穗期"，理直气壮开好思想政治理论课，引导学生把爱国情、强国志、报国行自觉融入坚持和发展中国特色社会主义事业、建设社会主义现代化强国、实现中华民族伟大复兴的奋斗之中。按照政治强、情怀深、思维新、视野广、自律严、人格正的要求，加强思想政治理论课教师队伍建设，让有信仰的人讲信仰，让有爱国情怀的人讲爱国。推动思想政治理论课改革创新，发挥学生主体作用，采取互动式、启发式、交流式教学，增强思想性理论性和亲和力针对性，在教育灌输和潜移默化中，引导学生树立国家意识、增进爱国情感。

17. 组织推出爱国主义精品出版物。针对不同年龄、不同成长阶段，坚持精品标准，加大创作力度，推出反映爱国主义内容的高质量儿童读物、教辅读物，让广大青少年自觉接受爱国主义熏陶。积极推荐爱国主义主题出版物，大力开展爱国主义教育读书活动。结合青少年兴趣点和接受习惯，大力开发并积极推介体现中华文化精髓、富有爱国主义气息的网络文学、动漫、有声读物、网络游戏、手机游戏、短视频等。

18. 广泛组织开展实践活动。大中小学的党组织、共青团、少先队、学生会、学生社团等，要把爱国主义内容融入党日团日、主题班会、班队会以及各类主题教育活动之中。广泛开展文明校园创建，强化校训校歌校史的爱国主义教育功能，组织开展丰富多彩的校园文化活动。组织大中小学生参观纪念馆、展览馆、博物馆、烈士纪念设施，参加军事训练、冬令营夏令营、文化科技卫生"三下乡"、学雷锋志愿服务、创新创业、公益活动等，更好地了解国情民情，强化责任担当。密切与城市社区、农村、企业、部队、社会机构等的联系，丰富拓展爱国主义教育校外实践领域。

19. 在广大知识分子中弘扬爱国奋斗精神。我国知识分子历来有浓厚的家国情怀和强烈的社会责任感。深入开展"弘扬爱国奋斗精神、建功立业新时代"活动，弘扬"两弹一星"精神、载人航天精神等，大力组织优秀知识分子学习宣传，引导新时代知识分子把自己的理想同祖国的前途、把自己的人生同民族的命运紧密联系在一起，立足本职、拼搏奋斗、创新创造，在新时代作出应有的贡献。广泛动员和组织知识分子深入改革开放前沿、经济发展一线和革命老区、民族地区、边疆地区、贫困地区，开展调研考察和咨询服务，深入了解国情，坚定爱国追求。

20. 激发社会各界人士的爱国热情。社会各界的代表性人士具有较强示范效应。要坚持信任尊重团结引导，增进和凝聚政治共识，夯实共同思想政治基础，不断扩大团结面，充分调动社会各界人士的爱国热情和社会担当。通过开展职业精神职业道德教育、建立健全相关制度规范、发挥行业和舆论监督作用等，引导社会各界人士增强道德自律、履行社会责任。坚持我国宗教的中国化方向，加强宗教界人士和信教群众的爱国主义教育，引导他们热爱祖国、拥护社会主义制度、拥护中国共产党的领导，遵守国家法律法规和方针政策。加强"一国两制"实践教育，引导人们包括香港特别行政区同胞、澳门特别行政区同胞、台湾同胞和海外侨胞增强对国家的认同，自觉维护国家统一和民族团结。

四、丰富新时代爱国主义教育的实践载体

21. 建好用好爱国主义教育基地和国防教育基地。各级各类爱国主义教育基地，是激发爱国热情、凝聚人民力量、培育民族精神的重要场所。要加强内容建设，改进展陈方式，着力打造主题突出、导向鲜明、内涵丰富的精品陈列，强化爱国主义教育和红色教育功能，为社会各界群众参观学习提供更好服务。健全全国爱国主义教育示范基地动态管理机制，进一步完善落实免费开放政策和保障机制，根据实际情况，对爱国主义教育基地免费开放财政补助进行重新核定。依托军地资源，优化结构布局，提升质量水平，建设一批国防特色鲜明、功能设施配套、作用发挥明显的国防教育基地。

22. 注重运用仪式礼仪。认真贯彻执行国旗法、国徽法、国歌法，学习宣传基本知识和国旗升挂、国徽使用、国歌奏唱礼仪。在全社会广泛开展"同升国旗、同唱国歌"活动，让人们充分表达爱国情感。各级广播电台、电视台每天定时在主频率、主频道播放国歌。国庆期间，各级党政机关、人民团体、大型企事业单位、全国城乡社区和爱国主义教育基地等，要组织升国旗仪式并悬挂国旗。鼓励居民家庭在家门前适当位置悬挂国旗。认真组织宪法宣誓仪式、入党入团入队仪式等，通过公开宣誓、重温誓词等形式，强化国家意识和集体观念。

23. 组织重大纪念活动。充分挖掘重大纪念日、重大历史事件蕴含的爱国主义教育资源，组织开展系列庆祝或纪念活动和群众性主题教育。抓住国庆节这一重要时间节点，广泛开展"我和我的祖国"系列主题活动，通过主题宣讲、大合唱、共和国故事汇、快闪、灯光秀、游园活动等形式，引导人们歌唱祖国、致敬祖国、祝福祖国，使国庆黄金周成为爱国活动周。充分运用"七一"党的生日、"八一"建军节等时间节点，广泛深入组织各种纪念活动，唱响共产党好、人民军队好的主旋律。在中国人民抗日战争胜利纪念日、烈士纪念日、南京大屠杀死难者国家公祭日期间，精心组织公祭、瞻仰纪念碑、祭扫烈士墓等，引导人们牢记历史、不忘过去、缅怀先烈、面向未来，激发爱国热情、凝聚奋进力量。

24. 发挥传统和现代节日的涵育功能。大力实施中国传统节日振兴工程，深化"我们的节日"主题活动，利用春节、元宵、清明、端午、七夕、中秋、重阳等重要传统节日，开展丰富多彩、积极健康、富有价值内涵的民俗文化活动，引导人们感悟中华文化、增进家国情怀。结合元旦、"三八"国际妇女节、"五一"国际劳动节、"五四"青年节、"六一"国际儿童节和中国农民丰收节等，开展各具特色的庆祝活动，激发人们的爱国主义和集体主义精神。

25. 依托自然人文景观和重大工程开展教育。寓爱国主义教育于游览观光之中，通过宣传展示、体验感受等多种方式，引导人们领略壮美河山，投身美丽中国建设。系统梳理传统文化资源，加强考古发掘和整理研究，保护好文物古迹、传统村落、民族村寨、传统建筑、农业遗迹、灌溉工程遗产、工业遗迹，推动遗产资源合理利用，健全非物质文化遗产保护制度，推进国家文化公园建设。推动文化和旅游融合发展，提升旅游质量水平和文化内涵，深入挖掘旅游资源中蕴含的爱国主义内容，防止过度商业行为和破坏性开发。推动红色旅游内涵式发展，完善全国红色旅游经典景区体系，凸显教育功能，加强对讲解员、导游等从业人员的管理培训，加强对解说词、旅游项目等的规范，坚持正确的历史观和历史标准。依托国家重大建设工程、科学工程等，建设一批展现新时代风采的主题教育基地。

五、营造新时代爱国主义教育的浓厚氛围

26. 用好报刊广播影视等大众传媒。各级各类媒体要聚焦爱国主义主题，创新方法手段，适应分众化、差异化传播趋势，使爱国主义宣传报道接地气、有生气、聚人气，有情感、有深度、有温度。把爱国主义主题融入贯穿媒体融合发展，打通网上网下、版面页面，推出系列专题专栏、新闻报道、言论评论以及融媒体产品，加强县级融媒体中心建设，生动讲好爱国故事、大力传播主流价值观。制作刊播爱国主义优秀公益广告作品，在街头户外张贴悬挂展示标语口号、宣传挂图，生动形象做好宣传。坚持正确舆论导向，对虚无历史、消解主流价值的错误思想言论，及时进行批驳和辨析引导。

27. 发挥先进典型的引领作用。大力宣传为中华民族和中国人民作出贡献的英雄，宣传革命、建设、改革时期涌现出的英雄烈士和模范人物，宣传时代楷模、道德模范、最美人物和身边好人，宣传具有爱国情怀的地方先贤、知名人物，以榜样的力量激励人、鼓舞人。广泛开展向先进典型学习活动，引导人们把敬仰和感动转化为干事创业、精忠报国的实际行动。做好先进模范人物的关心帮扶工作，落实相关待遇和礼遇，在全社会大力营造崇尚英雄、学习英雄、捍卫英雄、关爱英雄的浓厚氛围。

28. 创作生产优秀文艺作品。把爱国主义作为常写常新的主题，加大现实题材创作力度，为时代画像、为时代立传、为时代明德，不断推出讴歌党、讴歌祖国、讴歌人民、讴歌劳动、讴歌英雄的精品力作。深入实施中国当代文学艺术创作工程、重大历史题材创作工程等，加大对爱国主义题材文学创作、影视创作、词曲创作等的支持力度，加强对经典爱国歌曲、爱国影片的深入挖掘和创新传播，唱响爱国主义正气歌。文艺创作和评论评奖要具有鲜明爱国主义导向，倡导讲品位、讲格调、讲责任，抵制低俗、庸俗、媚俗，坚决反对亵渎祖先、亵渎经典、亵渎英雄，始终保持社会主义文艺的爱国底色。

29. 唱响互联网爱国主义主旋律。加强爱国主义网络内容建设，广泛开展网上主题教育活动，制作推介体现爱国主义内容、适合网络传播的音频、短视频、网络文章、纪录片、微电影等，让爱国主义充盈网络空间。实施爱国主义数字建设工程，推动爱国主义教育基地、红色旅游与网络传播有机结合。创新传播载体手段，积极运用微博微信、社交媒体、视频网站、手机客户端等传播平台，运用虚拟现实、增强现实、混合现实等新技术新产品，生动活泼开展网上爱国主义教育。充分发挥"学习强国"学习平台在爱国主义宣传教育中的作用。加强网上舆论引导，依法依规进行综合治理，引导网民自觉抵制损害国家荣誉、否定中华优秀传统文化的错误言行，汇聚网上正能量。

30. 涵养积极进取开放包容理性平和的国民心态。加强宣传教育，引导人们正确把握中国与世界的发展大势，正确认识中国与世界的关系，既不妄自尊大也不妄自菲薄，做到自尊自信、理性平和。爱国主义是世界各国人民共有的情感，实现世界和平与发展是各国人民共同的愿望。一方面要弘扬爱国主义精神，另一方面要培养海纳百川、开放包容的胸襟，大力宣传坚持和平发展合作共赢、构建人类命运共同体、共建"一带一路"等重要理念和倡议，激励广大人民同各国人民一道共同创造美好未来。对每一个中国人来说，爱国是本分，也是职责，是心之所系、情之所归。倡导知行合一，推动爱国之情转化为实际行动，使人们理性表达爱国情感，反对极端行为。

31. 强化制度和法治保障。把爱国主义精神融入相关法律法规和政策制度，体现到市民公约、村规民约、学生守则、行业规范、团体章程等的制定完善中，发挥指引、约束和规范作用。在全社会深入学习宣传宪法、英雄烈士保护法、文物保护法等，广泛开展法治文化活动，使普法过程成为爱国主义教育过程。严格执法司法、推进依法治理，综合运用行政、法律等手段，对不尊重国歌国旗国徽等国家象征与标志，对侵害英雄烈士姓名、肖像、名誉、荣誉等行为，对破坏污损爱国主义教育场所设施，对宣扬、美化侵略战争和侵略行为等，依法依规进行严肃处理。依法严惩暴力恐怖、民族分裂等危害国家安全和社会稳定的犯罪行为。

六、加强对新时代爱国主义教育的组织领导

32. 各级党委和政府要承担起主体责任。各级党委和政府要负起政治责任和领导责任，把爱国主义教育摆上重要日程，纳入意识形态工作责任制，加强阵地建设和管理，抓好各项任务落实。进一步健全党委统一领导、党政齐抓共管、宣传部门统筹协调、有关部门各负其责的工作格局，建立爱国主义教育联席会议制度，加强工作指导和沟通协调，及时研究解决工作中的重要事项和存在问题。广大党员干部要以身作则，牢记初心使命，勇于担当作为，发挥模范带头作用，做爱国主义的坚定弘扬者和实践者，同违背爱国主义的言行作坚决斗争。

33. 调动广大人民群众的积极性主动性。爱国主义教育是全民教育，必须突出教育的群众性。各级工会、共青团、妇联和文联、作协、科协、侨联、残联以及关工委等人民团体和群众组织，要发挥各自优势，面向所联系的领域和群体广泛开展爱国主义教育。组织动员老干部、老战士、老专家、老教师、老模范等到广大群众特别是青少年中讲述亲身经历，弘扬爱国传统。坚持热在基层、热在群众，结合人们生产生活，把爱国主义教育融入到新时代文明实践中心建设、学雷锋志愿服务、精神文明创建之中，体现到百姓宣讲、广场舞、文艺演出、邻居节等群众性活动之中，引导人们自我宣传、自我教育、自我提高。

34. 求真务实注重实效。爱国主义教育是思想的洗礼、精神的熏陶。要坚持目标导向、问题导向、效果导向，坚持虚功实做、久久为功，在深化、转化上下功夫，在具象化、细微处下功夫，更好地体现时代性、把握规律性、富于创造性。坚持从实际出发，务实节俭开展教育、组织活动，杜绝铺张浪费，不给基层和群众增加负担，坚决反对形式主义、官僚主义。

各地区各部门要根据本纲要制定贯彻落实的具体措施，确保爱国主义教育各项任务要求落到实处。

中国人民解放军和中国人民武装警察部队按照本纲要总的要求，结合部队实际制定具体规划、作出安排部署。

# 九、中小学综合实践活动课程指导纲要

教育部

2017 年 9 月 25 日

为全面贯彻党的教育方针，坚持教育与生产劳动、社会实践相结合，引导学生深入理解和践行社会主义核心价值观，充分发挥中小学综合实践活动课程在立德树人中的重要作用，特制定本纲要。

一、课程性质与基本理念

（一）课程性质

综合实践活动是从学生的真实生活和发展需要出发，从生活情境中发现问题，转化为活动主题，通过探究、服务、制作、体验等方式，培养学生综合素质的跨学科实践性课程。

综合实践活动是国家义务教育和普通高中课程方案规定的必修课程，与学科课程并列设置，是基础教育课程体系的重要组成部分。该课程由地方统筹管理和指导，具体内容以学校开发为主，自小学一年级至高中三年级全面实施。

（二）基本理念

1. 课程目标以培养学生综合素质为导向

本课程强调学生综合运用各学科知识，认识、分析和解决现实问题，提升综合素质，着力发展核心素养，特别是社会责任感、创新精神和实践能力，以适应快速变化的社会生活、职业世界和个人自主发展的需要，迎接信息时代和知识社会的挑战。

2. 课程开发面向学生的个体生活和社会生活

本课程面向学生完整的生活世界，引导学生从日常学习生活、社会生活或与大自然的接触中提出具有教育意义的活动主题，使学生获得关于自我、社会、自然的真实体验，建立学习与生活的有机联系。要避免仅从学科知识体系出发进行活动设计。

3. 课程实施注重学生主动实践和开放生成

本课程鼓励学生从自身成长需要出发，选择活动主题，主动参与并亲身经历实践过程，体验并践行价值信念。在实施过程中，随着活动的不断展开，在教师指导下，学生可根据实际需要，对活动的目标与内容、组织与方法、过程与步骤等做出动态调整，使活动不断深化。

4. 课程评价主张多元评价和综合考察

本课程要求突出评价对学生的发展价值，充分肯定学生活动方式和问题解决策略的多样性，鼓励学生自我评价与同伴间的合作交流和经验分享。提倡多采用质性评价方式，避免将评价简化为分数或等级。要将学生在综合实践活动中的各种表现和活动成果作为分析考察课程实施状况与学生发展状况的重要依据，对学生的活动过程和结果进行综合评价。

二、课程目标

（一）总目标

学生能从个体生活、社会生活及与大自然的接触中获得丰富的实践经验，形成并逐步提升对自然、社会和自我之内在联系的整体认识，具有价值体认、责任担当、问题解决、创意物化等方面的意识和能力。

（二）学段目标

1. 小学阶段具体目标

（1）价值体认：通过亲历、参与少先队活动、场馆活动和主题教育活动，参观爱国主义教育基地等，获得有积极意义的价值体验。理解并遵守公共空间的基本行为规范，初步形成集体思想、组织观念，培养对中国共产党的朴素感情，为自己是中国人感到自豪。

（2）责任担当：围绕日常生活开展服务活动，能处理生活中的基本事务，初步养成自理能力、自立精神、热爱生活的态度，具有积极参与学校和社区生活的意愿。

（3）问题解决：能在教师的引导下，结合学校、家庭生活中的现象，发现并提出自己感兴趣的问题。能将问题转化为研究小课题，体验课题研究的过程与方法，提出自己的想法，形成对问题的初步解释。

（4）创意物化：通过动手操作实践，初步掌握手工设计与制作的基本技能；学会运用信息技术，设计并制作有一定创意的数字作品。运用常见、简单的信息技术解决实际问题，服务于学习和生活。

2. 初中阶段具体目标

（1）价值体认：积极参加班团队活动、场馆体验、红色之旅等，亲历社会实践，加深有积极意义的价值体验。能主动分享体验和感受，与老师、同伴交流思想认识，形成国家认同，热爱中国共产党。通过职业体验活动，发展兴趣专长，形成积极的劳动观念和态度，具有初步的生涯规划意识和能力。

（2）责任担当：观察周围的生活环境，围绕家庭、学校、社区的需要开展服务活动，增强服务意识，养成独立的生活习惯；愿意参与学校服务活动，增强服务学校的行动能力；初步形成探究社区问题的意识，愿意参与社区服务，初步形成对自我、学校、社区负责任的态度和社会公德意识，初步具备法治观念。

（3）问题解决：能关注自然、社会、生活中的现象，深入思考并提出有价值的问题，将问题转化为有价值的研究课题，学会运用科学方法开展研究。能主动运用所学知识理解与解决问题，并做出基于证据的解释，形成基本符合规范的研究报告或其他形式的研究成果。

（4）创意物化：运用一定的操作技能解决生活中的问题，将一定的想法或创意付诸实践，通过设计、制作或装配等，制作和不断改进较为复杂的制品或用品，发展实践创新意识和审美意识，提高创意实现能力。通过信息技术的学习实践，提高利用信息技术进行分析和解决问题的能力以及数字化产品的设计与制作能力。

3. 高中阶段具体目标

（1）价值体认：通过自觉参加班团活动、走访模范人物、研学旅行、职业体验活动，组织社团活动，深化社会规则体验、国家认同、文化自信，初步体悟个人成长与职业世界、社会进步、国家发展和人类命运共同体的关系，增强根据自身兴趣专长进行生涯规划和职业选择的能力，强化对中国共产党的认识和感情，具有中国特色社会主义共同理想和国际视野。

（2）责任担当：关心他人、社区和社会发展，能持续地参与社区服务与社会实践活动，关注社区及社会存在的主要问题，热心参与志愿者活动和公益活动，增强社会责任意识和法治观念，形成主动服务他人、服务社会的情怀，理解并践行社会公德，提高社会服务能力。

（3）问题解决：能对个人感兴趣的领域开展广泛的实践探索，提出具有一定新意和深度的问题，综合运用知识分析问题，用科学方法开展研究，增强解决实际问题的能力。能及时对研究过程及研究结果进行审视、反思并优化调整，建构基于证据的、具有说服力的解释，形成比较规范的研究报告或其他形式的研究成果。

（4）创意物化：积极参与动手操作实践，熟练掌握多种操作技能，综合运用技能解决生活中的复杂问题。增强创意设计、动手操作、技术应用和物化能力。形成在实践操作中学习的意识，提高综合解决问题的能力。

三、课程内容与活动方式

学校和教师要根据综合实践活动课程的目标，并基于学生发展的实际需求，设计活动主题和具体内容，并选择相应的活动方式。

（一）内容选择与组织原则

综合实践活动课程的内容选择与组织应遵循如下原则：

1. 自主性

在主题开发与活动内容选择时，要重视学生自身发展需求，尊重学生的自主选择。教师要善于引导学生围绕活动主题，从特定的角度切入，选择具体的活动内容，并自定活动目标任务，提升自主规划和管理能力。同时，要善于捕捉和利用课程实施过程中生成的有价值的问题，指导学生深化活动主题，不断完善活动内容。

2. 实践性

综合实践活动课程强调学生亲身经历各项活动，在"动手做""实验""探究""设计""创作""反思"的过程中进行"体验""体悟""体认"，在全身心参与的活动中，发现、分析和解决问题，体验和感受生活，发展实践创新能力。

3. 开放性

综合实践活动课程面向学生的整个生活世界，具体活动内容具有开放性。教师要基于学生已有经验和兴趣专长，打破学科界限，选择综合性活动内容，鼓励学生跨领域、跨学科学习，为学生自主活动留出余地。要引导学生把自己成长的环境作为学习场所，在与家庭、学校、社区的持续互动中，不断拓展活动时空和活动内容，使自己的个性特长、实践能力、服务精神和社会责任感不断获得发展。

4. 整合性

综合实践活动课程的内容组织，要结合学生发展的年龄特点和个性特征，以促进学生的综合素质发展为核心，均衡考虑学生与自然的关系、学生与他人和社会的关系、学生与自我的关系这三个方面的内容。对活动主题的探究和体验，要体现个人、社会、自然的内在联系，强化科技、艺术、道德等方面的内在整合。

5. 连续性

综合实践活动课程的内容设计应基于学生可持续发展的要求，设计长短期相结合的主题活动，使活动内容具有递进性。要促使活动内容由简单走向复杂，使活动主题向纵深发展，不断丰富活动内容、拓展活动范围，促进学生综合素质的持续发展。要处理好学期之间、学年之间、学段之间活动内容的有机衔接与联系，构建科学合理的活动主题序列。

（二）活动方式

综合实践活动的主要方式及其关键要素为：

1. 考察探究

考察探究是学生基于自身兴趣，在教师的指导下，从自然、社会和学生自身生活中选择和确定研究主题，开展研究性学习，在观察、记录和思考中，主动获取知识，分析并解决问题的过程，如野外考察、社会调查、研学旅行等，它注重运用实地观察、访谈、实验等方法，获取材料，形成理性思维、批判质疑和勇于探究的精神。考察探究的关键要素包括：发现并提出问题；提出假设，选择方法，研制工具；获取证据；提出解释或观念；交流、评价探究成果；反思和改进。

2. 社会服务

社会服务指学生在教师的指导下，走出教室，参与社会活动，以自己的劳动满足社会组织或他人的需要，如公益活动、志愿服务、勤工俭学等，它强调学生在满足被服务者需要的过程中，获得自身发展，促进相关知识技能的学习，提升实践能力，成为履职尽责、敢于担当的人。社会服务的关键要素包括：明确服务对象与需要；制订服务活动计划；开展服务行动；反思服务经历，分享活动经验。

3. 设计制作

设计制作指学生运用各种工具、工艺（包括信息技术）进行设计，并动手操作，将自己的创意、方案付诸现实，转化为物品或作品的过程，如动漫制作、编程、陶艺创作等，它注重提高学生的技术意识、工程思维、动手操作能力等。在活动过程中，鼓励学生手脑并用，灵活掌握、融会贯通各类知识和技巧，提高学生的技术操作水平、知识迁移水平，体验工匠精神等。设计制作的关键要素包括：创意设计；选择活动材料或工具；动手制作；交流展示物品或作品，反思与改进。

4. 职业体验

职业体验指学生在实际工作岗位上或模拟情境中见习、实习，体认职业角色的过程，如军训、学工、学农等，它注重让学生获得对职业生活的真切理解，发现自己的专长，培养职业兴趣，形成正确的劳动观念和人生志向，提升生涯规划能力。职业体验的关键要素包括：选择或设计职业情境；实际岗位演练；总结、反思和交流经历过程；概括提炼经验，行动应用。

综合实践活动除了以上活动方式外，还有党团队教育活动、博物馆参观等。综合实践活动方式的划分是相对的。在活动设计时可以有所侧重，以某种方式为主，兼顾其他方式；也可以整合方式实施，使不同活动要素彼此渗透、融合贯通。要充分发挥信息技术对于各类活动的支持作用，有效促进问题解决、交流协作、成果展示与分享等。

四、学校对综合实践活动课程的规划与实施

（一）课程规划

中小学校是综合实践活动课程规划的主体，应在地方指导下，对综合实践活动课程进行整体设计，将办学理念、办学特色、培养目标、教育内容等融入其中。要依据学生发展状况、学校特色、可利用的社区资源（如各级各类青少年校外活动场所、综合实践基地和研学旅行基地等）对综合实践活动课程进行统筹考虑，形成综合实践活动课程总体实施方案；还要基于学生的年段特征、阶段性发展要求，制定具体的"学校学年（或学期）活动计划与实施方案"，对学年、学期活动做出规划。要使总体实施方案和学年（或学期）活动计划相互配套、衔接，形成促进学生持续发展的课程实施方案。

学校在课程规划时要注意处理好以下关系：

1. 综合实践活动课程的预设与生成

学校要统筹安排各年级、各班级学生的综合实践活动课时、主题、指导教师、场地设施等，加强与校外活动场所的沟通协调，为每一个学生参与活动创造必要条件，提供发展机遇，但不得以单一、僵化、固定的模式去约束所有班级、社团的具体活动过程，剥夺学生自主选择的空间。要允许和鼓励师生从生活中选择有价值的活动主题，选择适当的活动方式创造性地开展活动。要关注学生活动的生成性目标与生成性主题并引导其发展，为学生创造性的发展开辟广阔空间。

2. 综合实践活动课程与学科课程

在设计与实施综合实践活动课程中，要引导学生主动运用各门学科知识分析解决实际问题，使学科知识在综合实践活动中得到延伸、综合、重组与提升。学生在综合实践活动中所发现的问题要在相关学科教学中分析解决，所获得的知识要在相关学科教学中拓展加深。防止用学科实践活动取代综合实践活动。

3. 综合实践活动课程与专题教育

可将有关专题教育，如优秀传统文化教育、革命传统教育、国家安全教育、心理健康教育、环境教育、法治教育、知识产权教育等，转化为学生感兴趣的综合实践活动主题，让学生通过亲历感悟、实践体验、行动反思等方式实现专题教育的目标，防止将专题教育简单等同于综合实践活动课程。要在国家宪法日、国家安全教育日、全民国防教育日等重要时间节点，组织学生开展相关主题教育活动。

（二）课程实施

作为综合实践活动课程实施的主体，学校要明确实施机构及人员、组织方式等，加强过程指导和管理，确保课程实施到位。

1. 课时安排

小学 1—2 年级，平均每周不少于 1 课时；小学 3—6 年级和初中，平均每周不少于 2 课时；高中执行课程方案相关要求，完成规定学分。各学校要切实保证综合实践活动时间，在开足规定课时总数的前提下，根据具体活动需要，把课时的集中使用与分散使用有机结合起来。要根据学生活动主题的特点和需要，灵活安排、有效使用综合实践活动时间。学校要给予学生广阔的探究时空环境，保证学生活动的连续性和长期性。要处理好课内与课外的关系，合理安排时间并拓展学生的活动空间与学习场域。

2. 实施机构与人员

学校要成立综合实践活动课程领导小组，结合实际情况设置专门的综合实践活动课程中心或教研组，或由教科室、教务处、学生处等职能部门，承担起学校课程实施规划、组织、协调与管理等方面的责任，负责制定并落实学校综合实践活动课程实施方案，整合校内外教育资源，统筹协调校内外相关部门的关系，联合各方面的力量，特别是加强与校外活动场所的沟通协调，保证综合实践活动课程的有效实施。要充分发挥少先队、共青团以及学生社团组织的作用。

要建立专兼职相结合、相对稳定的指导教师队伍。学校教职工要全员参与，分工合作。原则上每所学校至少配备 1 名专任教师，主要负责指导学生开展综合实践活动，组织其他学科教师开展校本教研活动。各学科教师要发挥专业优势，主动承担指导任务。积极争取家长、校外活动场所指导教师、社区人才资源等有关社会力量成为综合实践活动课程的兼职指导教师，协同指导学生综合实践活动的开展。

3. 组织方式

综合实践活动以小组合作方式为主，也可以个人单独进行。小组合作范围可以从班级内部，逐步走向跨班级、跨年级、跨学校和跨区域等。要根据实际情况灵活运用各种组织方式。要引导学生根据兴趣、能力、特长、活动需要，明确分工，做到人尽其责，合理高效。既要让学生有独立思考的时间和空间，又要充分发挥合作学习的优势，重视培养学生的自主参与意识与合作沟通能力。鼓励学生利用信息技术手段突破时空界限，进行广泛的交流与密切合作。

4. 教师指导

在综合实践活动实施过程中，要处理好学生自主实践与教师有效指导的关系。教师既不能"教"综合实践活动，也不能推卸指导的责任，而应当成为学生活动的组织者、参与者和促进者。教师的指导应贯穿于综合实践活动实施的全过程。

在活动准备阶段，教师要充分结合学生经验，为学生提供活动主题选择以及提出问题的机会，引导学生构思选题，鼓励学生提出感兴趣的问题，并及时捕捉活动中学生动态生成的问题，组织学生就问题展开讨论，确立活动目标内容。要让学生积极参与活动方案的制定过程，通过合理的时间安排、责任分工、实施方法和路径选择，对活动可利用的资源及活动的可行性进行评估等，增强活动的计划性，提高学生的活动规划能力。同时，引导学生对活动方案进行组内及组间讨论，吸纳合理化建议，不断优化完善方案。

在活动实施阶段，教师要创设真实的情境，为学生提供亲身经历与现场体验的机会，让学生经历多样化的活动方式，促进学生积极参与活动过程，在现场考察、设计制作、实验探究、社会服务等活动中发现和解决问题，体验和感受学习与生活之间的联系。要加强对学生活动方式与方法的指导，帮助学生找到适合自己的学习方式和实践方式。教师指导重在激励、启迪、点拨、引导，不能对学生的活动过程包办代替。还要指导学生做好活动过程的记录和活动资料的整理。

在活动总结阶段，教师要指导学生选择合适的结果呈现方式，鼓励多种形式的结果呈现与交流，如绘画、摄影、戏剧与表演等，对活动过程和活动结果进行系统梳理和总结，促进学生自我反思与表达、同伴交流与对话。要指导学生学会通过撰写活动报告、反思日志、心得笔记等方式，反思成败得失，提升个体经验，促进知识建构，并根据同伴及教师提出的反馈意见和建议查漏补缺，明确进一步的探究方向，深化主题探究和体验。

5. 活动评价

综合实践活动情况是学生综合素质评价的重要内容。各学校和教师要以促进学生综合素质持续发展为目的设计与实施综合实践活动评价。要坚持评价的方向性、指导性、客观性、公正性等原则。

突出发展导向。坚持学生成长导向，通过对学生成长过程的观察、记录、分析，促进学校及教师把握学生的成长规律，了解学生的个性与特长，不断激发学生的潜能，为更好地促进学生成长提供依据。评价的首要功能是让学生及时获得关于学习过程的反馈，改进后续活动。要避免评价过程中只重结果、不重过程的现象。要对学生作品进行深入分析和研究，挖掘其背后蕴藏的学生的思想、创意和体验，杜绝对学生的作品随意打分和简单排名等功利主义做法。

做好写实记录。教师要指导学生客观记录参与活动的具体情况，包括活动主题、持续时间、所承担的角色、任务分工及完成情况等，及时填写活动记录单，并收集相关事实材料，如活动现场照片、作品、研究报告、实践单位证明等。活动记录、事实材料要真实、有据可查，为综合实践活动评价提供必要基础。

建立档案袋。在活动过程中，教师要指导学生分类整理、遴选具有代表性的重要活动记录、典型事实材料以及其他有关资料，编排、汇总、归档，形成每一个学生的综合实践活动档案袋，并纳入学生综合素质档案。档案袋是学生自我评价、同伴互评、教师评价学生的重要依据，也是招生录取中综合评价的重要参考。

开展科学评价。原则上每学期末，教师要依据课程目标和档案袋，结合平时对学生活动情况的观察，对学生综合素质发展水平进行科学分析，写出有关综合实践活动情况的评语，引导学生扬长避短，明确努力方向。高中学校要结合实际情况，研究制定学生综合实践活动评价标准和学分认定办法，对学生综合实践活动课程学分进行认定。

五、课程管理与保障

（一）教师培训与教研指导

地方教育行政部门和学校要加强调研，了解综合实践活动指导教师专业发展的需求，搭建多样化的交流平台，强化培训和教研，推动教师的持续发展。

1. 建立指导教师培训制度

要开展对综合实践活动课程专兼职教师的全员培训，明确培训目标，努力提升教师的跨学科知识整合能力，观察、研究学生的能力，指导学生规划、设计与实施活动的能力，课程资源的开发和利用能力等。要根据教师的实际需求，开发相应的培训课程，组织教师按照课程要求进行系统学习。要不断探索和改进培训方式方法，倡导参与式培训、案例培训和项目研究等，不断激发教师内在的学习动力。

2. 建立健全日常教研制度

各学校要通过专业引领、同伴互助、合作研究，积极开展以校为本的教研活动，及时分析、解决课程实施中遇到的问题，提高课程实施的有效性。各级教研机构要配备综合实践活动专职教研员，加强对校本教研的指导，并组织开展专题教研、区域教研、网络教研等，通过协同创新、校际联动、区域推进，提高中小学综合实践活动整体实施水平。

（二）支持体系建设与保障

1. 网络资源开发

地方教育行政部门、教研机构和学校要开发优质网络资源，遴选相关影视作品等充实资源内容，为课程实施提供资源保障。要充分发挥师生在课程资源开发中的主体性与创造性，及时总结、梳理来自教学一线的典型案例和鲜活经验，动态生成分年级、分专题的综合实践活动课程资源包。各地要探索和建立优质资源的共享与利用机制，打造省、市、县、校多级联动的共建共享平台，为课程实施提供高质量、常态化的资源支撑。

2. 硬件配套与利用

学校要为综合实践活动的实施提供配套硬件资源与耗材，并积极争取校外活动场所支持，建立课程资源的协调与共享机制，充分发挥实验室、专用教室及各类教学设施在综合实践活动课程实施过程中的作用，提高使用效益，避免资源闲置与浪费。有条件的学校可以建设专用活动室或实践基地，如创客空间等。

地方教育行政部门要加强实践基地建设，强化资源统筹管理，建立健全校内外综合实践活动课程资源的利用与相互转换机制，强化公共资源间的相互联系和硬件资源的共享，为学校利用校外图书馆、博物馆、展览馆、科技馆、实践基地等各种社会资源及丰富的自然资源提供政策支持。

3. 经费保障

地方和学校要确保开展综合实践活动所需经费，支持综合实践活动课程资源和实践基地建设、专题研究等。

4. 安全保障

地方教育行政部门要与有关部门统筹协调，建立安全管控机制，分级落实安全责任。学校要设立安全风险预警机制，建立规范化的安全管理制度及管理措施。教师要增强安全意识，加强对学生的安全教育，提升学生安全防范能力，制定安全守则，落实安全措施。

（三）考核与激励机制

1. 建立健全指导教师考核激励机制

各地和学校明确综合实践活动课程教师考核要求和办法，科学合理地计算教师工作量，将指导学生综合实践活动的工作业绩作为教师职称晋升和岗位聘任的重要依据，对取得显著成效的指导教师给予表彰奖励。

2. 加强对课程实施情况的督查

将综合实践活动课程实施情况，包括课程开设情况及实施效果，纳入中小学课程实施监测，建立关于中小学综合实践活动课程的反馈改进机制。地方教育行政部门和教育督导部门要将综合实践活动实施情况作为检查督导的重要内容。

3. 开展优秀成果交流评选

依托有关专业组织、教科研机构、基础教育课程中心等，开展中小学生综合实践活动课程展示交流活动，激发广大中小学生实践创新的潜能和动力。将中小学综合实践活动课程探索成果纳入基础教育教学成果评选范围，对优秀成果予以奖励，发挥优秀成果的示范引领作用，激励广大中小学教师和专职研究人员持续性从事中小学综合实践活动课程研究和实践探索。

# 十、上海市红色资源传承弘扬和保护利用条例

（2021 年 5 月 21 日上海市第十五届人民代表大会常务委员会
第三十一次会议通过）

## 第一章 总则

**第一条** 为了加强对红色资源的传承弘扬和保护利用，彰显上海作为中国共产党诞生地的历史地位，弘扬红色文化，传承红色基因，不忘初心、牢记使命，培育和践行社会主义核心价值观，根据有关法律、行政法规，结合本市实际，制定本条例。

**第二条** 本市行政区域内红色资源的调查认定、传承弘扬、保护管理

以及相关保障措施，适用本条例。

本条例所称的红色资源，是指中国共产党领导下，在新民主主义革命时期、社会主义革命和建设时期、改革开放和社会主义现代化建设新时期、中国特色社会主义新时代所形成的具有历史价值、教育意义、纪念意义的下列物质资源和精神资源：

（一）重要旧址、遗址、纪念设施或者场所等；

（二）重要档案、文献、手稿、声像资料和实物等；

（三）具有代表性的其他资源。

**第三条** 红色资源的传承弘扬和保护利用，必须坚持中国共产党的领导，增强"四个意识"、坚定"四个自信"、做到"两个维护"，实行党委领导、政府负责、部门协同、社会参与的工作机制，遵循尊重史实、依法保护、合理利用、传承优先的原则。

**第四条** 市、区人民政府是本行政区域红色资源传承弘扬和保护利用工作的责任主体，应当将红色资源传承弘扬和保护利用纳入本级国民经济和社会发展规划以及政府目标责任考核，提升红色资源传承弘扬和保护利用工作水平。

乡镇人民政府、街道办事处按照职责，做好辖区内红色资源传承弘扬和保护利用工作。

**第五条** 本市建立党委领导下的市、区两级以宣传、党史研究、档案、文化旅游、规划资源、住房和城乡建设、退役军人事务、教育等部门和机构为主要成员单位的红色资源传承弘扬和保护利用联席会议机制，由联席会议负责统筹、指导、协调、推动红色资源传承弘扬和保护利用工作，研究决定红色资源传承弘扬和保护利用的重大事项，对红色资源传承弘扬和保护利用工作实施情况进行评估并向社会公布。

联席会议办事机构设在同级宣传部门，具体负责红色资源传承弘扬和保护利用联席会议的组织工作，推进落实红色资源传承弘扬和保护利用综合协调、督促检查等工作，完成联席会议交办的其他工作。

**第六条**　文化旅游部门负责红色资源中文物的保护利用工作，以及与红色资源传承弘扬和保护利用相关的公共文化、旅游服务等工作。

退役军人事务部门负责红色资源中烈士纪念设施的保护利用以及烈士褒扬工作。

规划资源部门负责与红色资源保护利用相关的历史风貌区、优秀历史建筑以及需要保留的历史建筑的规划管理工作。

房屋管理部门负责红色资源中优秀历史建筑和需要保留的历史建筑的保护利用工作。

档案部门负责监督和指导红色资源中档案的保护利用工作。

教育部门负责监督和指导学校开展红色资源传承弘扬和保护利用工作。

发展改革、财政、人力资源社会保障、新闻出版、电影、网信、国有资产、住房城乡建设、生态环境、绿化市容、交通、公安、消防救援、城管执法、统计、民政等部门，按照各自职责，协同实施红色资源传承弘扬和保护利用工作。

**第七条**　工会、共青团、妇联等群众团体应当发挥各自优势，组织开展相关红色资源传承弘扬和保护利用工作。

**第八条**　任何单位和个人都有依法保护红色资源的义务，不得破坏、损毁、侵占或者歪曲、丑化、亵渎、否定红色资源。

**第九条**　本市成立由相关领域专业人士组成的红色资源保护利用专家委员会，对红色资源认定和保护管理等事项提供咨询、论证、评审等意见。

**第十条**　对在红色资源传承弘扬和保护利用工作中作出突出贡献的单位和个人，按照国家和本市有关规定，给予表彰、奖励。

**第十一条**　本市充分发挥上海作为中国共产党诞生地、党成立后党中央机关长期驻扎地、社会主义建设重要基地、改革开放前沿阵地的红色资源优势，并加强与其他省市联动合作，共同守护好中国共产党人的精神家园。

## 第二章　调查认定

**第十二条**　本市建立红色资源名录制度，将具有重要历史价值、教育意义、纪念意义的红色资源列入名录予以保护。

**第十三条**　市和区文化旅游、档案、退役军人事务、规划资源、房屋管理、教育等部门和党史研究、地方志机构应当定期组织开展红色资源的调查工作，并将调查成果提交同级红色资源传承弘扬和保护利用联席会议。

区红色资源传承弘扬和保护利用联席会议应当将区相关部门和机构的调查成果汇总后，提交市红色资源传承弘扬和保护利用联席会议。

公民、法人和其他组织可以向市、区相关部门提出列入红色资源名录的建议。

**第十四条**　市红色资源传承弘扬和保护利用联席会议应当遵循公开、公平、公正的原则，从专家委员会中选取相关领域专家，按照认定标准和程序进行评审，拟订列入红色资源名录的建议名单。建议名单应当向社会公示，征求公众意见，公示时间不得少于二十日。

市红色资源传承弘扬和保护利用联席会议根据专家评审意见和公示结果，提出红色资源建议名录，由市人民政府核定后公布。

红色资源认定标准由市党史研究机构会同市宣传、档案、文化旅游、退役军人事务、规划资源、房屋管理等部门和地方志机构制订，报市红色资源传承弘扬和保护利用联席会议审定。

**第十五条**　本市对红色资源名录实行动态调整。对已列入名录的红色资源，由市红色资源传承弘扬和保护利用联席会议提出建议，经市人民政府核定后调整；对新发现的具有重要历史价值、教育意义、纪念意义的红色资源，参照本条例第十三条、第十四条规定程序，及时列入红色资源名录并予公布。

**第十六条**　区红色资源传承弘扬和保护利用联席会议应当指定相关部门对列入红色资源名录的遗址（以下简称红色遗址）设置纪念标识；对列入红色资源名录的旧址、纪念设施或者场所（以下简称红色旧址、纪念设施或者场所）设置保护标识。

纪念或者保护标识的样式由市党史研究机构会同市文化旅游部门提出，报市红色资源传承弘扬和保护利用联席会议审定。

任何单位和个人不得擅自设置、移动、涂污、损毁纪念或者保护标识。

**第十七条**　本市建立红色资源名录数据库，健全信息共享机制。

市文化旅游、档案、退役军人事务、规划资源、房屋管理、教育等部门和党史研究、地方志机构应当对列入名录的红色资源进行记录、整理、建档，并运用现代信息技术对相关资料进行数字化保护，数字化成果应当依法共享。

## 第三章　传承弘扬

**第十八条**　本市贯彻"人民城市人民建、人民城市为人民"重要理念，弘扬海纳百川、追求卓越、开明睿智、大气谦和的城市精神和开放、创新、包容的城市品格，把红色资源作为坚定理想信念、加强党性修养的生动教材，开展党史、新中国史、改革开放史和社会主义发展史学习教育，实施党的诞生地发掘宣传工程、红色文化传承弘扬工程和上海市革命文物保护利用工程，深入发掘建党精神和新时代红色资源，发挥红色资源凝心聚力、铸魂育人、推动发展的社会功能，打响上海红色文化品牌。

**第十九条**　本市在每年"七一"前后集中开展红色主题活动，在国庆节、清明节、劳动节、烈士纪念日以及重大历史事件纪念日、重要战役纪念日等节点，组织开展各类纪念活动。

鼓励在红色旧址、遗址、纪念设施或者场所开展加入中国共产党、中国共产主义青年团、中国少年先锋队宣誓等活动。

**第二十条** 宣传、统战、档案等部门和党史研究、社科研究、党校、高校等机构，以及红色资源相关管理单位应当组织开展红色资源理论研究，加强档案整理利用研究，挖掘上海红色资源的历史价值和时代内涵。

**第二十一条** 新闻出版等部门应当支持红色资源理论研究成果、红色主题出版物的出版发行。

鼓励出版单位开展红色资源理论研究成果、红色主题出版物的出版策划和宣传推广，开发融媒体出版物，组织红色主题阅读活动。

**第二十二条** 广播、电视、报刊、网站等媒体应当坚持正确舆论导向，通过新闻报道、开设专栏、发布公益广告等方式，弘扬红色文化，并创新传播方式，拓展新媒体传播渠道。

**第二十三条** 宣传、文化旅游、电影、教育等部门应当支持红色主题文艺作品的创作和传播，通过文艺精品创作扶持等机制，加大扶持力度。

鼓励文艺表演团体、文艺工作者、演出场所经营单位等开展红色主题文艺作品创作、展演展映等活动。

鼓励在本市首发、首演、首映、首展优秀红色主题文艺作品。

**第二十四条** 各级人民政府和相关部门应当组织开展形式多样的群众性主题宣传教育活动，讲好红色故事，引导公众参与红色资源传承弘扬。

本市鼓励老党员、老战士以及英雄模范开展红色资源传承弘扬活动，推动革命传统和优良作风薪火相传。

本市将红色资源传承弘扬融入市民文化节、上海旅游节、上海国际电影电视节、上海书展等重大品牌节庆活动，利用机场、车站、港口以及行业窗口、办公楼宇等公共空间，拓展红色资源宣传阵地。

第二十五条　具备开放条件的红色旧址、遗址、纪念设施或者场所，应当按照国家有关规定，免费或者优惠向社会公众开放。

红色旧址、遗址、纪念设施或者场所开放或者服务项目收取费用的，应当对未成年人、成年学生、教师、老年人、残疾人、军人和消防救援人员等实施免费或者其他优惠。

鼓励档案馆、博物馆、纪念馆、党史馆、美术馆、图书馆以及其他单位和个人将所有或者保管的红色资源，向社会开放或者公布。

第二十六条　具备开放条件的红色旧址、遗址、纪念设施或者场所应当向公众提供陈列展览、展示体验等服务，并运用互联网、大数据等信息技术，推动展览展示方式融合创新。

鼓励档案馆、博物馆、纪念馆、党史馆、美术馆、图书馆以及其他红色资源收藏单位研究整理和开发利用馆藏或者收藏的红色资源，开展专题展览、公益讲座、媒体宣传、阅读推广等传承弘扬活动。

红色旧址、遗址、纪念设施或者场所的展览展示内容和解说词应当征求党史研究机构意见；展览展示和讲解的内容，应当具有准确性、完整性和权威性。

宣传、文化旅游等部门应当加强红色资源相关信息应用平台建设，推进红色资源的在线集中推广和宣传展示。

第二十七条　鼓励依托红色旧址、遗址、纪念设施或者场所创建爱国主义教育、党史教育、廉政教育、国防教育、学生社会实践等基地，配备教育管理团队，发挥红色资源的社会教育功能。

鼓励红色旧址、遗址、纪念设施或者场所管理单位与国家机关、社会团体、企业事业单位和其他组织建立共建共享机制，为开展爱国主义教育等活动提供便利。

第二十八条　鼓励各级党组织利用红色资源开展党员理想信念教育，在红色旧址、遗址、纪念设施或者场所组织召开支部党员大会、支部委员会会议、党小组会以及上党课、开展主题党日等活动。

**第二十九条** 国家机关、事业单位和国有企业应当利用红色资源定期组织开展红色主题教育活动。

党校、干部教育培训机构应当将红色主题教育纳入教学必修课程，利用红色资源开展现场教学，组织学员到红色旧址、遗址、纪念设施或者场所开展学习培训和志愿服务。

**第三十条** 教育部门应当推动红色文化进校园，将红色文化融入思想道德、文化知识、社会实践等教育教学内容。

学校应当利用红色资源开展德育、智育、体育、美育、劳育等教育教学活动，每学年组织学生参观红色旧址、遗址、纪念设施或者场所等，开展爱国主义教育和社会实践活动。

**第三十一条** 本市依托新时代文明实践中心推动红色资源传承弘扬与文明实践活动融合发展，建立健全相应志愿服务机制，组织开展志愿服务活动，铭记革命历史，传承革命传统。

鼓励红色旧址、遗址、纪念设施或者场所管理单位建立红色资源传承弘扬志愿服务队伍。

宣传、文化旅游、教育等部门应当对红色资源传承弘扬志愿服务给予指导和支持。

**第三十二条** 文化旅游部门应当指导开发红色旅游线路、经典景区，培育红色旅游品牌，深化红色旅游区域合作，提升红色旅游与都市旅游、乡村旅游、研学旅游、科技旅游等业态融合发展。

鼓励、支持单位和个人参与红色旅游开发，合理利用红色资源，提升红色旅游内涵和影响力。

### 第四章 保护管理

**第三十三条** 规划资源、生态环境、文化旅游等部门在组织编制国土空间规划以及环境保护、文化旅游发展等专项规划时，应当体现红色资源保护利用的要求。

**第三十四条**　文化旅游、规划资源、房屋管理、退役军人事务等部门按照各自职责，对红色旧址、遗址、纪念设施或者场所按照下列规定实施分类保护：

（一）属于不可移动文物、优秀历史建筑、烈士纪念设施的，按照国家和本市有关规定，通过划定保护范围、建设控制范围等方式予以保护，并依法采取相应保护措施；

（二）不属于不可移动文物、优秀历史建筑、烈士纪念设施的红色旧址，位于历史风貌区内的，可以通过历史风貌区保护规划确定为需要保留的历史建筑予以保护；位于历史风貌区外的，参照需要保留的历史建筑予以保护；

（三）不属于不可移动文物的红色遗址，通过设置纪念标识予以保护；

（四）不属于烈士纪念设施的其他纪念设施或者场所，按照公共文化设施、城市雕塑等管理规定，实施保护管理。

红色资源名录中属于档案、可移动文物的，按照有关法律法规规定，实施保护管理；不属于档案、可移动文物的文献、手稿、声像资料和实物等，按照市、区红色资源传承弘扬和保护利用联席会议确定的部门提出的保护要求，实施保护管理。

**第三十五条**　红色资源的所有权人或者管理人、使用人为红色资源保护责任人。

红色资源保护责任人应当对红色资源进行日常保养和维护，采取防火、防盗、防自然损坏等措施，及时消除安全隐患。

消防救援、公安、房屋管理等部门应当对红色资源保护责任人开展日常保养和维护活动进行指导，并加强监督检查；消防救援、公安等部门应当按照规定将符合条件的单位确定为消防安全重点单位、治安保卫重点单位。

本市对红色资源保护责任人开展红色资源保护利用工作给予激励和支持。

**第三十六条** 因突发事件造成或者可能造成红色资源重大损失时，保护责任人应当立即采取保护措施，并向有关主管部门或者所在地的区人民政府报告；有关主管部门或者所在地的区人民政府应当给予指导和支持。

**第三十七条** 任何单位和个人不得擅自迁移、拆除红色旧址、纪念设施或者场所，不得擅自在红色遗址原址重建。

对红色旧址、纪念设施或者场所进行修缮、改扩建的，应当依法报规划资源、文化旅游、住房城乡建设、房屋管理等相关部门审批；必要时，审批部门应当征询同级红色资源传承弘扬和保护利用联席会议意见。

**第三十八条** 区、乡镇人民政府以及街道办事处应当加强辖区内红色旧址、遗址、纪念设施或者场所的秩序管理，并对周边道路、街区景观进行环境综合整治。

**第三十九条** 鼓励档案馆、博物馆、纪念馆、党史馆、美术馆、图书馆等收藏、研究单位对红色资源中的重要档案、文献、手稿、声像资料和实物等进行征集、收购。征集、收购应当遵循公平、自愿的原则。

鼓励单位和个人将收藏的红色资源捐赠或者出借给收藏、研究单位进行展览和研究。收藏、研究单位应当尊重捐赠人或者出借人的意愿，对捐赠或者出借的物品妥善收藏、保管和展示。

## 第五章　长三角区域协作

**第四十条** 本市推动长三角区域红色资源传承弘扬和保护利用的协同发展，开展红色资源理论研究、馆际交流、文艺创作、红色旅游等活动，加强红色资源共享共用，提升长三角区域发扬红色传统、传承红色基因的整体水平。

第四十一条 本市推动长三角区域宣传、统战、档案等部门和党史研究、社科研究、党校、高校等机构以及红色资源相关管理单位开展各个历史时期红色资源的理论研究，打造学术交流平台，共享理论阵地资源，合作举办学术研讨会，联合进行史料征集整理和专项课题研究，共同形成理论成果，提升长三角区域在全国相关学术研究领域的影响力。

第四十二条 本市推动长三角区域各类档案馆、博物馆、纪念馆、美术馆、图书馆以及其他红色资源收藏单位组建合作联盟，开展巡展联展，加强馆际资源协作开发。

第四十三条 本市推动长三角区域宣传、文化旅游、电影、教育等部门和文艺表演团体、演出场所经营单位等相关单位在红色主题文艺作品的选题、培育、研发、传播等领域加强合作，共同在文学、影视、舞台、美术、音乐、群众文艺和网络文艺等领域推出精品力作。

第四十四条 本市以长三角旅游推广联盟等平台为依托，推动长三角区域红色旅游合作，丰富旅游产品和线路，打造以点带线、以线联面、点面结合的长三角区域红色旅游圈。

第四十五条 鼓励单位和机构利用长三角区域红色资源开展党史学习教育、爱国主义教育、理想信念教育，进行现场教学、红色寻访、社会实践等活动。

## 第六章 保障措施

第四十六条 市、区人民政府应当将红色资源传承弘扬和保护利用经费列入本级财政预算，建立与经济社会发展相适应的经费保障机制。

第四十七条 市、区人民政府及其相关部门、红色资源相关管理单位应当按照红色资源传承弘扬和保护利用的实际需要，加强专业人员培养和队伍建设，提高职业素养和服务能力。

各类红色资源相关管理单位的专业人员在相关部门组织的职称评定、

学习培训、表彰奖励等方面享有同等待遇。

第四十八条  鼓励和支持公民、法人和其他组织通过捐赠、资助、志愿服务等方式，参与红色资源传承弘扬和保护利用工作。

第四十九条  鼓励利用红色资源开发文化创意产品，将取得的收入用于加强红色资源传承弘扬和保护利用、藏品征集、继续投入开发等。

鼓励利用市场机制，探索版权合作等多样化合作模式，引导各类市场主体利用红色资源开发文化创意产品。

第五十条  本市将红色资源传承弘扬和保护利用情况作为精神文明创建活动内容，纳入精神文明创建考核评价体系。

第五十一条  市、区人大常委会应当通过听取和审议专项工作报告、开展执法检查等方式，加强对本条例执行情况的监督。

市、区人大常委会应当充分发挥各级人大代表作用，组织人大代表围绕红色资源传承弘扬和保护利用情况开展专项调研和视察等活动，汇集、反映人民群众的意见和建议，督促有关方面落实红色资源传承弘扬和保护利用各项工作。

第五十二条  检察机关应当依法在英雄烈士保护、历史风貌区和优秀历史建筑保护等红色资源保护利用相关领域开展公益诉讼工作。

## 第七章  法律责任

第五十三条  违反本条例规定的行为，法律、法规已有处理规定的，从其规定。

第五十四条  违反本条例规定，擅自设置、移动、涂污、损毁红色资源纪念或者保护标识的，由文化旅游部门责令改正，对个人处二百元以上二千元以下罚款，对单位处五百元以上五千元以下罚款。

第五十五条  违反本条例规定，破坏、损毁、侵占或者歪曲、丑化、亵渎、否定红色资源的，由有关主管部门责令改正；构成违反治安管理行为的，由公安机关依法给予处罚；构成犯罪的，依法追究刑事责任。

第五十六条　违反本条例规定的行为，除依法追究相应法律责任外，相关部门还应当按照规定，将有关单位和个人的信息向本市公共信用信息平台归集，并依法采取惩戒措施。

第五十七条　各级人民政府及其有关部门违反本条例规定，不履行红色资源保护管理法定职责的，由有关主管部门责令改正；拒不改正或者造成严重后果的，对直接负责的主管人员和其他直接责任人员依法追究相应责任。

## 第八章　附则

第五十八条　本条例自 2021 年 7 月 1 日起施行。

## 十一、关于加强和改进新时代上海未成年人校外教育的意见

上海市教育委员会、中共上海市委宣传部、上海市精神文明建设
委员会办公室、上海市发展和改革委员会、上海市经济和信息化委员会、
上海市科学技术委员会、上海市财政局、上海市人力资源和
社会保障局、上海市农业农村委员会、上海市文化和旅游局、
上海市国有资产监督管理委员会、上海市体育局、
共青团上海市委员会
2021 年 4 月 27 日

未成年人校外教育是指利用校外各类场所等资源提升学生综合 素质的公益性教育活动，是促进未成年人德智体美劳全面发展的重 要途径。近年来，本市全面深化教育综合改革，坚持"开门办教育"理念，不断完善校外教育体系。为落实立德树人根本任务，进一步 发挥校外教育在未成年人

全面培养体系中的作用，破解制约校外教 育发展的瓶颈短板，加强和改进新时代上海未成年人校外教育工作，现提出如下意见。

一、加强和改进校外教育的总体要求

1. 发展目标。以习近平新时代中国特色社会主义思想为指导，全面贯彻党的教育方针，增强校外教育的时代性、创新性和科学性。构建校内外合力育人共同体，推动校外教育提质扩容、创新发展，完善组织规范化、内容序列化、形式多样化、运行科学化、资源社会化、评价精准化的高水平校外教育体系，建成全国校外教育改革创新的先行区和示范区。促进社会教育和学校教育相互贯通，课堂教学与实践体验有效互动，满足未成年人全面而有个性发展的需要，培养学生的爱国情怀、社会责任感、创新精神和实践能力，造就德智体美劳全面发展的社会主义建设者和接班人。

2. 基本原则。坚持育人为本。把握正确的育人导向，推进德智体美劳五育融合，发展素质教育，促进综合素质全面提升。坚持实践主导。推进未成年人在实践体验和创新探索中培养兴趣和特长，发展个性和能力，努力做到以行促知、知行合一。坚持公益普惠。面向全体未成年人，完善校外教育公共服务体系，提供普惠性、多层次、可选择的优质校外教育资源。坚持开放协同。发挥教育综合改革牵引作用，以体制机制创新推进各学段衔接、家校社联动、校内外协作、线上线下融通，营造良好的校外教育生态。

二、提升校外教育的育人内涵

3. 拓展深化校外教育内容。贯彻落实《新时代公民道德建设实施纲要》《新时代爱国主义教育实施纲要》，推动理想信念教育常态化制度化，全面推进习近平新时代中国特色社会主义思想进校外教育体系，弘扬社会主义核心价值观和中华优秀传统文化，开展党史、新中国史、改革开放史、社会主义发展史教育，加强爱国主义、集体主义、社会主义教育，强化国家安全教育和国防教育、法治教育、生态文明教育和生命教育。广泛开展多种形式的社会实践、科学探究、实验操作，培养学生创新精神和实践能力，提升人文和科学素养。积极开展足球、田径、游泳、乒乓球、武术、冰雪等体育活动，帮助每位学生掌握2至3项体育技能，养成终身锻炼习惯。培养学生在音乐、美术、书法、舞蹈、戏剧、戏曲、影视等方面的鉴赏能力和艺术素养，推进非遗传承，增强学生审美修养。引导学生体认日常生活劳动、生产劳动和服务性劳动，掌握一定的劳动技能，养成劳动习惯，弘扬劳动精神。（市教委、市精神文明办、市科委、市农业农村委、市文化旅游局、市体育局及有关市校外联成员单位按照职责分工负责）

4. 落实校外实践活动课程。统筹安排、精心设计校外实践活动课程，严格执行中小学课程方案规定的有关要求，把研学实践教育纳入学校教育教学计划。注重思政课及其他课程与校外资源的衔接，精心组织探究性、服务性、体验性教育实践活动，促进学生转变学习方式，提高解决实际问题的能力。学校要积极协调社区、校外活动场所等资源，做好课后服务工作。校外活动场所要主动对接学校需求，建设相应的实践课程。支持研学实践教育营地、基地间互联互通，资源共享，建设精品课程和线路。鼓励校外活动场所面向困境、残疾、认知障碍和行为偏差等未成年人特殊群体，开展有针对性的校外教育活动。（市教委、市精神文明办、市科委、团市委及有关市校外联成员单位按照职责分工负责）

5. 打造校外教育活动品牌。用好校外教育场所资源，让收藏在博物馆里的文物、陈列在广阔大地上的遗产、书写在古籍里的文字都活起来。挖掘传统节日、重要节庆日、重大赛事、纪念日等蕴含的育人资源，精心做好"我是未来劳动者""明日科技之星""中华优秀传统文化主题月"等校外实践活动，开展红领巾争章活动。鼓励各学校、各基地场馆形成"一校一品""一馆一品"，培育一批内涵深刻、形式生动、组织规范的活

动品牌，发挥引领示范效应。（市教委、市科委、市文化旅游局、团市委及有关市校外联成员单位按照职责分工负责）

三、加快校外教育场所体系化建设

6. 优化校外教育场所布局。加强市、区青少年活动中心、学校少年宫、少科站、研学实践教育营（基）地建设，就近就便开放共享中小学文化体育等活动资源。建设若干个市级综合性劳动教育实践基地，形成市、区、街道（乡镇）、学校立体化劳动实践基地网络。积极开发新时代文明实践中心（分中心、站）、社区志愿服务中心、社区文化活动中心、社区学院（学校）、学生社区实践指导站等资源，建立"三公里社区校外教育活动圈"。编制学生社会实践基地场馆标准和指南，针对不同学段特点，从资源开发、项目设计、岗位需求、学生服务等方面，明确不同类型场所服务规范，形成未成年人校外实践的统一标识和统一宣传。支持推进长三角及长江教育创新带研学实践教育资源共建共享，继续做好喀什等校外教育援建项目。（市教委、市精神文明办、市发展改革委、市农业农村委、市文化旅游局、市国资委、市体育局、团市委及有关市校外联成员单位按照职责分工负责）

7. 建设校外主题教育系列场所。提升爱国主义教育基地育人水平，进一步发挥革命遗址、旧址、纪念馆、陈列馆、烈士纪念设施等资源的校外教育功能。建设国家安全教育和国防教育系列场所，力争在全国发挥辐射引领作用。建立改革开放成就教育系列场所，用好浦东高水平改革开发开放平台。丰富人文艺术体育教育系列场所文化育人内涵，开发博物馆、美术馆、图书馆、体育场馆、展览馆等资源，挖掘海派文化、江南文化资源。提高科普场所育人质量，强化科技馆、自然博物馆、大科学基础设施、重点实验室等科普教育功能。开发拓展"一江一河"岸线、长三角生态绿色一体化发展示范区等自然生态教育资源。（市教委、市委宣传部、市发展改革委、市科委、市农业农村委、市文化旅游局、市体育局及有关

校外联成员单位按照职责分工负责）

8. 推进更多场所向未成年人开放。各级各类文博单位要进一步提升活动质量和吸引力，发挥骨干和示范作用。高等学校、科研院所、中等职业学校、社区学院（学校）等单位，要按照"应开尽开"原则，向未成年人有序开放图书馆、实验室、实训中心、校史馆等教育资源。国家机关、事业单位、群团组织要结合实际向未成年人积极开放教育活动资源。鼓励和支持社会组织、企业和公民个人承担社会责任，开放活动场所，举办公益性校外教育活动。鼓励和引导校外培训机构参与校外教育，对依法依规培养学生兴趣爱好、提升学生综合素质并承担公益责任的教育培训活动，予以指导和支持。（市教委、市精神文明办、市发展改革委、市文化旅游局、团市委及有关市校外联成员单位按照职责分工负责）

9. 推进在线资源平台建设。坚持以信息化引领校外教育育人方式变革，加快信息技术在校外教育活动、管理、评价中的广泛运用。注重校外教育数据采集和管理，积极与本市学生综合素质评价系统对接。开发优质网络教育资源，建设一批虚拟仿真实验室、云游博物馆、云游美术馆等沉浸式体验平台。开发个性化、体验式在线优质课程和实景课堂，丰富校外教育网络资源。（市教委、市经济信息化委、市文化旅游局及有关市校外联成员单位按照职责分工负责）

四、优化校外教育队伍的结构和素质

10. 配齐优化校外教育工作队伍。建设一支热爱校外教育事业、具有校外教育专业能力的专兼职师资队伍。动态调整公办校外教育机构专职教师的编制，保证专职校外教育教师数量、结构、素质与校外教育发展需求相适应。各级各类学校应鼓励和支持本校教师通过互派、挂职、志愿服务等多种形式，参与或指导公益性校外教育活动，鼓励有资质的专业人员参与学校教学和教研活动。校外活动场所要设置具有教育管理功能的部门，配备"教育专员"，落实具体责任人。加强校外辅导员队伍建设，鼓励各行各业专业人才、志愿者、"五老"（老干部、老战士、老专家、老教师、老模范）队伍等参与指导校外教育活动。（市教委、市精神文明办、市人力资源社会保障局、市文化旅游局、团市委及有关市校外联成员单位按照职责分工负责）

11. 健全校外教育师资培养体系。定期开展校外教育师资培训，着力提升教师师德修养、专业知识和岗位技能。依托区教育学院和青少年活动中心等，提升中小学教师开展校外实践的意识和能力。提高校外教育队伍研究能力，设立校外教育研究课题。推动在相关高校设置"校外教育"专业方向的硕士学位教育。完善专职校外教育教师职务职称评聘制度。设立一批未成年人校外教育带头人工作室，充分发挥引领示范和带教作用。（市教委、市人力资源社会保障局及有关市校外联成员单位按照职责分工负责）

五、加强保障机制建设

12. 加强组织领导。坚持党的领导，形成政府主导、教育部门和各职能部门协同推进，全社会广泛参与的工作格局。坚持依法治理，健全校外教育制度体系，探索校外教育地方立法。各级政府要切实把校外教育工作纳入经济社会发展规划，在组织管理、资源供给上优先保障。市、区两级青少年学生校外活动联席会议要发挥好政策研究、活动开展、培训表彰等统筹协调职能。深化校外教育领域"放管服"改革，激发学校和校外活动场所的活力。（市校外联各成员单位按照职责分工负责）

13. 加强评估督导。要定期组织或委托社会专业机构，对校外教育活动绩效和诚信记录开展评估。市、区两级督导部门要将校外教育的实施情况纳入督政督学事项，督导结果须向社会公布。督导和评估的结果，作为对相关单位及其领导干部考核、评优评奖的重要参考。将校外教育工作纳入精神文明创建工作及校外教育相关评优体系。在学生综合素质评价体系中进一步强化对学生参与校外实践成效的评价。（市教委、市精神文明办

及有关市校外联成员单位按照职责分工负责）

14. 加强活动保障。加强对各类校外教育活动的规范管理，探索建立政府、学校、社会共同参与的多元化活动保障机制。学校要开展好校外教育活动，落实各项安全措施。积极安排好学生研学实践所需运力，提供出行便利，严格执行学生票价优惠政策。推动政府指导价的场馆、景区实施门票减免政策，进一步推动本市各类文博场馆等资源向全市师生免费开放。推动将校外活动纳入校方责任险范围，鼓励保险企业开发有针对性的产品，对投保费用实施优惠措施。（市教委、市发展改革委、市财政局、市文化旅游局、团市委及有关市校外联成员单位按照职责分工负责）

15. 强化风险防范。建立健全校外教育活动安全风险评估和防范机制。加强监管，对承接校外教育活动特别是研学实践相关机构及从业人员的资质进行严格认定，做好交通、食宿、消防、治安以及活动项目的安全保障和场所周边环境的整治。各级各类学校和校外活动场所要严格按照有关规定，落实内部治安保卫工作责任，选择具备资质和条件的单位承接未成年人校外活动任务。加强对未成年人的安全教育，提升自我保护和安全防范能力。（市教委、市文化旅游局及有关市校外联成员单位按照职责分工负责）

16. 完善多元投入。建立健全财政经费、社会投资和社会捐赠等共同支持的校外教育经费保障体系。各级政府要统筹使用财政经费，用好中央专项彩票公益金，开发优质课程、开展学生活动、建设校外活动场所；用好用足财政和税收政策，通过购买服务、项目共建等方式，支持社会资源投入校外教育。有关部门要充分保障校外教育工作人员相关待遇。（市教委、市精神文明办、市发展改革委、市财政局、市人力资源社会保障局及有关市校外联成员单位按照职责分工负责）

17. 营造良好氛围。学校要积极落实各项教育政策，保障未成年人参加校外教育实践的时间。建立上海市校外教育研究中心，成立上海校外教育专家咨询委员会。探索建立校外教育荣誉体系，大力宣传校外教育的好做法好经验，选树一批先进典型和成功案例，遴选一批示范性研学实践教育精品课程和线路，为校外教育事业发展营造良好的社会氛围。（市教委、市委宣传部、市精神文明办、市人力资源社会保障局及有关市校外联成员单位按照职责分工负责）

## 十二、上海市校外教育三年行动计划（2017—2019 年）

上海市教育委员会、上海市青少年学生校外活动联席会议办公室

2017 年 9 月 8 日

为深入贯彻党和国家的教育方针，落实教育立德树人的根本任务，把社会主义核心价值观和中华优秀文化贯穿于国民教育全过程，全面深化教育综合改革，构建和完善校外教育治理体系，进一步提升未成年人科学人文素养，培养学生的创新精神、实践能力和社会责任感，特制定《上海市校外教育三年行动计划（2017—2019 年）》。

近年来，上海校外教育坚持以立德树人为根本，以培养创新精神和实践能力为重点，充分依托上海在文化、科技、教育、人才等方面的资源优势，健全了校外教育联席会议制度，构建了以《上海市学生民族精神教育指导纲要》和《上海市中小学生生命教育指导纲要》为重点的校外教育内容体系，形成了"红色一课""院士一课""博物馆一课"等校内外教育衔接的馆校合作课程，建设了一批学生社区实践指导站、中华优秀传统文化传习示范基地和市级示范性校外教育活动场所，打造了"青少年科学研究院""中华经典诵读""社会大课堂"等一批有影响力的校外活动品牌；培养了一支素质较高、专兼结合的校外教育师资队伍，推动了场馆"教育部"及"教育专员"制度建设；建设了"博雅网""上海市学生社会实践信息记录电子平台"等校外教育信息化平台，为深化教育综合改革，服务

学生全面健康成长提供了日益丰富的教育资源。

当前，上海校外教育在服务国际文化大都市建设和教育现代化要求方面还面临不少困难和挑战：校外教育治理体系建设有待进一步推进；部分未成年人校外活动场所内部运行缺乏活力，资源建设缺乏感染力，教育责任和教育功能尚未充分显现；部分场馆活动与学校教育衔接不够紧密，合力育人能力有待进一步加强；校外教育的国际交流合作机制有待进一步健全；校外教育的信息化总体水平有待进一步提高；校外教育的评价体系和支撑保障机制有待进一步完善。

一、指导思想

坚持立德树人，将社会主义核心价值观和中华优秀传统文化有效融入校外教育。坚持依法治教，全面深化教育综合改革，推进校外教育治理体系建设。按照上海市教育事业"十三五"规划部署，服务本市率先实现教育现代化，构建与上海城市发展相适应的校外教育育人体系，促进社会参与人才培养体制机制建设，深入推进素质教育，把学生培养成为具有社会责任感、创新精神和实践能力的社会主义建设者和接班人。

二、基本原则

——坚持改革创新。注重创新驱动和转型发展，围绕上海建设具有全球影响力的科创中心和教育中长期改革发展战略部署，推进校外教育治理体系建设，提高校外教育的科学决策、资源统筹、组织管理、队伍发展、效能评估等水平，增强全社会校外教育责任感，提升校外教育文化育人和实践育人的能力。

——坚持内涵提升。科学把握青少年学生成长的特点和规律，依据各阶段学生的认知特点和接受意趣构建分层递进、整体衔接的内容教育序列，加强校外实践体验与校内课程改革的融合。注重场馆的互动性、创意性、体验性和实践性，提升校外教育基地的品质与效能，打造学生创新实践、人文体验的"社会教育大课堂"。

——坚持公益为本。切实保障校外教育资源和文化设施使用的公益性，不断促进优质校外教育资源和校外教育公共服务的普惠化，努力推动城郊区域之间、不同领域之间校外教育资源的高位均衡与优质发展。

——坚持一体发展。坚持以一体化的发展思路推动校内外育人体系建设，以综合素质评价为导向，注重家校社互联、校内外教育互通、社会资源共享、多元主体共治，构建校内外合力育人共同体。

三、工作目标

聚焦教育综合改革，围绕"为了每一个学生的终身发展"，坚持统筹协调、形成合力，推动形成有利于传承发展中华优秀传统文化的体制机制和社会环境；建立和完善与上海城市发展和教育现代化发展相匹配的校外教育工作体系，为加快建设具有全球影响力的科技创新中心和国际化大都市提供有力支撑。

（一）推进科学治理

加强校外教育顶层设计，推进校外教育的地方法规建设。创新体制机制，健全和完善区域校外教育联席会议制度，提升科学决策、科学实施、科学评价等能力，进一步提高校外教育科学化、专业化水平。

（二）完善结构功能

进一步加强未成年人活动场所建设，优化城乡布局，拓展和提升场所教育功能。加强对社会教育资源的统筹规划和深度挖掘，培养学生综合素养。积极探索社会力量参与校外教育的有效渠道，激活社会教育场所的育人功能，形成全社会关注和支持校外教育的育人合力。

（三）加强队伍建设

创新校外教育人才培养体制，拓宽人才培养渠道，培养具有一流学识和能力的专业化人才。完善校外教育工作者的培训体系，全面提升全市校外教育工作者队伍的服务能力。积聚校外教育优势力量，建立校外教育智库，深化校外教育科学研究，提高校外教育理论和实践研究水平。

（四）提高专业水平

以培育和践行社会主义核心价值观为引领，以"政治认同""国家意识""文化自信""公民人格"为重点，完善目标、内容、载体、评价等校外教育育人体系。加强信息化建设，形成与上海教育现代化要求相适应的网上网下合力育人运行体系。加强国际交流合作，吸收借鉴国际有益经验，传播中华优秀文化，提高校外教育现代化水平。

四、主要任务与重点项目

（一）创新体制机制，推进科学治理

健全和完善校外教育体制机制，推进校外教育的地方法规建设，促进校外教育现代化发展，重点实施以下项目：

1. 校外教育法治化建设推进项目

以推进全社会共同支持校外教育建设和发展为目标，进一步开展各类社会机构、场所开展校外教育的支撑研究，深化学生校外实践的立法研究，为校外教育地方法规建设提供有力支撑，为全社会共同支持和促进校外教育健康发展提供制度保障。

2. 校外教育体制机制建设推进项目

切实发挥"上海市青少年学生校外活动联席会议"的统筹协调职能，建立科学化、制度化的议事制度。健全并优化区级相应的组织机构，定期召开会议，制定发展规划，研究相关政策，协调重大问题，促进校外教育科学发展。

3. 学生公共安全实训基地协同管理项目

依托相关委办局和社会专业力量，完成上海公共安全教育实训基地建设。构建科学性和专业性的群体性应急管理实训内容体系和实施体系，以"识险、避险、自救、互救"为主线，以"真学、真练、真懂、真会"为实训目标，突出实训和体验，开展分区、分类、分级公共安全项目的实训和演练，满足广大青少年学生的实训需求。

（二）优化资源布局，拓展育人功能

进一步加强未成年人活动场所建设，优化布局、盘活存量、做精增量、拓展育人功能，重点实施以下项目：

1. 学生人文素养培育推进项目

以深化"六进"为抓手，按照一体化、分学段、有序推进的原则，把中华优秀传统文化全方位融入思想道德教育、文化知识教育、艺术体育教育、社会实践教育各环节。充分利用文博艺术场馆等资源，组织学生进行实地考察和现场教学；积极推进校园电影院线建设，为青少年推出一批优秀影视作品，开展"百年树人电影阳光行"活动，鼓励学生开展文化艺术创意实践活动；继续开展"学生中华优秀传统文化主题月暨非遗进校园"系列活动，重点建设一批上海市中华优秀传统文化研习校外实践基地，深入推进"书香校园"等经典诵读等活动。

2. 学生社会实践能力提升项目

大力提升学生社会实践服务内涵，提高中小学生实践能力。继续加强普通高中学生志愿服务（公益劳动）工作的水平和质量，推进学生综合素质评价。积极倡导中小学生利用公共文化设施开展学雷锋志愿服务、公益劳动、节俭养德行动、非遗传统工艺技艺技能创新行动和弘扬传承中华传统美德实践与养成行动等。积极探索小学、初中学生文博场馆探究、职业体验教育和财商教育，注重发展学生的兴趣与志趣，培养创新精神和社会责任感。

3. 学生科技创新素养培育推进项目

弘扬创新文化，培育大众创业、万众创新教育的机制和沃土。在幼儿园和小学中开展"少儿动手益智计划"，试点小学"未来科技教室"，探索科学创新教育新模式；推进"中学生创新拓展计划"，加大推进市区青少年科学研究院建设，探索青少年科技成果孵化；建立高校、科研院所青少年实践工作站 25 个、实践点 100 个。面向全市中小学开展科技创新教育特色示范学校评选；试点建设"梦工厂""创客坊""创智空间"等，进一步拓展"社区创新屋"的功能。继续办好"争创明日科技之星""国际青少年科技博览会""未来工程师大赛""青少年创新峰会""社区创新屋创意大赛""少年爱迪生"等科创赛会。注重公平普惠，完善全覆盖、长效化的青少年科普工作体系。

4. 学生身心健康促进项目

开展丰富多彩的阳光体育活动，创设学生暑期阳光体育系列赛，为学生参与体育锻炼搭建平台。开展青少年课外体育活动中心建设，推动公共体育场馆和学校体育场馆向学生公益性开放，构建青少年课外体育锻炼公共服务体系。建立综合性的学生体育素养指标体系，探索将学生体育知识、技能、经历和效果情况纳入指标。以知识竞赛、夏令营等公益性项目为主导形式，构建免费青少年健康教育课外活动体系。推进健康教育课外实践体验基地建设，满足青少年健康教育学习实践需求，推动开展青少年身心健康传播项目，广泛普及健康理念常识，增强学生身心健康。

5. 职业教育体验基地建设项目

依托上海职业教育和开放实训中心力量，注重传播新理念、发展新科技、促进职业体验，以培养学生的"劳模精神""工匠精神"为重点，创建主题突出、结构合理、形式新颖、吸引学生的职业教育系列体验基地，促进学生的生涯规划和生涯发展。

6. 家庭教育基地建设项目

统筹区域内学校、社区和家庭教育资源，根据学生年龄心理特点，在各区试点建设一批"家庭教育示范校"，引导和促进家长开展家庭教育；加强新媒体服务阵地建设，优化家庭教育指导服务优质资源推送平台；加强对社区家庭教育指导网站、微信群的引导，健全和完善社区家庭教育的指导机制，宣传家庭教育科学理念和方式，推进素质教育进家庭。

7. 学校少年宫和青少年活动中心建设项目

建设一批全国级的乡村学校少年宫及市级示范性（星级）学校少年宫，充分发挥上海市学校少年宫联盟作用，组织好年度学校少年宫相应的培训、评估及展示工作，挖掘学校少年宫育人内涵，提升学校少年宫建设管理水平。各区青少年活动中心、少年宫、少科站要在学生综合素质评价改革中发挥示范作用，加强社会主义核心价值观和中华优秀传统文化在以文化人、以艺育人的示范引领和专业指导，不断提升课程育人、活动育人和文化育人的效能。

8. 优质社会教育资源引导扶持项目

吸纳社会力量，建设以文化育人和实践育人为主题的优秀校外教育项目库。继续扩大优秀传统文化、革命文化和先进文化教育、生命教育、公共安全教育、科学技术、艺术人文、生态文明、财商教育、工匠精神教育及海派文化等社会实践基地联盟，编制并完善全市社会实践基地资源图谱。鼓励各类校外教育场所开发具有自身特色的品牌活动和实践课程，打造一批品牌基地和品牌项目。继续推进研学旅行试点工作，推出一批具有良好示范带动作用的研学旅行基地，打造一批具有影响力的研学旅行精品线路，建立一套规范管理、多元保障的研学旅行体系。

（三）促进队伍发展，提高专业水平

提高校外教育教师服务青少年综合素质发展的能力水平，努力打造一支思想素质好，遵循青少年身心发展规律，积极开展馆校合作，具有跨学科综合知识底蕴和掌握现代教育技术、方法的校外教育师资队伍，重点开展以下项目：

1. 校外教育师资培养培训项目

统筹资源，利用教育综合改革的契机，探索在相关高校设置"校外教育"专业学位点，开展校外教育专业硕士的学位教育，提升校外教育骨干队伍的业务素养。注重校外师资队伍的专业化能力建设，加强分层分类培训，组织编写校外教育培训大纲和指导手册，明确培训目标、培训内容、实施方式和管理办法。

2. 校外教育科研能力提升项目

定期发布校外教育研究项目指南，集聚社会多元专业力量，开展课题攻关和工作研究；建设校外教育智库平台，凝聚专家队伍，发挥决策咨询、资源开发、人才储备、社会宣传等作用；定期开展校外教育科研成果的评选和推广，营造良好的校外教育科研氛围，有效提升全市校外教育教师队伍的科研意识和科研能力。

3. 非教育系统校外教育名师工作室项目

遴选具有长期工作经验，突出工作业绩，德能兼备的非教育系统校外教育知名工作者，推出一批非教育系统校外教育名师工作室，建设教育系统内外骨干师资共培共享机制、教育系统内外优质师资交流使用机制，通过导师带教等举措开展校外教育师资培养实训项目。

4. 校外教育教师队伍均衡化建设项目

鼓励中心城区骨干教师到郊区农村援助校外教育工作，组织农村校外教育教师到市区交流学习，提升校外教育队伍的整体素质，促进全市校外教育教师队伍的均衡化发展。增加校外教育基地专职教师配备，提升专职教师、教辅人员、志愿者等指导服务能力。

（四）完善育人体系，提升服务能力

提升校外教育的信息化和国际化水平，将社会主义核心价值观教育贯穿于校外教育各个环节和各个方面，重点实施以下项目：

1. 校外教育育人体系建设项目

以落实社会主义核心价值观教育为引领，以"政治认同""国家意识""文化自信""公民人格"为重点，继续完善校外教育目标和内容系列，加强顶层设计和项目库建设，形成校外实践活动的科目指南，拓展校外教育育人载体，创新校外教育育人模式，探索分层分类的校外教育评价机制，健全校外教育育人体系。

2. 校外教育信息化建设项目

按照上海市中小学生综合素质评价的方案部署，加强中小学生社会实践电子记录平台建设，以电子学生证和数据云平台为支撑，为学生综合素质评价、学校校外教育工作评价、场馆信誉等级评价等提供依据。以"博雅网"为依托，构建"青少年文化地图"和"社会教育网络大课堂"，有机统筹各类资源，加快网上文化艺术类课程资源建设，探索"虚拟场馆""云课堂""移动课堂"等项目，为学生、学校和家长更好地运用社会资源开展校外教育提供信息化服务。

3. 校外教育国际化建设项目

支持东方绿舟、上海科技馆、中华艺术宫等具有国际影响力的校外教育场所建设国际教育营地、开展国际交流合作，让国际语言、民族语言、本土语言的优秀文化艺术走进校园，讲好中国故事，传播中国精神。探索形成定期开展校外教育国际研讨交流的机制，选派优秀师资和管理人员赴国外访学，邀请国外校外教育专家到场所交流讲学，提升校外教育理论和实践的国际化水平。

五、工作保障

（一）完善体制机制

各级党委和政府要切实加强对未成年人校外教育活动场所建设和管理工作的领导，及时掌握工作情况，研究解决重要问题。各级校外教育机构和学校等部门单位要明确职责分工，发挥校外教育机构在推进素质教育中的示范引领作用。进一步理顺各主体在校外教育中的定位和作用，根据事权与支出责任相一致的原则，支持和保障校外教育发展，形成有利于促进学生社会实践和校外教育事业发展的工作网络与资源平台。

（二）发挥评价导向作用

发挥多元化评价对校外教育活动场所的引导和激励作用。通过校外教育活动场所的自评和社会评价、成员单位评价、学校评价、学生评价、家长评价等相结合的方式，逐步完善各类校外教育活动场所的评价指标体系。探索利用评价结果，形成校外教育活动场所信誉等级评定机制，将学生社会实践基地评价纳入文明单位创建内容和对区域开展的未成年人思想道德建设工作的综合督政内容。

（三）保障经费投入

市、区两级政府要确保对校外教育工作经费的投入，保障校外实践活动的公益性和导向性，积极开展未成年人校外活动场所建设、项目开发、队伍培训、评估激励、宣传推广。学校要保障落实学生校外活动专项经费，专款专用，提高使用效益。要进一步完善学生综合保险制度，加大对学生的安全保障。

（四）加强宣传引导

积极发挥各类媒体作用，用社会主义核心价值观引领社会、凝聚共识，形成有利于校外教育文化育人和实践育人的良好政策导向、利益机制和社会环境。充分利用法律的规范、引导、保障和促进作用，形成有利于未成年人成长的良好社会环境。面向家庭、社会、学校，形成课堂教学、校园文化、社会实践等多位一体的育人平台，引导全社会力量共同支持校外教育事业发展。

# 第二章　德智体美与劳动等教育（节选）

## 第一节　德育

### 一、关于适应新形势进一步加强和改进中小学德育工作的意见

中共中央办公厅、国务院办公厅

2000 年 12 月 14 日

3. 要把思想政治教育、品德教育、纪律教育、法制教育作为中小学德育工作长期坚持的重点，遵循由浅入深、循序渐进的原则，确定不同教育阶段的内容和要求。小学德育工作主要通过生动活泼的校内外教育教学活动，对学生进行以"爱祖国、爱人民、爱劳动、爱科学、爱社会主义"为基本内容的社会主义公德教育、社会常识教育和文明行为习惯的养成教育。中学德育工作的基本任务是把学生培养成为热爱社会主义祖国的具有社会公德、法制意识、文明行为习惯的遵纪守法的公民，引导他们逐步树立正确的世界观、人生观和价值观，不断提高爱国主义、集体主义和社会

主义思想觉悟，为他们中的优秀分子将来能够成长为共产主义者奠定基础。中学特别是高中阶段，要注重有针对性地对学生进行马列主义、毛泽东思想和邓小平理论基本观点教育，辩证唯物主义和历史唯物主义基本观点教育。要加强国情教育，帮助学生了解我国改革开放以来取得的巨大成就，正确认识当前存在的矛盾和困难，以及党和政府努力解决这些问题的决心和措施，进一步坚定社会主义信念。职业学校还要加强职业道德教育、职业理想教育和创业教育，帮助学生树立正确的择业观、创业观，培养良好的职业道德素养。中小学校都要加强心理健康教育，培养学生良好的心理品质。通过加强法制教育，不断增强学生的法制意识和法制观念，使他们从小就养成遵纪守法的良好习惯。

4. 加强中小学德育课程建设。中小学思想品德、思想政治课和职业学校德育课的教育教学活动是学校德育工作的主导渠道。要从实际出发，深入研究当前学生思想品德特点，修订小学思想品德课和中学思想政治课课程标准，调整职业学校德育课程设置，进一步改革和完善教育教学内容，努力构建适应二十一世纪发展需要的中小学德育课程体系。要加强中学生时事政策教育，保证每周安排一课时对学生进行时事政策和相关的专题教育。

中小学思想品德课、思想政治课和职业学校德育课要紧密联系学生生活和社会实际，增加实践教学和学生参加社会实践的课时。积极改进教学方法和形式，采用启发式、讨论式和研究性学习等生动活泼的方式进行教学。作为高中阶段学校招生必考科目的思想政治课，要积极进行考试内容和形式的改革。同时要建立健全学生思想道德行为的综合考核制度。

6. 把丰富多彩的教育活动作为德育工作的重要载体，努力培养学生的社会责任感和奉献精神。在继续减轻中小学生过重课业负担的同时，要根据青少年学生身心发展规律，寓德育于教育活动之中，积极开展有益于青少年学生健康成长的科技、文艺和体育等校园文化活动。要有计划地组织学生观看爱国主义和革命传统教育影视作品，参观爱国主义、法制教育基地。深入开展"中国少年雏鹰行动"、"手拉手互助活动"、18 岁成人仪式教育活动、"学雷锋为民服务周活动"和"青年志愿者行动"等教育活动。结合各地、各校和班级的实际情况，努力开展和组织学生喜闻乐见并积极参与的各种有益活动。积极创造条件，充分运用现代教育技术手段，开展生动活泼的教育教学活动。继续办好中等学校学生业余党校和团校，加强积极分子队伍建设。

7. 校内教育与校外教育相结合，切实加强社会实践活动。中小学校要认真组织好学生的校外活动，积极建立中学生参加社区服务制度，把组织学生参加社会实践等校外教育活动作为加强德育工作的重要途径。社会实践活动包括社会调查、生产实习、军事训练、公益劳动、社区服务、科技文化活动、志愿者活动、勤工俭学等多种形式。要把学生的社会实践活动作为必修内容，列入教育教学计划，切实予以保障，学校要制订学生参加社区服务和社会实践活动的措施。社会实践活动总时间，初中学生一般每学年不少于 20 天，普通高中学生一般每学年不少于 30 天。职业学校要加强生产实习阶段对学生的思想政治教育、品德教育、纪律教育和法制教育。大中城市要统筹规划，通过多种形式，建立中小学生社会实践活动基地。工厂、农村、企事业单位和社区都要积极支持学生的社会实践活动。农村中小学要从实际出发，引导学生积极参加社会实践活动和生产劳动。要将参加社会实践活动的表现作为评价学生的一项重要内容，除特殊情况外，不能按要求完成规定的社会实践活动的中学生，不允许毕业。

## 二、关于学习贯彻《中共中央国务院关于进一步加强和改进未成年人思想道德建设的若干意见》的实施意见

教育部

2004 年 6 月 1 日

二、突出重点，精心组织，把德育融汇在学校教学环节和学生实际生活之中

积极开展各种主题教育活动，大力弘扬和培育民族精神。各级教育行政部门要认真落实中宣部和教育部印发的《中小学开展弘扬和培育民族精神教育实施纲要》，把弘扬和培育民族精神教育作为新形势下学校德育工作的重要任务，积极开展多种形式的思想道德教育活动，深入开展中华传统美德和革命传统教育，不断培育青少年学生的爱国情感和民族精神。

中小学校要把升旗仪式作为开展经常性爱国主义教育的重要形式，认真落实升降国旗制度。中小学校要组织好瞻仰革命圣地、参观爱国主义教育基地的活动，有条件的学校每年至少要组织学生开展 1—2 次参观工厂、农村、社区的活动，组织好学生军训、参与社区服务以及夏令营、冬令营活动。初中学生每年参加社会实践活动时间不少于 20 天，高中学生每年不少于 30 天。让青少年学生在各种实践活动中，陶冶情操、锻炼意志，培育民族自尊心、自信心和自豪感。

认真组织"弘扬和培育民族精神月"活动。各地要精心设计活动方案，每年确定一个主题。在活动月期间，各地中小学校要至少开展一次"从小好好学习、长大报效祖国"的主题班会、队会，参观一次爱国主义展览，观看一部爱国主义影片，聆听革命老人讲一次革命传统故事，并通过主题演讲、知识竞赛、歌咏比赛或文艺演出等形式，组织丰富多彩的宣传教育活动。中等职业学校要以"弘扬民族精神，树立职业理想"为主

题，开展"文明风采"竞赛活动。

加强少先队、共青团工作，教育和引导青少年学生树立崇高的理想信念。各级教育行政部门和学校要重视少先队和共青团的工作，将团队工作纳入学校德育工作总体规划和督导评估体系，选派优秀青年教师担任少先队辅导员。学校少先队、共青团组织要发挥优势，利用学生入队、入团及成人仪式等开展丰富多彩的教育活动，培养少先队员、共青团员对党、国家和社会主义的情感，树立正确的理想信念，在学习、生活中发挥表率作用。认真办好中学生业余团校和高中业余党校，积极开展党、团基本知识教育，在高中学生中做好培养入党积极分子和发展党员工作。鼓励学生热爱劳动，关心集体，定期轮流担任班、团、队干部，给更多学生以锻炼的机会，引导学生共同进步。进一步完善中小学三好学生、优秀少先队员、优秀团员、先进集体等各种形式的表彰奖励制度，通过学生身边的榜样，鼓励学生全面发展。

坚持不懈地开展文明习惯养成教育，不断提高中小学生道德素养。地方各级教育行政部门要从实际出发制定有效措施，指导学校把坚持执行新颁发的《中小学生守则》、《小学生日常行为规范》和《中学生日常行为规范》作为经常性工作。小学重点进行讲文明、讲礼貌、爱劳动、爱集体的教育，养成学生良好的生活习惯；中学重点进行遵守校规校纪、法律法规教育，培养学生自觉遵守法律法规、社会公德和社会秩序的意识和习惯。在中小学普遍开展诚信教育，培养中小学生诚实待人、守时守信的优良品质。职业学校重点进行爱岗敬业、诚实守信、精益求精、服务社会的职业道德教育。今年秋季开学后，各地中小学校要结合新生入学、学生返校，集中对学生进行遵守中小学生守则和日常行为规范的教育。

主动开展网上思想道德教育活动，引导学生文明上网。中小学校要向中小学生开放校内网络设施，并在网上大量提供和不断更新健康向上的内容，为中小学生利用网络接受教育、收集信息、自主学习创设良好的条件。也要鼓励开发和认真遴选一批内容健康、寓教于乐的网络游戏和学习软件，满足中小学校学生文化娱乐的要求。学校的网络环境要坚决屏蔽那些不利于学生健康成长的网络信息，教育学生远离营业性"网吧"和自觉抵制不良信息。协助有关部门开展"网吧"专项整治工作，为学生健康成长创造良好的社会环境。充分利用远程信息技术教育手段，通过卫星电视和网络向边远农村中小学播放爱国主义教育、理想信念教育和反映祖国建设伟大成就的电影、电视片，引导学生逐步树立正确的世界观、人生观、价值观。

三、加快中小学德育课的改进和建设，增强思想道德课程教育的针对性、实效性

改进中小学德育课教学的方式和途径。各地教育行政部门和中小学校要多采用参与式、启发式、讨论式和研究性学习等生动活泼的教学方式，把传授知识同陶冶情操、养成良好的行为习惯结合起来，寓教于乐，深入浅出、务求实效。积极开展内容鲜活、形式新颖的实践教学活动，注重知行统一，活动前有要求、有准备，活动中能感受、能体验，活动后要总结、要提高。职业学校要结合实训实习，加强职业道德教育。

加强时事政策和法制教育。要结合国内外的重大事件，适时举办时事政策和形势报告会，使学生及时了解国内外大事，引导学生正确理解党和国家的方针政策。各地要根据不同年龄阶段青少年的特点，有针对性地开展法制教育，不断增强学生的法制意识。进一步完善中小学法制副校长和辅导员的聘任制度，积极推进依法治校示范校创建工作。进一步加强中小学生的心理健康教育和青春期教育，有条件的中小学校要开设学生心理辅导咨询室，建立中小学心理健康专兼职骨干教师队伍，加强对心理健康教育骨干教师的培训，积极化解学生各种心理问题。广泛开展"珍惜生命、远离毒品"教育和安全教育，增强学生的自我保护意识和本领。加强预防青少年违法犯罪的教育工作，启动"大中城市工读学校建设工程"，促进

各地办好工读教育。

严格执行新形势下"减负"工作的五项要求。要坚持正确的政绩观和科学的评价观，不准把升学率作为衡量学校办学水平的唯一指标；坚持义务教育阶段公办学校一律实行免试就近入学，不准小学、初中招生举行选拔考试；坚持认真执行国家课程计划，不准随意增减课程门类、难度和课时；坚持开展丰富多彩的课外活动，不准占用学生休息时间组织集体补课；坚持全面评价学生的发展，不准按考试成绩排队。各地要按照上述五项要求，采取切实有效的措施，坚决制止各种加重学生课业负担的行为。要加大"五项要求"的宣传，争取社会各方面的理解和支持，建立起有效的监督机制，共同推动"减负"工作。一旦发现有继续违反上述规定者，要严加查处。

# 三、关于培育和践行社会主义核心价值观 进一步加强中小学德育工作的意见

教育部

2014 年 4 月 1 日

1. 加强中华优秀传统文化教育。各级教育部门和中小学校要深入开展中华优秀传统文化教育，弘扬以爱国主义为核心的民族精神和以改革创新为核心的时代精神，引导学生增强民族文化自信和价值观自信。要深入浅出地讲清楚中华优秀传统文化的历史渊源、发展脉络、基本走向，让学生逐步明白中华文化的独特创造、价值理念、鲜明特色。要加强中国特色社会主义宣传教育和中国梦主题教育活动，探索形成爱学习、爱劳动、爱祖国教育活动的有效形式和长效机制。改善时事教育，举办中小学时事课堂展示活动，用鲜活事例教育广大学生，引导他们逐步树立中国特色社会

主义的道路自信、理论自信、制度自信。尊重学生个性发展，帮助学生树立积极向上的个人理想，引导他们自觉将个人理想与祖国发展紧密联系起来，为个人幸福、社会进步、国家富强而不断成长。

2. 加强公民意识教育。各级教育部门和中小学校要大力开展公民意识教育，培养公民美德，发扬社会公德，增强国家认同，引导广大学生了解公民的基本权利与义务。要认真落实《中小学法制教育指导纲要》，促进学生树立社会主义民主法治、自由平等、公平正义理念，养成遵纪守法、遵守规则的意识和行为习惯。认真落实《中小学文明礼仪教育指导纲要》，引导学生养成诚实守信、孝敬感恩、团结友善、文明礼貌的行为习惯。

3. 加强生态文明教育。各级教育部门和中小学校要普遍开展生态文明教育，以节约资源和保护环境为主要内容，引导学生养成勤俭节约、低碳环保的行为习惯，形成健康文明的生活方式。要深入推进节粮节水节电活动，持续开展"光盘行动"。加强大气、土地、水、粮食等资源的基本国情教育，组织学生开展调查体验活动，参与环境保护宣传，使他们认识到环境污染的危害性，增强保护环境的自觉性。加强海洋知识和海洋生态保护宣传教育，引导学生树立现代海洋观念。

4. 加强心理健康教育。各级教育部门和中小学校要认真落实《中小学心理健康教育指导纲要（2012 年修订）》，全面推进心理健康教育。加强制度建设，建立健全心理健康教育的各项规章制度，规范和促进学校心理健康教育工作。加强课程建设，保证心理健康教育时间，合理安排教育内容，创新活动形式，科学有效开展心理健康教育。加强场所建设，有条件的学校要设立中小学心理辅导室，保证心理健康教育必要的活动空间。加强队伍建设，每所学校至少配备一名专兼职心理健康教育教师，关心其生活条件与专业发展。加强心理健康教育教师专业培训，同时要提高全体教师特别是班主任开展心理健康教育的能力，培养学生积极健康的心理品质。加强生命教育和青春期教育，促进学生身心和谐发展。

5. 加强网络环境下的德育工作。各级教育部门和中小学校要不断探索网络环境下德育工作的有效途径，引导学生正确对待网络虚拟世界，合理使用互联网、手机以及微博、微信等新媒体。加强网络道德教育，引导学生文明上网，树立网络责任意识，增强对不良信息的辨别能力，防止网络沉迷或受到不良影响。加强网络法制教育，培养学生依法使用网络的意识，自觉抵制网络不法行为。加强网络正面引导，推进德育工作信息化建设，充分利用国家教育资源公共服务平台和积极健康的网络教育资源，凝聚广大师生，形成良好互动。鼓励开展积极向上的校园网络文化活动，组织以"中国梦""三爱""三节"为主题的微视频创作展示。

6. 改进课程育人。各级教育部门和中小学校要充分发挥课程的德育功能，将社会主义核心价值观的内容和要求细化落实到各学科课程的德育目标之中。加强品德与生活、品德与社会、思想品德、思想政治课程的教育教学。推动学科统筹，特别是加强德育、语文、历史、体育、艺术等课程教学的管理和评价，提升综合育人效果。开发有效的地方课程和学校课程，丰富学校德育资源。开展学科德育精品课程展示活动，引导各学科教师依据课程标准和学生实际情况，设计相应的教学活动，在传授知识和培养能力的同时，将积极的情感、端正的态度、正确的价值观自然融入课程教学全过程。

7. 改进实践育人。各级教育部门和中小学校要广泛开展社会实践活动，充分体现"德育在行动"，要将社会主义核心价值观细化为贴近学生的具体要求，转化为实实在在的行动。要普遍开展以诚实守信、文明礼貌、遵纪守法、勤劳好学、节约环保、团结友爱等为主题的系列行动；组织学生广泛参加"学雷锋"等志愿服务和社会公益活动；教育学生主动承担家务劳动；组织学生在每个学段至少参加 1 次学工学农生产体验劳动，农村学校应普及适当形式的种植或养殖。要广泛利用博物馆、美术馆、科技馆等社会资源，充分发挥各类社会实践基地、青少年活动中心（宫、家、站）等校外活动场所的作用，组织学生定期开展参观体验、专题调查、研学旅行、红色旅游等活动。逐步完善中小学生开展社会实践的体制机制，把学生参加社会实践活动的情况和成效纳入中小学教育质量综合评价和学生综合素质评价。

8. 改进文化育人。各级教育部门和中小学校要挖掘地域历史文化传统，因地制宜开展校园文化建设，将社会主义核心价值观融入校园物质文化、精神文化、制度文化、行为文化之中。要加强图书馆建设，提升藏书质量，开展经常性的读书活动。学校要张贴社会主义核心价值观24字或书写上墙，让学生熟练背诵。要利用升国旗、入党入团入队等仪式和重大纪念日、民族传统节日等契机，开展主题教育活动，传播主流价值。要加强校风班风学风建设，组织开展丰富多彩、生动活泼的文艺活动、体育活动、科技活动，支持学生社团活动，充分利用板报、橱窗、走廊、校史陈列室、广播电视网络等设施，营造体现主流意识、时代特征、学校特色的校园文化氛围。

9. 改进管理育人。各级教育部门和中小学校要积极推进学校治理现代化，将社会主义核心价值观的要求贯穿于学校管理制度的每一个细节之中。学生的行为规范管理、班级民主管理和各种面向学生制定的规章制度，都要充分体现友善、平等、和谐。要明确学校各个岗位教职员工的育人责任，把育人要求和岗位职责统一起来，将学生的全面发展作为学校一切工作的出发点和落脚点。要加强班主任培训，提高班主任工作能力，探索推行德育导师制。加强师德建设，落实《教育部关于建立健全中小学师德建设长效机制的意见》，引导广大教师自觉践行社会主义核心价值观，爱岗敬业，教书育人，做学生健康成长的指导者和引路人。

10. 改进方式方法。各级教育部门和中小学校要加强德育规律研究，从中小学生的身心特点和思想实际出发，注重循序渐进、注重因材施教，润物细无声，真正把德育工作做到学生心坎上。要突出知行结合，着力培养学生养成良好的行为习惯，客观真实记录学生行为表现情况，引导学生将道德认知转化为道德实践。要勇于改革创新，探索德育工作的新途径、新方法，定期开展德育教研活动，提升教师德育专业能力。

# 四、中小学德育工作指南

教育部

2017 年 8 月 17 日

### 三、德育目标

（一）总体目标

培养学生爱党爱国爱人民，增强国家意识和社会责任意识，教育学生理解、认同和拥护国家政治制度，了解中华优秀传统文化和革命文化、社会主义先进文化，增强中国特色社会主义道路自信、理论自信、制度自信、文化自信，引导学生准确理解和把握社会主义核心价值观的深刻内涵和实践要求，养成良好政治素质、道德品质、法治意识和行为习惯，形成积极健康的人格和良好心理品质，促进学生核心素养提升和全面发展，为学生一生成长奠定坚实的思想基础。

（二）学段目标

小学低年级

教育和引导学生热爱中国共产党、热爱祖国、热爱人民，爱亲敬长、爱集体、爱家乡，初步了解生活中的自然、社会常识和有关祖国的知识，保护环境，爱惜资源，养成基本的文明行为习惯，形成自信向上、诚实勇敢、有责任心等良好品质。

小学中高年级

教育和引导学生热爱中国共产党、热爱祖国、热爱人民，了解家乡发展变化和国家历史常识，了解中华优秀传统文化和党的光荣革命传统，理解日常生活的道德规范和文明礼貌，初步形成规则意识和民主法治观念，养成良好生活和行为习惯，具备保护生态环境的意识，形成诚实守信、友爱宽容、自尊自律、乐观向上等良好品质。

初中学段

教育和引导学生热爱中国共产党、热爱祖国、热爱人民，认同中华文化，继承革命传统，弘扬民族精神，理解基本的社会规范和道德规范，树立规则意识、法治观念，培养公民意识，掌握促进身心健康发展的途径和方法，养成热爱劳动、自主自立、意志坚强的生活态度，形成尊重他人、乐于助人、善于合作、勇于创新等良好品质。

高中学段

教育和引导学生热爱中国共产党、热爱祖国、热爱人民，拥护中国特色社会主义道路，弘扬民族精神，增强民族自尊心、自信心和自豪感，增强公民意识、社会责任感和民主法治观念，学习运用马克思主义基本观点和方法观察问题、分析问题和解决问题，学会正确选择人生发展道路的相关知识，具备自主、自立、自强的态度和能力，初步形成正确的世界观、人生观和价值观。

四、德育内容

（一）理想信念教育。开展马列主义、毛泽东思想学习教育，加强中国特色社会主义理论体系学习教育，引导学生深入学习习近平总书记系列重要讲话精神，领会党中央治国理政新理念新思想新战略。加强中国历史特别是近现代史教育、革命文化教育、中国特色社会主义宣传教育、中国梦主题宣传教育、时事政策教育，引导学生深入了解中国革命史、中国共产党史、改革开放史和社会主义发展史，继承革命传统，传承红色基因，深刻领会实现中华民族伟大复兴是中华民族近代以来最伟大的梦想，培养学生对党的政治认同、情感认同、价值认同，不断树立为共产主义远大理想和中国特色社会主义共同理想而奋斗的信念和信心。

（二）社会主义核心价值观教育。把社会主义核心价值观融入国民教育全过程，落实到中小学教育教学和管理服务各环节，深入开展爱国主义教育、国情教育、国家安全教育、民族团结教育、法治教育、诚信教育、文明礼仪教育等，引导学生牢牢把握富强、民主、文明、和谐作为国家层面的价值目标，深刻理解自由、平等、公正、法治作为社会层面的价值取向，自觉遵守爱国、敬业、诚信、友善作为公民层面的价值准则，将社会主义核心价值观内化于心、外化于行。

（三）中华优秀传统文化教育。开展家国情怀教育、社会关爱教育和人格修养教育，传承发展中华优秀传统文化，大力弘扬核心思想理念、中华传统美德、中华人文精神，引导学生了解中华优秀传统文化的历史渊源、发展脉络、精神内涵，增强文化自觉和文化自信。

（四）生态文明教育。加强节约教育和环境保护教育，开展大气、土地、水、粮食等资源的基本国情教育，帮助学生了解祖国的大好河山和地理地貌，开展节粮节水节电教育活动，推动实行垃圾分类，倡导绿色消费，引导学生树立尊重自然、顺应自然、保护自然的发展理念，养成勤俭节约、低碳环保、自觉劳动的生活习惯，形成健康文明的生活方式。

（五）心理健康教育。开展认识自我、尊重生命、学会学习、人际交往、情绪调适、升学择业、人生规划以及适应社会生活等方面教育，引导学生增强调控心理、自主自助、应对挫折、适应环境的能力，培养学生健全的人格、积极的心态和良好的个性心理品质。

五、实施途径和要求

（一）课程育人

充分发挥课堂教学的主渠道作用，将中小学德育内容细化落实到各学科课程的教学目标之中，融入渗透到教育教学全过程。

严格落实德育课程。按照义务教育、普通高中课程方案和标准，上好道德与法治、思想政治课，落实课时，不得减少课时或挪作它用。

要围绕课程目标联系学生生活实际，挖掘课程思想内涵，充分利用时政媒体资源，精心设计教学内容，优化教学方法，发展学生道德认知，注重学生的情感体验和道德实践。

发挥其它课程德育功能。要根据不同年级和不同课程特点，充分挖掘各门课程蕴含的德育资源，将德育内容有机融入到各门课程教学中。

语文、历史、地理等课要利用课程中语言文字、传统文化、历史地理常识等丰富的思想道德教育因素，潜移默化地对学生进行世界观、人生观和价值观的引导。

数学、科学、物理、化学、生物等课要加强对学生科学精神、科学方法、科学态度、科学探究能力和逻辑思维能力的培养，促进学生树立勇于创新、求真求实的思想品质。

音乐、体育、美术、艺术等课要加强对学生审美情趣、健康体魄、意志品质、人文素养和生活方式的培养。

外语课要加强对学生国际视野、国际理解和综合人文素养的培养。

综合实践活动课要加强对学生生活技能、劳动习惯、动手实践和合作交流能力的培养。

用好地方和学校课程。要结合地方自然地理特点、民族特色、传统文化以及重大历史事件、历史名人等，因地制宜开发地方和学校德育课程，引导学生了解家乡的历史文化、自然环境、人口状况和发展成就，培养学生爱家乡、爱祖国的感情，树立维护祖国统一、加强民族团结的意识。

统筹安排地方和学校课程，开展法治教育、廉洁教育、反邪教教育、文明礼仪教育、环境教育、心理健康教育、劳动教育、毒品预防教育、影视教育等专题教育。

（二）文化育人

要依据学校办学理念，结合文明校园创建活动，因地制宜开展校园文化建设，使校园秩序良好、环境优美，校园文化积极向上、格调高雅，提高校园文明水平，让校园处处成为育人场所。

优化校园环境。学校校园建筑、设施、布置、景色要安全健康、温馨舒适，使校园内一草一木、一砖一石都体现教育的引导和熏陶。

学校要有升国旗的旗台和旗杆。建好共青团、少先队活动室。积极建设校史陈列室、图书馆（室）、广播室、学校标志性景观。

学校、教室要在明显位置张贴社会主义核心价值观24字、《中小学生守则（2015年修订）》。教室正前上方有国旗标识。

要充分利用板报、橱窗、走廊、墙壁、地面等进行文化建设，可悬挂革命领袖、科学家、英雄模范等杰出人物的画像和格言，展示学生自己创作的作品或进行主题创作。

营造文化氛围。凝练学校办学理念，加强校风教风学风建设，形成引导全校师生共同进步的精神力量。

鼓励设计符合教育规律、体现学校特点和办学理念的校徽、校训、校规、校歌、校旗等并进行教育展示。

创建校报、校刊进行宣传教育。可设计体现学校文化特色的校服。

建设班级文化，鼓励学生自主设计班名、班训、班歌、班徽、班级口号等，增强班级凝聚力。

推进书香班级、书香校园建设，向学生推荐阅读书目，调动学生阅读积极性。提倡小学生每天课外阅读至少半小时、中学生每天课外阅读至少1小时。

（三）活动育人

要精心设计、组织开展主题明确、内容丰富、形式多样、吸引力强的教育活动，以鲜明正确的价值导向引导学生，以积极向上的力量激励学生，促进学生形成良好的思想品德和行为习惯。

开展节日纪念日活动。利用春节、元宵、清明、端午、中秋、重阳等中华传统节日以及二十四节气，开展介绍节日历史渊源、精神内涵、文化习俗等校园文化活动，增强传统节日的体验感和文化感。

利用植树节、劳动节、青年节、儿童节、教师节、国庆节等重大节庆日集中开展爱党爱国、民族团结、热爱劳动、尊师重教、爱护环境等主题教育活动。

利用学雷锋纪念日、中国共产党建党纪念日、中国人民解放军建军纪念日、七七抗战纪念日、九三抗战胜利纪念日、九一八纪念日、烈士纪念日、国家公祭日等重要纪念日，以及地球日、环境日、健康日、国家安全教育日、禁毒日、航天日、航海日等主题日，设计开展相关主题教育活动。

开展仪式教育活动。仪式教育活动要体现庄严神圣，发挥思想政治引领和道德价值引领作用，创新方式方法，与学校特色和学生个性展示相结合。

严格中小学升挂国旗制度。除寒暑假和双休日外，应当每日升挂国旗。除假期外，每周一及重大节会活动要举行升旗仪式，奏唱国歌，开展向国旗敬礼、国旗下宣誓、国旗下讲话等活动。

入团、入队要举行仪式活动。

举办入学仪式、毕业仪式、成人仪式等有特殊意义的仪式活动。

开展校园节（会）活动。举办丰富多彩、寓教于乐的校园节（会）活动，培养学生兴趣爱好，充实学生校园生活，磨练学生意志品质，促进学生身心健康发展。

学校每学年至少举办一次科技节、艺术节、运动会、读书会。可结合学校办学特色和学生实际，自主开发校园节（会）活动，做好活动方案和应急预案。

开展团、队活动。加强学校团委对学生会组织、学生社团的指导管理。明确中学团委对初中少先队工作的领导职责，健全初中团队衔接机制。确保少先队活动时间，小学1年级至初中2年级每周安排1课时。

发挥学生会作用，完善学生社团工作管理制度，建立体育、艺术、科普、环保、志愿服务等各类学生社团。学校要创造条件为学生社团提供经费、场地、活动时间等方面保障。

要结合各学科课程教学内容及办学特色，充分利用课后时间组织学生开展丰富多彩的科技、文娱、体育等社团活动，创新学生课后服务途径。

（四）实践育人

要与综合实践活动课紧密结合，广泛开展社会实践，每学年至少安排一周时间，开展有益于学生身心发展的实践活动，不断增强学生的社会责任感、创新精神和实践能力。

开展各类主题实践。利用爱国主义教育基地、公益性文化设施、公共机构、企事业单位、各类校外活动场所、专题教育社会实践基地等资源，开展不同主题的实践活动。

利用历史博物馆、文物展览馆、物质和非物质文化遗产地等开展中华优秀传统文化教育。

利用革命纪念地、烈士陵园（墓）等开展革命传统教育。

利用法院、检察院、公安机关等开展法治教育。

利用展览馆、美术馆、音乐厅等开展文化艺术教育。

利用科技类馆室、科研机构、高新技术企业设施等开展科普教育。

利用军事博物馆、国防设施等开展国防教育。

利用环境保护和节约能源展览馆、污水处理企业等开展环境保护教育。

利用交通队、消防队、地震台等开展安全教育。

利用养老院、儿童福利机构、残疾人康复机构等社区机构等开展关爱老人、孤儿、残疾人教育。

利用体育科研院所、心理服务机构、儿童保健机构等开展健康教育。

加强劳动实践。在学校日常运行中渗透劳动教育，积极组织学生参与校园卫生保洁、绿化美化，普及校园种植。

将校外劳动纳入学校的教育教学计划，小学、初中、高中每个学段都要安排一定时间的农业生产、工业体验、商业和服务业实习等劳动实践。

教育引导学生参与洗衣服、倒垃圾、做饭、洗碗、拖地、整理房间等力所能及的家务劳动。

组织研学旅行。把研学旅行纳入学校教育教学计划，促进研学旅行与学校课程、德育体验、实践锻炼有机融合，利用好研学实践基地，有针对性地开展自然类、历史类、地理类、科技类、人文类、体验类等多种类型的研学旅行活动。

要考虑小学、初中、高中不同学段学生的身心发展特点和能力，安排适合学生年龄特征的研学旅行。

要规范研学旅行组织管理，制定研学旅行工作规程，做到"活动有方案，行前有备案，应急有预案"，明确学校、家长、学生的责任和权利。

开展学雷锋志愿服务。要广泛开展与学生年龄、智力相适应的志愿服务活动。

发挥本校团组织、少先队组织的作用，抓好学生志愿服务的具体组织、实施、考核评估等工作。

做好学生志愿服务认定记录，建立学生志愿服务记录档案，加强学生志愿服务先进典型宣传。

（五）管理育人

要积极推进学校治理现代化，提高学校管理水平，将中小学德育工作的要求贯穿于学校管理制度的每一个细节之中。

完善管理制度。制定校规校纪，健全学校管理制度，规范学校治理行为，形成全体师生广泛认同和自觉遵守的制度规范。

制定班级民主管理制度，形成学生自我教育、民主管理的班级管理模式。

制定防治学生欺凌和暴力工作制度，健全应急处置预案，建立早期预警、事中处理及事后干预等机制。

会同相关部门建立学校周边综合治理机制，对社会上损害学生身心健康的不法行为依法严肃惩处。

明确岗位责任。建立实现全员育人的具体制度，明确学校各个岗位教职员工的育人责任，规范教职工言行，提高全员育人的自觉性。

班主任要全面了解学生，加强班集体管理，强化集体教育，建设良好班风，通过多种形式加强与学生家长的沟通联系。各学科教师要主动配合班主任，共同做好班级德育工作。

加强师德师风建设。培育、宣传师德标兵、教学骨干和优秀班主任、德育工作者等先进典型，引导教师争做"四有"好教师。

实行师德"一票否决制"，把师德表现作为教师资格注册、年度考核、职务（职称）评审、岗位聘用、评优奖励的首要标准。

细化学生行为规范。落实《中小学生守则（2015 年修订）》，鼓励结合实际制订小学生日常行为规范、中学生日常行为规范，教育引导学生熟知学习生活中的基本行为规范，践行每一项要求。

关爱特殊群体。要加强对经济困难家庭子女、单亲家庭子女、学习困难学生、进城务工人员随迁子女、农村留守儿童等群体的教育关爱，完善学校联系关爱机制，及时关注其心理健康状况，积极开展心理辅导，提供情感关怀，引导学生心理、人格积极健康发展。

（六）协同育人

要积极争取家庭、社会共同参与和支持学校德育工作，引导家长注重家庭、注重家教、注重家风，营造积极向上的良好社会氛围。

加强家庭教育指导。要建立健全家庭教育工作机制，统筹家长委员会、家长学校、家长会、家访、家长开放日、家长接待日等各种家校沟通渠道，丰富学校指导服务内容，及时了解、沟通和反馈学生思想状况和行为表现，认真听取家长对学校的意见和建议，促进家长了解学校办学理念、教育教学改进措施，帮助家长提高家教水平。

构建社会共育机制。要主动联系本地宣传、综治、公安、司法、民政、文化、共青团、妇联、关工委、卫计委等部门、组织，注重发挥党政机关和企事业单位领导干部、专家学者以及老干部、老战士、老专家、老教师、老模范的作用，建立多方联动机制，搭建社会育人平台，实现社会资源共享共建，净化学生成长环境，助力广大中小学生健康成长。

## 五、关于在青少年中深入开展群众性爱国主义教育活动的通知

共青团中央、全国少工委

2009 年 4 月 28 日

二、需要着重把握的原则

2. 开展分层教育。要遵循不同年龄段青少年的身心特点和成长规律，努力使不同阶段的教育内容既各有侧重，又有效衔接。对于少年儿童，要通过积极有效的灌输，培养他们对党和社会主义祖国的朴素感情，引导他们增强国家意识；对于中学生，要注意到进入青春期后价值分析的方法会比灌输更有效，努力使他们对党和社会主义的认识更清晰；对于大学生，则要侧重于理性分析，帮助他们坚定跟党走中国特色社会主义道路的理想信念。

3. 积极引导青年进行正确的社会观察。帮助青年形成正确的社会观察结论，是对青年进行爱国主义教育的重要路径。要针对青年普遍关心的

重大问题，以及青年在社会观察中看到的现实与所接受的正面教育的一些反差，对青年进行有针对性的引导，帮助青年既看到新中国成立 60 年特别是改革开放 30 年来取得的巨大成就，又充分了解我国处于社会主义初级阶段的基本国情和作为发展中国家的基本特征，努力使他们对存在问题的认识更深刻、更理性、更稳定。

4. 体现时代特色。教育活动要紧跟时代步伐，突出时代特色。在内容上要有时代感，善于运用青年喜欢的话语体系来丰富教育内容的表达方式；在教育引导的手段、路径上要善于创新，大力运用互联网、手机等新媒体，注意运用网络游戏、视频短片等新方式；同时，要善于把各类时尚元素注入到爱国主义教育活动中来，切实增强对青年的吸引力和感染力。

5. 突出实践要求。教育活动要紧密联系青年的生产生活和思想实际，紧密联系当前改革发展稳定的实际，更加贴近青年。要从大处着眼，从小处着手，引导青年从小事做起，从身边事做起，把爱国之情转化为立足本职岗位、做好实际工作的自觉行动。要发挥共青团实践育人的传统优势，设计和开展富于爱国主义教育内涵的实践活动，把实践贯穿于爱国主义教育的各个环节，使青年在亲身参与和体验的过程中不断强化投身祖国建设和发展的责任感、使命感。

# 六、关于在大中学生中深入开展培育和践行社会主义核心价值观活动的通知

共青团中央、全国学联

2014 年 8 月 20 日

二、工作内容

2. 深入开展"我为核心价值观代言"活动。引导学生个性表达、自

我传播是培育和践行社会主义核心价值观的有效途径。各大、中学校团学组织要积极利用各种新媒体平台，继续深入开展"我为核心价值观代言"活动，结合"五四""七一""十一"等政治性节日，"五一""六一"等国际性节日，端午、中秋等中华传统节日以及"一二·九"等重大事件、重要人物纪念日和教师节等，集中组织动员团员青年学生结合自身经历和体会，通过文字、图片、视频、动漫、微电影等多种方式表达对社会主义核心价值观的理解感悟，并通过微博、微信、网站、手机报等平台广泛发布，传播青春正能量，营造网络清朗空间。同时，围绕"我为核心价值观代言"主题，组织开展"我来代言"风采展示、优秀代言人分享交流等面对面的线下活动，将"我为核心价值观代言"环节有机融入到校园各类活动中去，成为学生校园生活的新风尚。

3. 广泛开展践行社会主义核心价值观主题社会实践和志愿公益活动。促进实践养成、知行合一是培育和践行社会主义核心价值观的主要目标。各大、中学校团学组织要充分发挥实践育人优势，利用平时节假日和课余时间特别是"3·5"学雷锋纪念日、"12·5"国际志愿者日等契机，组织团员青年学生走进学校周边社区和群众中，围绕扶贫济困、应急救援、大型活动、环境保护等方面，围绕空巢老人、留守妇女儿童、困难职工、残疾人等群体，开展各种爱心公益、志愿服务活动；在暑期集中的"三下乡"社会实践活动中，组建大中专学生讲师团，开展以宣讲和践行社会主义核心价值观为主题的专项行动，组织学生深入到广大社会基层开展宣讲教育、社会调查、文艺演出、公益服务等活动，在干部群众中普及传播社会主义核心价值观，在实践中引领社会文明新风。着力建立一批大中专学生社会主义核心价值观实践基地。

4. 积极开展社会主义核心价值观主题文化作品征集传播活动。推出贴近学生、贴近实际、贴近生活的文化作品并进行广泛传播，是培育和践行社会主义核心价值观的重要载体。各大、中学校团学组织要举办各种校园文化活动，在大、中学生中广泛征集以弘扬社会主义核心价值观为主题，以微电影、视频、动漫、歌曲、诗歌、短文等为主要表现形式的文化作品，通过互联网、手机等新媒体进行广泛传播，传递积极人生追求、高尚思想境界和健康生活情趣；要联合社会专业机构和力量，重点制作推出内容积极向上、风格青春时尚的文化精品，借助文化艺术的力量和大众传播的优势，引导和帮助大、中学生以及社会公众更好地认知、认同社会主义核心价值观；要建设体现社会主义特点、时代特征、学校特色的校园文化，营造良好、浓厚的文化熏陶氛围。团中央、全国学联将举办优秀文化作品评选、推荐活动。

5. 大力开展弘扬中华民族优秀传统文化和传统美德活动。立足中华优秀传统文化和传统美德是培育和践行社会主义核心价值观的重要基础。各大、中学校团学组织要围绕培养学生对中华民族优秀传统文化和传统美德的知识普及和感情认同，抓住民族传统节日等契机，开展经典诵读、知识竞赛、十八岁成人礼等活动；组织大、中学生积极参与"道德模范进校园"活动、"礼敬中华优秀传统文化"系列活动；各高校要发挥相关专业的学科优势，支持国学类学生社团发展，在校园内开展形式多样的教育实践活动。通过各种活动，向大、中学生讲清楚中华优秀传统文化的历史渊源、发展脉络、基本走向，讲清楚中华文化的独特创造、价值理念、鲜明特色，深入挖掘和阐发其讲仁爱、重民本、守诚信、崇正义、尚和合、求大同的时代价值，增强学生的文化自信和价值观自信；帮助学生了解中华民族"一体多元"的历史形成过程，增强维护和促进民族团结的自觉性。

6. 积极开展践行社会主义核心价值观先进个人寻访、优秀集体创建活动。发挥先进典型榜样的示范激励作用是培育和践行社会主义核心价值观的有效手段。要以社会主义核心价值观三个层面的基本内容和"勤学、修德、明辨、笃实"四个方面的基本要求为主要标准，在大、中学校中广泛开展践行社会主义核心价值观的先进个人寻访、优秀集体创建等活动，选树一批可亲、可敬、可学的校级、省级、全国层面的个人和集体典型榜样，大力宣传"校园好故事""校园好声音"。要在大、中学生中广泛宣传和深入学习"全国道德模范""大学生年度人物""大学生自强之星"以及有关先进群体等各类榜样典型，广泛开展优秀宿舍、班级、社团等集体创建，引导学生崇德向善、见贤思齐。要把弘扬践行社会主义核心价值观作为高校"青年马克思主义者培养工程"的重要实施内容和评价标准，充分发挥学生党团员和骨干的示范带动作用。

7. 建立健全培育和践行社会主义核心价值观的长效机制。培育和践行社会主义核心价值观是一项长期战略任务，必须长抓不懈。各大、中学校团学组织要把社会主义核心价值观教育纳入团学工作总体规划，落实到团学工作各环节，覆盖到所有学生。要在学校共青团开展思想引领和成长服务的各项工作、活动中，体现培育和践行社会主义核心价值观的内容和要求。要创新工作方式和工作载体，制度化、长期化地开展形式多样的社会主义核心价值观教育活动。要推动培育和践行社会主义核心价值观的活动与培养学生核心素养和完善学生守则相结合、与德育和思想政治的课程教学相结合、与学校治理改进和校风建设相结合，健全服务学校中心工作、与各部门加强协作配合的机制。

# 七、关于加强新时代青少年道德建设的实施意见

共青团中央、全国少工委

2020 年 7 月 6 日

2. 广泛深入开展社会主义核心价值观宣传教育，着力筑牢广大青少年团结奋进的共同思想基础

——在青少年中持续深入开展"青春心向党·建功新时代"主题宣传

教育实践活动，紧紧围绕"决胜全面小康、决战脱贫攻坚"，中国共产党成立 100 周年等重大契机。通讨形式新颖、内容丰富、深入有效的宣传教育和实践载体，引导广大青少年把社会主义核心价值观作为明德修身，立德树人的根本遵循。

——把弘扬和践行社会主义核心价值观贯穿于少先队实践教育全过程，以"争做新时代好队员"主题教育实践活动为统领，结合中华民族的宝贵精神品格和中国人民的崇高价值追求，巩固发展"红领巾奖章"、"手拉手"等品牌工作，引导广大少年儿童从中感受道德风范、汲取道德滋养，提升道德修为、打牢道德根基。

——深化军地社会主义核心价值观共建共育，密切军地合作，持续开展军地青年分享交流、参观见学、实践锻炼、志愿服务等形式多样的共建共育活动，形成军地协同培育社会主义核心价值观的生动局面。

3. 充分发挥仪式教育对青少年的感召作用，引导青少年在沉浸式的仪式氛围中接受思想道德熏陶

——把仪式教育作为青少年道德建设的重要实践载体，充分利用清明、五四、六一、七一、八一、国庆、十一三以及中国人民抗日战争胜利纪念日、烈士纪念日、南京大屠杀死难者国家公祭日等重要节点，依托各类红色教育资源，集中开展祭奠英雄先烈、入队入团仪式、14 岁集体生日、18 岁成人仪式、超龄离团仪式等仪式教育活动，强化仪式感、参与感、现代感，让青少年在沉浸式的仪式氛围中提升道德观念、强化道德意识、增进道德情感。

——把仪式教育融入团队组织生活，作为团员"三会两制一课"和少先队活动课的重要内容，推动各级团组织，少先队组织常态化开展升国旗，奏唱国歌，重温誓词，国旗下的演讲等仪式教育活动，严格规范仪式流程和要求，增强青少年对党和国家、对组织集体的认同感和归属感。

——在青少年思想道德教育中充分发挥新时代文明实践中心、爱国主

义教育基地、青少年教育基地、青少年革命传统教育基地以及青年之家、青年学习社等各类青少年教育阵地的作用，着力挖掘思想道德内涵，提升宣传教育功能，鼓励基层结合实际开展有针对性的道德教育。

4. 用中华优秀传统文化涵养青少年道德品行，引导青少年从中华传统美德中汲取道德滋养

——大力实施青少年文化精品工程，充分挖掘中华优秀传统文化中蕴涵的丰厚道德资源，坚持创造性转化和创新性发展，运用中华诗词、音乐舞蹈、书法绘画、影视戏剧、文物古迹等载体，积极打造一批对青少年极具亲和力、感染力的优秀文化精品，引导青少年了解中华民族的悠久历史和灿烂文化，自觉延续中华文化基因。

——面向青少年大力加强中华传统节日、中华传统礼仪、中华传统民俗的宣传推广，精心打造全国青少年文化交流展示活动品牌，持续开展中华文化进校园、国学夏令营、青少年书法美术大赛、文化精品巡演等主题文化活动，积极参与中国传统节日振兴工程、中华节庆礼仪服装服饰计划等工作，使中华优秀传统文化内涵深度融入青少年学习生活各方面。

——深化青少年中华传统美德宣传教育，通过家风家教传承、先进模范引领、文艺作品熏陶等丰富多样的形式，深入阐发中华优秀传统文化蕴涵的讲仁爱、重民本、守诚信、崇正义、尚和合、求大同等思想理念，深入挖掘中华民族自强不息、敬业乐群、扶正扬善、扶危济困、孝老爱亲等传统美德，使之成为青少年精神生活、道德实践的鲜明标识。

——深入开展青少年民族团结交流活动，巩固各族少年儿童书信手拉手、中学生结对子活动基础，广泛开展"共上一堂课"、"共开展一次主题团（队）日"等活动，擦亮"同心营"品牌，引导各族青少年团结友爱、相互欣赏，铸牢中华民族共同体意识。

5. 广泛选树宣传各领域青年典型和道德模范，引领广大青少年见贤思齐、奋发向上、崇德向善

——大力推树青少年身边的榜样，深化"青年五四奖章"、"优秀共青团员"、"优秀少先队员"等评选表彰工作，持续深入开展"争做新时代向上向善好青年"主题活动，促进具有不同优秀特质，让青少年可亲可信可学的典型不断涌现，使典型精神更加符合青少年道德建设需要，增强青少年学习典型的参与性、互动性和实践性。

——面向青少年讲好榜样的故事，组织道德模范、青年典型、党员干部等当好"讲解员"，结合青年讲师团、主题团日、百姓宣讲等工作，采取分享团、小分队等灵活多样的形式，经常性开展与青少年面对面、互动式的宣讲交流。

——注重发挥网络的辐射作用，通过网络直播、视频展播、在线互动等形式，推动典型事迹在网上移动化、可视化、社交化传播，开展覆盖更广泛、传播更持久的网上宣传，持续推出形式多样的青年风采系列文化产品，让向上向善的青春正能量充盈网络空间，激励广大青少年学习先进、崇尚先进、争当先进。

6. 持续开展网上道德教育和舆论引导，为青少年健康成长营造良好的网络道德环境

——布广织密共青团传播渠道，积极探索入驻和用好各类新媒体平台，不断扩大对青少年网友的覆盖和引领，搭建起直达青少年的思想道德教育传播矩阵。

——加强网上正能量内容建设，深入实施共青团宣传思想产品化战略，围绕弘扬文明新风、宣传真善美、批判假恶丑，大规模、高质量编创传播青年人喜闻乐见的宣传思想产品，创新产品样态，打造品牌栏目，为青少年道德建设提供正能量充沛的思想引领内容。

——有规模、成声势地开展线上道德实践活动，提升议题设置的主动性、针对性、有效性，持续深入开展"我为核心价值观代言"、"我和国旗合个影"、"中国制造日"、"新时代青年说"、"我和我的家乡"、"争做新

时代好队员"等网络主题活动，让正确道德取向成为网络空间的主流。

——大力加强中国青少年新媒体协会、中国青年网络智库建设，最大限度地团结凝聚互联网企业、新媒体从业青年、网络专家学者，共同清朗网络空间、促进青年健康成长。

——深化中国青年网络文明志愿行动，广泛开展"争做中国青年好网民"活动，倡导广大青年依法上网、文明上网、理性上网、远离不良网站、防止网络沉迷。

——密切跟踪网络动态和青少年关注点的变化，重点针对网络上的错误思潮和有害言论，大力加强网络舆论引导，对于网上出现的扰乱青年思想、恶意造谣传谣的负面声音，及时澄清事实、廓清疑惑、辟谣引导。

7. 打造规模化、常态化的青少年道德实践载体，推动青少年在实践锻炼中提升道德素养

——深入推进"中国青年志愿者"行动，广泛开展青少年学雷锋和志愿服务活动，探索将参与志愿服务作为学生入团必要条件，推进学雷锋和志愿服务制度化常态化，组织广大团员青年积极参加重大活动、扶贫救灾、敬老救孤、恤病助残、法律援助、文化支教、环境保护、健康指导等各类志愿服务项目，大力弘扬雷锋精神和奉献、友爱、互助、进步的志愿精神。

——以"美丽中国·青春行动"为统揽，深化实施"保护母亲河"、"三减一节"和"垃圾分类"等行动，引导青少年积极践行绿色生产生活方式，增强节约意识、环保意识和生态意识。

——在青年学生中广泛开展"三下乡"等社会实践活动，着力丰富价值引领和道德建设内涵，组织引导青年学生深入基层一线，在实践中了解国情、感受成就、受到教育，不断提高思想觉悟、道德水准、文明素养。

——深化"青"字号青年发展品牌工作体系，在职业青年中持续开展"青年文明号"、"青年岗位能手"、"青年安全生产示范岗"、青年突击队、

中国青年创业奖等创建活动，拓展挑战杯、振兴杯、中国青少年科技创新奖等工作内涵，着力激发各领域青年的创业激情、创新智慧和创优动力。

——持续开展"诚信点亮中国"主题宣传教育活动，大力推进青年守信联合激励平台建设，增强青少年诚实守信意识，激励青少年更好地讲诚实、守信用。

8. 在青少年关爱和服务中彰显价值导向，不断扩大青少年道德建设的深入度和覆盖面

——大力推动《中长期青年发展规划（2016—2025 年）》实施，明确服务青年发展的重点领域和重点群体，通过精准服务将青少年牢牢凝聚在党的旗帜下。

——扎实推进共青团投身打赢脱贫攻坚战三年行动，推动学业资助、就业援助、创业扶助"3 个 10 万+"任务如期完成；深入推进乡村振兴青春建功行动，组织动员广大青少年踊跃投身乡村振兴战略，积极培育文明乡风、淳朴民风，破除铺张浪费、薄养厚葬、人情攀比等不良习俗。

——聚焦高校毕业生、青年农民工、农村留守儿童等重点群体在就业见习、身心健康、权益保障等方面的突出需求精准施策，深入实施"千校万岗"大中专学生就业精准帮扶行动、大学生实习"扬帆计划"、"高校第二课堂成绩单"、"情暖童心"共青团关爱留守儿童行动、"青少年维权岗创建"等重点项目，做好政策协调、信息对接、社会支撑等普惠性服务，让更多青少年感受到党和政府的关爱。

——拓宽青年诉求表达渠道，深化"共青团与人大代表、政协委员面对面"活动，推广设立社区"青年理事会"、"汇智团"、"青年发展议事厅"等平台，引导青年理性表达诉求、有序参与政治。

——着力加强对新兴青年群体的联系、服务和引领，大力实施"新兴领域青年骨干培养计划"、"梦想导师团"、"伙伴计划"、"筑梦计划"等项目，不断扩大青少年道德建设工作覆盖面。

## 八、关于加强和改进爱国主义教育基地工作的意见

中宣部、中央文明办、国家发展改革委、教育部、民政部、

财政部、文化部、全国总工会、共青团中央、全国妇联

2004 年 9 月 28 日

二、加强和改进爱国主义教育基地工作的基本要求

6. 精心组织活动，扩大社会影响。从实际出发组织活动，是扩大教育基地影响的重要途径。要充分利用重大历史事件、历史人物纪念日和节假日，以及青少年入学、入队、入团、成人宣誓等有特殊意义的日子，举行各种庆祝、纪念活动和必要的仪式，组织开展研讨会、演讲会、报告会和文艺演出等形式多样的群众性文化教育活动。要在办好馆内基本陈列的基础上，积极采取"请进来"、"走出去"的办法，定期组织巡展，加强与其它教育基地的交流与协作，扩大教育覆盖面。

三、为加强和改进爱国主义教育基地工作创造良好条件

9. 各地各部门要高度重视各类爱国主义教育基地的建设、管理和使用，把它作为一项基础性工作摆上应有位置。要根据教育基地的特点，把教育基地建设纳入当地经济社会发展和城乡建设总体规划，统一考虑和安排。各主管部门要切实负起领导责任，在教育基地班子配备、人员编制、队伍培训和职工待遇等方面给予更多的关注和支持。要把教育基地建设、管理和使用的情况，作为考核有关领导干部，衡量文明城市、文明村镇、文明单位创建成果的一项重要内容。

10. 按照公益性文化事业发展的要求，加大对教育基地的投入。各级政府要按照中央要求，对教育基地建设和运行所需资金予以支持，保障各项工作正常运转。各级财政部门要根据实际情况对教育基地因减免门票造成的收入下降给予必要补偿。继续落实现行税收优惠政策，取消各种不合

理收费。中宣部准备会同有关部门从 2004 年开始，组织实施全国爱国主义教育示范基地"533 工程"，即利用五年时间，通过中央资助一点、地方财政支持一点、教育基地自筹一点的办法，重点对反映我们党革命斗争历史的示范基地进行资助，使其在展出内容与展示手段、服务质量与教育效果、内部管理与环境面貌三个方面取得显著改善（实施细则另行制定）。对全国爱国主义教育示范基地的重大改扩建项目，要充分论证，从严把关，按照基本建设程序报批，中央和地方有关部门视情况给予一次性支持。各类教育基地主管部门要参照这一做法，本着"谁主管谁负责"的原则，制定具体资助计划，争取在五年内使各类教育基地的面貌都有所改善。

11. 运用大众传媒和其它方式，加大宣传介绍教育基地的力度。报纸、广播、电视和互联网等媒体要把宣传介绍教育基地作为一项经常性工作，及时报道教育基地开展教育活动的情况和效果，反映社会各界的建议和呼声。人民网、新华网、光明网、央视国际等国家重点网站，要在 2004 年四季度前，将介绍教育基地情况的文字资料和影视片等充实到道德网页上，形成网上宣传教育平台。要组织文艺出版工作者创作出版一批以教育基地史实为题材的优秀作品。

12. 动员社会各方面力量，关心和支持教育基地的工作。组织部门、党校和行政学院要把教育基地作为干部培训的重要场所，对广大党员特别是领导干部进行革命传统、革命精神的教育。教育行政部门要结合教学安排，组织各级各类学校学生到教育基地参观学习。旅游部门要以革命纪念设施类教育基地为依托，精心设计旅游线路，组织开展"红色旅游"。文物、民政、工商、园林、城管等部门要加强协作，为教育基地创造良好的环境秩序。共青团和工会、妇联等群团组织要根据各自特点，利用教育基地开展活动。要鼓励社会力量开展公益性捐赠，吸纳社会资金参与教育基地共建，实现教育资源共享。单位、组织和个人符合条件的捐赠，可按照国家税收法律法规和有关政策规定享受税收优惠。各级党委宣传部要加强协调指导，会同有关部门定期研究解决教育基地存在的问题，及时总结推广好经验好做法。

# 九、关于全面加强新时代少先队工作的意见

中共中央

2021 年 1 月 31 日

（十）强化少先队实践育人作用。加快建立校内外互为补充、有机联动的少先队实践教育体系，不断拓展实践活动项目和载体。以"争做新时代好队员"主题实践活动为统揽，按照不同年龄和学段特点，分层系统开展学工、学农、学军和生产一线岗位体验、夏冬令营、文化体育、少年科学院、科学普及、志愿服务等丰富生动的实践活动。着力强化劳动实践，帮助少先队员树立劳动最伟大、劳动者最光荣的意识，培养勤俭、奋斗、创新、奉献的劳动精神。加强少先队员国防教育、法治教育、安全教育，深化少年军校、少年警校建设。将少先队活动作为国家规定的必修活动课落实好，小学一年级至初中二年级每周安排一课时，可在综合实践活动等课程中统筹安排，加快推进活动课程内容建设。

（十一）提升少先队社会化工作水平。构建资源有效整合、队伍有效动员、阵地有效利用、队员广泛参与的少先队社会化工作体系。根据各地现实需要，充分利用新时代文明实践中心、爱国主义教育基地、青少年教育基地、中小学生研学实践营地（基地）、博物馆、科技馆、美术馆、基层党群活动场所和青少年宫、儿童活动中心、青年之家等各类文化场馆、社会资源，建设少先队校外实践教育营地（基地），让少先队员就近就便参与校外实践活动。鼓励国家机关、企事业单位、部队等与少先队组织建

立联建共育机制，为少先队实践教育活动提供支持。各地新建、整修相关文化设施时，条件具备的要开辟少先队员活动场地。加强与港澳台少年儿童组织、机构的交流合作，增强港澳台少年儿童的国家认同、民族认同和文化认同。加强与世界各国特别是"一带一路"沿线国家少年儿童组织、机构的友好交往。

# 十、中华人民共和国国防教育法

（根据 2018 年 4 月 27 日第十三届全国人民代表大会常务委员会第二次会议《关于修改〈中华人民共和国国境卫生检疫法〉等六部法律的决定》修正）

**第十三条** 学校的国防教育是全民国防教育的基础，是实施素质教育的重要内容。

教育行政部门应当将国防教育列入工作计划，加强对学校国防教育的组织、指导和监督，并对学校国防教育工作定期进行考核。

**第十四条** 小学和初级中学应当将国防教育的内容纳入有关课程，将课堂教学与课外活动相结合，对学生进行国防教育。

有条件的小学和初级中学可以组织学生开展以国防教育为主题的少年军校活动。教育行政部门、共产主义青年团组织和其他有关部门应当加强对少年军校活动的指导与管理。

小学和初级中学可以根据需要聘请校外辅导员，协助学校开展多种形式的国防教育活动。

**第十五条** 高等学校、高级中学和相当于高级中学的学校应当将课堂教学与军事训练相结合，对学生进行国防教育。

高等学校应当设置适当的国防教育课程，高级中学和相当于高级中学的学校应当在有关课程中安排专门的国防教育内容，并可以在学生中开展形式多样的国防教育活动。

高等学校、高级中学和相当于高级中学的学校学生的军事训练，由学校负责军事训练的机构或者军事教员按照国家有关规定组织实施。军事机关应当协助学校组织学生的军事训练。

**第十六条**　学校应当将国防教育列入学校的工作和教学计划，采取有效措施，保证国防教育的质量和效果。

学校组织军事训练活动，应当采取措施，加强安全保障。

**第十七条**　负责培训国家工作人员的各类教育机构，应当将国防教育纳入培训计划，设置适当的国防教育课程。

国家根据需要选送地方和部门的负责人到有关军事院校接受培训，学习和掌握履行领导职责所必需的国防知识。

# 十一、关于加强新形势下学校国防教育工作的意见

教育部

2011 年

### 三、在学校课程计划中切实落实国防教育内容

各地教育行政部门要按照中发 8 号意见精神，切实把学校国防教育内容纳入当地教育发展规划，制订具体方案，并认真组织实施，确保国防教育落到处。普通高等学校和高级中学要把学生军训作为对学生实施国防教育的重要形式纳入学校课程计划。普通高等学校要按《学生军事训练工作规定》要求，为学生并设军事课程，加强军事课课程建设，提高军事课教学质量；要按照《普通高等学校军事课教学大纲》要求，落实教学时间，其中军事理论教学时数为 36 学时，军事技能训练时间 2—3 周，实际训练

时间不得少于 14 天；要将军事课作为普通高等学校在校学生的必修课，并计算相应的学分，考试成绩记入学生学籍档案。高中阶段学校的学生军事训练纳入社会实践活动中组织实施，包括集中军事训练和军事知识讲座两部分内容，时间为 7—14 天，其中集中军事训练不得少于 7 天。义务教育阶段学校要通过相关课程（包括语文、德育、历史、地理、体育等）渗透以及在综合实践活动、学校课程中安排国防教育内容等方式，采取课堂教学和课外活动结合的办法开展国防教育，培养学生的国家观念和国防意识。

四、积极开展形式多样的学校国防教育活动

各级各类学校要在每年的国防教育日集中开展具有一定声势和影响的国防教育活动，通过知识竞赛、读书活动、文艺演出、专题演讲、主题班会、参观爱国主义或国防教育场所等多种形式，对学生集中进行国防教育。要利用重大节日、纪念日及团队活动精心组织和安排丰富多彩的国防教育活动，增强国防教育活动的感染力和实际效果。可通过组织学生听军事知识讲座，出国防教育的板报或墙报，读红色经典图书，写与国防教育有关的调研报告或作文，学唱军旅歌曲或爱国主义歌曲，看军事题材的电影或电视剧等活动，使青少年学生在活动中潜移默化地接受国防教育，增强国防观念。

五、着力加强学校军事课师资队伍建设

普通高等学校要把专职军事教师队伍建设纳入学校师资队伍建设的总体规划，根据《普通高等学校军事课教学大纲》规定的军事课教学任务的需要，配备相应数量的专职军事教师，并合理解决专职军事教师的专业技术职务评聘。高中阶段学校要重视兼职军事教师的选配与培训工作，要挑选热爱国防教育或有一定的军事素养的学校教师担任兼职军事教师；有条件的学校可聘请当地军事机关、军队院校的现役官兵或具备条件的预备役人员担任兼职军事教师。各地教育行政部门要高度重视学校军事教师队伍建设，对当地学校军事教师队伍建设进行总体规划，对所属学校军事教师配备提出具体要求，并督促学校按照要求配备足够数量的军事教师。要建立军事教师培训制度，定期对普通高等学校专职军事教师、高中阶段学校兼职军事教师进行专业知识培训，提高军事教师的专业知识水平，增强其责任意识。要与军事机关加强沟通，协助做好派遣军官的选配工作，按照德才兼备的标准，将军事素养好、任教能力强、具有硕士学位以上的优秀军官选拔到派遣军官队伍中来。要充分发挥派遣军官的作用，在直接承担高等学校军事课教学任务的同时，要发挥其专业优势，开展普通高等学校军事教师的教学培训，促进普通高等学校军事教师队伍的专业水平的提高。

六、不断改善开展学校国防教育的条件

要重视学生军事训练基地建设，利用民兵预备役训练基地、部队空置营房、教育部门综合实践基地、学校闲置校区等现有资源，建设、改建和扩建学生军事训练基地，为学生军训提供条件保障。

# 十二、大中小学国家安全教育指导纲要

教育部

2020 年 9 月 28 日

通过国家安全教育，使学生能够深入理解和准确把握总体国家安全观，牢固树立国家利益至上的观念，增强自觉维护国家安全意识，具备维护国家安全的能力。

小学阶段，重点围绕建立国家概念，启蒙国家安全意识。学生初步了解国家安全基本常识，感受个人生活与国家安全息息相关，增强爱国主义情感。

初中阶段，重点围绕认识个人与国家关系，增强国家安全意识。学生初步了解总体国家安全观，掌握国家安全基础知识，理解国家安全对个人成长的重要作用，初步树立国家利益至上的观念。

高中阶段，重点围绕理解人民福祉与国家关系，树立总体国家安全观。学生理解总体国家安全观，初步掌握国家安全各领域内涵及其关系，认识国家安全对国家发展的重要作用，树立忧患意识，增强自觉维护国家安全的使命感。

大学阶段，重点围绕理解中华民族命运与国家关系，践行总体国家安全观。学生系统掌握总体国家安全观的内涵和精神实质，理解中国特色国家安全体系，树立国家安全底线思维，将国家安全意识转化为自觉行动，强化责任担当。

三、实施途径

（一）开设专门课程

高等学校依托校内相关教学科研机构，开设国家安全教育公共基础课。鼓励支持地方和中小学（含中职）挖掘和利用校内外国家安全教育资源，开设地方课程和校本课程。

（二）开展专题教育

围绕总体国家安全观和国家安全各领域，确定综合性或特定领域的主题。通过组织讲座、参观、调研、体验式实践活动等方式，进行案例分析、实地考察、访谈探究、行动反思，积极引导学生自主参与、体验感悟。

（三）融入各学科专业教育教学

中小学各学科课程标准、普通高等学校和职业院校公共基础课及相关专业课，要结合本学科本专业特点，明确国家安全教育相关内容和要求，纳入课程思政教学体系。

各学科专业教师要强化国家安全意识，通过延伸、拓展学科知识，引导学生主动运用所学知识分析国家安全问题，着力强化学生国家安全意识，丰富国家安全知识；要理解总体国家安全观，掌握国家安全基础知识，结合学科专业领域特点，在课程中有机融入国家安全教育内容，避免简单添加、生硬联系，注重教学实效。

（四）发挥校园文化作用

充分利用学校各类社团、报刊媒体、广播站、宣传栏等平台，实现国家安全知识传播常态化。鼓励和支持学校网站开设国家安全宣传专栏或在线学习平台，开发适合互联网、移动终端等新兴媒体传播手段的国家安全教育精品资源。结合入学教育、升旗仪式、军训、节日庆典、全民国家安全教育日等重要时间节点，组织开展形式多样的国家安全教育活动。

（五）充分利用社会资源

充分发挥国家安全各领域专业人才、专业机构和行业企业的作用，开设专题讲座、指导学生实践活动、培训师资、提供专业咨询和体验服务等。有效利用各类场馆、基地、设施等，开发实践课程，组织现场教学，强化体验感受。

四、考试评价

（二）评价实施

依据国家安全教育主要目标和主要内容，明确评价要求和评价要点，突出素养导向。将相关国家安全教育内容纳入不同阶段学生学业评价范畴。小学阶段侧重考察参与相关活动情况；中学阶段相关学科要把国家安全教育有关内容纳入考核评价范围，兼顾活动参与情况的考察；大学阶段采用多种方式进行课程考试，兼顾过程性考核。客观记录学生参与国家安全专题教育、课程学习和社会实践等活动中的态度、行为表现和学习成果，确保记录真实可靠，纳入学生综合素质档案。

五、管理与保障

（三）督导检查

把国家安全教育纳入教育督导体系，明确督导办法。各级教育督导部门要组织开展国家安全教育督导，着重检查教育实效，检验学生思想认识、态度情感、行为表现等方面的状况。将督导检查结果纳入年度考核范围。

（五）资源开发

国务院教育行政部门指导开发适合中小学（含中职）学生认知特点的国家安全教育读本，组织编写高等学校国家安全教育公共基础课教材。地方教育行政部门、学校和相关专业机构要综合运用信息技术手段，有针对性地开发配套的多媒体素材、案例库、课件、微课、专题网站、应用软件、微信公众号、在线开放课程等集成的数字化课程资源，确保资源形式与种类多样化。

地方和学校应注重因地制宜，统筹利用现有资源，推动相关教育实践基地改造升级，拓展其国家安全教育功能，打造一批综合性教育实践基地和专题性教育实践基地。

# 十三、关于加强中小学幼儿园公共安全教育的指导意见

上海市教育委员会

2017 年 11 月 9 日

## 一、目标和原则

1. 目标。坚持以学生安全发展为本，把学校公共安全教育贯穿于学校游戏活动、教育教学、社会实践、综合素质测评等各个环节，使广大学生牢固树立"珍爱生命、安全第一、遵守规则、关爱他人"的意识，具备主动及时识险、避险能力和正确应对风险的思考、判断和行动能力。

2. 原则。遵循学生成长规律，把握学生认知特点，注重安全教育的实践性、实用性和实效性。坚持公共安全专题教育与学科渗透相结合，知识教育与实践体验相结合，课堂面授与网络教育相结合，教师指导与学生

自主学习相结合，安全教育与规则教育、行为指导相结合，学校教育与家庭、社会教育相结合，自救自护与力所能及地帮助他人、服务社会相结合，做到由浅入深、循序渐进、反复强化。

二、各学段教育重点

1. 幼儿。基本了解幼儿园生活、家庭生活以及社会活动安全规则，知道不能玩火、不乱穿马路、不跟陌生人走，在危险场所能根据家长或老师的要求行动，发现危险会告诉家长或老师。

2. 小学低年级。能知道并遵守学校生活、家庭生活以及社会生活规则，会注意身边的危险，在发现危险的情况下能迅速报告老师、家长等成人，会拨打报警电话，能根据成人的指令采取安全行动。

3. 小学高年级。了解火灾事故、交通事故、溺水等事故发生原因及预防方法，能够注意危险并采取简单的应对措施，不仅能确保自己的安全，还能留意家人、同学等身边人的安全。

4. 初中生。在交通生活和日常生活中能采取安全的行动。掌握一定的急救技能，能对日常灾害进行防范，能采取确切的避难行动。能培养对自己和他人安全负责的责任感。

5. 高中生。加深自身行为与他人及环境安全的认识，提高止血包扎、心肺复苏等急救技能，在确保自身安全的前提下，能将掌握的知识和技能服务他人，并能参与学校、家庭或社区安全活动及突发事件处置的志愿活动。

三、实施途径

1. 保证教育课时。幼儿园每周要确保一次组织涉及公共安全教育活动或游戏。中小学公共安全教育课程分必修与选修两部分进行：小学一年级和四年级，初中六年级和八年级以及高一年级学生必修公共安全教育，其余年级选修公共安全教育。必修年级每学期安排至少8课时进行集中的公共安全教育规定的主题教育活动，选修年级每学期应安排不少于4课时进行学校选定的公共安全教育主题学习活动。

2. 开展针对性安全教育和演练。各中小学应在每学期开学第一周集中开展"安全教育周"活动，每学期结束前最后一课上好"安全教育最后一课"。学期中应结合"5.12"防灾减灾日、"6.26"国际禁毒日、"11.9"消防安全日以及"12.2"交通安全日等时间节点，开展针对性安全教育。各学校每月开展一次火灾逃生、防暴力劫持逃生及校车事故逃生演练。

3. 组织实训体验。幼儿园要利用周边公共安全教育资源，组织开展参观学习，或组织公共安全教育亲子活动。各中小学应充分利用市、区、校三级公共安全教育体验共享场所组织学生开展公共安全教育体验活动。

小学生主要在学校公共安全教育体验教室开展游戏式、参与式体验，学会规范拨打110、120及119等应急电话，学习安全过马路，学习简单的伤口处理方法等。学校也可结合春秋游或组织亲子活动，带领小学生参观市公共安全教育实训基地。

初中生主要在学校公共安全体验教室或区域公共安全体验中心开展交通、消防、地震、现场急救等体验教育，并利用社会实践时间，到上海市公共安全教育实训基地开展为期1—2天的实训体验。

高中生主要在市公共安全教育实训基地开展日常生活、地震、轨道交通、气象安全、交通安全、防空安全、消防安全及紧急救护等八大体验，并纳入学生成长手册。

4. 采取多种途径。幼儿园要设计公共安全教育活动或游戏，利用安全教育视频资料、幼儿园所在社区公共安全教育资源开展相关公共安全教育。中小学要有效利用基础型、拓展型和研究型课程课以及学校集体活动开展公共安全教育。与公共安全教育有关的小学《道德与法治》、中学《生命科学》《地理》《物理》《化学》等基础型课程可注重与公共安全教育相关的知识、技能的整合落实。拓展型课程可用于集中进行的专题教育和活动、必要的行为习惯培养等。研究（探究）型课程可组织学生开展与公共安全教育要求相关的研究（探究）活动。

5. 利用网络资源。各学校要充分利用中小学公共安全教育网、中小学专题教育网以及中国教育学会安全教育实验区等网络平台，开展安全教育。也可指导学生凭电子学生证或网络账号登录平台进行自主网络学习或与家长共同学习。要以校为本，依托公共安全教育网络平台，形成中小学公共安全教育的专业支持、分享的长效机制。

四、实施要求

1. 健全管理机构。各区教育局应组织本区未保（安全）办、教研室、教师进修学院等单位和部门负责人参加的区中小学公共安全教育工作小组，形成区域中小学公共安全教育实施与推进的工作团队，并建立工作保障和推进机制，明确本区公共安全教育专门负责人，做到组织落实、经费落实、管理落实、培训落实、教研落实。

2. 完成公共安全共享场所建设。各区教育局应抓紧完成"区域公共安全教育体验中心"和义务教育阶段"学校公共安全教育体验教室"建设任务，确保中小学生就近开展公共安全教育体验。公共安全教育共享场所日常维护、维修、耗材增补等费用纳入场所所在单位的日常公用经费。

3. 开展公共安全教育教研及师资培训。各区教育学院教研室要明确1名公共安全教育专（兼）职教研员，定期开展区域公共安全教育教研活动。各区教师进修学院要开展公共安全教育师资培训，培养一支公共安全教育骨干教师队伍，组织研发公共安全教育精品课程，会同专业部门共同编制具有区域特点的公共安全教育读本。

4. 发挥学校主体作用。各学校要组建学校公共安全教育推进领导小组，制定本校公共安全教育实施计划，合理安排好公共安全教育必修、选修内容及相应教学进度。要确定1名公共安全教育专（兼）职负责人，负责编制学校公共安全教育方案，组织安全教育活动及应急疏散演练，管理学校公共安全教育体验场所，开展公共安全家庭教育指导等。学校在绩效工资方案中要科学合理核定其工作量，并给予相应待遇。倡导学校组建公共安全教育教研组，定期开展教研活动，设计校际公共安全教育精品课程。学校要加强与公安消防、交通、红十字会等部门合作，聘请相关专家指导学校开展专题公共安全教育活动。组建公共安全教育家长志愿者团队，家校合作开展公共安全教育活动。

# 十四、上海市对区县政府加强未成年人思想道德建设工作督导评估指标

上海市教育委员会、上海市人民政府教育督导室

2016 年 1 月 12 日

| 一级<br>指标 | 二级<br>指标 | 评估要点 |
| --- | --- | --- |
| 履行职责 | 政策导向 | 1. 制定专项规划。区委区府统筹规划，全面部署，将德育综合改革的任务和要求纳入区县教育发展规划，坚持立德树人，将社会主义核心价值观教育纳入国民教育全过程。把未成年人思想道德建设的任务贯穿并落实于各部门和群团组织的目标管理范畴。突出区域个性、体现全程性、实效性、时代性和发展性。 |
| | | 2. 制定部门计划。区县文明办、教育、科技、文化、体育、公安、民政、财政、卫计委、团委、妇联、关工委等部门（以下简称：各部门）以及街道、镇都制定相应的计划，把未成年人思想道德建设列入重要工作日程。明确目标、任务和措施，有针对性和操作性。 |
| | 领导机制 | 1. 完善领导体制和工作机制。形成区委区府统一领导、文明委组织协调，宣传、教育、科技等各部门统筹协调的领导体制，形成专题会议部署、制定政策文件、落实具体方案的各司其职的工作机制。 |
| | | 2. 开展专项调研。区委区府定期开展未成年人思想道德建设专项调研，分析现状，研究重大问题，决策有针对性和有效性。 |

| 一级指标 | 二级指标 | 评估要点 |
|---|---|---|
| 履行职责 | 领导机制 | 3. 开展考核评价。未成年人思想道德建设领导小组对本区域内各相关部门每年要组织开展 1 至 2 次未成年人思想道德建设工作检查考评。教育督导部门要加强督导，将未成年人思想道德建设的情况纳入对学校综合督导的重要内容及责任区督学的工作范畴。 |
| | 工作制度 | 1. 完善协调会议制度。坚持区域未成年人思想道德建设联席会议制度、完善交流和年度工作报告制度。由文明委牵头各部门协同，每年研究 1 至 2 个重大问题，制订对策，落实措施。健全青少年校外教育联席会议制度，统筹协调，整合各类校外资源，促进学校教育与校外教育的有效衔接，形成育人共同体。 |
| | | 2. 完善保障制度。切实保障未成年人思想道德建设的经费投入，将其纳入区县政府和学校年度预算。落实相关人员配备，满足课程教学改革、学校德育活动（学生社会实践）、德育科研与队伍培养等项目的需求。 |
| | | 3. 健全研究指导制度。加强区域与学校德育工作研究指导，探索未成年人思想道德建设的规律，总结与推广鲜活经验和研究成果。 |
| | | 4. 健全表彰激励制度。健全未成年人思想道德建设的表彰制度，定期表彰工作成绩突出的集体和个人，发挥引领示范作用。 |
| 组织实施 | 学校教育 | 1. 持续推动"六进"项目。区委区府采取有力举措，指导并保障学校持续推进社会主义核心价值观教育和中华优秀传统文化教育"进教材、进课堂、进课外、进网络、进教师队伍、进评价体系"，并始终贯穿于未成年人成长的各个阶段。学科德育工作推进有力，课堂育人主渠道功能能充分发挥。 |
| | | 2. 加强对学校德育工作的有效指导。指导学校依法自主办学，遵循德育工作和学生成长规律。区域内学校德育工作目标和思路清晰，方法具有针对性、层次性和检测性。形成教书育人、管理育人、服务育人、环境育人的良好氛围。形成处理与应对特殊学生、突发事件的学校、家庭和社区的协作、应急机制。 |

| 一级指标 | 二级指标 | 评估要点 |
|---|---|---|
| 组织实施 | 学校教育 | 3. 提升教师的育德能力。重视未成年人思想道德建设的全员育德意识和能力的培养，构建以教师育德能力为重点的培训课程体系。重视班主任等德育骨干队伍建设，并取得较好成效。 |
| | | 4. 加强心理健康教育。重视加强教育、卫计等相关部门联动，构建心理健康教育服务体系，做好学生心理发展、预防、干预、转介等服务。采取有效举措保障心理专职教师队伍建设。成长困难学生个别化教育工作成效明显。 |
| | 家庭教育 | 1. 制定家庭教育指导规划。建立健全由妇联、教育等相关部门组成的家庭教育指导工作协调机制，制定指导规划。各部门、街道（镇）重视家庭教育指导工作，纳入精神文明建设总体安排，落实指导要求。 |
| | | 2. 开展家庭教育指导工作。成立区县家庭教育指导中心，帮助家长树立科学的家庭教育理念，营造弘扬中华优秀传统文化的家庭教育氛围。落实学校、社区家长学校建设，开展示范性家长学校创建，总结推广先进典型与经验，成效明显。 |
| | 社会教育 | 1. 构建未成年人思想道德建设网络。形成区级、街道（镇）、学校联合加强未成年人教育、管理、服务的工作网络。推进覆盖每个社区（乡镇）的学生社区实践指导站建设，搭建学生社会实践、志愿服务（公益劳动）的活动平台。发挥社区教育委员会、社区志愿服务中心等相关组织作用，协同指导辖区内未成年人品德发展与公民素养的实践教育。建立完善社区青少年违法犯罪预警、监测机制。 |
| | | 2. 完善教育资源整合利用的运行机制。合理构建"校内外育人共同体"，加强区域校内外教育资源的统筹规划和顶层设计，推进馆校、社校、家校、校际之间的联动，建立一批品牌项目和实践课程。发挥辖区内爱国主义教育基地、科普教育基地、博物馆、体育场（馆）及文体活动等公益性设施的作用，满足不同年龄阶段学生身心发展和个性需求。建设一批专兼结合的高素质的校外教育队伍，推进社会实践场所设置专业部门和专人负责学生社会实践的机制建设，提高校外教育活动场所的教育管理功能和服务水平。 |

| 一级指标 | 二级指标 | 评估要点 |
|---|---|---|
| 组织实施 | 社会教育 | 3. 净化优化社会环境。建立社区牵头，治安、交通、市容、文化等部门合力净化校园周边环境的联动机制。加强宣传阵地建设，加大区县电视台、报刊和相关网站重视未成年人思想道德建设和社会主义核心价值观的宣传力度，发挥正确的舆论导向。 |
| | | 4. 完善救助与保护。社区有关爱帮扶困难家庭、流动人口家庭未成年子女的具体措施；做好残疾、失学、失管等未成年人的救助与保护工作；对行为不良的未成年人教育和管理落实帮教措施。建立区县、社区两级法律援助中心。 |
| 取得成效 | 统筹协调 | 1. 形成学校、社区、家庭"三位一体"教育合力。政府统筹协调，学校教育、家庭教育和社会教育互相配合和协调，教育环境不断优化，社区德育资源充分挖掘和利用，教育合力显现，整体效益提高，效果良好。 |
| | | 2. 有力推进实事项目。落实市、区两级未成年人思想道德建设工作实事项目，措施有力，效果明显。 |
| | | 3. 持续优化区县治安环境。文化市场监管、校园周边环境建设等综合治理效果明显。 |
| | 区域特色 | 1. 发挥基地教育实践功能。区县教育基地、学生社会实践基地和志愿者服务基地、青少年活动中心、社区文化和体育场馆等免费或优惠向学生开放，基地教育实践功能得到有效发挥，形成活动系列和基地特色。 |
| | | 2. 形成示范辐射效应。形成一批在培育和践行社会主义核心价值观以及未成年人思想道德教育中在全市乃至全国有一定影响的学校。在发挥区域统筹，区县文明办牵头、教育、文化、团委、妇联、关工委等各部门协同推进未成年人思想道德教育中，形成可推广、可复制的工作品牌或经验。 |

# 十五、上海市青少年发展"十三五"规划

上海市人民政府

2016 年 8 月 1 日

三、"十三五"时期上海青少年发展的任务与举措

（一）构建促进上海青少年健康发展的价值体系

在青少年成长发展的各个环节中，牢牢把握青少年价值观念的可塑性，融合传统方法和新媒体手段，实现青少年价值引领的新成效。

1. 引导青少年增强国家观念，弘扬时代精神

把践行社会主义核心价值观融入学校教育、家庭教育、社会实践的各个环节，贯穿青少年成长发展的各个阶段。围绕立德树人，一体化构建大中小学德育体系。加强中华民族传统文化、传统美德教育，通过开展文化讲堂、知识竞赛等方式，推广国学经典和中国传统文化，激发青少年对中国传统文化的兴趣，增强青少年的民族自豪感和自信心。

鼓励创作和推出积极正面、通俗易懂的爱国主义题材影视文化作品，增强青少年对国家制度、发展道路的科学理解和正确认识。以各类爱国主义教育基地为载体，深化爱国主义教育。加强青少年主题教育、仪式教育，以重大节庆、重大活动、重大事件为契机，开展爱国主义宣传活动。通过正面宣传历史英雄人物和当代模范典型的光辉形象，鼓励和引导青少年向模范人物学习。

2. 引导青少年树立公民意识与法治精神

加强青少年公民意识教育，培育青少年形成社会责任意识、公德意识、民主意识，培养青少年独立、自主、健全的人格品质。增强青少年对世情、国情和市情的了解，培育青少年形成现代公民意识，强化青少年推动社会发展的责任担当，增强青少年的社会责任感。把提高职业技能和培

养职业精神高度融合，提高职业青年牢固树立敬业守信、精益求精等职业精神的自觉性。大力弘扬青少年身边的凡人善举，鼓励青少年关爱他人、助人为乐、见义勇为、奉献爱心。加强青少年国防教育，引导青少年积极履行兵役义务，鼓励在校大学生积极参军，鼓励职业青年积极参加民兵预备役。

加强法治宣传教育，做好学生法治教育，保证法治教育课时，开发学生法治教育课程资源，提高法治教育实效。着力培育青少年形成社会主义法治理念、权利义务观念和程序规则意识，帮助青少年树立法治信仰。推进青少年法治教育基地建设和强化学校法治教育，以课外活动和课堂教育为载体，通过动画、影视等多元化宣传教育手段，构建家庭、社会、社区、学校四位一体法治宣传教育体系。

3. 引导青少年形成良好的健康理念和环保意识

普及生命教育，帮助青少年了解生命现象，掌握卫生知识。加大青春期性知识和生殖健康的普及教育力度，预防和减少不当性行为对青少年造成的伤害，减少意外妊娠的发生率。加大对适龄青年的婚育辅导力度，为未婚先孕女性青少年提供及时的心理和健康咨询及后续服务。

引导青少年正确使用网络，控制连续上网时间，提高青少年对网络成瘾行为的辨析力与自控力，发挥网络在青少年生活学习工作中的积极作用。

利用防灾减灾日、寒暑假等重要时点，开展青少年自护集中宣传活动。编写青少年防范侵害案例和技能的材料，开展青少年自护教育活动，增强青少年对侵害行为的鉴别力和防范力。开展上海青少年应急安全支持计划，围绕交通安全、心理健康、消防安全、防拐反拐等主题，进行自护拓展训练。学校专门开设自护课程，邀请公安、消防等公务人员，为中学生提供自护培训。

加强生态环保的宣传教育，普及生态环保知识，倡导青少年从小事做起、从身边做起，自觉承担起家庭垃圾分类、节约用水等环保义务，形成低碳环保、科学健康的生活方式。鼓励和支持青年社会组织开展绿色健康活动，传递绿色环保理念。以重要节点、重大活动为契机，组织开展"保护母亲河"等青少年环保主题活动，提高广大青少年参与生态建设和环境保护的意识。

4. 引导青少年确立正面的成功标准和诚信原则

进一步加强青少年品德教育，做好少先队与共青团衔接教育，系统规划大中学德育课程内容，深化高校大学生思想政治教育工作，帮助青少年树立良好的公德观念。引导青少年自觉抵制享乐主义和拜金主义的侵蚀，树立和宣传自信自立、追求卓越的青年成功典范，激励青年在服务城市发展的过程中奋斗成才，引导青少年树立正确的得失观。

推进青少年群体信用建设。在青少年中确立诚信为本的处事原则，加强在校学生信用管理知识和现代诚信文化的普及教育，围绕学术诚信、就业诚信、经济诚信和社会活动领域诚信等，建设青少年诚信档案，探索建立各年龄阶段有机衔接的信用约束机制和诚信引导机制，促进广大青少年"知信用、守信用、用信用"。


# 十六、上海市青少年发展"十四五"规划

上海市人民政府办公厅

2021 年 6 月 18 日


（一）强化价值引领，培育青少年核心素质

以社会主义核心价值观为引领，立足国家和上海城市发展所需，尊重青少年身心发展客观规律，牢牢把握青少年价值观念形成关键期，关注青少年思想动态，强化青少年价值引领，着力引导青少年形成与时代相适应

的价值体系，培育新时代青少年核心素质，教育引导青少年坚定理想信念、厚植爱国主义情怀、加强品德修养、增长知识见识、培养奋斗精神、增强综合素质。

1. 加强理想信念教育，弘扬新时代爱国主义精神

在青少年中广泛开展党史学习教育，引导青少年坚定听党话、跟党走的信念和决心。引导青少年通过历史对比、国际比较、社会观察和亲身实践，深刻领悟党的领导、制度优势、人民力量的关键作用，坚定制度自信。充分发挥课堂教学主渠道作用，建设以习近平新时代中国特色社会主义思想课程为核心的思想政治理论课程体系，把思想政治教育作为青少年教育的重要内容，大力推进习近平新时代中国特色社会主义思想进教材、进课堂、进头脑。深入贯彻落实《中共中央关于全面加强新时代少先队工作的意见》，强化政治启蒙和价值观塑造。深入实施青年马克思主义者培养工程，着力培养一批对党忠诚、信仰坚定、素质优良、作风过硬的中国特色社会主义事业建设者和接班人。

在青少年中弘扬和践行社会主义核心价值观。引导青少年勤学、修德、明辨、笃实，使社会主义核心价值观内化为青少年的坚定信念，外化为青少年的自觉行动。加强新时代爱国主义教育，坚持爱国、爱党和爱社会主义高度统一，大力弘扬以爱国主义为核心的民族精神和以改革创新为核心的时代精神。科学建设爱国主义教育宣传体系，坚守传统舆论主阵地，利用互联网和新媒体技术，广泛开展网上主题教育活动。以各类爱国主义教育基地为载体、重大时间节点为契机，重视仪式教育，常态化开展"国旗下成长"青少年升国旗暨爱国宣讲主题活动，深入开展"党的诞生地"上海百万青少年红色大寻访活动。引导青少年传承弘扬中华优秀传统文化，增强文化自信。发挥中华民族传统节日的涵育功能，开展丰富的民俗文化宣传活动。组织青少年参观历史文化场馆，开展文化讲堂，出版精品书籍，制作优秀影视文化作品，帮助青少年树立正确的历史观。

# 十七、上海市教育发展"十四五"规划

上海市人民政府

2021 年 7 月 26 日

（一）坚持立德树人，促进学生全面发展

落实立德树人根本任务，构建"五育"融合发展体系，健全学校家庭社会协同育人机制，促进学生德智体美劳全面发展，为每一位学生成人成才和人生出彩打好基础。

1. 提升学生思想道德素养。坚持用习近平新时代中国特色社会主义思想铸魂育人，大力推进习近平新时代中国特色社会主义思想进教材、进课堂、进头脑。完善大中小幼一体化德育内容框架，深入开展党史学习教育、爱国主义教育、社会主义核心价值观和中华优秀传统文化教育、国家安全教育、法治教育和生态文明教育。完善"三圈三全十育人"学校思想政治教育工作体系，建设以习近平新时代中国特色社会主义思想课程为核心的思想政治理论课课程体系，深化高校课程思政和中小学学科德育改革，完善高校"十育人"和中小学校"六育人"机制，健全大中小幼纵向衔接、课内课外和网上网下横向贯通、学校家庭社会协同联动的育人体系。

2. 提升学生学习素养。注重保护学生的好奇心、想象力、求知欲，激发探究和学习的兴趣，提高学习能力，丰富人文底蕴，培育科学精神。培养学生的认知能力，促进思维发展，激发创新意识。培养幼儿通过直接感知、实际操作、亲身体验等方式建构经验。推动中小学创新创造教育，开展项目化研究型学习，推进基于学科的课程综合化教学，创新因材施教的有效模式，打造一批基础学科基地学校和项目，重视信息科技、科学实践、前沿技术和工程技术教育。注重职业教育与产业需求侧的深度融合，提高学生文化基础，加强技术技能训练，培育工匠精神。强化高等教育学科交叉和个性化培养，提升学生创新精神、创造思维、知识整合与创新能力。

3. 提升学生体育素养。面向全体学生开齐、开足、上好体育课，严格落实基础教育体育课刚性要求，针对不同学段学生身心特点，突出体育素养培养重点，引导学生养成体育运动习惯和健康生活方式，推动学生在基础教育阶段掌握至少2项运动技能。健全学校体育"一条龙"人才培养体系，深化体育课程改革，深入推进体教融合，推动体育特长人才跨学段、跨体系的贯通培养，健全青少年专业体育赛制，加强各级学生体育运动队建设，推进学校体育场馆综合开发建设。完善体育教师招聘引进机制，健全兼职教师制度，探索专兼职教练员岗位制度。继续大力开展校园足球运动，推进武术、棋类等中华传统体育项目进校园，培养学生参与冰雪运动的兴趣。加强儿童青少年近视综合防控，降低儿童青少年新发近视率。全面实施学生体育素养测评工作，创建全国青少年体育素养评价试验区。

4. 提升学生美育素养。强化学校美育育人功能，探索学校美育评价改革，完善美育教学体系，配齐配好美育师资，丰富艺术实践活动，培育学生感受美、发现美、践行美的素养。遵循学生不同阶段成长规律，科学研制各学段美育培养目标。统筹布局学校艺术教育项目，持续推动创建"一校多品""艺术特色学校"，形成多品牌特色发展格局。推进学校艺术团及联盟品牌建设，发挥艺术教育特色学校辐射示范功能。深化文教结合改革，推进社会艺术场馆、专业院团与学校艺术教育相结合，发挥合力育人作用，继续推进高雅艺术进校园活动，鼓励学生更多参与文化节庆活动。健全有序衔接的艺术人才培养体系，形成高质量、系统化的艺术人才供给机制。

5. 提升学生劳动素养。构建贯通一体、开放协同的劳动教育工作格局，发挥劳动教育树德、增智、强体、育美的综合育人功能，引导学生树立劳动观念，培养劳动精神，形成劳动习惯，在劳动中激发创新创造力。建设实践导向、理论支撑、"五育"融合的大中小学劳动教育课程，创新校内劳动实践，繁荣校园劳动文化，重视日常家庭劳动教育，开展多样化社会劳动实践，建设若干综合性劳动教育实践基地。打造具备理论讲授、训练带教、实践指导能力的专业化教师队伍，完善安全应急保障机制，建设适应教育现代化要求的劳动教育体系。

6. 强化学生心理健康教育和服务。呵护学生心灵世界，深入研究社会转型和网络时代对学生身心健康带来的影响，多措并举，加强学生心理健康服务工作，培育学生自尊自信、理性平和、积极向上的心态，增强调控情绪、承受挫折、适应环境的能力。建立中小学生全员导师制，配齐建强专兼职教师队伍。开足开好心理健康教育课程，多渠道开展心理健康宣传及主题教育活动，构建常态化优质资源推送机制。加强学校心理咨询中心和辅导室建设，满足学生咨询和求助需求。健全学生心理危机预警机制，研发心理危机预警指标和学生关爱系统。教育引导学生绿色上网、文明上网，合力预防学生游戏成瘾和手机依赖。规范家长学校建设，将分年段心理健康促进和指导作为家长学校必修课。加强医教结合，畅通心理危机和精神障碍学生医疗转介通道。建立全市青少年心理健康服务热线，提高高校和区心理热线的知晓率与服务效能。

7. 创新融合育人评价模式。推动"五育"融合人才培养质量评价改革，坚持以德为先、能力为重、全面发展，引领各级各类学校教育回归育人本原。坚持"为了每一个学生的终身发展"核心理念，科学制定评价标准，改进命题评价方式，护长容短，促进学生全面而有个性发展。优化学生综合素质评价内容，完善将学生德智体美劳发展情况纳入综合素质评价的有效机制，创新德智体美劳过程性评价操作实施办法，把评价结果作为衡量学生全面发展、评优评先、毕业升学的重要参考或依据。科学、合理、稳妥、适度利用大数据手段促进教育评价改革，探索建立涵盖道德素养、学习素养、体育素养、美育素养、劳动素养的学生成长大数据档案。

8. 健全学校家庭社会协同育人机制。构建以学校为主体、家庭为基础、社会各方全面参与的育人体系。充分发挥学校在学生成长中的主体和主导作用，全面提升各级各类学校育人水平。以提升学生学习效率为目标，加强基础教育特别是低学段课堂教学改革和作业管理，强化学校、家庭良性互动，减轻家长在学生课程学业方面的负担。推动各级各类学校教育教学提质增效。充分发挥"家庭第一个课堂、家长第一任老师"作用，树立科学的教育观、成才观，用正确行动、正确思想、正确方法教育引导孩子。完善家庭教育指导服务机制，推进家长学校和家庭教育指导中心建设。强化全社会支持和呵护教育的理念，加强公共安全教育，营造有利于学生健康成长的环境氛围。健全社区行业企业等各方面共同参与教育、履行育人责任的政策体系，丰富校外教育资源供给，建设一批重点校外实践基地，打造全国校外教育改革创新先行示范区。

# 第二节　科普与创新实践

## 一、中华人民共和国科学技术普及法

（2002 年 6 月 29 日第九届全国人民代表大会常务委员会
第二十八次会议通过）

**第五条**　国家保护科普组织和科普工作者的合法权益，鼓励科普组织和科普工作者自主开展科普活动，依法兴办科普事业。

**第六条**　国家支持社会力量兴办科普事业。社会力量兴办科普事业可以按照市场机制运行。

**第八条** 科普工作应当坚持科学精神，反对和抵制伪科学。任何单位和个人不得以科普为名从事有损社会公共利益的活动。

**第十三条** 科普是全社会的共同任务。社会各界都应当组织参加各类科普活动。

**第十四条** 各类学校及其他教育机构，应当把科普作为素质教育的重要内容，组织学生开展多种形式的科普活动。

科技馆（站）、科技活动中心和其他科普教育基地，应当组织开展青少年校外科普教育活动。

**第十五条** 科学研究和技术开发机构、高等院校、自然科学和社会科学类社会团体，应当组织和支持科学技术工作者和教师开展科普活动，鼓励其结合本职工作进行科普宣传；有条件的，应当向公众开放实验室、陈列室和其他场地、设施，举办讲座和提供咨询。

科学技术工作者和教师应当发挥自身优势和专长，积极参与和支持科普活动。

**第十七条** 医疗卫生、计划生育、环境保护、国土资源、体育、气象、地震、文物、旅游等国家机关、事业单位，应当结合各自的工作开展科普活动。

**第十八条** 工会、共产主义青年团、妇女联合会等社会团体应当结合各自工作对象的特点组织开展科普活动。

**第十九条** 企业应当结合技术创新和职工技能培训开展科普活动，有条件的可以设立向公众开放的科普场馆和设施。

**第二十条** 国家加强农村的科普工作。农村基层组织应当根据当地经济与社会发展的需要，围绕科学生产、文明生活，发挥乡镇科普组织、农村学校的作用，开展科普工作。

各类农村经济组织、农业技术推广机构和农村专业技术协会，应当结合推广先进适用技术向农民普及科学技术知识。

**第二十一条**　城镇基层组织及社区应当利用所在地的科技、教育、文化、卫生、旅游等资源，结合居民的生活、学习、健康娱乐等需要开展科普活动。

**第二十二条**　公园、商场、机场、车站、码头等各类公共场所的经营管理单位，应当在所辖范围内加强科普宣传。

**第二十三条**　各级人民政府应当将科普经费列入同级财政预算，逐步提高科普投入水平，保障科普工作顺利开展。

各级人民政府有关部门应当安排一定的经费用于科普工作。

**第二十四条**　省、自治区、直辖市人民政府和其他有条件的地方人民政府，应当将科普场馆、设施建设纳入城乡建设规划和基本建设计划；对现有科普场馆、设施应当加强利用、维修和改造。

以政府财政投资建设的科普场馆，应当配备必要的专职人员，常年向公众开放，对青少年实行优惠，并不得擅自改作他用；经费困难的，同级财政应当予以补贴，使其正常运行。

尚无条件建立科普场馆的地方，可以利用现有的科技、教育、文化等设施开展科普活动，并设立科普画廊、橱窗等。

**第二十五条**　国家支持科普工作，依法对科普事业实行税收优惠。

科普组织开展科普活动、兴办科普事业，可以依法获得资助和捐赠。

**第二十六条**　国家鼓励境内外的社会组织和个人设立科普基金，用于资助科普事业。

**第二十七条**　国家鼓励境内外的社会组织和个人捐赠财产资助科普事业；对捐赠财产用于科普事业或者投资建设科普场馆、设施的，依法给予优惠。

**第二十八条**　科普经费和社会组织、个人资助科普事业的财产，必须用于科普事业，任何单位或者个人不得克扣、截留、挪用。

第二十九条 各级人民政府、科学技术协会和有关单位都应当支持科普工作者开展科普工作，对在科普工作中做出重要贡献的组织和个人，予以表彰和奖励。

# 二、全民科学素质行动计划纲要（2006—2010—2020 年）

国务院

2006 年 2 月 6 日

目标：

到 2020 年，科学技术教育、传播与普及有长足发展，形成比较完善的公民科学素质建设的组织实施、基础设施、条件保障、监测评估等体系，公民科学素质在整体上有大幅度的提高，达到世界主要发达国家 21 世纪初的水平。

三、主要行动

根据指导方针和目标，在"十一五"期间实施以下主要行动：

（一）未成年人科学素质行动。

任务：

——宣传科学发展观，重点宣传我国人口众多、资源有限、人均占有资源远低于世界平均水平的基本国情，使未成年人从小树立人与自然和谐相处和可持续发展的意识。

——完善基础教育阶段的科学教育，提高学校科学教育质量，使中小学生掌握必要和基本的科学知识与技能，体验科学探究活动的过程与方法，培养良好的科学态度、情感与价值观，发展初步的科学探究能力，增强创新意识和实践能力。

——普及农村义务教育，切实提高农村中小学科学教育质量。为农村未成年人提供更多参与科普活动的机会，培养改善生存状况、提高生活质量和自我发展的能力。

——开展多种形式的科普活动和社会实践，增强未成年人对科学技术的兴趣和爱好，初步认识科学的本质以及科学技术与社会的关系，培养社会责任感以及交流合作、综合运用知识解决问题的能力。

措施：

——通过实施新世纪素质教育工程，推进新科学课程的全面实施。针对不同年龄段学生特点，注重课程的综合性与连贯性；开展学龄前科学启蒙教育，采取有效措施，积极推广义务教育阶段综合性科学课程，逐步推进高中科学课程改革；深化中小学科学课程教材、教学内容和教学方法改革，充分发挥现代教育技术的作用，改革科学教育评价制度，定期监测科学教育质量。

——提高农村未成年人科学教育水平和质量。结合农村实际，加强农村中小学现代远程教育的科学教育资源建设，发展针对农村校外未成年人的非正规教育，开展生活能力和生产技能培训等科普活动。

——开展课外科技活动，引导未成年人增强创新意识和实践能力。普及保护生态环境、节约资源能源、心理生理健康、安全避险等知识。加强"珍爱生命、远离毒品"和崇尚科学文明、反对愚昧迷信的宣传教育。发挥未成年人在家庭和社区科普宣传中对成年人的独特影响作用。

——通过"大手拉小手科技传播行动"、科技专家进校园（社区、科普基地）、中学生进科研院所（实验室）等活动，组织科技工作者与未成年人开展面对面的科普活动。

——提高母亲的科学素质，重视家庭教育在提高未成年人科学素质中的重要作用。

——新闻出版、广播电视、文化等机构和团体加大面向未成年人的科技传播力度，用优秀、有益、生动的科普作品吸引未成年人，为未成年人的健康成长营造良好的舆论环境。

——整合校外科学教育资源，建立校外科技活动场所与学校科学课程相衔接的有效机制。利用科技类博物馆、科研院所等科普教育基地和青少年科技教育基地的教育资源，为提高未成年人科学素质服务；加强现有青少年宫、儿童活动中心等综合性未成年人校外活动场所的科普教育功能，在有条件的地区建设青少年科技活动中心等专门的科普活动场所。发挥社区教育在未成年人校外教育中的作用。

四、基础工程

（二）科普资源开发与共享工程。

任务：

——引导、鼓励和支持科普产品和信息资源的开发，繁荣科普创作。围绕宣传落实科学发展观，创作出一批紧扣时代发展脉搏、适应市场需求、公众喜闻乐见的优秀作品，并推向国际市场，改变目前科普作品"单向引进"的局面。

——集成国内外科普信息资源，建立全国科普信息资源共享和交流平台，为社会和公众提供资源支持和公共科普服务。

措施：

——建立有效激励机制，促进原创性科普作品的创作。以评奖、作品征集等方式，加大对优秀原创科普作品的扶持、奖励力度，吸引和鼓励社会各界参与科普作品创作；调动科技工作者科普创作的积极性，把科普作品纳入业绩考核范围；建立将科学技术研究开发的新成果及时转化为科学教育、传播与普及资源的机制；鼓励和支持科普创作、科技传播专业团体发挥作用；制定优惠政策和相关规范，鼓励和吸引更多社会力量参与科普资源开发。

——加强合作与交流。推动科普、科技、教育、传媒界的有效合作，引进国外优秀作品，借鉴国际先进创作理念和方法，促进我国科普创作整体水平的提高。

——集成国内外现有科普图书、期刊、挂图、音像制品、展教品、文艺作品以及图片、科普志愿者等各类科普信息，建成数字化科普信息资源库和共享交流平台，通过互联网为社会和公众提供资源支持和公共科普服务。

——开展优秀科普作品的推介、展演、展映、展播和展示活动，扩大科普信息资源的共享范围。针对公众生产生活的实际需求，组织编制简明生动的科普资料，以公众易于获得的方式送达基层。

——制定相关法规、规章和标准，充分保护知识产权，创造公共科普信息资源公平使用的法制环境。

（四）科普基础设施工程。

任务：

——拓展和完善现有基础设施的科普教育功能。对现有科普设施进行机制改革和更新改造，充实内容、改进服务、激发活力，满足公众参与科普活动的需求。整合利用社会相关资源，充分发挥科研基础设施的资源优势，发展青少年科技教育基地和科普教育基地。

——多渠道筹集资金，在充分研究论证的前提下，新建一批科技馆、自然博物馆等科技类博物馆。各直辖市和省会城市、自治区首府至少拥有1座大中型科技馆，城区常住人口100万人以上的大城市至少拥有1座科技类博物馆，全国科技类博物馆的接待能力有显著增长。

——发展基层科普设施。在城乡社区建设科普画廊、科普活动室、运用网络进行远程科普宣传教育的终端设备等设施；增强综合性未成年人校外活动场所的科普教育功能，有条件的市（地）和县（市、区）可建设科技馆等专门科普场馆；在一些市（州、盟和县）配备科普大篷车，以"流动科技馆"的形式为城乡社区、学校特别是贫困、边远地区提供科普服务。

措施：

——突出社会公益性，加强对科普基础设施建设的宏观指导。制定科普设施的发展规划、建设标准、认定办法和管理条例，规范科普设施的建设与管理。

——科普基础设施建设纳入国民经济和社会事业发展总体规划及基本建设计划，加大对公益性科普设施建设和运行经费的公共投入。

——对科普教育功能薄弱的设施进行更新改造，完善基层科普设施的功能；引进和开发适应公众需求的活动项目，创新活动方式，增强吸引力，提高管理水平和服务质量。增强社区科普设施为老年人服务的功能，为他们老有所学、老有所乐、老有所为提供条件和机会。落实科普场馆对未成年人和老年人的优惠措施。

——鼓励社会力量参与科普基础设施建设。落实有关优惠政策，鼓励社会各界对公益性科普设施建设提供捐赠、资助；吸引境内外资本投资兴建和参与经营科普场馆；鼓励有条件的企业事业单位根据自身特点建立专业科普场馆；落实有关鼓励科普事业发展的税收优惠政策，鼓励社会力量参与科普基础设施建设。

——国家级青少年科技教育基地和科普教育基地总数由目前的300余座增加至500座，省部级青少年科技教育基地和科普教育基地总数由目前的1000余座增加至2000座，定期对公众免费或优惠开放。有条件的科研院所、高等院校、自然科学和社会科学类团体向公众开放实验室、陈列室和其他场地设施；鼓励高新技术企业对公众开放研发机构和生产车间。

——培育科普展览、展品市场，推动设计制作社会化；制定技术规范和设计制作机构的资质认定办法；择优扶持一批设计制作机构，提高设计制作水平。

# 三、全民科学素质行动计划纲要实施方案（2016—2020 年）

国务院办公厅

2016 年 2 月 25 日

目标：

到 2020 年，科技教育、传播与普及长足发展，建成适应创新型国家建设需求的现代公民科学素质组织实施、基础设施、条件保障、监测评估等体系，公民科学素质建设的公共服务能力显著增强，公民具备科学素质的比例超过 10%。

——促进创新、协调、绿色、开放、共享的发展理念深入人心。围绕经济社会发展新常态的需求，突出工作主题，弘扬创新创业精神，更加关注保障和改善民生，大力宣传普及高新技术、绿色发展、健康生活等知识和观念，促进在全社会形成崇尚科学的社会氛围和健康文明的生活方式，进一步推动依靠创新驱动，实现更高质量、更有效率、更加公平、更可持续的发展。

——以重点人群科学素质行动带动全民科学素质整体水平跨越提升。青少年的科学兴趣、创新意识、学习实践能力明显提高，领导干部和公务员的科学意识和决策水平不断提升，农民和城镇劳动者的科学生产生活能力快速提高，革命老区、民族地区、边疆地区、集中连片贫困地区公民的科学素质显著提升。

——公民科学素质建设的公共服务能力大幅增强。科技教育与培训体系基本完善，社区科普益民服务机制逐步建立，科普基础设施的保障能力不断增强，科普信息化建设取得突破进展，科普产业快速发展，科普人才队伍不断壮大，公民提升自身科学素质的机会与途径显著增多。

——公民科学素质建设的长效机制不断健全。公民科学素质建设的共建、社会动员、监测评估等机制进一步完善，社会各方面参与公民科学素质建设的积极性明显增强。

三、重点任务

根据指导方针和目标，"十三五"时期重点开展以下工作：

（一）实施青少年科学素质行动。

任务：

——宣传创新、协调、绿色、开放、共享的发展理念，普及科学知识和科学方法，激发青少年科学兴趣，培养青少年科学思想和科学精神。

——完善基础教育阶段的科技教育，增强中小学生的创新意识、学习能力和实践能力，促进中小学科技教育水平大幅提升。

——完善高等教育阶段的科技教育，引导大学生树立科学思想，弘扬科学精神，激发大学生创新创造创业热情，提高大学生开展科学研究和就业创业的能力。

——充分发挥现代信息技术在科技教育和科普活动方面的积极作用，促进学校科技教育和校外科普活动有效衔接。

——巩固农村义务教育普及成果，提高农村中小学科技教育质量，为农村青少年提供更多接受科技教育和参加科普活动的机会。

措施：

——推进义务教育阶段的科技教育。基于学生发展核心素养框架，完善中小学科学课程体系，研究提出中小学科学学科素养，更新中小学科技教育内容，加强对探究性学习的指导。修订小学科学课程标准实验教材。增强中学数学、物理、化学、生物等学科教学的横向配合。重视信息技术的普及应用，加快推进教育信息化，继续加大优质教育资源开发和应用力度。

——推进高中阶段的科技教育。修订普通高中科学与技术领域课程标准，明确对学科素养和学业质量的要求。修订普通高中数学、物理、化学、生物、地理、信息技术、通用技术课程标准实验教材，鼓励普通高中探索开展科学创新与技术实践的跨学科探究活动。规范学生综合素质评价机制，促进学生创新精神和实践能力的发展。积极开展研究性学习与科学实践、社区服务与社会实践活动，提高学生的探究能力。深入实施"中学生英才计划"，促进中学教育和大学教育互动衔接，鼓励各地积极探索科技创新和应用人才的培养方式，加强普通高中拔尖创新人才培养基地建设。强化中等职业学校科技教育，发挥课程教学主渠道作用，推动科技教育进课堂、进教材、列入教学计划，系统提升学生科学意识和综合素养。

——推进高等教育阶段科技教育和科普工作。组织开展大学数学、物理、化学、生物学、计算机等课程改革，推进高校科学基础课建设。加强科学史等科学素质类视频公开课建设。深化高校创新创业教育改革，引导大学生转变就业择业观念，支持在校大学生开展创新性实验、创业训练和创业实践项目。推动建立大学生创新创业联盟和创业就业基地，大力开展全国青少年科技创新大赛、"挑战杯"全国大学生课外学术科技作品竞赛、"创青春"全国大学生创业大赛等活动，为青年提供将科技创意转化为实际成果的渠道、平台。深入实施基础学科拔尖学生培养试验计划，完善拔尖创新人才培养机制。

——大力开展校内外结合的科技教育活动。充分发挥非正规教育的促进作用，推动建立校内与校外、正规与非正规相结合的科技教育体系。广泛组织开展学校科技节、科技周、科普日、公众科学日、红领巾科技小社团、"科技之光"青年专家服务团等活动，普及节约资源、保护环境、防灾应急、身心健康等知识，加强珍爱生命、远离毒品和崇尚科学文明、反对愚昧迷信的宣传教育。充分利用重点高校和科研院所开放的科技教育资源，开展全国青少年高校科学营、求真科学营等活动。拓展校外青少年科技教育渠道，鼓励中小学校利用科技馆、青少年宫、科技博物馆、妇女儿童活动中心等各类科技场馆及科普教育基地资源，开展科技学习和实践活动。开展科技场馆、博物馆、科普大篷车进校园工作，探索科技教育校内外有效衔接的模式，推动实现科技教育活动在所有中小学全覆盖。

——充分利用信息技术手段，均衡配置科技教育资源。推进信息技术与科技教育、科普活动融合发展。推进优质科技教育信息资源共建共享。加强信息素养教育，帮助青少年正确合理使用互联网。大力开展线上线下相结合的青少年科普活动，满足青少年对科技、教育信息的个性化需求。面向农村学生特别是农村留守儿童，开展科技辅导、心理疏导、安全健康等方面的志愿服务，帮助他们提高科学素质、丰富生活阅历、增长见识。加强各类家长学校和青少年科普阵地建设，开展科技类亲子体验活动，搭建传播科学家庭教育知识的新平台，提高家长特别是母亲的科学素质。

分工：由教育部、共青团中央、中国科协牵头，中央宣传部、科技部、工业和信息化部、国家民委、民政部、人力资源社会保障部、国土资源部、环境保护部、文化部、卫生计生委、质检总局、新闻出版广电总局、体育总局、食品药品监管总局、林业局、旅游局、中科院、社科院、工程院、地震局、气象局、自然科学基金会、文物局、全国妇联等单位参加。

（五）实施科技教育与培训基础工程。

任务：

——构建科学教师培训体系，加大培训力度，不断提高教师科学素质和科技教育水平，建成一支优秀科学教师队伍。

——完善科技教育课程教材，特别是加强民族语言教材建设，满足不同对象的科技教育和培训需求。

——充分利用现代信息技术，优化教学方法，不断推动科技教育与教学实践深度融合。

——完善科技教育培训基础设施，不断提高科技教育培训基地、场所的利用效率，保障科技教育与培训有效实施。

措施：

——加强科技教育师资培训和研修。鼓励有条件的高等师范院校开设科技教育等专业或相关课程，培养更多科技教育师资。在"国培计划"中，加强教师科学素质能力培训，培养"种子"教师，推动各地加大对科学教师以及相关学科教师的培训力度，提高教师科技教育的教学能力和水平。实施科学教师和科技辅导员专项培训，建立培训基地，到2020年实现对全国一线科学教师和骨干科技辅导员培训全覆盖。

——加强各类人群科技教育培训的教材建设。结合不同人群特点和需求，不断更新丰富科技教育培训的教材内容，开设专业课程与科技前沿讲座等。将科普工作与素质教育紧密结合，注重培养具有创意、创新、创业能力的高层次创造性人才。将创新、协调、绿色、开放、共享的发展理念以及环境保护、节约资源、防灾减灾、安全健康、应急避险、科学测量等相关科普内容，纳入各级各类科技教育培训教材和教学计划。加强职业教育、成人教育、民族地区双语教育和各类培训中科技教育的教材建设。

——进一步改进科技教育教学方法。发挥基础教育国家级教学成果奖的示范辐射作用，加大科技教育优秀教学成果推广力度。加强学生综合实践活动指导，提高学生探究性学习和动手操作能力。加强中小学科技教育研究，研究建立符合我国青少年特点、有利于推动青少年科学素质提高和创新人才培养的青少年科学素质测评体系。

——加强科技教育与培训的基础设施建设。根据实际需求，因地制宜建设科技教育培训基础设施，重点加强农村边远贫困地区中小学科技教育硬件设施建设。合理规划布局现有科技教育培训基地、场所，不断提高使用效率。调动社会资源积极参与中小学科技教育网络资源建设，发挥现代信息技术的作用，不断丰富网络教育内容，促进优质教学资源广泛共享。鼓励高校、科研院所、科技场馆、职业学校、成人教育培训机构、社区学校等各类公共机构积极参与科技教育和培训工作。

——充分发掘高校和科研院所科技教育资源，健全科教结合、共同推动科技教育的有效模式。推动高等院校、科研院所的科技专家参与科学教师培训、中小学科学课程教材建设和教学方法改革。推动有条件的中学科学教师到高等院校、科研机构和重点实验室参与科研实践。加强高校科学道德和学风建设，推动高校师生广泛树立科学道德和科学精神。推动实施"科学与中国"科学教育计划。

分工：由教育部、人力资源社会保障部、中科院牵头，中央宣传部、科技部、工业和信息化部、国家民委、国土资源部、农业部、新闻出版广电总局、体育总局、林业局、社科院、工程院、地震局、气象局、自然科学基金会、全国总工会、共青团中央、全国妇联、中国科协等单位参加。

## 附件：上海市公民科学素质行动计划
## 纲要实施方案（2016—2020 年）

上海市人民政府办公厅

2016 年 10 月 9 日

二、重点任务

"十三五"期间，重点实施青少年、城镇劳动者、领导干部和公务员、社区居民、农民等五大人群科学素质行动，以及实施科技教育与培训基础、科普信息化、科普基础设施、科普产业助力、科普人才建设等五大工程。

（一）实施青少年科学素质行动

普及科学知识和科学方法，激发青少年科学兴趣，培养青少年科学思想和科学精神，增强青少年创新意识、学习能力和实践能力，提高青少年科学研究和就业创业的能力，为上海建设具有全球影响力的科技创新中心培养坚实的后备力量。充分发挥互联网等信息技术在科技教育和科普活动方面的作用，促进学校科技教育和校外科普活动有效衔接。推进科技教育均衡发展，为农村青少年提供更多接受科技教育和参加科普活动的机会。

1. 着力推进各年龄段青少年科技教育。鼓励校内外机构开展学龄前科学启蒙教育，创建小学"未来教室"，完善中小学科学课程体系，加强对探究性学习的指导。继续面向全市普通中小学校开展科技教育特色示范学校选优培育工作。加强中小学创新实验室建设，到2020年，每所中小学校至少建一个创新实验室。创新中、高等职业学校、高等院校的科技教育形式和内容，发挥课程教学主渠道作用，建设并利用好科学素质类视频公开课。深入实施"中学生英才计划"，促进中学和大学科技教育之间的互动衔接，探索科技创新和应用人才的培养方式，加强普通高中拔尖创新人才培养基地建设。

2. 深入开展校内外结合的青少年科技教育活动。充分发挥校外教育的促进作用，推动建立校内与校外相结合的科技教育体系。以青少年科技创新大赛、"挑战杯"大学生系列科技学术竞赛、少年爱迪生、明日科技之星、上海国际青少年科技博览会、青少年科技创新峰会、高校科学营、未来工程师大赛、科普校园行等特色品牌活动为载体，积极搭建青少年科技教育成果展示交流平台。广泛组织开展各具特色的学校科技周（节）、科普日等活动，普及节约资源、保护环境、避险自救、身心健康等知识，加强珍爱生命、远离毒品和崇尚科学文明、反对愚昧迷信的宣传教育。

3. 努力拓展校外科技教育渠道。鼓励中小学校利用各类科技场馆及科普教育基地资源，开展科技学习和实践活动，促进科技教育校内外有效衔接。整合利用高等院校、科研院所、学（协）会、社区等多方科技教育资源，校内外联合，跨界别联动，推进青少年科学研究院、科学创新实践工作站以及"创智空间"建设，实施"科学种子计划"，培养青少年创新精神、拓展创新思维、夯实创新知识、强化创新行动，促进科技创新社团与社区创新屋、科普教育基地等社会科普资源紧密结合。

4. 推进科技教育均衡发展。充分利用信息技术手段，推进信息技术与科技教育、科普活动融合发展。推进优质科技教育信息资源共建共享。大力开展线上线下相结合的青少年科普活动，满足青少年对科技、教育信息的个性化需求，引导青少年正确合理使用互联网信息资源。关注农村青少年科技教育，优化配置科技教育资源，提高农村学校的科技教育质量，为农村青少年提供更多接受科技教育、参与科普活动的机会。

（六）实施科技教育与培训基础工程

加强教师科学素质建设，构建科技教师培训体系，不断提高教师科学素质和科技教育水平。加强科技教育课程教材建设，满足不同对象的科技教育和培训需求。充分利用现代信息技术，优化科技教育教学方法，推动科技教育与教学实践深度融合。

3. 进一步优化科技教育教学方法。加强中小学科技教育研究，研究建立符合青少年特点、有利于推动青少年科学素质提高和创新人才培养的青少年科学素质测评体系。加大科技教育优秀教学成果推广力度。加强学生综合实践活动指导，推动科技活动进校园，科技教育进教材、进课堂，提高学生探究性学习和动手操作能力。调动社会资源积极参与中小学科技教育网络资源建设，不断丰富网络教育内容，促进优质教学资源广泛共享。

（八）实施科普基础设施工程

加强科普基础设施精品化建设和社会化共建，建成配置均衡、结构合理、门类齐全、国际水平的科普设施网络。提升科普基础设施的服务能力，增强社会公共设施资源的科普功能，拓展科普活动和宣传阵地。推动优质科普资源开发开放，拓展公众参与科普的途径和机会。

1. 加强科技场馆建设。深入推进"一馆一品"建设，培育打造品牌科技场馆，打造线上线下联通、馆内馆外联动的科技场馆服务体系。加快推进上海科技馆改造升级和上海天文馆等科技场馆建设。支持科研院所、高等院校、企业建设专业或产业科技类、体验型科技场馆，引导企业、基金会等社会力量投入科技场馆建设。推动科技场馆、科普机构等面向创新创业者开展科普服务。鼓励科技场馆探索公益性与市场化相结合的运作机制，实现规模化、专业化运营。

2. 加强基层科普设施建设。依托社区、企业、农村等现有资源，因地制宜建设一批具备科技教育、培训、展示等多功能、有特色的科普活动场所和科普设施。引导地铁、公园、商店、书店、医院、影剧院、图书馆等公共场所增强科普功能。加强科技场馆及科普教育基地等与青少年活动中心（少年宫、少科站）、文化活动中心（文化馆）、博物馆、图书馆等公共文化基础设施的联动，不断拓展科普活动和宣传阵地。

3. 推进科普教育基地建设。积极创建全国、市、区三级科普教育基地，建立健全科普教育基地管理制度，加强工作考核和动态管理，确保科普教育基地持续健康发展。强化科普教育功能，大力推动虚拟现实等技术在科技馆展览教育中的应用，不断丰富科技场馆及科普教育基地等的科学教育内容。

三、保障措施

（三）政策经费保障

政策规定。在本市国民经济和社会发展规划、相关专项规划以及有关科学教育、传播与普及的政策规定中，体现公民科学素质建设目标、任务和要求。落实有关鼓励科普事业发展的税收优惠等相关政策，研究制定培育和发展科普文化产业的政策措施。

经费投入。各级政府根据财力情况和公民科学素质建设发展的实际需要，将科普经费列入同级财政预算。引导、鼓励社会资本投入公民科学素质建设，充分发挥各类科技、科普基金会作用，逐步形成政府投入为引导、社会投入为主体的多元化公民科学素质建设投入格局。

# 四、上海市科普基地管理办法

上海市科学技术委员会

2019 年 8 月 30 日

**第三条** 本办法所指的上海市科普基地是指经上海市科学技术委员会（以下简称"市科委"）认定的，面向社会公众普及科学技术知识、倡导科学方法、传播科学思想、弘扬科学精神的活动场所，包括示范性科普场馆、基础性科普基地和青少年科学创新实践工作站。

示范性科普场馆是指面向学科和行业领域，主要或专门从事科学普及工作，对全市科普发展具有示范、带动和辐射作用的科普基地。

基础性科普基地是指围绕科学技术知识、科学方法、科学思想、科学精神的有关普及点开展科普宣传和展示，提供基本科普服务的科普基地。

青少年科学创新实践工作站是指面向青少年，重点培育创新精神，提升创新实践能力的科普基地。

**第四条** 市科委负责科普基地的管理制度制定和管理实施，包括：

（一）负责科普基地的资质认定和检查；

（二）对科普基地的科普效益进行综合评价；

（三）支持和指导科普基地开展科普工作，提升科普服务能力。

区级科技管理部门对示范性场馆和基础性科普基地实施属地化管理，包括：

（一）科普基地资质认定、检查和综合评价等工作的初审和推荐；

（二）协助市科委对科普基地的日常运行进行业务指导和监督管理。

科普基地依托单位负责科普基地的建设和运行管理，应当为科普基地建设和运行提供经费、人力资源和其他法律法规规定的基本条件保障。

**第五条** 申请科普基地资质认定，应当同时具备以下基本条件：

（一）有符合法律法规规定的、满足科普工作需要的设施、器材和场所；

（二）面向社会公众从事《中华人民共和国科学技术普及法》所规定的科普活动，有满足从事科普活动所需要的稳定投入；

（三）设有满足科普工作需要的内部科普工作机构并配备必要的科普工作人员；

（四）有满足科普工作需要的管理体系和制度，有明确的科普工作规划和年度工作计划。

申报"上海市示范性科普场馆"，除符合科普基地资质认定的基本条件外，还应当同时符合以下条件：

（一）同一建筑体内的室内科普展示面积不少于2000平方米，配备可容纳50—100人的科普教室或报告厅，拥有面积不少于200平方米的临时展览厅；

（二）每年开放时间累计不少于250天，休息日和法定节假日至少开放一半天数，对青少年实行免费开放或者优惠开放时间每年不少于20天（含法定节假日）。其中，对青少年实行优惠开放是指对6周岁（含6周岁）以下儿童实行免票；对6周岁（不含6周岁）—18周岁（含18周岁）未成年人、全日制大学本科及以下学历学生收取不高于普通门票价格的70%（下同）；

（三）内设科普工作机构（部门），配备不少于2名专职科普管理者和4名专职科普讲解员。其中，专职工作人员是指从事科普工作时间占其全部工作时间60%及以上的人员（下同）。

申报"上海市基础性科普基地"，除符合科普基地资质认定的基本条件外，还应当同时符合以下条件：

（一）在同一建筑体内，室内科普展示面积不少于300平方米，可为同层相连的几个展厅，但不可分散于不同楼层和区域；

（二）每年开放时间累计不少于 200 天，对青少年实行免费开放或者优惠开放时间每年不少于 20 天（含法定节假日）；

（三）内设科普工作机构（部门），配备不少于 1 名专职科普管理者和 2 名专职科普讲解员。

上海市青少年科学创新实践工作站一般依托高校、科研院所等建设。申报"上海市青少年科学创新实践工作站"，除符合科普基地资质认定的基本条件外，还应当同时符合以下条件：

（一）应具备不少于 1 间 100 平方米以上的基本教学和实验室用房，实验室应有良好的通风设施和排气装备并符合有关规定要求；

（二）具备青少年创新实践培养方案，包括不少于 10 个科学创新小课题（含科学实验课程）。每个课题不少于 10 个单元（每单元 4 个课时），包括：科学探究的意义、方法及实施，实验室安全教育及仪器设备的认知等 1 个单元；课题研究，含基本操作技能与规范训练、选题、文献调研、制定研究方案、撰写开题报告、实验探究等 8 个单元；数据处理与成果展示 1 个单元；

（三）设立"工作站+实践点"的运行体系，每个工作站应当设立不少于 4 个实践点。每个工作站设站长 1 名，一般由依托单位的部门负责人担任；应当配备仪器设备管理人员 1 人、科研实验保障技术人员 1 人、实践点管理联络员 1 人。每个实践点应当配备指导教师 1 人（具有高级专业技术职称）、辅导员不少于 3 人（具有中级专业技术职称、在读研究生或本科生）。

**第七条** 示范性科普场馆和基础性科普基地应当向社会公布开放时间、优惠措施、接待制度等，遇到特殊情况不能正常开放的，应当提前向社会公告。青少年科学创新实践工作站应当制定并向社会公布年度招生信息和培养方案，做好青少年科学创新成果展示工作。

**第八条** 科普基地应当适时对科普场所、科普展品展项、创新实验器材等科普设施进行更新提升，满足相应科普活动开展的需要。示范性科普场馆和基础性科普基地的展品展项更新率每 5 年不低于 20%。青少年科学创新实践工作站的设施更新应当满足创新实践课程需要。

**第九条**　科普基地应主动策划开展主题鲜明、特色突出的科普活动。积极参加国家、市、区重大科普活动，在上海科技节等大型活动期间对公众免费或优惠开放。示范性科普场馆每年策划开展主题科普活动不少于 6 场次。基础性科普基地每年策划开展主题科普活动不少于 3 场次。青少年科学创新实践工作站应当结合教学实践要求，有针对性地开展科普讲座、高校开放日、科普基地参观、高科技企业参观、科普夏令营等活动。

**第十条**　科普基地应当结合自身科普特色优势，创作或开发科普课程课件、科普宣传资料、科普影视作品、科普文艺作品等多样化的科普内容产品。

**第十一条**　科普基地应当加强信息化建设、拓展传播渠道；积极开展馆校合作、馆企合作、馆馆合作等，促进科普资源共享共用；对接长三角一体化国家战略、"一带一路"倡议等，加强国内外合作交流，扩大社会影响，提升自身服务能力。

**第十二条**　科普基地应当加强科普工作队伍建设，提升运行管理人员、科普讲解人员等科普工作者的综合素质和业务能力，扩大科普志愿者队伍。

**第十三条**　科普基地应当建立健全财务、人事、档案、科普业务流程管理等制度，建立健全科普管理体系，逐步提高运行管理能力。建立科普经费专账制度，确保科普经费专款专用。建立重大事项报告制度，凡涉及基地依托单位变更、基地更名、因场地搬迁或设施更新改造影响正常开放等重大事项，应当提前 1 个月向区级科技管理部门或市科委报告。

**第十四条**　市科委对已认定的科普基地定期开展资质检查，对示范性科普场馆和青少年科学创新实践工作站每年开展一次；对基础性科普基地按其依托单位属性和科普领域，每三年开展一次。根据资质检查情况给予"合格"、"不合格"、"撤销科普基地资质"评价。

（一）评价为合格的科普基地，可分别以上海市示范性科普场馆、上海市基础性科普基地或上海市青少年科学创新实践工作站的名义对外开展科普工作和科普服务。

（二）评价为不合格的科普基地，予以一定整改期限；整改后仍不合格的，撤销科普基地资质。

（三）无正当理由未参加资质检查的科普基地，撤销科普基地资质。因设施更新改造或搬迁影响正常开放，科普基地应当及时向社会公告并报告市、区管理部门。科普基地可以提出申请，经市科委同意后，延期参加资质检查，延期不得超过两年。

**第十五条** 经资质认定后，运行满 1 年且不在整改周期内的科普基地，可根据国家文件规定，享受门票收入免征增值税等相关优惠政策。

对大学、科研院所、企业和社会团体等具有多项社会功能（职能）的单位（机构），其具备科普功能的设施被认定为科普基地的，仅就认定为科普基地部分可以按规定享受相关优惠政策。

**第十六条** 市科委每年组织对科普基地的运行绩效开展综合评价。

示范性科普场馆和基础性科普基地经资质认定后，正常运行满 2 年且不在整改期限内的，经所属区管理部门审核同意后可以参加综合评价。青少年科学创新实践工作站经资质认定后，正常运行满 1 年且不在整改期限内的，可以参加综合评价。

综合评价以科普基地的服务能力、服务业绩和社会效益为重点。对示范性科普场馆和基础性科普基地，主要评价其内部管理、设施更新、内容创作、开放接待、活动开展、合作交流、品牌建设等方面的工作成效。对青少年科学创新实践工作站，主要评价其提升学生创新实践能力及开展创新教育活动的成效。

综合评价结果分为优秀、良好、一般三个等次。其中，优秀等次占参评基地总数的比例不超过 25%；良好等次占参评基地总数的比例不超过 35%。综合评价结果应当向社会公示 5 个工作日。

**第十七条**　市科委依据综合评价结果给予科普基地经费补助，补助额度不超过评价周期内科普基地的运行成本。

**第十八条**　科普基地有下列情形之一的，市科委可以责令限期整改：

（一）不能正常运行的；

（二）擅自将政府财政投资建设的科普设施改为他用的；

（三）克扣、截留、挪用科普财政经费或捐赠款物的；

（四）造成恶劣影响的其他情形；

科普基地有下列情形之一的，取消科普基地资质：

（一）科普功能已丧失的；

（二）在申请认定、资质检查、综合评价等过程中，弄虚作假、伪造成果、偏取财政资金等不诚信行为的；

（三）发生重大安全责任事故，受到国家或本市有关部门处罚的；

（四）宣扬邪教、封建迷信，或从事反科学、伪科学活动的；

（五）从事损害公众利益或其他违法活动的。

因弄虚作假、从事违法活动等原因被撤销科普基地资质的，市科委应当将相关责任单位或者个人纳入科研信用记录。

# 第三节 体育与艺术教育

## 一、中华人民共和国体育法

（2022 年 6 月 24 日第十三届全国人民代表大会
常务委员会第三十五次会议修订）

**第五条** 国家依法保障公民平等参与体育活动的权利，对未成年人、妇女、老年人、残疾人等参加体育活动的权利给予特别保障。

**第十条** 国家优先发展青少年和学校体育，坚持体育和教育融合，文化学习和体育锻炼协调，体魄与人格并重，促进青少年全面发展

**第二十四条** 国家实行青少年和学校体育活动促进计划，健全青少年和学校体育工作制度，培育、增强青少年体育健身意识，推动青少年和学校体育活动的开展和普及，促进青少年身心健康和体魄强健。

**第二十五条** 教育行政部门和学校应当将体育纳入学生综合素质评价范围，将达到国家学生体质健康标准要求作为教育教学考核的重要内容，培养学生体育锻炼习惯，提升学生体育素养。

体育行政部门应当在传授体育知识技能、组织体育训练、举办体育赛事活动、管理体育场地设施等方面为学校提供指导和帮助，并配合教育行政部门推进学校运动队和高水平运动队建设。

**第二十六条** 学校必须按照国家有关规定开齐开足体育课，确保体育课时不被占用。

学校应当在体育课教学时，组织病残等特殊体质学生参加适合其特点的体育活动。

**第二十七条**　学校应当将在校内开展的学生课外体育活动纳入教学计划，与体育课教学内容相衔接，保障学生在校期间每天参加不少于一小时体育锻炼。

鼓励学校组建运动队、俱乐部等体育训练组织，开展多种形式的课余体育训练，有条件的可组建高水平运动队，培养竞技体育后备人才。

**第二十八条**　国家定期举办全国学生（青年）运动会。地方各级人民政府应当结合实际，定期组织本地区学生（青年）运动会。

学校应当每学年至少举办一次全校性的体育运动会。

鼓励公共体育场地设施免费向学校开放使用，为学校举办体育运动会提供服务保障。

鼓励学校开展多种形式的学生体育交流活动。

**第三十条**　学校应当建立学生体质健康检查制度。教育、体育和卫生健康行政部门应当加强对学生体质的监测和评估

**第三十一条**　学校应当按照国家有关规定，配足合格的体育教师，保障体育教师享受与其他学科教师同等待遇。

学校可以设立体育教练员岗位。

学校优先聘用符合相关条件的优秀退役运动员从事学校体育教学、训练活动。**第三十二条**　学校应当按照国家有关标准配置体育场地、设施和器材，并定期进行检查、维护，适时予以更新。

学校体育场地必须保障体育活动需要，不得随意占用或者挪作他用。

**第七十七条**　县级以上人民政府应当将体育事业经费列入本级预算，建立与国民经济和社会发展相适应的投入机制。

**第七十八条**　国家鼓励社会力量发展体育事业，鼓励对体育事业的捐赠和赞助，保障参与主体的合法权益。

通过捐赠财产等方式支持体育事业发展的，依法享受税收优惠等政策。

第七十九条　国家有关部门应当加强对体育资金的管理，任何单位和个人不得侵占、挪用、截留、克扣、私分体育资金。

第八十四条　公共体育场地设施管理单位应当公开向社会开放的办法，并对未成年人、老年人、残疾人等实行优惠。

免费和低收费开放的体育场地设施，按照有关规定享受补助。

第八十六条　国家鼓励充分、合理利用旧厂房、仓库、老旧商业设施等闲置资源建设用于公民日常健身的体育场地设施，鼓励和支持机关、学校、企业事业单位的体育场地设施向公众开放。

第八十九条　国家发展体育专业教育，鼓励有条件的高等学校培养教练员、裁判员、体育教师等各类体育专业人才，鼓励社会力量依法开展体育专业教育。


# 二、学校体育工作条例

（根据 2017 年 3 月 1 日《国务院关于修改和废止
部分行政法规的决定》修订）


第二条　学校体育工作是指普通中小学校、农业中学、职业中学、中等专业学校、普通高等学校的体育课教学、课外体育活动、课余体育训练和体育竞赛。

第三条　学校体育工作的基本任务是：增进学生身心健康、增强学生体质；使学生掌握体育基本知识，培养学生体育运动能力和习惯；提高学生运动技术水平，为国家培养体育后备人才；对学生进行品德教育，增强组织纪律性，培养学生的勇敢、顽强、进取精神。

第四条　学校体育工作应当坚持普及与提高相结合、体育锻炼与安全卫生相结合的原则，积极开展多种形式的强身健体活动，重视继承和发扬民族传统体育，注意吸取国外学校体育的有益经验，积极开展体育科学研究工作。

**第五条**　学校体育工作应当面向全体学生，积极推行国家体育锻炼标准。

**第六条**　学校体育工作在教育行政部门领导下，由学校组织实施，并接受体育行政部门的指导。

**第八条**　体育课教学应当遵循学生身心发展的规律，教学内容应当符合教学大纲的要求，符合学生年龄、性别特点和所在地区地理、气候条件。

体育课的教学形式应当灵活多样，不断改进教学方法，改善教学条件，提高教学质量。

**第九条**　体育课是学生毕业、升学考试科目。学生因病、残免修体育课或者免除体育课考试的，必须持医院证明，经学校体育教研室（组）审核同意，并报学校教务部门备案，记入学生健康档案。

**第十条**　开展课外体育活动应当从实际情况出发，因地制宜，生动活泼。

普通中小学校、农业中学、职业中学每天应当安排课间操，每周安排3次以上课外体育活动，保证学生每天有1小时体育活动的时间（含体育课）。

中等专业学校、普通高等学校除安排有体育课、劳动课的当天外，每天应当组织学生开展各种课外体育活动。

**第十一条**　学校应当在学生中认真推行国家体育锻炼标准的达标活动和等级运动员制度。学校可根据条件有计划地组织学生远足、野营和举办夏（冬）令营等多种形式的体育活动。

**第十二条**　学校应当在体育课教学和课外体育活动的基础上，开展多种形式的课余体育训练，提高学生的运动技术水平。有条件的普通中小学校、农业中学、职业中学、中等专业学校经省级教育行政部门批准，普通高等学校经国家教育委员会批准，可以开展培养优秀体育后备人才的训练。

**第十三条** 学校对参加课余体育训练的学生，应当安排好文化课学习，加强思想品德教育，并注意改善他们的营养。普通高等学校对运动水平较高、具有培养前途的学生，报国家教育委员会批准，可适当延长学习年限。

**第十五条** 全国中学生运动会每 3 年举行一次，全国大学生运动会每 4 年举行一次。特殊情况下，经国家教育委员会批准可提前或者延期举行。国家教育委员会根据需要，可以安排学生参加国际学生体育竞赛。

## 三、公共文化体育设施条例

（2003 年 6 月 18 日国务院第 12 次常务会议通过，

2003 年 6 月 26 日中华人民共和国国务院令第 382 号公布，

自 2003 年 8 月 1 日起施行）

**第二条** 本条例所称公共文化体育设施，是指由各级人民政府举办或者社会力量举办的，向公众开放用于开展文化体育活动的公益性的图书馆、博物馆、纪念馆、美术馆、文化馆（站）、体育场（馆）、青少年宫、工人文化宫等的建筑物、场地和设备。

本条例所称公共文化体育设施管理单位，是指负责公共文化体育设施的维护，为公众开展文化体育活动提供服务的社会公共文化体育机构。

**第五条** 各级人民政府举办的公共文化体育设施的建设、维修、管理资金，应当列入本级人民政府基本建设投资计划和财政预算。

**第六条** 国家鼓励企业、事业单位、社会团体和个人等社会力量举办公共文化体育设施。

国家鼓励通过自愿捐赠等方式建立公共文化体育设施社会基金，并鼓励依法向人民政府、社会公益性机构或者公共文化体育设施管理单位捐赠财产。捐赠人可以按照税法的有关规定享受优惠。

国家鼓励机关、学校等单位内部的文化体育设施向公众开放。

**第七条**　国务院文化行政主管部门、体育行政主管部门依据国务院规定的职责负责全国的公共文化体育设施的监督管理。

县级以上地方人民政府文化行政主管部门、体育行政主管部门依据本级人民政府规定的职责，负责本行政区域内的公共文化体育设施的监督管理。

**第八条**　对在公共文化体育设施的建设、管理和保护工作中做出突出贡献的单位和个人，由县级以上地方人民政府或者有关部门给予奖励。

**第九条**　国务院发展和改革行政主管部门应当会同国务院文化行政主管部门、体育行政主管部门，将全国公共文化体育设施的建设纳入国民经济和社会发展计划。

县级以上地方人民政府应当将本行政区域内的公共文化体育设施的建设纳入当地国民经济和社会发展计划。

**第十一条**　公共文化体育设施的建设选址，应当符合人口集中、交通便利的原则。

**第十二条**　公共文化体育设施的设计，应当符合实用、安全、科学、美观等要求，并采取无障碍措施，方便残疾人使用。具体设计规范由国务院建设行政主管部门会同国务院文化行政主管部门、体育行政主管部门制定。

**第十三条**　建设公共文化体育设施使用国有土地的，经依法批准可以以划拨方式取得。

**第十四条**　公共文化体育设施的建设预留地，由县级以上地方人民政府土地行政主管部门、城乡规划行政主管部门按照国家有关用地定额指标，纳入土地利用总体规划和城乡规划，并依照法定程序审批。任何单位或者个人不得侵占公共文化体育设施建设预留地或者改变其用途。

因特殊情况需要调整公共文化体育设施建设预留地的，应当依法调整城乡规划，并依照前款规定重新确定建设预留地。重新确定的公共文化体育设施建设预留地不得少于原有面积。

第十五条　新建、改建、扩建居民住宅区，应当按照国家有关规定规划和建设相应的文化体育设施。

居民住宅区配套建设的文化体育设施，应当与居民住宅区的主体工程同时设计、同时施工、同时投入使用。任何单位或者个人不得擅自改变文化体育设施的建设项目和功能，不得缩小其建设规模和降低其用地指标。

第十六条　公共文化体育设施管理单位应当完善服务条件，建立、健全服务规范，开展与公共文化体育设施功能、特点相适应的服务，保障公共文化体育设施用于开展文明、健康的文化体育活动。

第十七条　公共文化体育设施应当根据其功能、特点向公众开放，开放时间应当与当地公众的工作时间、学习时间适当错开。

公共文化体育设施的开放时间，不得少于省、自治区、直辖市规定的最低时限。国家法定节假日和学校寒暑假期间，应当适当延长开放时间。

学校寒暑假期间，公共文化体育设施管理单位应当增设适合学生特点的文化体育活动。

第十八条　公共文化体育设施管理单位应当向公众公示其服务内容和开放时间。公共文化体育设施因维修等原因需要暂时停止开放的，应当提前7日向公众公示。

第十九条　公共文化体育设施管理单位应当在醒目位置标明设施的使用方法和注意事项。

第二十条　公共文化体育设施管理单位提供服务可以适当收取费用，

收费项目和标准应当经县级以上人民政府有关部门批准。

**第二十一条**　需要收取费用的公共文化体育设施管理单位，应当根据设施的功能、特点对学生、老年人、残疾人等免费或者优惠开放，具体办法由省、自治区、直辖市制定。

**第二十二条**　公共文化设施管理单位可以将设施出租用于举办文物展览、美术展览、艺术培训等文化活动。

公共体育设施管理单位不得将设施的主体部分用于非体育活动。但是，因举办公益性活动或者大型文化活动等特殊情况临时出租的除外。临时出租时间一般不得超过 10 日；租用期满，租用者应当恢复原状，不得影响该设施的功能、用途。


## 四、关于加强青少年体育 增强青少年体质的意见

中共中央、国务院

2007 年 5 月 7 日


二、认真落实加强青少年体育、增强青少年体质的各项措施

4. 全面实施《国家学生体质健康标准》，把健康素质作为评价学生全面健康发展的重要指标。加快建立符合素质教育要求的考试评价制度，发挥其对增强青少年体质的积极导向作用。全面组织实施初中毕业升学体育考试，并逐步加大体育成绩在学生综合素质评价和中考成绩中的分量；积极推行在高中阶段学校毕业学业考试中增加体育考试的做法。普遍推行《国家学生体质健康标准》测试报告书制度、公告制度和新生入学体质健康测试制度。认真贯彻《学校体育工作条例》，建立和完善学校体育工作规章制度。

5. 广泛开展"全国亿万学生阳光体育运动"。鼓励学生走向操场、走

进大自然、走到阳光下，形成青少年体育锻炼的热潮。要根据学生的年龄、性别和体质状况，积极探索适应青少年特点的体育教学与活动形式，指导学生开展有计划、有目的、有规律的体育锻炼，努力改善学生的身体形态和机能，提高运动能力，达到体质健康标准。对达到合格等级的学生颁发"阳光体育证章"，优秀等级的颁发"阳光体育奖章"，增强学生参加体育锻炼的荣誉感和自觉性。

6. 切实减轻学生过重的课业负担。各级各类学校要进一步端正办学思想，加强素质教育，努力促进青少年学生生动活泼、积极主动地发展。中小学要切实纠正片面追求升学率的倾向，减轻学生过重的课业负担。深入推进基础教育课程改革，提高课堂教学的质量和效率，使学生有更多的时间参加体育锻炼。

7. 确保学生每天锻炼一小时。中小学要认真执行国家课程标准，保质保量上好体育课，其中小学 1—2 年级每周 4 课时，小学 3—6 年级和初中每周 3 课时，高中每周 2 课时；没有体育课的当天，学校必须在下午课后组织学生进行一小时集体体育锻炼并将其列入教学计划；全面实行大课间体育活动制度，每天上午统一安排 25—30 分钟的大课间体育活动，认真组织学生做好广播体操、开展集体体育活动；寄宿制学校要坚持每天出早操。高等学校要加强体育课程管理，把课外体育活动纳入学校日常教学计划，使每个学生每周至少参加三次课外体育锻炼。各级教育行政部门要提出每天锻炼一小时的具体要求并抓好落实。因地制宜地组织广大农村学生开展体育锻炼。有针对性地指导和支持残疾青少年的体育锻炼活动。要切实加强体育教师队伍建设，按照开设体育课和开展课外体育活动的需要，配齐配强体育教师。

8. 举办多层次多形式的学生体育运动会，积极开展竞技性和群众性体育活动。各级政府要定期组织综合性或专项性的学生体育运动会。学校每年要召开春、秋季运动会，因地制宜地经常开展以班级为单位的学生体育活动和竞赛，做到人人有体育项目、班班有体育活动、校校有体育特色。进一步办好体育传统项目学校和高等学校高水平运动队，充分发挥其对群众性体育的示范带动作用。完善高等学校和高中阶段学生军训制度，丰富军训内容，开展"少年军校"活动，发挥学生军训在增强体质、磨炼意志等方面的作用。注重发展学生的体育运动兴趣和特长，使每个学生都能掌握两项以上体育运动技能。

11. 加强学校体育设施建设。各级政府要认真落实《公共文化体育设施条例》，统筹协调、因地制宜，加强学校体育设施特别是体育场地建设。城市和社区的建设规划要充分考虑青少年体育锻炼设施的需要，为他们提供基本的设施和条件。公共体育设施建设要与学校体育设施建设统筹考虑、综合利用。把"农民体育健身工程"与农村中小学体育设施建设结合起来，改善农村学校体育条件。公共体育场馆和运动设施应免费或优惠向周边学校和学生开放，学校体育场馆在课余和节假日应向学生开放。

12. 加强体育安全管理，指导青少年科学锻炼。学校要对体育教师进行安全知识和技能培训，对学生加强安全意识教育。加强体育场馆、设施的维护管理，确保安全运行。完善学校体育和青少年校外体育活动的安全管理制度，明确安全责任，完善安全措施。针对青少年的特点，加强对大型体育活动的管理，做好应急预案，防止发生群体性安全事件。所有学校都要建立校园意外伤害事件的应急管理机制。建立和完善青少年意外伤害保险制度，推行由政府购买意外伤害校方责任险的办法，具体实施细则由财政部、保监会、教育部研究制定。要加强体育科学研究，积极开发适应青少年特点的锻炼项目和健身方法，加强社会体育指导员队伍建设，为青少年体育锻炼提供科学指导。

# 五、关于全面加强和改进新时代学校体育工作的意见

中共中央办公厅、国务院办公厅

2020 年 10 月 15 日

3. 主要目标。到 2022 年，配齐配强体育教师，开齐开足体育课，办学条件全面改善，学校体育工作制度机制更加健全，教学、训练、竞赛体系普遍建立，教育教学质量全面提高，育人成效显著增强，学生身体素质和综合素养明显提升。到 2035 年，多样化、现代化、高质量的学校体育体系基本形成。

二、不断深化教学改革

4. 开齐开足上好体育课。严格落实学校体育课程开设刚性要求，不断拓宽课程领域，逐步增加课时，丰富课程内容。义务教育阶段和高中阶段学校严格按照国家课程方案和课程标准开齐开足上好体育课。鼓励基础教育阶段学校每天开设 1 节体育课。高等教育阶段学校要将体育纳入人才培养方案，学生体质健康达标、修满体育学分方可毕业。鼓励高校和科研院所将体育课程纳入研究生教育公共课程体系。

5. 加强体育课程和教材体系建设。学校体育课程注重大中小幼相衔接，聚焦提升学生核心素养。学前教育阶段开展适合幼儿身心特点的游戏活动，培养体育兴趣爱好，促进运动机能协调发展。义务教育阶段体育课程帮助学生掌握 1 至 2 项运动技能，引导学生树立正确健康观。高中阶段体育课程进一步发展学生运动专长，引导学生养成健康生活方式，形成积极向上的健全人格。职业教育体育课程与职业技能培养相结合，培养身心健康的技术人才。高等教育阶段体育课程与创新人才培养相结合，培养具有崇高精神追求、高尚人格修养的高素质人才。学校体育教材体系建设要扎根中国、融通中外，充分体现思想性、教育性、创新性、实践性，根据

学生年龄特点和身心发展规律，围绕课程目标和运动项目特点，精选教学素材，丰富教学资源。

6. 推广中华传统体育项目。认真梳理武术、摔跤、棋类、射艺、龙舟、毽球、五禽操、舞龙舞狮等中华传统体育项目，因地制宜开展传统体育教学、训练、竞赛活动，并融入学校体育教学、训练、竞赛机制，形成中华传统体育项目竞赛体系。涵养阳光健康、拼搏向上的校园体育文化，培养学生爱国主义、集体主义、社会主义精神，增强文化自信，促进学生知行合一、刚健有为、自强不息。深入开展"传承的力量——学校体育艺术教育弘扬中华优秀传统文化成果展示活动"，加强宣传推广，让中华传统体育在校园绽放光彩。

7. 强化学校体育教学训练。逐步完善"健康知识+基本运动技能+专项运动技能"的学校体育教学模式。教会学生科学锻炼和健康知识，指导学生掌握跑、跳、投等基本运动技能和足球、篮球、排球、田径、游泳、体操、武术、冰雪运动等专项运动技能。健全体育锻炼制度，广泛开展普及性体育运动，定期举办学生运动会或体育节，组建体育兴趣小组、社团和俱乐部，推动学生积极参与常规课余训练和体育竞赛。合理安排校外体育活动时间，着力保障学生每天校内、校外各1个小时体育活动时间，促进学生养成终身锻炼的习惯。加强青少年学生军训。

8. 健全体育竞赛和人才培养体系。建立校内竞赛、校际联赛、选拔性竞赛为一体的大中小学体育竞赛体系，构建国家、省、市、县四级学校体育竞赛制度和选拔性竞赛（夏令营）制度。大中小学校建设学校代表队，参加区域乃至全国联赛。加强体教融合，广泛开展青少年体育夏（冬）令营活动，鼓励学校与体校、社会体育俱乐部合作，共同开展体育教学、训练、竞赛，促进竞赛体系深度融合。深化全国学生运动会改革，每年开展赛事项目预赛。加强体育传统特色学校建设，完善竞赛、师资培训等工作，支持建立高水平运动队，提高体育传统特色学校运动水平。加强高校高水平运动队建设，优化拓展项目布局，深化招生、培养、竞赛、管理制度改革，将高校高水平运动队建设与中小学体育竞赛相衔接，纳入国家竞技体育后备人才培养体系。深化高水平运动员注册制度改革，建立健全体育运动水平等级标准，打通教育和体育系统高水平赛事互认通道。

四、积极完善评价机制

12. 推进学校体育评价改革。建立日常参与、体质监测和专项运动技能测试相结合的考查机制，将达到国家学生体质健康标准要求作为教育教学考核的重要内容。完善学生体质健康档案，中小学校要客观记录学生日常体育参与情况和体质健康监测结果，定期向家长反馈。将体育科目纳入初、高中学业水平考试范围。改进中考体育测试内容、方式和计分办法，科学确定并逐步提高分值。积极推进高校在招生测试中增设体育项目。启动在高校招生中使用体育素养评价结果的研究。加强学生综合素质评价档案使用，高校根据人才培养目标和专业学习需要，将学生综合素质评价结果作为招生录取的重要参考。

# 六、关于强化学校体育 促进学生身心健康全面发展的意见

国务院办公厅

2016 年 4 月 21 日

一、总体要求

（二）基本原则。

坚持课堂教学与课外活动相衔接。保证课程时间，提升课堂教学效果，强化课外练习和科学锻炼指导，调动家庭、社区和社会组织的积极性，确保学生每天锻炼一小时。

坚持培养兴趣与提高技能相促进。遵循教育和体育规律，以兴趣为引

导，注重因材施教和快乐参与，重视运动技能培养，逐步提高运动水平，为学生养成终身体育锻炼习惯奠定基础。

坚持群体活动与运动竞赛相协调。面向全体学生，广泛开展普及性体育活动，有序开展课余训练和运动竞赛，积极培养体育后备人才，大力营造校园体育文化，全面提高学生体育素养。

坚持全面推进与分类指导相结合。强化政府责任，统一基本标准，因地因校制宜，积极稳妥推进，鼓励依据民族特色和地方传统，大胆探索创新，不断提高学校体育工作水平。

（三）工作目标。到 2020 年，学校体育办学条件总体达到国家标准，体育课时和锻炼时间切实保证，教学、训练与竞赛体系基本完备，体育教学质量明显提高；学生体育锻炼习惯基本养成，运动技能和体质健康水平明显提升，规则意识、合作精神和意志品质显著增强；政府主导、部门协作、社会参与的学校体育推进机制进一步完善，基本形成体系健全、制度完善、充满活力、注重实效的中国特色学校体育发展格局。

二、深化教学改革，强化体育课和课外锻炼

（四）完善体育课程。以培养学生兴趣、养成锻炼习惯、掌握运动技能、增强学生体质为主线，完善国家体育与健康课程标准，建立大中小学体育课程衔接体系。各地中小学校要按照国家课程方案和课程标准开足开好体育课程，严禁削减、挤占体育课时间。有条件的地方可为中小学增加体育课时。高等学校要为学生开好体育必修课或选修课。科学安排课程内容，在学生掌握基本运动技能的基础上，根据学校自身情况，开展运动项目教学，提高学生专项运动能力。大力推动足球、篮球、排球等集体项目，积极推进田径、游泳、体操等基础项目及冰雪运动等特色项目，广泛开展乒乓球、羽毛球、武术等优势项目。进一步挖掘整理民族民间体育，充实和丰富体育课程内容。

（五）提高教学水平。体育教学要加强健康知识教育，注重运动技能学习，科学安排运动负荷，重视实践练习。研究制定运动项目教学指南，让学生熟练掌握一至两项运动技能，逐步形成"一校一品"、"一校多品"教学模式，努力提高体育教学质量。关注学生体育能力和体质水平差异，做到区别对待、因材施教。研究推广适合不同类型残疾学生的体育教学资源，提高特殊教育学校和对残疾学生的体育教学质量，保证每个学生接受体育教育的权利。支持高等学校牵头组建运动项目全国教学联盟，为中小学开展教改试点提供专业支撑，促进中小学提升体育教学水平。充分利用现代信息技术手段，开发和创新体育教学资源，不断增强教学吸引力。鼓励有条件的单位设立全国学校体育研究基地，开展理论和实践研究，提高学校体育科学化水平。

（六）强化课外锻炼。健全学生体育锻炼制度，学校要将学生在校内开展的课外体育活动纳入教学计划，列入作息时间安排，与体育课教学内容相衔接，切实保证学生每天一小时校园体育活动落到实处。幼儿园要遵循幼儿年龄特点和身心发展规律，开展丰富多彩的体育活动。中小学校要组织学生开展大课间体育活动，寄宿制学校要坚持每天出早操。高等学校要通过多种形式组织学生积极参加课外体育锻炼。职业学校在学生顶岗实习期间，要注意安排学生的体育锻炼时间。鼓励学生积极参加校外全民健身运动，中小学校要合理安排家庭"体育作业"，家长要支持学生参加社会体育活动，社区要为学生体育活动创造便利条件，逐步形成家庭、学校、社区联动，共同指导学生体育锻炼的机制。组织开展全国学校体育工作示范校创建活动，各地定期开展阳光体育系列活动和"走下网络、走出宿舍、走向操场"主题群众性课外体育锻炼活动，坚持每年开展学生冬季长跑等群体性活动，形成覆盖校内外的学生课外体育锻炼体系。

三、注重教体结合，完善训练和竞赛体系

（七）开展课余训练。学校应通过组建运动队、代表队、俱乐部和兴趣小组等形式，积极开展课余体育训练，为有体育特长的学生提供成才路径，为国家培养竞技体育后备人才奠定基础。要根据学生年龄特点和运动训练规律，科学安排训练计划，妥善处理好文化课学习和训练的关系，全面提高学生身体素质，打好专项运动能力基础，不断提高课余运动训练水平。办好体育传统项目学校，充分发挥其引领示范作用。

（八）完善竞赛体系。建设常态化的校园体育竞赛机制，广泛开展班级、年级体育比赛，学校每年至少举办一次综合性运动会或体育节，通过丰富多彩的校园体育竞赛，吸引广大学生积极参加体育锻炼。制定学校体育课余训练与竞赛管理办法，完善和规范学生体育竞赛体制，构建县、市、省、国家四级竞赛体系。各地要在整合赛事资源的基础上，系统设计并构建相互衔接的学生体育竞赛体系，积极组织开展区域内竞赛活动，定期举办综合性学生运动会。推动开展跨区域学校体育竞赛活动，全国学生运动会每三年举办一届。通过完善竞赛选拔机制，畅通学生运动员进入各级专业运动队、代表队的渠道。

四、增强基础能力，提升学校体育保障水平

（九）加强体育教师队伍建设。加强师德建设，增强广大体育教师特别是乡村体育教师的职业荣誉感，坚定长期致力于体育教育事业的理想与信心。各地要利用现有政策和渠道，按标准配齐体育教师和体育教研人员。办好高等学校体育教育专业，培养合格体育教师。鼓励优秀教练员、退役运动员、社会体育指导员、有体育特长的志愿人员兼任体育教师。实施体育教师全员培训，着力培养一大批体育骨干教师和体育名师等领军人才，中小学教师国家级培训计划（国培计划）重点加强中西部乡村教师培训，提升特殊教育体育教师水平。科学合理确定体育教师工作量，把组织开展课外活动、学生体质健康测试、课余训练、比赛等纳入教学工作量。保障体育教师在职称（职务）评聘、福利待遇、评优表彰、晋级晋升等方面与其他学科教师同等待遇。高等学校要完善符合体育学科特点的体育教师工作考核和职称（职务）评聘办法。

（十）推进体育设施建设。各地要按照学校建设标准、设计规范，充分利用多种资金渠道，加大对学校体育设施建设的支持力度。把学校体育设施列为义务教育学校标准化建设的重要内容，以保基本、兜底线为原则，建设好学校体育场地设施、配好体育器材，为体育教师配备必要的教学装备。进一步完善制度，积极推动公共体育场馆设施为学校体育提供服务，向学生免费或优惠开放，推动有条件的学校体育场馆设施在课后和节假日对本校师生和公众有序开放，充分利用青少年活动中心、少年宫、户外营地等资源开展体育活动。

（十一）完善经费投入机制。各级政府要切实加大学校体育经费投入力度，地方各级人民政府在安排财政转移支付资金和本级财力时要对学校体育给予倾斜。各级教育部门要根据需求将学校体育工作经费纳入年度预算，学校要保障体育工作的经费需求。鼓励和引导社会资金支持发展学校体育，多渠道增加学校体育投入。

（十二）健全风险管理机制。健全学校体育运动伤害风险防范机制，保障学校体育工作健康有序开展。对学生进行安全教育，培养学生安全意识和自我保护能力，提高学生的伤害应急处置和救护能力。加强校长、教师及有关管理人员培训，提高学校体育从业人员运动风险管理意识和能力。学校应当根据体育器材设施及场地的安全风险进行分类管理，定期开展检查，有安全风险的应当设立明显警示标志和安全提示。完善校方责任险，探索建立涵盖体育意外伤害的学生综合保险机制。鼓励各地政府试点推行学生体育安全事故第三方调解办法。

（十三）整合各方资源支持学校体育。完善政策措施，采取政府购买体育服务等方式，逐步建立社会力量支持学校体育发展的长效机制，引导技术、人才等资源服务学校体育教学、训练和竞赛等活动。鼓励专业运动队、职业体育俱乐部定期组织教练员、运动员深入学校指导开展有关体育活动。支持学校与科研院所、社会团体、企业等开展广泛合作，提升学校体育工作水平。加深同港澳台青少年体育活动的合作。加强学校体育国际交流。

# 七、体育强国建设纲要

国务院办公厅

2019 年 8 月 10 日

一、总体要求

（二）战略目标。

到 2020 年，建立与全面建成小康社会相适应的体育发展新机制，体育领域创新发展取得新成果，全民族身体素养和健康水平持续提高，公共体育服务体系初步建立，竞技体育综合实力进一步增强，体育产业在实现高质量发展上取得新进展。

到 2035 年，形成政府主导有力、社会规范有序、市场充满活力、人民积极参与、社会组织健康发展、公共服务完善、与基本实现现代化相适应的体育发展新格局，体育治理体系和治理能力实现现代化。全民健身更亲民、更便利、更普及，经常参加体育锻炼人数比例达到 45%以上，人均体育场地面积达到 2.5 平方米，城乡居民达到《国民体质测定标准》合格以上的人数比例超过 92%；青少年体育服务体系更加健全，身体素养显著提升，健康状况明显改善；竞技体育更好、更快、更高、更强，夏季项目与冬季项目、男子项目与女子项目、职业体育与专业体育、"三大球"与基础大项等实现均衡发展，综合实力和国际影响力大幅提升；体育产业更大、更活、更优，成为国民经济支柱性产业；体育文化感召力、影响力、凝聚力不断提高，中华体育精神传承发扬；体育对外和对港澳台交往更活跃、更全面、更协调，成为中国特色大国外交和"一国两制"事业的重要方面。

到 2050 年，全面建成社会主义现代化体育强国。人民身体素养和健康水平、体育综合实力和国际影响力居于世界前列，体育成为中华民族伟大复兴的标志性事业。

二、战略任务

（一）落实全民健身国家战略，助力健康中国建设。

完善全民健身公共服务体系。充分发挥国务院全民健身工作部际联席会议作用，地方各级政府建立全民健身工作联席会议机制。紧紧围绕便民惠民，抓好全民健身"六个身边"工程建设。积极开展体育强省、全民运动健身模范市、全民运动健身模范县三级联创活动，逐步推动基本公共体育服务在地区、城乡、行业和人群间的均等化。推动全民健身公共服务资源向农村倾斜，重点扶持革命老区、民族地区、边疆地区、贫困地区发展全民健身事业。

统筹建设全民健身场地设施。加强城市绿道、健身步道、自行车道、全民健身中心、体育健身公园、社区文体广场以及足球、冰雪运动等场地设施建设，与住宅、商业、文化、娱乐等建设项目综合开发和改造相结合，合理利用城市空置场所、地下空间、公园绿地、建筑屋顶、权属单位物业附属空间。鼓励社会力量建设小型体育场所，完善公共体育设施免费或低收费开放政策，有序促进各类体育场地设施向社会开放。紧密结合美丽宜居乡村、运动休闲特色小镇建设，鼓励创建休闲健身区、功能区和田园景区，探索发展乡村健身休闲产业和建设运动休闲特色乡村。

广泛开展全民健身活动。坚持以人民健康为中心，制定并实施全民健身计划，普及科学健身知识和健身方法，因时因地因需开展全民健身活动，坚持大健康理念，从注重"治已病"向注重"治未病"转变。推行《国家体育锻炼标准》和《国家学生体质健康标准》，建立面向全民的体育运动水平等级标准和评定体系。大力发展群众喜闻乐见的运动项目，扶持推广各类民族民间民俗传统运动项目。建立群众性竞赛活动体系和激励机制，探索多元主体办赛机制。推进冰雪运动"南展西扩东进"战略，带动"三亿人参与冰雪运动"。

优化全民健身组织网络。发挥全国性体育社会组织示范作用，推进各级体育总会建设，完善覆盖城乡、规范有序、富有活力的全民健身组织网络，带动各级各类单项、行业和人群体育组织开展全民健身活动。组织社会体育指导员广泛开展全民健身指导服务，建立全民健身志愿服务长效机制。

促进重点人群体育活动开展。制定实施青少年、妇女、老年人、农民、职业人群、残疾人等群体的体质健康干预计划。将促进青少年提高身体素养和养成健康生活方式作为学校体育教育的重要内容，把学生体质健康水平纳入政府、教育行政部门、学校的考核体系，全面实施青少年体育活动促进计划。实行工间健身制度，鼓励和支持新建工作场所建设适当的健身活动场地。积极推进冰雪运动进校园、进社区，普及冬奥知识和冰雪运动。推动残疾人康复体育和健身体育广泛开展。

推进全民健身智慧化发展。运用物联网、云计算等新信息技术，促进体育场馆活动预订、赛事信息发布、经营服务统计等整合应用，推进智慧健身路径、智慧健身步道、智慧体育公园建设。鼓励社会力量建设分布于城乡社区、商圈、工业园区的智慧健身中心、智慧健身馆。依托已有资源，提升智慧化全民健身公共服务能力，实现资源整合、数据共享、互联互通，加强分析应用。

（二）提升竞技体育综合实力，增强为国争光能力。

完善举国体制与市场机制相结合的竞技体育发展模式，坚持开放办体育，形成国家办与社会办相结合的竞技体育管理体制和运行机制。创新优秀运动员培养和优秀运动队组建模式，建立向全社会开放的国家队运动员选拔制度，充分调动高校、地方以及社会力量参与竞技体育的积极性。综合评估竞技体育项目发展潜力和价值，统筹各项目发展，建立竞技体育公共投入的效益评估体系。

构建科学合理的训练体系。加强优秀运动队复合型训练团队建设，构建符合科学发展要求的训练体系。统筹国际国内体育科技资源，构建跨学科、跨地域、跨行业、跨部门的体育科技协同创新平台，加强科研攻关、科技服务和医疗保障工作。加大对训练基地科研、医疗、文化教育等支持，把若干现有基地建设成为世界一流的"训、科、医、教、服"一体化训练基地。

建立中国特色现代化竞赛体系。推进竞赛体制改革，建立适应社会主义市场经济、符合现代体育运动规律、与国际接轨的体育竞赛制度，构建多部门合作、多主体参与的金字塔式体育竞赛体系，畅通分级分类有序参赛通道，推动青少年竞赛体系和学校竞赛体系有机融合。深化全国运动会、全国冬季运动会、全国青年运动会改革。支持全国性单项体育协会举办高水平体育赛事活动，鼓励社会力量举办形式多样的系列赛、大奖赛、分站赛等。

（四）促进体育文化繁荣发展，弘扬中华体育精神。

大力弘扬中华体育精神。深入挖掘中华体育精神，将其融入社会主义核心价值体系建设，精心培育和发展体育公益、慈善和志愿服务文化。完善中国体育荣誉体系，鼓励社会组织和单项体育协会打造褒奖运动精神的各类荣誉奖励。倡导文明观赛、文明健身等体育文明礼仪，促进社会主义思想道德建设和精神文明创建。

传承中华传统体育文化。加强优秀民族体育、民间体育、民俗体育的保护、推广和创新，推进传统体育项目文化的挖掘和整理。开展体育文物、档案、文献等普查、收集、整理、保存和研究利用工作。开展传统体育类非物质文化遗产展示展演活动，推动传统体育类非物质文化遗产进校园。

推动运动项目文化建设。挖掘体育运动项目特色、组织文化和团队精神，讲好以运动员为主体的运动项目文化故事。培育具有优秀品德和良好运动成绩的体育明星，组织运动队和体育明星开展公益活动。以各类赛事为平台，举办以运动项目为主要内容的文化活动、文化展示。以 2022 年北京冬奥会和冬残奥会筹办为契机，弘扬冰雪运动项目文化。

丰富体育文化产品。实施体育文化创作精品工程，创作具有时代特征、体育内涵、中国特色的体育文化产品，鼓励开展体育影视、体育音乐、体育摄影、体育美术、体育动漫、体育收藏品等的展示和评选活动。

三、政策保障

（一）加强组织领导。体育、发展改革、财政、税务、人力资源社会保障、公安、教育、文化和旅游、卫生健康、科技、民政、外交、住房城乡建设、自然资源、农业农村、残联等部门和单位要建立目标任务分解考核和动态调整机制，确保体育强国建设目标如期完成。进一步转变政府职能，充分调动社会力量，构建管办分离、内外联动、各司其职、灵活高效的体育发展新模式，实现体育治理体系和治理能力现代化。

（二）加大政策支持力度。完善公共财政体育投入机制，多渠道筹措资金支持体育强国建设。合理划分地方各级政府在体育领域的财政事权和支出责任，明确地方主体责任。加大政府性基金与一般公共预算的统筹力度。加大政府向社会力量购买公共体育服务的力度。落实体育税费政策，加强对政策执行情况的评估督查。将全民健身场地设施纳入各级政府经济社会发展规划和各级国土空间规划，统筹考虑全民健身场地设施、体育用地需求，建立社区全民健身场地设施配建标准和评价制度。研究完善建设用地标准，在国家土地政策允许范围内，保障重要公益性体育设施和体育产业设施、项目必要用地，并依法依规办理用地手续。

重大工程专栏

重大工程三　青少年体育发展促进工程

构建社会化、网络化的青少年体育冬夏令营体系，开展青少年体育技能培训，使青少年掌握 2 项以上运动技能；丰富青少年体育赛事活动，形成一批具有较大影响的社会精品赛事活动；构建青少年体育社会组织管理和支持体系，促进青少年体育俱乐部、青少年户外体育活动营地等发展。

推进幼儿体育发展，完善政策和保障体系；推进幼儿体育项目和幼儿体育器材标准体系建设，引导建立幼儿体育课程体系和师资培养体系。

实施青少年体育拔尖人才建设工程，推动体校特色运动队、俱乐部运动队、大中小学运动队及俱乐部建设。进一步发挥体校和社会俱乐部培养竞技体育后备人才的优势。

打破部门界限和注册限制，逐步建立面向所有适龄青少年、不同年龄阶段相互衔接的全国青少年 U 系列竞赛体系。

落实教练员培养规划，实施教练员轮训，提高青少年体育教练员水平。

# 八、全民健身计划（2021—2025 年）

国务院

2021 年 7 月 18 日

（三）加大全民健身场地设施供给。制定国家步道体系建设总体方案和体育公园建设指导意见，督导各地制定健身设施建设补短板五年行动计划，实施全民健身设施补短板工程。盘活城市空闲土地，用好公益性建设用地，支持以租赁方式供地，倡导土地复合利用，充分挖掘存量建设用地潜力，规划建设贴近社区、方便可达的场地设施。新建或改扩建 2000 个以上体育公园、全民健身中心、公共体育场馆等健身场地设施，补齐 5000 个以上乡镇（街道）全民健身场地器材，配建一批群众滑冰场，数字化升级改造 1000 个以上公共体育场馆。

开展公共体育场馆开放服务提升行动，控制大型场馆数量，建立健全场馆运营管理机制，改造完善场馆硬件设施，做好场馆应急避难（险）功能转换预案，提升场馆使用效益。加强对公共体育场馆开放使用的评估督导，优化场馆免费或低收费开放绩效管理方式，加大场馆向青少年、老年人、残疾人开放的绩效考核力度。做好在新冠肺炎疫情防控常态化条件下学校体育场馆向社会开放工作。

（四）广泛开展全民健身赛事活动。开展全国运动会群众赛事活动，举办全民健身大会、全国社区运动会。持续开展全国新年登高、纪念毛泽东同志"发展体育运动，增强人民体质"题词、全民健身日、"行走大运河"全民健身健步走、中国农民丰收节、群众冬季运动推广普及等主题活动。巩固拓展"三亿人参与冰雪运动"成果，大力发展"三大球"运动，推动县域足球推广普及。制定运动项目办赛指南和参赛指引，举办运动项目业余联赛，普及运动项目文化，发展运动项目人口。支持举办各类残疾人体育赛事，开展残健融合体育健身活动。支持各地利用自身资源优势培育全民健身赛事活动品牌，鼓励京津冀、长三角、粤港澳大湾区、成渝地区双城经济圈等区域联合打造全民健身赛事活动品牌，促进区域间全民健身协同发展。

（五）提升科学健身指导服务水平。落实国民体质监测、国家体育锻炼标准和全民健身活动状况调查制度。开设线上科学健身大讲堂。鼓励体育明星等体育专业技术人才参加健身科普活动。征集推广体育科普作品，促进科学健身知识、方法的研究和普及。制定面向大众的体育运动水平等级标准及评定体系。深化社会体育指导员管理制度改革，适当降低准入门槛，扩大队伍规模，提高指导服务率和科学健身指导服务水平。弘扬全民健身志愿服务精神，开展线上线下志愿服务，推出具有地方特色的全民健身志愿服务项目，打造全民健身志愿服务品牌。

（六）激发体育社会组织活力。完善以各级体育总会为枢纽，各级各类单项、行业和人群体育协会为支撑，基层体育组织为主体的全民健身组织网络。重点加强基层体育组织建设，鼓励体育总会向乡镇（街道）延伸、各类体育社会组织下沉行政村（社区）。加大政府购买体育社会组织服务力度，引导体育社会组织参与承接政府购买全民健身公共服务。对队伍稳定、组织活跃、专业素养高的"三大球"、乒乓球、羽毛球、骑行、跑步等自发性全民健身社会组织给予场地、教练、培训、等级评定等支持。将运动项目推广普及作为单项体育协会的主要评价指标。

（七）促进重点人群健身活动开展。实施青少年体育活动促进计划，推进青少年体育"健康包"工程，开展针对青少年近视、肥胖等问题的体育干预，合理调整适合未成年人使用的设施器材标准，在配备公共体育设施的社区、公园、绿地等公共场所，配备适合学龄前儿童大动作发展和身体锻炼的设备设施。提高健身设施适老化程度，研究推广适合老年人的体育健身休闲项目，组织开展适合老年人的赛事活动。完善公共健身设施无障碍环境，开展残疾人康复健身活动。

（九）推进全民健身融合发展。深化体教融合。完善学校体育教学模式，保障学生每天校内、校外各1个小时体育活动时间。整合各级各类青少年体育赛事，健全分学段、跨区域的青少年体育赛事体系。加大体育传统特色学校、各级各类体校和高校高水平运动队建设力度，大力培养体育教师和教练员队伍。规范青少年体育社会组织建设，鼓励支持青少年体育俱乐部发展。

## 九、关于加快发展青少年校园足球的实施意见

教育部、国家发展改革委、财政部

新闻出版广电总局、体育总局、共青团中央

2015 年 7 月 22 日

（三）加强足球课外锻炼训练

要把足球运动作为学校大课间和课外活动内容，鼓励引导广大学生"走下网络、走出宿舍、走向操场"，积极参加校外足球运动。有条件的学校要建立班级、年级和校级足球队。鼓励组建女子足球队。妥善处理好学生足球训练和文化学习之间的关系。教育部门会同体育等部门指导学校制定科学的校园足球训练计划，合理组织校园足球课余训练，为喜欢足球和有足球潜能的学生提供学习和训练机会。

## 十、关于公共体育场所应进一步向中、小学生开放的通知

国家体委

1990 年 6 月 18 日

一、公共体育场馆对广大中、小学生开展体育活动的需求，应从实际出发，配合教育部门，做出具体安排。

二、在承办中、小学生的体育比赛时，应积极提供便利条件，对所需费用应尽可能给予优惠，或只收取水、电等消耗性费用。场馆（池）的外围空场空地应免费向中、小学生开放。

三、节假日向中、小学生开放应予优惠或免费。如需购票，可凭学生证享受半价。

四、承办国际、国内比赛时，应积极组织中、小学生观摩学习。

五、在不影响正常训练、比赛的情况下，体育场馆（池）应为中、小学校的体育教学、课余训练及达标测验等提供场地和设备。有条件的，还应给予技术辅导。

# 十一、关于进一步加强学校体育工作 切实提高学生健康素质的意见

教育部、国家体育总局

2006 年 12 月 20 日

一、学校教育要树立健康第一的指导思想

贯彻党的教育方针，全面实施素质教育，培养德智体美等方面全面发展的社会主义建设者和接班人，必须始终坚持健康第一的指导思想。学校体育是提高青少年健康素质的关键环节。青少年学生的健康是一个民族健康素质的基础，是每个学生健康成长的基本条件，关系到千家万户的幸福，关系到民族的未来和国家的竞争力。学校体育是促进青少年全面发展的重要内容，对青少年的思想品德、智力发育、审美素养的形成都有不可替代的重要作用，是进行爱国主义、集体主义教育，弘扬民族精神、传承民族文化的重要途径。加强学校体育工作、提高学生健康素质，是学校教育全面落实科学发展观、坚持以人为本、促进青少年学生全面发展的必然要求，是把提高教育质量作为当前教育工作重点的必然要求，必须把学校体育摆在学校教育的突出位置，作为各级各类学校的一项重要任务，各级教育行政部门和学校必须充分认识加强学校体育工作的紧迫性。

二、切实贯彻落实国家对学校体育工作的要求

认真落实国家对体育课程的规定。体育课是学校体育工作的中心环节，各级各类学校必须切实开足、开齐体育课，不得以任何理由削减、挤

占体育课时间。同时，要积极推进体育教学改革，不断提高教学质量。要通过调动学生参与课内外体育活动的积极性，有效增强学生体质，使学生掌握科学锻炼身体的基础知识和基本技能，养成良好的体育锻炼习惯，为终身体育打下坚实基础。

建立并坚持科学规范的学生作息制度。学生的学习、生活、体育、娱乐、课外活动和休息的安排，都要按照健康第一的指导思想和青少年生长发育的规律进行。要依法保障学生睡眠和体育锻炼的权利，确保小学生每天睡眠时间不少于 10 小时，中学生不少于 9 小时，学生体育活动时间不少于 1 小时。学校要制定科学的作息时间表，加以公示后，坚决保证实行。县级以上教育行政部门应根据当地的实际提出安排中小学学期、假期和学校作息时间的指导意见。

广泛开展群体性的学生体育活动。学校要把开展丰富多彩、形式多样的课外体育活动作为日常教育工作和校园文化建设的有机组成部分，并纳入教育教学活动安排，形成制度。教育部、国家体育总局、共青团中央将共同组织开展全国亿万学生阳光体育运动。各级教育、体育行政部门和各级各类学校要积极行动起来，开展人人参与、个个争先的群众体育活动，探索学生有兴趣、学校有特色的群体活动形式，不断增强广大青少年学生的体育健身意识，激励他们自觉参加体育锻炼，掀起校园青春健身活动的热潮，形成生动活泼、生机勃勃、生龙活虎的校园体育文化氛围。体育行政部门要加大依托学校创建青少年体育俱乐部和社区俱乐部工作的力度，组织和吸引广大青少年学生积极参加体育活动。

加强对学生课余体育训练、竞赛活动的指导和支持。开展课余体育训练是普及体育人口和培养、选拔优秀体育后备人才的重要基础。要把面向全体学生的群体活动与提高课余体育训练水平有机结合起来，通过更加广泛的群体、竞赛活动形式夯实课余体育训练的基础，通过课余体育训练、竞赛活动带动、促进学生群体活动，激发学生参加体育锻炼的热情。要坚决纠正少数地方和学校把开展面向全体学生的群体活动与培养、选拔优秀体育人才割裂开来的做法。今后，对体育传统项目学校和高校高水平运动队的评估，必须将学校开展群体活动的情况和形成体育特色的水平作为重要条件。要加强学生运动员的思想品德教育，合理解决学习与训练的矛盾，保证他们的文化课学习。教育部门和体育部门要加强合作，实现优势互补、资源共享。

坚持因地制宜、分类指导的原则。体育课、课外体育活动和课余体育训练都要从学生的特点和本地区、本学校的实际情况、历史传统出发。在保证有效促进学生体质健康水平提高的前提下，低年龄段学生的体育课和体育活动要强调趣味性、集体性和安全性，通过科学的体育教学和锻炼过程，全面发展学生的身体素质，提高心理健康水平，并有机地渗透德育内容。高年龄段学生的体育课程和体育活动，要根据学生自身特点和发展要求，增加课程内容的选择性，强调活动的多样性，增强学生自觉参与体育锻炼的意识。有条件的学校要开设具有时代特点的体育项目，并逐步形成自身的体育特色。农村学校要根据校园环境和地域特点设计体育课程、开展体育活动，并从当地传统体育活动中汲取营养。少数民族地区的学校应积极开展富有当地民族特色的体育活动。

# 十二、关于深化体教融合 促进青少年健康发展意见

体育总局、教育部

2020 年 8 月 31 日

一、加强学校体育工作

（一）树立健康第一的教育理念，面向全体学生，开齐开足体育课，帮助学生在体育锻炼中享受乐趣、增强体质、健全人格、锤炼意志，实现

文明其精神、野蛮其体魄。

（二）开展丰富多彩的课余训练、竞赛活动，扩大校内、校际体育比赛覆盖面和参与度，组织冬夏令营等选拔性竞赛活动。通过政府购买服务等形式支持社会力量进入学校，丰富学校体育活动，加强青少年学生军训。

（三）大中小学校在广泛开展校内竞赛活动基础上建设学校代表队，参加区域内乃至全国联赛。对开展情况优异的学校，教育部门会同体育部门在教师、教练员培训等方面予以适当激励。鼓励建设高水平运动队的高校全面建立足球、篮球、排球等集体球类项目队伍，鼓励中学建立足球、篮球、排球学校代表队。

（四）支持大中小学校成立青少年体育俱乐部，制定体育教师在课外辅导和组织竞赛活动中的课时和工作量计算等补贴政策。

（五）健全学校体育相关法律体系，修订《学校体育工作条例》。教育部、体育总局共同制定学校体育标准。教育部门要会同体育、卫生健康部门加强对学校体育教学、课余训练、竞赛、学生体质健康监测的评估、指导和监督。

（六）将体育科目纳入初、高中学业水平考试范围，纳入中考计分科目，科学确定并逐步提高分值，启动体育素养在高校招生中的使用研究。

（七）加快体育高等院校建设，丰富完善体育教育体系建设。加强体育基础理论研究，发挥其在项目开展、科研训练、人才培养等方面的智库作用。体育高等院校、有体育单独招生的普通高等学校加大培养高水平教练员、裁判员力度。建设体育职业学院，加强相关专业建设，遴选建设有关职业技能等级证书，培养中小学校青训教练员。

（八）在体育高等院校建立足球、篮球、排球学院，探索在专科、本科层次设置独立的足球、篮球、排球学院。

## 十三、上海市市民体育健身条例

（根据 2017 年 11 月 23 日上海市第十四届人民代表大会常务委员会第四十一次会议《关于修改本市部分地方性法规的决定》第二次修正）

**第三条** 市民有依法参加体育健身活动的权利。

各级人民政府应当依法保障市民参加体育健身活动的权利。

**第五条** 市和区人民政府应当加强对市民体育健身工作的领导，将市民体育健身事业纳入本级国民经济和社会发展规划，将市民体育健身工作所需经费列入本级财政预算，并随着国民经济的发展逐步增加对市民体育健身工作的投入。

镇（乡）人民政府、街道办事处应当协调、推动本区域内公共体育健身设施的开放和管理，组织开展社区体育健身活动，提供必要的人员和经费保障。

**第六条** 各级人民政府及其体育行政管理部门对开展市民体育健身活动成绩显著的单位和个人，应当按照国家和本市有关规定给予表彰和奖励。

**第十条** 学校应当按照教育行政管理部门的有关规定，实施学生体质健康标准，加强对学生体质的监测，开设体育课、体育活动课，开展广播体操、眼保健操等活动，保证学生在校期间每天参加一个小时的体育健身活动。

学校每学年至少举办一次全校性的体育运动会。学校应当开展多种形式的课外体育活动，培养学生体育锻炼兴趣，提高学生体育技能，增强学生体质。

教育行政管理部门应当定期对学校体育健身工作进行督导检查，将学生体质健康状况作为评价、考核学校工作的重要指标。

**第十二条**　工会、共产主义青年团、妇女联合会、残疾人联合会等社会团体应当结合自身特点，组织成员开展体育健身活动。

**第十七条**　市体育行政管理部门应当根据本市国民经济和社会发展规划，会同规划土地等行政管理部门组织编制公共体育设施规划，报市人民政府批准后，纳入相应的城乡规划。规划土地行政管理部门应当为公共体育设施预留建设用地。

**第十八条**　各级人民政府应当按照国家和本市对城市公共体育设施用地定额指标、公共体育设施规划，建设公共体育设施。

建设公共体育设施，应当充分考虑未成年人、老年人、残疾人等群体的特殊要求，采取无障碍和安全防护措施，满足各类人群参加体育健身的需要。

各级人民政府及其体育行政管理部门应当加强对公共体育设施的监督管理。任何单位和个人不得侵占、破坏公共体育设施或者擅自改变公共体育设施的使用性质。

鼓励企业事业单位、社会团体、其他组织和个人建设公共体育健身设施。

**第二十条**　公共体育场馆应当全年向市民开放，每周累计开放时间不得少于五十六个小时，法定节假日和学校寒暑假期间应当延长开放时间。

公共体育场馆在学校寒暑假期间应当增设适应学生特点的体育健身项目，开设学生专场。

鼓励企业事业单位向市民开放体育健身设施。

**第二十一条**　学校应当在课余时间和节假日向学生开放体育健身设施。公办学校应当积极创造条件向市民开放体育健身设施。鼓励民办学校向市民开放体育健身设施。

区人民政府对向市民开放体育健身设施的学校给予经费支持，并为向市民开放体育健身设施的学校办理有关责任保险。

区人民政府应当制定学校体育健身设施向市民开放的具体管理办法，由学校所在地的镇（乡）人民政府或者街道办事处会同学校组织实施。体育行政管理部门应当会同教育行政管理部门加强对学校体育健身设施开放的指导监督。

**第二十三条** 公共体育场馆、公办学校、社区文化活动中心等体育健身设施实行收费的，具体价格由政府有关部门核定，一般不超过其运营成本。对学生、老年人、残疾人等实行价格优惠。

公共体育场馆应当在全民健身日等规定时间向市民免费开放，并逐步增加免费开放的时间。

**第二十八条** 各级人民政府应当支持高等院校和科学研究机构开展体育健身科学研究，加强国际国内交流，推广科学的体育健身项目和方法。

**第二十九条** 各级人民政府及其体育行政管理部门应当根据实际情况，通过政府购买公共服务、专项资金补助、奖励等形式，支持体育协会、社区体育组织以及其他社会团体向市民提供体育健身服务。

**第三十三条** 体育彩票公益金应当根据国家有关规定，用于组织开展市民体育健身活动、培训社会体育指导人员、进行市民体质监测以及市民体育健身设施的建设和管理，并逐步提高对社区市民体育健身的投入比例。

利用福利彩票公益金建设社会福利设施时，应当按照国家有关规定，设置适合老年人和残疾人体育健身活动的设施。

彩票公益金的管理、使用单位，应当依法接受财政部门、审计机关和社会公众的监督，每年向社会公告公益金的使用情况。

**第三十四条** 鼓励企业事业单位、社会团体、其他组织和个人向市民体育健身事业捐赠财产、提供赞助。向市民体育健身事业捐赠财产的，依法享受税收优惠。

**第三十五条** 鼓励市民体育健身活动组织者和健身场所管理者依法投

保有关责任保险。

鼓励参加市民体育健身活动的公民依法投保意外伤害保险。

# 十四、关于全面加强和改进学校美育工作的意见

国务院办公厅

2015 年 9 月 15 日

（四）科学定位美育课程目标。学校美育课程建设要以艺术课程为主体，各学科相互渗透融合，重视美育基础知识学习，增强课程综合性，加强实践活动环节。要以审美和人文素养培养为核心，以创新能力培育为重点，科学定位各级各类学校美育课程目标。

幼儿园美育要遵循幼儿身心发展规律，通过开展丰富多样的活动，培养幼儿拥有美好、善良的心灵，懂得珍惜美好事物，能用自己的方式去表现美、创造美，使幼儿快乐生活、健康成长。义务教育阶段学校美育课程要注重激发学生艺术兴趣，传授必备的基础知识与技能，发展艺术想象力和创新意识，帮助学生形成一两项艺术特长和爱好，培养学生健康向上的审美趣味、审美格调、审美理想。普通高中美育课程要满足学生不同艺术爱好和特长发展的需要，体现课程的多样性和可选择性，丰富学生的审美体验，开阔学生的人文视野。特殊教育学校美育课程要根据学生身心发展水平和特点，培养学生的兴趣和特长，注重潜能发展，将艺术技能与职业技能培养有机结合，为学生融入社会、创业就业和健康快乐生活奠定基础。职业院校美育课程要强化艺术实践，注重与专业课程的有机结合，培养具有审美修养的高素质技术技能人才。普通高校美育课程要依托本校相关学科优势和当地教育资源优势，拓展教育教学内容和形式，引导学生完善人格修养，强化学生的文化主体意识和文化创新意识，增强学生传承弘

扬中华优秀文化艺术的责任感和使命感。

（六）实施美育实践活动的课程化管理。美育实践活动是学校美育课程的重要组成部分，要纳入教学计划，实施课程化管理。建立学生课外活动记录制度，学生参与社区乡村文化艺术活动、学习优秀民族民间艺术、欣赏高雅文艺演出、参观美术展览等情况与表现要作为中小学生艺术素质测评内容。各级各类学校要贴近校园生活，根据学生认知水平和心理特点，积极探索创造具有时代特征、校园特色和学生特点的美育活动形式。要以戏曲、书法、篆刻、剪纸等中华优秀传统文化艺术为重点，形成本地本校的特色和传统。中小学校应以班级为基础，开展合唱、校园集体舞、儿童歌舞剧等群体性活动。任何学校和教师不得组织学生参加以营利为目的的艺术竞赛活动，严禁任何部门和中小学校组织学生参与商业性艺术活动或商业性庆典活动。

（八）加强美育的渗透与融合。将美育贯穿在学校教育的全过程各方面，渗透在各个学科之中。加强美育与德育、智育、体育相融合，与各学科教学和社会实践活动相结合。挖掘不同学科所蕴涵的丰富美育资源，充分发挥语文、历史等人文学科的美育功能，深入挖掘数学、物理等自然学科中的美育价值。大力开展以美育为主题的跨学科教育教学和课外校外实践活动，将相关学科的美育内容有机整合，发挥各个学科教师的优势，围绕美育目标，形成课堂教学、课外活动、校园文化的育人合力。

（九）创新艺术人才培养模式。专业艺术院校要注重内涵建设，突出办学特色，专业设置应与学科建设、产业发展、社会需求、艺术前沿有机衔接。加强社会服务意识，强化实践育人，进一步完善协同育人的人才培养模式，增强人才培养与经济社会发展的契合度，为经济发展、文化繁荣培养高素质、多样化的艺术专门人才。遵循艺术人才成长规律，促进艺术教育与思想政治教育有机融合、专业课程教学与文化课程教学相辅相成，坚持德艺双馨，着力提升学生综合素养，培养造就具有丰厚文化底蕴、素质全面、专业扎实的艺术专门人才。

（十）建立美育网络资源共享平台。充分利用信息化手段，扩大优质美育教育资源覆盖面。以国家实施"宽带中国"战略为契机，加强美育网络资源建设，加快推进边远贫困地区小学教学点数字教育资源全覆盖。支持和辅导教师用好多媒体远程教学设备，将优质美育资源输送到偏远农村学校。充分调动社会各方面积极性，联合建设美育资源的网络平台，大力开发与课程教材配套的高校和中小学校美育课程优质数字教育资源，鼓励各级各类学校结合"互联网+"发展新形势，创新学校美育教育教学方式，加强基于移动互联网的学习平台建设。

（十一）注重校园文化环境的育人作用。各级各类学校要充分利用广播、电视、网络、教室、走廊、宣传栏等，营造格调高雅、富有美感、充满朝气的校园文化环境，以美感人，以景育人。要让社会主义核心价值观、中华优秀传统文化基因通过校园文化环境浸润学生心田，引导学生发现自然之美、生活之美、心灵之美。进一步办好大中小学生艺术展演活动，抓好中华优秀传统文化艺术传承学校与基地建设，各地要因地制宜探索建设一批体现正确育人导向、具有丰富文化内涵的校园文化美育环境示范学校。

（十六）探索构建美育协同育人机制。以立德树人、崇德向善、以美育人为导向，加强对家庭美育的引导，规范社会艺术考级市场，强化社会文化环境治理，宣传正确的美育理念，充分发挥家庭和社会的育人作用，转变艺术学习的技术化和功利化倾向，营造有利于青少年成长的健康向上的社会文化环境。建立学校、家庭、社会多位一体的美育协同育人机制，推进美育协同创新，探索建立教育与宣传、文化等部门及文艺团体的长效合作机制，建立推进学校美育工作的部门间协调机制。

# 十五、关于全面加强和改进新时代学校美育工作的意见

中共中央办公厅、国务院办公厅

2020 年 10 月 15 日

2. 工作原则

——坚持正确方向。将学校美育作为立德树人的重要载体，坚持弘扬社会主义核心价值观，强化中华优秀传统文化、革命文化、社会主义先进文化教育，引领学生树立正确的历史观、民族观、国家观、文化观，陶冶高尚情操，塑造美好心灵，增强文化自信。

——坚持面向全体。健全面向人人的学校美育育人机制，缩小城乡差距和校际差距，让所有在校学生都享有接受美育的机会，整体推进各级各类学校美育发展，加强分类指导，鼓励特色发展，形成"一校一品"、"一校多品"的学校美育发展新局面。

——坚持改革创新。全面深化学校美育综合改革，坚持德智体美劳五育并举，加强各学科有机融合，整合美育资源，补齐发展短板，强化实践体验，完善评价机制，全员全过程全方位育人，形成充满活力、多方协作、开放高效的学校美育新格局。

3. 主要目标。到 2022 年，学校美育取得突破性进展，美育课程全面开齐开足，教育教学改革成效显著，资源配置不断优化，评价体系逐步健全，管理机制更加完善，育人成效显著增强，学生审美和人文素养明显提升。到 2035 年，基本形成全覆盖、多样化、高质量的具有中国特色的现代化学校美育体系。

4. 树立学科融合理念。加强美育与德育、智育、体育、劳动教育相融合，充分挖掘和运用各学科蕴含的体现中华美育精神与民族审美特质的心灵美、礼乐美、语言美、行为美、科学美、秩序美、健康美、勤劳美、

艺术美等丰富美育资源。有机整合相关学科的美育内容，推进课程教学、社会实践和校园文化建设深度融合，大力开展以美育为主题的跨学科教育教学和课外校外实践活动。

5. 完善课程设置。学校美育课程以艺术课程为主体，主要包括音乐、美术、书法、舞蹈、戏剧、戏曲、影视等课程。学前教育阶段开展适合幼儿身心特点的艺术游戏活动。义务教育阶段丰富艺术课程内容，在开好音乐、美术、书法课程的基础上，逐步开设舞蹈、戏剧、影视等艺术课程。高中阶段开设多样化艺术课程，增加艺术课程的可选择性。职业教育将艺术课程与专业课程有机结合，强化实践，开设体现职业教育特点的拓展性艺术课程。高等教育阶段开设以审美和人文素养培养为核心、以创新能力培育为重点、以中华优秀传统文化传承发展和艺术经典教育为主要内容的公共艺术课程。

6. 科学定位课程目标。构建大中小幼相衔接的美育课程体系，明确各级各类学校美育课程目标。学前教育阶段培养幼儿拥有美好、善良心灵和懂得珍惜美好事物。义务教育阶段注重激发学生艺术兴趣和创新意识，培养学生健康向上的审美趣味、审美格调，帮助学生掌握1至2项艺术特长。高中阶段丰富审美体验，开阔人文视野，引导学生树立正确的审美观、文化观。职业教育强化艺术实践，培养具有审美修养的高素质技术技能人才，引导学生完善人格修养，增强文化创新意识。高等教育阶段强化学生文化主体意识，培养具有崇高审美追求、高尚人格修养的高素质人才。

7. 加强教材体系建设。编写教材要坚持马克思主义指导地位，扎根中国、融通中外，体现国家和民族基本价值观，格调高雅，凸显中华美育精神，充分体现思想性、民族性、创新性、实践性。根据学生年龄特点和身心成长规律，围绕课程目标，精选教学素材，丰富教学资源。加强大中小学美育教材一体化建设，注重教材纵向衔接，实现主线贯穿、循序渐进。中小学美育教材按规定审定后使用。高校落实美育教材建设主体责任，做好教材研究、编写、使用等工作，探索形成以美学和艺术史论类、艺术鉴赏类、艺术实践类为主体的高校公共艺术课程教材体系。

8. 开齐开足上好美育课。严格落实学校美育课程开设刚性要求，不断拓宽课程领域，逐步增加课时，丰富课程内容。义务教育阶段和高中阶段学校严格按照国家课程方案和课程标准开齐开足上好美育课。高等教育阶段将公共艺术课程与艺术实践纳入学校人才培养方案，实行学分制管理，学生修满公共艺术课程 2 个学分方能毕业。鼓励高校和科研院所将美学、艺术学课程纳入研究生教育公共课程体系。

9. 深化教学改革。逐步完善"艺术基础知识基本技能+艺术审美体验+艺术专项特长"的教学模式。在学生掌握必要基础知识和基本技能的基础上，着力提升文化理解、审美感知、艺术表现、创意实践等核心素养，帮助学生形成艺术专项特长。成立全国高校和中小学美育教学指导委员会，培育一批学校美育优秀教学成果和名师工作室，建设一批学校美育实践基地，开发一批美育课程优质数字教育资源。推动高雅艺术进校园，持续建设中华优秀传统文化传承学校和基地，创作并推广高校原创文化精品，以大爱之心育莘莘学子，以大美之艺绘传世之作，努力培养心灵美、形象美、语言美、行为美的新时代青少年。

10. 丰富艺术实践活动。面向人人，建立常态化学生全员艺术展演机制，大力推广惠及全体学生的合唱、合奏、集体舞、课本剧、艺术实践工作坊和博物馆、非遗展示传习场所体验学习等实践活动，广泛开展班级、年级、院系、校级等群体性展示交流。有条件的地区可以每年开展大中小学生艺术专项展示，每 3 年分别组织 1 次省级大学生和中小学生综合性艺术展演。加强国家级示范性大中小学校学生艺术团建设，遴选优秀学生艺术团参与国家重大演出活动，以弘扬中华优秀传统文化、革命文化、社会主义先进文化为导向，发挥示范引领作用。

11．推进评价改革。把中小学生学习音乐、美术、书法等艺术类课程以及参与学校组织的艺术实践活动情况纳入学业要求，探索将艺术类科目纳入初、高中学业水平考试范围。全面实施中小学生艺术素质测评，将测评结果纳入初、高中学生综合素质评价。探索将艺术类科目纳入中考改革试点，纳入高中阶段学校考试招生录取计分科目，依据课程标准确定考试内容，利用现代技术手段促进客观公正评价。

12．加快艺术学科创新发展。专业艺术教育坚持以一流为目标，进一步优化学科专业布局，构建多元化、特色化、高水平的中国特色艺术学科专业体系，加强国家级一流艺术类专业点建设，创新艺术人才培养机制，提高艺术人才培养能力。艺术师范教育以培养高素质专业化创新型教师队伍为根本，坚定办学方向、坚守师范特质、坚持服务需求、强化实践环节，构建协同育人机制，鼓励艺术教师互聘和双向交流。鼓励有条件的地区建设一批高水平艺术学科创新团队和平台，整合美学、艺术学、教育学等学科资源，加强美育基础理论建设，建设一批美育高端智库。

13．配齐配好美育教师。各地要加大中小学美育教师补充力度，未配齐的地区应每年划出一定比例用于招聘美育教师。有条件的地区可以通过购买服务方式，与相关专业机构等社会力量合作，向中小学提供美育教育教学服务，缓解美育师资不足问题。鼓励优秀文艺工作者等人士到学校兼任美育教师。推动实施艺术教育专业大学生支教计划。全面提高美育教师思想政治素质、教学素质、育人能力和职业道德水平。优化美育教师岗位结构，畅通美育教师职业发展通道。将美育教师承担学校安排的艺术社团指导，课外活动、课后服务等第二课堂指导和走教任务计入工作量。在教学成果奖等评选表彰中，保证美育教师占有一定比例。

14．改善场地器材建设配备。建好满足课程教学和实践活动需求的场地设施、专用教室。把农村学校美育设施建设纳入地方义务教育均衡发展规划，小规模学校以保基本、兜底线为原则，配备必要的功能教室和设施设备。鼓励有条件的地区在中小学校建设美育场馆，与周边学校和社区共用共享。加强高校美育场馆建设，鼓励有条件的高校与地方共建共享剧院、音乐厅、美术馆、书法馆、博物馆等艺术场馆。配好美育教学所需器材设备，建立美育器材补充机制。制定学校美育工作基本标准。

15. 统筹整合社会资源。加强美育的社会资源供给，推动基本公共文化服务项目为学校美育教学服务。城市和社区建设规划要统筹学生艺术实践需要，新建文化艺术项目优先建在学校或其周边。鼓励学校与社会公共文化艺术场馆、文艺院团合作开设美育课程。整合校内、校外资源开展美育实践活动，作为解决中小学课后"三点半"问题的有效途径和中小学生课后服务工作的重要载体。有条件的地方和学校每年组织学生现场参观 1 次美术馆、书法馆、博物馆，让收藏在馆所里的文物、陈列在大地上的文化艺术遗产成为学校美育的丰厚资源，让广大学生在艺术学习过程中了解中华文化变迁，触摸中华文化脉络，汲取中华文化艺术精髓。充分挖掘学校艺术场馆的社会服务功能，鼓励有条件的学校将艺术场馆向社会有序开放。

16. 建立美育基础薄弱学校帮扶机制。各地要加强乡村学校美育教师培养，通过乡村教师公费定向培养项目，培养能够承担美育教学的全科教师。鼓励开展对乡村学校各学科在职教师的美育培训，培养能够承担美育教学与活动指导的兼职美育教师。推进农村学校艺术教育实验县等综合改革实践，建立校际教师共享和城乡学校"手拉手"帮扶机制。统筹乡镇中心学校和小规模学校美育课程设置、教学安排、教研活动和教师管理，采取同步课堂、共享优质在线资源等方式，补齐师资和资源短板。引导高校师生强化服务社会意识，支持高校开展美育浸润行动计划，支持社会力量开展美育公益项目。

17. 加强组织领导和经费保障。地方各级党委和政府要把学校美育工作纳入重要议事日程，纳入地方经济社会发展规划，加强对本地区学校美育改革发展的总体谋划。各地要建立加强学校美育工作部门联席会议制度，健全统筹协调机制。把学校美育工作纳入有关领导干部培训计划。各级政府要调整优化教育支出结构，完善投入机制，地方政府要统筹安排财政转移支付资金和本级财力支持学校美育工作。鼓励和引导社会资金支持学校美育发展，吸引社会捐赠，多渠道增加投入。

18. 加强制度保障。完善学校美育法律制度，研究制定规范学校美育工作的法规。鼓励地方出台学校美育法规制度，为推动学校美育发展提供有力法治保障。健全教育督导评价制度，把政策措施落实情况、学生艺术素质测评情况和支持学校开展美育工作情况等纳入教育督导评估范围。完善国家义务教育美育质量监测，公布监测结果。把美育工作及其效果作为高校办学评价的重要指标，纳入高校本科教学工作评估指标体系和"双一流"建设成效评价。对政策落实不到位、学生艺术素质测评合格率持续下降的地方政府、教育行政部门和学校负责人，依规依法予以问责。

19. 营造社会氛围。各地要研究落实加强和改进新时代学校美育工作的具体措施，可以结合实际制定实施学校美育教师配备和场地器材建设三年行动计划。加强宣传，凝聚共识，营造全社会共同促进学校美育发展的良好社会氛围。

# 十六、关于加强中小学影视教育的指导意见

教育部、中共中央宣传部

2018 年 11 月 21 日

三、主要任务

1. 纳入教育教学计划。各地教育行政部门要会同宣传部门加强对中小学影视教育工作指导，把影视教育作为中小学德育、美育等工作的重要

内容，纳入学校教育教学计划，与学科教学内容有机融合，与校内外活动统筹考虑，灵活安排观影时间和方式，使观看优秀影片成为每名中小学生的必修内容，保障每名中小学生每学期至少免费观看两次优秀影片。有条件的地方可以开发影视教育的地方课程和校本课程，进一步丰富课程内容，优化影视教育的方式方法。

2. 遴选推荐优秀影片。各地要注重遴选思想性、艺术性强，弘扬民族精神和时代精神，符合青少年身心特点和认知规律的优秀影片，推荐给广大中小学生观看。教育部将会同中共中央宣传部每年向全国中小学生推荐优秀影片片目，各地可优先从中选取影片进行放映。中国儿童少年电影学会要加强对儿童电影创作指导，指导支持影视制片机构拍摄有益于未成年人健康成长的优秀电影。全国中小学生影视教育协调工作委员会要做好优秀影片的评选、推荐和促进发行等工作。国家电影数字节目管理中心要加强电影数字平台儿童专区建设，定期向影视制片机构征集优秀影片，建立少年儿童影片资源库，提供给农村、社区和校园院线进行放映。

3. 改善学生观影条件。有条件的中小学校，可依托现有礼堂、阶梯教室等改扩建放映场地，利用原有电教设施或购置专门放映设备，为学生观影提供良好环境。学校可在指定网站点播或下载优秀影片，组织学生在教室进行集体观看。具备放映条件的示范性综合实践基地、少年宫、研学实践教育基（营）地、青少年学生校外活动中心、乡村（社区）青少年校外活动站、乡村学校少年宫等校外活动场所，要利用现有的场所和设施设备，积极组织开展影片放映工作，并主动为附近不具备放映条件的中小学校提供观影服务。

4. 拓展学生观影渠道。各地宣传部门要积极实施中小学生观影普惠计划，推动当地影片放映机构创造条件为城市中小学生开设电影专场，制定合理放映计划，科学安排场次和时间，精心组织观影活动。要组织农村放映队深入农村中小学校进行电影放映，实现农村学生免费观影活动全覆盖。要推动电视台相关影视频道，定期开展优秀影片展映活动，让学生在家也能欣赏到优秀影片。要组织开展特种电影公益放映活动，让盲、聋等残疾儿童少年与健全孩子一样，感受优秀影片魅力。

5. 丰富影视教育活动。教育部、中共中央宣传部定期举办全国中小学生电影周活动和影视教育论坛。各地教育行政部门和学校要积极开展校园影视教育活动，通过电影赏析、电影评论、电影表演、电影配音、微电影创作、影视节（周）活动等，营造浓厚校园影视文化氛围，让中小学生在看电影、评电影、拍电影、演电影中收获体会和成长。要教育引导学生深入学习影视作品中的英雄人物、先进人物和美好事物，正确看待影视从业人员，不盲目追星。学校在组织开展重大节庆纪念日、主题班会、少先队、共青团、学生社团、社会实践等活动中，可利用优秀影片进行理想信念、革命传统、社会主义核心价值观、中华优秀传统文化等教育，增强教育活动的感染力和吸引力。

# 十七、关于利用博物馆资源开展中小学教育教学的意见

教育部、国家文物局

2020 年 9 月 30 日

一、推动博物馆教育资源开发应用

（一）丰富博物馆教育内容。各地博物馆要坚持"展教并重"，策划适合中小学生的专题展览和教育活动，动员馆内策展、文保人员以及专家学者、社会力量参与博物馆教育资源开发，定期组织馆长讲解、专家导赏。各地文物部门要指导博物馆设计适合进校园、下基层的流动展览和教育项目，利用青少年之家、乡村少年宫等，经常性组织开展参与面广、实践性强的博物馆展示教育活动，便利博物馆资源相对薄弱的中小城市、农村地

区中小学生有效利用博物馆学习。

（二）开发博物馆系列活动课程。各地文物部门和博物馆要会同教育部门和学校，结合中小学生认知规律和学校教育教学需要，充分挖掘博物馆资源，研究开发自然类、历史类、科技类等系列活动课程，丰富学生知识，拓展学生视野。中小学语文、历史、地理、思想政治、美术、科学、物理、化学、生物等学科教学和综合实践活动，要有机融入博物馆教育内容。博物馆系列活动课程应涵盖小学、初中、高中不同学段，明确不同类型课程的教学目标、体验内容、学习方式及评价办法。

（三）加强博物馆网络教育资源建设。教育部、国家文物局将推动博物馆青少年优质教育资源建设，加大推广应用力度，联合发布全国中小学博物馆教育资源地图，有效衔接中小学利用博物馆资源开展教育教学需求。各地教育和文物部门要加强协作，利用现代信息技术建立本区域网上博物馆资源平台和博物馆青少年教育资源库，促进与中小学网络教育资源对接，扩大博物馆教育资源的覆盖面。

二、拓展博物馆教育方式途径

（四）创新博物馆学习方式。博物馆教育活动要以促进学生学习为中心，根据博物馆环境、藏品、展览等，综合运用解说导览、专题讲座、互动游戏、角色扮演、动手实践等方式，增强博物馆学习的趣味性、互动性和体验性。要制作博物馆手册、导览图、辅助读物、口袋书、动漫等，引导学生利用博物馆资源创造性开展活动、辅助学习，不断探索完备博物馆学习模式，增强博物馆学习效果。

（五）提升博物馆研学活动质量。各地教育部门和学校要充分利用各类博物馆资源，组织开展爱国主义、革命传统、中华优秀传统文化、生态文明、国家安全等主题的研学实践教育活动。各地教育部门要会同文物部门加强对博物馆研学活动的统筹管理和监督指导，开发一批立德启智、特色鲜明的博物馆研学精品线路和课程，构建博物馆研学资源网络，发挥实践育人作用。博物馆研学活动要注重分龄设计，小学阶段要体现趣味性和故事性，让学生了解基本内容和有关背景；初中阶段要体现实践性和体验性，让学生理解基本观点；高中阶段要体现探索性和研究性，引导学生提出观点和深入思考。

（六）纳入课后服务内容。各地教育部门和中小学要将博物馆青少年教育纳入课后服务内容，鼓励小学在下午3点半课后时间开设校内博物馆系列课程，利用博物馆资源开展专题教育活动。要注重利用节假日、寒暑假、休息日等时段，组织、引导学生走进博物馆开展学习。各地文物部门和博物馆要加强馆内教育项目和"博物馆进校园"项目的设计研发和组织实施，有效衔接学校课堂教学和课后服务需求。

三、建立馆校合作长效机制

（七）推进馆校合作共建。学校要加强与当地博物馆的联系，通过签订馆校共建协议、举办馆校互动活动、建立第二课堂等方式，定期组织学生到博物馆参观学习。博物馆要做好与学校的沟通，及时了解学校和学生的教育需求，建立学生活动体验、学习效果评估、服务满意度评价等跟踪反馈机制，共同构建常态化的利用博物馆资源开展教育教学活动工作机制。

（八）加强师资联合培养。各地教育、文物部门要联合开展师资培养培训，通过教师研习、双师课堂、短期培训、联合教研等方式，加强博物馆教育人员与学校教师的交流合作，使博物馆教育人员了解学校教学内容，中小学教师了解博物馆教育资源构成。要将博物馆教育相关培训内容纳入各级各类教师培训，加大培训力度。支持高等学校发展文物与博物馆专业学位教育相关方向的人才培养，及时满足博物馆教育人才需求。

## 十八、关于加强本市中小学体育艺术工作的指导意见

上海市人民政府办公厅

2019 年 7 月 25 日

四、主要任务

（一）全面做好学校体育艺术工作

学校体育艺术工作坚持面向人人，以课程教学、课外活动及课余训练等为载体，持续推进课程改革建设，不断提升教育教学效果。组建各级体育运动队及艺术团队，科学开展训（排）练工作。完善赛事活动体系，组织青少年学生广泛参与。大力创建"一校多品""艺术特色学校"，并逐渐形成品牌特色，营造浓郁的中小学体育艺术文化氛围。健全学生综合素质评价机制，进一步形成科学的育人导向。

（二）统筹规划学校体育艺术项目布局

促进学校体育艺术工作均衡有序发展，不断强化中小学体育艺术特色，根据国家有关规划和国家级以上大型赛事、展演活动等项目设置，结合实际，确定一批由各区布局的重点项目以及选择性布局的推进项目。承担各重点项目及推进项目布局建设任务的学校要覆盖各学段，且不同学段学校间数量比例适当。原则上，一所市实验性示范性高中阶段学校按照项目与一定数量的初中和小学共同组成一个基本的"一条龙"布局单位，在课程、师资、场地、科研及评价等方面，形成相关项目的高品质、系统性供给。

五、保障措施

（一）加强师资队伍建设

支持学校配齐配足体育艺术教师并不断提升专业能力。鼓励有专长的学科教师承担体育艺术带训任务。推进实施兼职教师进校园工作，引进高

水平教练员、艺术家等。完善教师及教练员工作量核算、薪酬待遇以及职称发展办法。

（二）加强场地开发利用

加强学校体育艺术场地场馆综合开发建设，推进"上天入地""全天候智能操场""可移动操场"和艺术创新实验室及小剧场等建设。建设各级体育训练基地、艺术实践基地、青少年校外体育艺术活动中心及冰雪运动场馆。推进社会场馆向青少年公益开放。

（三）加大经费投入力度

建立经费长效投入保障机制，对各中小学开展师资队伍建设、场地开发、课余训（排）练及科研等方面所需经费给予保障。

（四）完善风险防范机制

健全学生意外伤害预防机制，加强安全教育和场地设施安全检查，完善意外伤害保障和应急处理机制。

六、职责分工

（一）各区政府是加强中小学体育艺术工作的责任主体，负责将相关工作纳入本区域发展规划，并在相关配套政策方面给予支持。

（二）市教委牵头落实加强中小学体育艺术工作，会同市体育局、市文化旅游局等部门研究制定实施计划、具体管理办法等，强化考核评估、监督管理和业务指导。

（三）市体育局、市文化旅游局配合市教委做好中小学体育艺术工作，指导课余训（排）练，组织搞好高水平教练员、艺术家等进校园，社会场馆向青少年学生公益开放等工作。

（四）市人力资源社会保障局指导做好中小学体育艺术工作相关师资培训、引进、薪酬及职称评审等工作。

（五）市财政局将市属中小学体育艺术工作所需经费纳入市级财政预算，并指导各区财政部门建立长效投入保障机制，对区属学校相关场地设施、师资、赛事展演等所需工作经费给予支持。

（六）市发展改革委将中小学体育艺术工作纳入本市国民经济和社会发展规划，参与完善学校场馆设施建设标准，进一步推进市属学校场馆设施项目建设。

（七）各有关协会应在市教委、市体育局及市文化旅游局等部门的指导下，为学校体育艺术工作的发展提供专业支持。

## 十九、关于全面加强和改进学校美育工作的实施意见

上海市人民政府办公厅

2016 年 6 月 7 日

（四）科学定位美育课程。学校美育课程要以审美和人文素养培养为核心，突出创新能力的培育，科学定位美育课程。幼儿园美育要遵循幼儿身心发展规律，通过丰富多样的活动，使幼儿拥有美好、善良的心灵，能用自己的方式去表现美、创造美，实现快乐生活、健康成长。义务教育阶段学校美育课程要注重激发学生艺术兴趣，使学生了解美育的基础知识与技能，发展艺术想象力和创新意识，努力形成一两项艺术特长和爱好，培养健康向上的审美趣味、审美格调、审美理想。普通高中美育课程要通过多样可选择的课程设置，使学生发展各自艺术爱好和特长，丰富审美体验，开阔人文视野。特殊教育学校美育课程要根据学生身心发展水平和特点，注意艺术技能与职业技能的有机结合，培养学生兴趣和特长，发展潜能，为融入社会、创业就业奠定基础。职业院校要强化美育课程实践，注重与专业课程有机结合，使学生成为具有审美修养的高素质技术技能人才。普通高校美育课程要依托本校相关学科和本市教育资源优势，通过教育教学改革，使大学生完善人格修养，强化文化主体意识和文化创新意

识，增强传承弘扬中华优秀文化艺术的责任感和使命感。

（五）完善学校美育的课程结构。美育课程体系要以艺术课程为主体，各学科相互渗透融合，增强课程综合性和开放性。各级各类学校要按照课程方案，开齐开足美育课程，根据课程标准上好美育课程。幼儿园要设置美育的活动课程；中小学要按照基础型课程、拓展型课程和研究型课程的结构特点，在优化音乐（唱游）、美术学科基础上，增设舞蹈、戏剧、戏曲、影视等多种美育科目。积极探索艺术综合课程的有效实施，注重经典艺术范例内容，强化审美和人文素养。其他学习领域课程要挖掘各学科的美育因素，发挥美育功能。职业院校要开好与基础教育相衔接的美育课程，积极探索职业教育专业和学生特点相关的拓展课程。普通高校要开设以艺术鉴赏为主的限定性选修课程，开设艺术实践类、艺术史论类、艺术批评类等方面的任意性选修课程。

（六）提高学校美育课程质量。深化学校美育的教学改革，按照国家对不同学段课程方案、不同美育学科课程标准和内容的要求，规范编写美育教材，根据社会文化发展及时更新教学内容。充分运用现代化教学手段，增强艺术实践体验环节，探索"未来教室""创新实验室""艺术实践基地"建设，开展探究性学习，推进美育创新。增强美育与德育、智育、体育的融合，挖掘不同学科所蕴涵的美育资源。建立以提高学校美育教学质量为导向的课程实施机制，将提高美育教学质量纳入学校教育管理和评价体系。

（七）丰富学校美育课程资源。着力挖掘民族、民间、民俗的美育特色资源，丰富学校美育课程的内容。依托国际大都市的开放环境，开展多种形式的国际交流与合作，从中汲取中外美育课程精华。加强校外实践基地的美育课程资源建设，推动学校美育课程资源的整体优化。

（八）完善学校美育实践活动的课程化机制。将美育实践活动纳入学校的教学计划，实施课程化管理。各级各类学校要贴近校园生活，根据学生认知水平和心理特点，探索创造开放多元的、具有时代特征、校园特色和学生特点的美育实践活动。中小学校要以班级为基础，开展"班班有歌声"、校园集体舞、儿童歌舞剧、古诗词吟唱等群体性活动，充分利用"快乐活动日"等平台，推进美育活动的序列化。

（九）加强民族文化传承学校、传承基地建设。结合民族文化传承创新教育和非物质文化遗产教育，推进青少年民族文化培训系列活动，建设一批中华优秀文化艺术传承学校和传承基地，扶持一批民族文化教育品牌项目。

（十）支持各级各类美育"跨校共同体"建设。探索大中小幼衔接的"跨学段艺教链"建设，形成"特色共建、理念共融、资源共享、发展并进"的美育创新发展模式，提高区域性美育活动质量。

（十一）优化校园美育环境建设。各级各类学校要充分利用广播电视、网络媒体、教室、橱窗、走廊、围墙、操场、电子宣传屏等，营造格调高雅、富有美感、充满朝气的校园文化环境，以美感人，以景育人。要让社会主义核心价值观、中华优秀传统文化通过校园文化环境浸润学生心田，展现校园文化环境向真、向善、向美、向上的特性。继续创建100所校园文化美育环境建设示范学校。

（十二）开展学校美育节会文化建设。定期举办综合性艺术节、音乐节、舞蹈节、戏剧节、电影节，学生艺术单项竞赛等美育节会活动，丰富活动内容，创新活动形式，扩大活动覆盖面，提升活动水平。学校美育节会活动要以社团为基础、班级为重点，让每个学生在校期间至少参加一项艺术活动，培养一两项艺术爱好。

（十三）大力发展艺术特色和美育社团。扶持学校组建和发展一批学生美育社团、兴趣小组，让每个学生在校期间学习掌握一项有益身心发展的艺术活动技能。各区县要优化学生美育社团区域性设点布局，各级各类学校要加强"三团一队"（合唱团、舞蹈团、美术文学社团和乐队）为主的学生艺术社团建设，鼓励美育社团成员在推动校园文化建设中发挥骨干作用。建设一批成果显著、示范引领的艺术教育特色学校，培育一批"一区一特""一校一品"的美育特色项目。

（十四）大力推进高水平艺术团与艺术联盟建设。市、区县通过文教共建的形式，提升艺术团的品质，培育艺术团的品牌，发挥其示范和辐射作用，使其成为艺术后备人才的"摇篮基地"和展示当代学生精神风貌的"文化名片"。依托上海学生交响乐团、民乐团、合唱团、舞蹈团、戏剧团、校园电影院线的引领，组建各类艺术联盟，扩大学校美育影响力。

（十五）整合各类人才资源，充实学校美育教学力量。教育部门和文化部门要深度融合、协同发展，鼓励文化系统选派优秀文艺工作者积极参与美育支教志愿服务项目。鼓励高校艺术专业教师、艺术院团专家和社会艺术教育专业人士等到中小学校担任兼职艺术教师，开展"结对子、种文化"活动。探索和完善"艺术人才一体化"培养模式，引导专业艺术院校在中小学校建立对口支持的基地，与有关高中和中等职业学校建立合作关系，拓展艺术人才选拔机制。探索艺术院校与文化产业部门的联合办学模式，打造校园创新创意平台，建设一批人才培养实践基地。

（十六）依托文艺资源，提升学校美育活动品质。鼓励和支持专业文艺团体、非专业高水平文艺社团赴普通高校和中小学（中等职业学校）开展高雅艺术进校园活动，组织专家讲学团开设美育讲座，聘请专业艺术家和民间艺人进校园成立工作室，开展传艺带教活动。定期组织学生参与夏季音乐节、上海国际艺术节、校园原创音乐比赛、高雅艺术欣赏等活动。

（十七）用好艺术专业场馆资源，开展学校美育实践。各类艺术展演场馆、艺术专业博物馆要积极为学校美育服务，定期进学校举行展示演出活动。组织学生走进艺术专业场馆，现场感受丰富多彩的美育艺术文化。充分发挥上海交响乐团、歌剧院、大剧院艺术中心、国际舞蹈中心、青年京昆剧团、音乐学院乐器博物馆等专业场馆的学生艺术实践基地作用，通过开设艺术大讲堂、举办专题艺术经典展览、"开放周"等形式，实现社会文化艺术资源为学校美育提供优质服务。

（十八）建设"互联网+"美育网络资源共享平台。利用信息化手段，加强基于互联网的美育学习平台建设。借助国家实施"宽带中国"战略的契机，加快推进数字化美育资源全覆盖。联手媒体资源打造"艺术课堂"，实施"上海青少年文化地图及 APP 计划"。支持和辅导教师用好远程教学优势，将优质美育资源输送到农村远郊学校。大力开发与课程教材配套的学校美育课程优质数字教育资源和美育网络课程，鼓励各级各类学校结合"互联网+"，创新美育教育教学方式。

# 二十、博物馆条例

国务院

2015 年 2 月 9 日

**第二条** 本条例所称博物馆，是指以教育、研究和欣赏为目的，收藏、保护并向公众展示人类活动和自然环境的见证物，经登记管理机关依法登记的非营利组织。

博物馆包括国有博物馆和非国有博物馆。利用或者主要利用国有资产设立的博物馆为国有博物馆；利用或者主要利用非国有资产设立的博物馆为非国有博物馆。

国家在博物馆的设立条件、提供社会服务、规范管理、专业技术职称评定、财税扶持政策等方面，公平对待国有和非国有博物馆。

**第三条** 博物馆开展社会服务应当坚持为人民服务、为社会主义服务的方向和贴近实际、贴近生活、贴近群众的原则，丰富人民群众精神文化生活。

**第四条**　国家制定博物馆事业发展规划，完善博物馆体系。

国家鼓励企业、事业单位、社会团体和公民等社会力量依法设立博物馆。

**第五条**　国有博物馆的正常运行经费列入本级财政预算；非国有博物馆的举办者应当保障博物馆的正常运行经费。

国家鼓励设立公益性基金为博物馆提供经费，鼓励博物馆多渠道筹措资金促进自身发展。

**第六条**　博物馆依法享受税收优惠。

依法设立博物馆或者向博物馆提供捐赠的，按照国家有关规定享受税收优惠。

**第九条**　对为博物馆事业作出突出贡献的组织或者个人，按照国家有关规定给予表彰、奖励。

**第三十条**　博物馆举办陈列展览，应当遵守下列规定：

（一）主题和内容应当符合宪法所确定的基本原则和维护国家安全与民族团结、弘扬爱国主义、倡导科学精神、普及科学知识、传播优秀文化、培养良好风尚、促进社会和谐、推动社会文明进步的要求；

（二）与办馆宗旨相适应，突出藏品特色；

（三）运用适当的技术、材料、工艺和表现手法，达到形式与内容的和谐统一；

（四）展品以原件为主，使用复制品、仿制品应当明示；

（五）采用多种形式提供科学、准确、生动的文字说明和讲解服务；

（六）法律、行政法规的其他有关规定。

陈列展览的主题和内容不适宜未成年人的，博物馆不得接纳未成年人。

**第三十二条**　博物馆应当配备适当的专业人员，根据不同年龄段的未成年人接受能力进行讲解；学校寒暑假期间，具备条件的博物馆应当增设适合学生特点的陈列展览项目。

**第三十三条** 国家鼓励博物馆向公众免费开放。县级以上人民政府应当对向公众免费开放的博物馆给予必要的经费支持。

博物馆未实行免费开放的，其门票、收费的项目和标准按照国家有关规定执行，并在收费地点的醒目位置予以公布。

博物馆未实行免费开放的，应当对未成年人、成年学生、教师、老年人、残疾人和军人等实行免费或者其他优惠。博物馆实行优惠的项目和标准应当向公众公告。

**第三十五条** 国务院教育行政部门应当会同国家文物主管部门，制定利用博物馆资源开展教育教学、社会实践活动的政策措施。

地方各级人民政府教育行政部门应当鼓励学校结合课程设置和教学计划，组织学生到博物馆开展学习实践活动。

博物馆应当对学校开展各类相关教育教学活动提供支持和帮助。

**第三十六条** 博物馆应当发挥藏品优势，开展相关专业领域的理论及应用研究，提高业务水平，促进专业人才的成长。

博物馆应当为高等学校、科研机构和专家学者等开展科学研究工作提供支持和帮助。

## 二十一、关于推进博物馆改革发展的指导意见

中央宣传部、国家发展改革委、教育部、科技部、民政部、财政部、
人力资源社会保障部、文化和旅游部、国家文物局

2021 年 5 月 11 日

（十二）发挥教育功能。落实《新时代爱国主义教育实施纲要》《新时

代公民道德建设实施纲要》要求，广泛深入开展博物馆里过传统节日、纪念日活动，加强对中华文明的研究阐发、教育普及和传承弘扬，加强爱国主义教育和革命传统教育，培育人民文化生活新风尚。制定博物馆教育服务标准，丰富博物馆教育课程体系，为大中小学生利用博物馆学习提供有力支撑，共建教育项目库，推动各类博物馆数字资源接入国家数字教育资源公共服务体系。支持博物馆参与学生研学实践活动，促使博物馆成为学生研学实践的重要载体。倡导博物馆设立教育专员，提升教育和讲解服务水平，鼓励省级以上博物馆面向公众提供专业研究人员的专家讲解服务。

# 第四节　劳动教育

## 一、关于全面加强新时代大中小学劳动教育的意见

中共中央、国务院

2020 年 3 月 20 日

二、全面构建体现时代特征的劳动教育体系

（四）把握劳动教育基本内涵。劳动教育是国民教育体系的重要内容，是学生成长的必要途径，具有树德、增智、强体、育美的综合育人价值。实施劳动教育重点是在系统的文化知识学习之外，有目的、有计划地组织学生参加日常生活劳动、生产劳动和服务性劳动，让学生动手实践、出力流汗，接受锻炼、磨炼意志，培养学生正确劳动价值观和良好劳动品质。

（五）明确劳动教育总体目标。通过劳动教育，使学生能够理解和形成马克思主义劳动观，牢固树立劳动最光荣、劳动最崇高、劳动最伟大、劳动最美丽的观念；体会劳动创造美好生活，体认劳动不分贵贱，热爱劳

动，尊重普通劳动者，培养勤俭、奋斗、创新、奉献的劳动精神；具备满足生存发展需要的基本劳动能力，形成良好劳动习惯。

（六）设置劳动教育课程。整体优化学校课程设置，将劳动教育纳入中小学国家课程方案和职业院校、普通高等学校人才培养方案，形成具有综合性、实践性、开放性、针对性的劳动教育课程体系。

根据各学段特点，在大中小学设立劳动教育必修课程，系统加强劳动教育。中小学劳动教育课每周不少于1课时，学校要对学生每天课外校外劳动时间作出规定。职业院校以实习实训课为主要载体开展劳动教育，其中劳动精神、劳模精神、工匠精神专题教育不少于16学时。普通高等学校要明确劳动教育主要依托课程，其中本科阶段不少于32学时。除劳动教育必修课程外，其他课程结合学科、专业特点，有机融入劳动教育内容。大中小学每学年设立劳动周，可在学年内或寒暑假自主安排，以集体劳动为主。高等学校也可安排劳动月，集中落实各学年劳动周要求。

根据需要编写劳动实践指导手册，明确教学目标、活动设计、工具使用、考核评价、安全保护等劳动教育要求。

（七）确定劳动教育内容要求。根据教育目标，针对不同学段、类型学生特点，以日常生活劳动、生产劳动和服务性劳动为主要内容开展劳动教育。结合产业新业态、劳动新形态，注重选择新型服务性劳动的内容。

小学低年级要注重围绕劳动意识的启蒙，让学生学习日常生活自理，感知劳动乐趣，知道人人都要劳动。小学中高年级要注重围绕卫生、劳动习惯养成，让学生做好个人清洁卫生，主动分担家务，适当参加校内外公益劳动，学会与他人合作劳动，体会到劳动光荣。初中要注重围绕增加劳动知识、技能，加强家政学习，开展社区服务，适当参加生产劳动，使学生初步养成认真负责、吃苦耐劳的品质和职业意识。普通高中要注重围绕丰富职业体验，开展服务性劳动、参加生产劳动，使学生熟练掌握一定劳动技能，理解劳动创造价值，具有劳动自立意识和主动服务他人、服务社会的情怀。中等职业学校重点是结合专业人才培养，增强学生职业荣誉感，提高职业技能水平，培育学生精益求精的工匠精神和爱岗敬业的劳动态度。高等学校要注重围绕创新创业，结合学科和专业积极开展实习实训、专业服务、社会实践、勤工助学等，重视新知识、新技术、新工艺、新方法应用，创造性地解决实际问题，使学生增强诚实劳动意识，积累职业经验，提升就业创业能力，树立正确择业观，具有到艰苦地区和行业工作的奋斗精神，懂得空谈误国、实干兴邦的深刻道理；注重培育公共服务意识，使学生具有面对重大疫情、灾害等危机主动作为的奉献精神。

（八）健全劳动素养评价制度。将劳动素养纳入学生综合素质评价体系，制定评价标准，建立激励机制，组织开展劳动技能和劳动成果展示、劳动竞赛等活动，全面客观记录课内外劳动过程和结果，加强实际劳动技能和价值体认情况的考核。建立公示、审核制度，确保记录真实可靠。把劳动素养评价结果作为衡量学生全面发展情况的重要内容，作为评优评先的重要参考和毕业依据，作为高一级学校录取的重要参考或依据。

三、广泛开展劳动教育实践活动

（十）学校要发挥在劳动教育中的主导作用。学校要切实承担劳动教育主体责任，明确实施机构和人员，开齐开足劳动教育课程，不得挤占、挪用劳动实践时间。明确学校劳动教育要求，着重引导学生形成马克思主义劳动观，系统学习掌握必要的劳动技能。根据学生身体发育情况，科学设计课内外劳动项目，采取灵活多样形式，激发学生劳动的内在需求和动力。统筹安排课内外时间，可采用集中与分散相结合的方式。组织实施好劳动周，小学低中年级以校园劳动为主，小学高年级和中学可适当走向社会、参与集中劳动，高等学校要组织学生走向社会、以校外劳动锻炼为主。

（十二）多渠道拓展实践场所。大力拓展实践场所，满足各级各类学校多样化劳动实践需求。充分利用现有综合实践基地、青少年校外活动场所、职业院校和普通高等学校劳动实践场所，建立健全开放共享机制。农村地区可安排相应土地、山林、草场等作为学农实践基地，城镇地区可确认一批企事业单位和社会机构，作为学生参加生产劳动、服务性劳动的实践场所。建立以县为主、政府统筹规划配置中小学（含中等职业学校）劳动教育资源的机制。进一步完善学校建设标准，学校逐步建好配齐劳动实践教室、实训基地。高等学校要充分发挥自身专业优势和服务社会功能，建立相对稳定的实习和劳动实践基地。

# 二、大中小学劳动教育指导纲要（试行）

教育部

2020 年 7 月 7 日

二、劳动教育目标和内容

（一）总体目标

准确把握社会主义建设者和接班人的劳动精神面貌、劳动价值取向和劳动技能水平的培养要求，全面提高学生劳动素养，使学生：

树立正确的劳动观念。正确理解劳动是人类发展和社会进步的根本力量，认识劳动创造人、劳动创造价值、创造财富、创造美好生活的道理，尊重劳动，尊重普通劳动者，牢固树立劳动最光荣、劳动最崇高、劳动最伟大、劳动最美丽的思想观念。

具有必备的劳动能力。掌握基本的劳动知识和技能，正确使用常见劳动工具，增强体力、智力和创造力，具备完成一定劳动任务所需要的设计、操作能力及团队合作能力。

培育积极的劳动精神。领会"幸福是奋斗出来的"内涵与意义，继承中华民族勤俭节约、敬业奉献的优良传统，弘扬开拓创新、砥砺奋进的时代精神。

养成良好的劳动习惯和品质。能够自觉自愿、认真负责、安全规范、坚持不懈地参与劳动，形成诚实守信、吃苦耐劳的品质。珍惜劳动成果，养成良好的消费习惯，杜绝浪费。

（二）主要内容

主要包括日常生活劳动、生产劳动和服务性劳动中的知识、技能与价值观。日常生活劳动教育立足个人生活事务处理，结合开展新时代校园爱国卫生运动，注重生活能力和良好卫生习惯培养，树立自立自强意识。生产劳动教育要让学生在工农业生产过程中直接经历物质财富的创造过程，体验从简单劳动、原始劳动向复杂劳动、创造性劳动的发展过程，学会使用工具，掌握相关技术，感受劳动创造价值，增强产品质量意识，体会平凡劳动中的伟大。服务性劳动教育让学生利用知识、技能等为他人和社会提供服务，在服务性岗位上见习实习，树立服务意识，实践服务技能；在公益劳动、志愿服务中强化社会责任感。

（三）学段要求

1. 小学

低年级：以个人生活起居为主要内容，开展劳动教育，注重培养劳动意识和劳动安全意识，使学生懂得人人都要劳动，感知劳动乐趣，爱惜劳动成果。指导学生：（1）完成个人物品整理、清洗，进行简单的家庭清扫和垃圾分类等，树立自己的事情自己做的意识，提高生活自理能力；（2）参与适当的班级集体劳动，主动维护教室内外环境卫生等，培养集体荣誉感；（3）进行简单手工制作，照顾身边的动植物，关爱生命，热爱自然。

中高年级：以校园劳动和家庭劳动为主要内容开展劳动教育，体会劳动光荣，尊重普通劳动者，初步养成热爱劳动、热爱生活的态度。指导学生：（1）参与家居清洁、收纳整理，制作简单的家常餐等，每年学会1—2

项生活技能，增强生活自理能力和勤俭节约意识，培养家庭责任感；（2）参加校园卫生保洁、垃圾分类处理、绿化美化等，适当参加社区环保、公共卫生等力所能及的公益劳动，增强公共服务意识；（3）初步体验种植、养殖、手工制作等简单的生产劳动，初步学会与他人合作劳动，懂得生活用品、食品来之不易，珍惜劳动成果。

2. 初中

兼顾家政学习、校内外生产劳动、服务性劳动，安排劳动教育内容，开展职业启蒙教育，体会劳动创造美好生活，养成认真负责、吃苦耐劳的劳动品质和安全意识，增强公共服务意识和担当精神。让学生：（1）承担一定的家庭日常清洁、烹饪、家居美化等劳动，进一步培养生活自理能力和习惯，增强家庭责任意识；（2）定期开展校园包干区域保洁和美化，以及助残、敬老、扶弱等服务性劳动，初步形成对学校、社区负责任的态度和社会公德意识；（3）适当体验包括金工、木工、电工、陶艺、布艺等项目在内的劳动及传统工艺制作过程，尝试家用器具、家具、电器的简单修理，参与种植、养殖等生产活动，学习相关技术，获得初步的职业体验，形成初步的生涯规划意识。

3. 普通高中

注重围绕丰富职业体验，开展服务性劳动和生产劳动，理解劳动创造价值，接受锻炼、磨炼意志，具有劳动自立意识和主动服务他人、服务社会的情怀。指导学生：（1）持续开展日常生活劳动，增强生活自理能力，固化良好劳动习惯；（2）选择服务性岗位，经历真实的岗位工作过程，获得真切的职业体验，培养职业兴趣；积极参加大型赛事、社区建设、环境保护等公益活动、志愿服务，强化社会责任意识和奉献精神；（3）统筹劳动教育与通用技术课程相关内容，从工业、农业、现代服务业以及中华优秀传统文化特色项目中，自主选择1—2项生产劳动，经历完整的实践过程，提高创意物化能力，养成吃苦耐劳、精益求精的品质，增强生涯规划的意识和能力。

三、劳动教育途径、关键环节和评价

（一）劳动教育途径

将劳动教育纳入人才培养全过程，丰富、拓展劳动教育实施途径。

1. 独立开设劳动教育必修课

在大中小学设立劳动教育必修课程。中小学劳动教育课平均每周不少于 1 课时，用于活动策划、技能指导、练习实践、总结交流等，与通用技术和地方课程、校本课程等有关内容进行必要统筹。

2. 在学科专业中有机渗透劳动教育

中小学道德与法治（思想政治）、语文、历史、艺术等学科要有重点地纳入劳动创造人本身、劳动创造历史、劳动创造世界、劳动不分贵贱等马克思主义劳动观，纳入歌颂劳模、歌颂普通劳动者的选文选材，纳入阐释勤劳、节俭、艰苦奋斗等中华民族优良传统的内容，加强对学生辛勤劳动、诚实劳动、合法劳动等方面的教育。数学、科学、地理、技术、体育与健康等学科要注重培养学生劳动的科学态度、规范意识、效率观念和创新精神。

职业院校要将劳动教育全面融入公共基础课，要强化马克思主义劳动观、劳动安全、劳动法规教育。专业课在进行职业劳动知识技能教学的同时，注重培养"干一行爱一行"的敬业精神，吃苦耐劳、团结合作、严谨细致的工作态度。

3. 在课外校外活动中安排劳动实践

将劳动教育与学生的个人生活、校园生活和社会生活有机结合起来，丰富劳动体验，提高劳动能力，深化对劳动价值的理解。

中小学每周课外活动和家庭生活中劳动时间，小学 1 至 2 年级不少于 2 小时，其他年级不少于 3 小时；职业院校和普通高等学校要明确生活中的劳动事项和时间，纳入学生日常管理工作。

大中小学每学年设立劳动周，采用专题讲座、主题演讲、劳动技能竞赛、劳动成果展示、劳动项目实践等形式进行。小学以校内为主，小学高年级可适当安排部分校外劳动；普通中学、职业院校和普通高等学校兼顾校内外，可在学年内或寒暑假安排，以集体劳动为主，由学校组织实施。

### 4. 在校园文化建设中强化劳动文化

学校要将劳动习惯、劳动品质的养成教育融入校园文化建设之中。要通过制定劳动公约、每日劳动常规、学期劳动任务单，采取与劳动教育有关的兴趣小组、社团等组织形式，结合植树节、学雷锋纪念日、五一劳动节、农民丰收节、志愿者日等，开展丰富的劳动主题教育活动，营造劳动光荣、创造伟大的校园文化。

要举办"劳模大讲堂""大国工匠进校园"、优秀毕业生报告会等劳动榜样人物进校园活动，组织劳动技能和劳动成果展示，综合运用讲座、宣传栏、新媒体等，广泛宣传劳动榜样人物事迹，特别是身边的普通劳动者事迹，让师生在校园里近距离接触劳动模范，聆听劳模故事，观摩精湛技艺，感受并领悟勤勉敬业的劳动精神，争做新时代的奋斗者。

### （三）劳动教育评价

将劳动素养纳入学生综合素质评价体系。以劳动教育目标、内容要求为依据，将过程性评价和结果性评价结合起来，健全和完善学生劳动素养评价标准、程序和方法，鼓励、支持各地利用大数据、云平台、物联网等现代信息技术手段，开展劳动教育过程监测与记实评价，发挥评价的育人导向和反馈改进功能。

### 1. 平时表现评价

要在平时劳动教育实践活动中及时进行评价，以评价促进学生发展。要覆盖各类型劳动教育活动，明确学年劳动实践类型、次数、时间等考核要求。关注学生在劳动教育活动中的实际表现，注重从行为表现中分析把握劳动观念形成情况。以自我评价为主，辅以教师、同伴、家长、服务对象、用人单位等他评方式，指导学生进行反思改进。要指导学生如实记录劳动教育活动情况，收集整理相关制品、作品等，选择代表性的写实记录，纳入综合素质档案，作为学生学年评优评先的重要参考。

2. 学段综合评价

学段结束时，要依据学段目标和内容，结合综合素质档案分析，兼顾必修课学习和课外劳动实践，对劳动观念、劳动能力、劳动精神、劳动习惯和品质等劳动素养发展状况进行综合评定。建立诚信机制，实行写实记录抽查制度，对弄虚作假者在评优评先方面一票否决，性质严重的应依法依规严肃处理。在高中和大学开展志愿者星级认证。高中学校和高等学校要将考核结果作为毕业依据之一。推动将学段综合评价结果作为学生升学、就业的重要参考。

3. 开展学生劳动素养监测

将学生劳动素养监测纳入基础教育质量监测、职业院校教学质量评估和普通高等学校本科教学质量评估。可委托有关专业机构，定期组织开展关于学生劳动素养状况调查，注重学生劳动观念、劳动能力、劳动精神、劳动习惯和品质等的监测。发挥监测结果的示范引导、反馈改进等功能。

四、学校劳动教育的规划与实施

（一）整体规划劳动教育

学校是劳动教育的实施主体，应根据国家相关规定，结合当地和本校实际情况，对劳动教育进行整体设计、系统规划，形成劳动教育总体实施方案。方案要明确劳动教育目标内容、课时安排、主要劳动实践活动安排、劳动教育过程组织与指导及考核评价办法等。同时要基于学生的年段特征、阶段性教育要求，研究制定"学校学年（或学期）劳动教育计划"，对学年、学期劳动教育实践活动作出具体安排，特别是规划好劳动周等集中劳动，细化有关要求。使总体实施方案和学年（或学期）活动计划相互配套、衔接，形成可持续开展的劳动教育实施方案。

五、劳动教育条件保障与专业支持

地方教育行政部门要切实加强对劳动教育工作的组织领导，明确机构和人员承担区域推进劳动教育的职责任务，切实加强条件保障、专业支持和督导评估，整体提高大中小学劳动教育质量和水平。

（一）条件建设

1. 丰富和拓展劳动实践场所

地方教育行政部门要统筹规划和配置劳动教育实践资源，满足学校多样化劳动实践需求。充分利用现有综合实践基地、青少年校外活动场所、职业院校和普通高等学校劳动实践场所，建立健全开放共享机制，特别是充分利用职业院校实训实习场所、设施设备，为普通中小学和普通高等学校提供所需要的服务。可安排一批土地、山林、草场等作为学农实践基地，确认一批厂矿企业作为学工实践基地，认定一批城乡社区、福利院、医院、博物馆、科技馆、图书馆等事业单位、社会机构、公共场所作为服务性劳动基地。推动学校充分利用校内学习、生活有关场所，逐步建好配齐劳动技术实践教室、实训基地，丰富劳动教育资源。

# 三、关于全面加强新时代大中小学劳动教育的实施意见

中共上海市委、上海市人民政府

2020 年 8 月 27 日

二、整体设计劳动教育内容

（一）把准劳动教育育人目标。

树立正确的劳动观念，理解和形成马克思主义劳动观，正确认识劳动创造价值、创造美好生活的道理，深刻认识并牢固树立劳动最光荣、劳动最崇高、劳动最伟大、劳动最美丽的观念。涵育丰富的劳动情感，体认劳

动不分贵贱，增强对劳动人民的感情，具有服务他人、服务社会的情怀，培养崇尚劳动、热爱劳动、尊重普通劳动者、珍惜劳动成果的情感。培养扎实的劳动能力，掌握劳动基础知识和基本技能，做到手脑并用、知行合一，具备与年龄相适应的生存生活、团队合作、综合应用、创新创造能力，养成主动劳动、坚持劳动的良好习惯。培育高尚的劳动精神，深刻理解劳模精神、工匠精神和科学家精神的丰富内涵，养成勤俭节约、艰苦奋斗、创新实干、敬业奉献的劳动精神。

（二）明确劳动教育内容要求。

幼儿园要注重劳动意识启蒙，鼓励并指导幼儿尝试生活自理，讲究个人卫生，初步了解常见职业的特点，懂得尊重他人劳动、珍惜劳动成果。小学要注重基本劳动习惯养成，低年级要注重健康行为习惯培养，让学生学习日常生活自理，感知劳动乐趣，懂得人人都要劳动；中高年级要注重培养家务和校园劳动习惯，能够分担家务劳动，适当参加校内外公益劳动，学会与他人合作劳动，体会劳动光荣。初中要注重职业劳动体验，让学生自觉承担家务劳动，参与社区服务，开展职业体验教育，培养职业兴趣，参加木工、电工、传统工艺制作等劳动实践，适当参加农业生产劳动，遵守劳动安全规则，进一步培养劳动习惯和认真负责、吃苦耐劳的劳动品质。普通高中要注重社会劳动实践，组织学生开展志愿服务和公益劳动，参加生产劳动与创新实践，熟练掌握一定的劳动本领，适当开展职业训练，具备应对和处置常见劳动安全事故的基本技能，增强生涯规划的意识和能力，具有劳动自立意识和主动服务他人、服务社会的责任感。职业院校要注重职业技术技能训练，结合专业特点，深化校企合作、产教融合，让学生参与专业实习实训、技能竞赛等活动，积极投身工艺升级、技术革新、发明创造等，增强职业荣誉感，培育精益求精、爱岗敬业的工匠精神，立志成为扎根生产和服务一线的高素质技术技能型人才。

三、系统化高质量实施劳动教育

（一）规范劳动教育课程。学校要发挥在劳动教育中的主导作用，将劳动教育贯穿学校教育教学全过程，构建综合性、实践性、开放性、针对性的劳动教育课程教材体系。建设并不断完善中小学劳动教育必修课程，每周不少于1课时。普通高等学校要明确劳动教育主要依托课程，结合马克思主义劳动观教育、创新创业教育等开设实践体验性劳动教育课程，本科阶段不少于32学时。职业院校要以实习实训课为主要载体，开设围绕劳动精神、劳模精神、工匠精神方面的专题必修课，不少于16学时。鼓励各区、各级各类学校和劳动实践基地开发劳动教育特色课程。高等学校专业课程和中小学语文、历史、道德与法治等课程要深度挖掘蕴含的劳动教育资源，并结合学科、专业特点，有机融入劳动教育内容，不断完善人才培养方案。大中小学要设立劳动教育教学改革试点项目。

（二）创新校内劳动实践。小学低中年级要以校园劳动为主，小学高年级和中学要注重在校园劳动的基础上适当向社会劳动实践拓展，高等学校要在生产劳动的基础上逐步向创造性劳动实践拓展。大中小学要科学设计校内劳动项目，制定劳动公约、每日劳动常规任务单及学期劳动任务单，明确每周校内劳动实践时间，组织校园卫生保洁、绿化美化、图书整理等集体劳动，深入开展垃圾分类。高等学校要组织学生结合专业学习，开展助研助管助教、勤工俭学等劳动实践，积极参与大学科技园的科技创新、成果转化等活动。

（三）繁荣校园劳动文化。学校要结合学雷锋纪念日、植树节、劳动节、丰收节、志愿者日等重要节假日开展劳动主题教育。将每年五月第二周设为全市"学生劳动教育宣传周"。可以以集体劳动为主，根据实际设立校园劳动周、劳动日；高等学校可以安排劳动月，集中落实各学年劳动周要求。开展劳动模范、大国工匠、科学家等先进人物进校园活动，组织劳动文化讲堂。结合办学传统和学生特点，加强学校环境建设，弘扬垃圾分类新时尚，开展劳动技能和成果展示、劳动竞赛等活动，培育劳动光荣、创造伟大的校园劳动文化。

（四）重视日常家庭劳动教育。家庭要发挥在劳动教育中的基础作用。家长要树立正确的孩子成长观和成才观，当好孩子劳动教育的"第一任教师"，鼓励并"手把手"教会孩子家务劳动，每年学会1—2项生活技能；注重言传身教，培育优良家风，培养孩子生活自理意识和能力，主动承担家务劳动，参与家庭事务管理；引导孩子开展孝亲敬老爱幼劳动，与孩子一起参加社会公益劳动。学校要注重家庭教育指导，明确学生家庭劳动时间，合理布置家庭劳动作业，探索建立家务劳动清单。学生家务劳动等情况要记入学生综合素质档案。

（五）开展多样化社会劳动实践。社会要发挥在劳动教育中的支持作用。各区、各有关部门和单位要协调有关劳动教育资源，支持学校组织学生深入田间、工厂等，参加力所能及的生产劳动和服务性劳动，与普通劳动者一起经历劳动过程，体认劳动创造价值。鼓励高新企业、科研院所、新兴工业园区等履行社会责任，为学生体验现代科技条件下劳动实践新形态、新方式提供支持。学校要统筹利用各方资源，组织学生深入城乡社区、福利院和公共场所等开展公益劳动和志愿服务。

（六）深化劳动素养评价。学校和有关单位要客观记录学生参与劳动实践情况，并纳入学生综合素质评价，建立公示、审核制度，确保记录客观真实。研究学生劳动素养评价指标。把劳动素养评价结果作为衡量学生全面发展情况的重要内容，作为评优评先的重要参考和毕业依据。普通高等学校和职业院校要在学校招生自主测试环节强化实践操作能力评价。

四、切实加强劳动教育支撑保障

（一）丰富劳动实践场所。构建涵盖考察研习、操作训练、项目实践、榜样激励的劳动实践场所图谱。重点建设若干布局合理、功能完备、安全便捷的综合性劳动实践基地，开展涵盖农业劳作、加工制造、服务体验的全流程劳动实践，满足学生经历生产劳动和服务性劳动完整实践过程的需求。充分整合农场林场、工厂企业、科研院所、城乡社区等资源，围绕建设"五个中心"和强化"四大功能"、打造"四大品牌"，建设都市农业、先进制造、现代服务、文化创意等劳动实践基地，满足学生多样化、创新性劳动实践需求。重视劳动文化传承，用好"老字号"和非物质文化遗产、手工艺传习基地。推动长三角区域劳动实践场所合作联动、协同创新。充分利用学校教室操场、食堂宿舍、环境绿化等资源，建设校内劳动实践场所。建立健全普通高等学校和职业院校实习实训场所开放共享机制，为中小学提供劳动实践服务。

（二）建设高素质师资队伍。加强中小学劳动教育专任教师配备，建强劳动教育教研员队伍。高等学校根据实际配备劳动教育师资。完善专任教师职称评聘、专业发展等各项保障措施。发挥普通高等学校和职业院校教师的专业优势，指导和参与中小学劳动教育。建立劳动教育教师特聘制度，设立劳模工作室、技能大师工作室、荣誉教师岗位，吸引各行各业专业人士和能工巧匠担任劳动教育兼职教师。完善市、区劳动教育教师培训体系，提升专任教师专业能力和素养，增强全体教师的育劳意识和育劳能力。设立劳动教育名师基地，培育劳动教育骨干团队。推动有条件的高等学校开设劳动教育相关专业，探索培养劳动教育方向的专业学位研究生。建立符合劳动教育师资特点的评价考核体系。

（三）完善经费投入保障。统筹安排中央补助资金和我市有关经费，加强学校劳动教育设施标准化建设，建立学校劳动教育器材、耗材补充机制，保障劳动教育课程改革、教学实施、场所建设、教师培训等需要。发挥政府购买服务等导向作用，吸引社会力量提供劳动教育专业服务。

（四）健全安全防控机制。建立政府负责、社会协同、有关部门共同参与的安全管控机制。建立政府、学校、家庭、社会共同参与的劳动教育风险分散机制，统一为中小学校购买校方责任综合险，鼓励购买劳动教育相关保险，保障劳动教育正常开展。学校要加强劳动安全教育、演练及实训，切实提高师生的安全防范意识、应急避险和自救互救能力。依据学生身心发育情况，适度安排劳动强度、时长，合理设计劳动任务及场所设施，科学评估劳动实践的安全风险，认真排查、清除辐射、疾病传染等安全隐患，在场所设施选择、材料选用、工具设备和防护用品使用、活动流程等方面制定安全、科学的操作规范，强化对劳动岗位的管理，明确各方责任，防患于未然。制订劳动实践活动风险防控预案，完善应急与事故处理机制。

五、努力构建劳动教育工作格局

（一）加强组织领导。建立党委统一领导、政府统筹推进、教育部门组织协调、有关部门各司其职、全社会共同参与的劳动教育工作机制。市委教育工作领导小组定期研究劳动教育工作。建立市大中小学劳动教育指导委员会，加强对各学段劳动教育的分类指导。各区、各高校要把劳动教育摆上重要议程。学校党组织书记、校长作为劳动教育第一责任人，要加强对本校劳动教育的组织领导。

（二）加强协同配合。树立"开门办劳动教育"理念，发挥市青少年学生校外活动联席会议的协调联动作用。教育部门要明确负责劳动教育工作的内设机构，并加强人员配备，确保劳动教育的组织开展。农业农村、国资管理、经济信息化、文化旅游、体育等部门要推动所属企事业单位提供劳动实践场所和服务。妇联等单位要指导和推动家庭开展好劳动教育。精神文明、民政、工会、共青团等部门和单位以及各类社会组织要支持学生开展志愿服务、公益劳动，参与社区治理。其他有关部门和单位要结合自身职能，为劳动教育提供支撑保障。建设市、区两级劳动教育中心，打造集劳动课程教学、基础生产劳动实践、教师教研培训、工作研究指导等功能于一体的劳动教育管理服务平台。

（三）加强督导评估。教育督导部门负责对各区和有关部门保障劳动教育情况以及学校组织实施劳动教育情况进行督导，督导结果向社会公开，并作为衡量区域教育质量和高等学校分类评价的重要指标，作为对被督导部门和学校及其主要负责人考核奖惩的重要依据。将支持学生劳动教育情况纳入国有企业履行社会责任报告事项。开展劳动教育质量评估监测检查，为改进劳动教育质量和管理水平提供科学依据。

（四）加强氛围营造。大力宣传马克思主义劳动观和正确的劳动观念，加强劳动教育科学研究，宣传推广劳动教育典型经验。积极宣传企事业单位和社会机构提供劳动教育服务的好做法，注重挖掘在抗疫救灾等重大事件中涌现出来的典型人物和事迹。鼓励和支持创作更多以歌颂普通劳动者为主题的优秀作品，推出形式多样的新闻报道和融媒体产品，弘扬劳动光荣、创造伟大的主旋律，营造全社会关心和支持劳动教育的良好氛围。

# 第五节　中华优秀传统文化

## 一、完善中华优秀传统文化教育指导纲要

教育部

2014 年 3 月 26 日

6. 加强中华优秀传统文化教育的基本原则。

——坚持中华优秀传统文化教育与培育和践行社会主义核心价值观相结合。要坚持历史唯物主义和辨证唯物主义的立场、观点和方法，深入挖掘和阐发中华优秀传统文化讲仁爱、重民本、守诚信、崇正义、尚和合、求大同的时代价值。要处理好继承和创新的关系，重点做好创造性转化和创新性发展。

——坚持中华优秀传统文化教育与时代精神教育和革命传统教育相结

合。既要大力弘扬以爱国主义为核心的民族精神，又要积极弘扬以改革创新为核心的时代精神，继承和弘扬革命传统文化。

——坚持弘扬中华优秀传统文化与学习借鉴国外优秀文化成果相结合。既要高度重视培育学生的民族自信心、自豪感，又要注重引导学生树立世界眼光，博采众长。

——坚持课堂教育与实践教育相结合。既要充分发挥课堂教学的主渠道作用，又要注重发挥课外活动和社会实践的重要作用。

——坚持学校教育、家庭教育、社会教育相结合。既要发挥学校主阵地作用，又要加强家庭、社会与学校之间的配合，形成教育合力。

——坚持针对性与系统性相结合。既要根据不同学段学生身心发展特点，区分层次，突出重点，又要加强各学段的有机衔接，逐步推进。

7. 开展中华优秀传统文化教育的主要内容。中华优秀传统文化是中华民族语言习惯、文化传统、思想观念、情感认同的集中体现，凝聚着中华民族普遍认同和广泛接受的道德规范、思想品格和价值取向，具有极为丰富的思想内涵。加强对青少年学生的中华优秀传统文化教育，要以弘扬爱国主义精神为核心，以家国情怀教育、社会关爱教育和人格修养教育为重点，着力完善青少年学生的道德品质，培育理想人格，提升政治素养。

——开展以天下兴亡、匹夫有责为重点的家国情怀教育。着力引导青少年学生深刻认识中国梦是每个人的梦，以祖国的繁荣为最大的光荣，以国家的衰落为最大的耻辱，增强国家认同，培养爱国情感，树立民族自信，形成为实现中华民族伟大复兴的中国梦而不懈努力的共同理想追求，培养青少年学生做有自信、懂自尊、能自强的中国人。

——开展以仁爱共济、立己达人为重点的社会关爱教育。着力引导青少年学生正确处理个人与他人、个人与社会、个人与自然的关系，学会心存善念、理解他人、尊老爱幼、扶残济困、关心社会、尊重自然，培育集体主义精神和生态文明意识，形成乐于奉献、热心公益慈善的良好风尚，培养青少年学生做高素养、讲文明、有爱心的中国人。

——开展以正心笃志、崇德弘毅为重点的人格修养教育。着力引导青少年学生明辨是非、遵纪守法、坚韧豁达、奋发向上，自觉弘扬中华民族优秀道德思想，形成良好的道德品质和行为习惯，培养青少年学生做知荣辱、守诚信、敢创新的中国人。

三、分学段有序推进中华优秀传统文化教育

8. 小学低年级，以培育学生对中华优秀传统文化的亲切感为重点，开展启蒙教育，培养学生热爱中华优秀传统文化的感情。认识常用汉字，学习独立识字，初步感受汉字的形体美；诵读浅近的古诗，获得初步的情感体验，感受语言的优美；了解一些爱国志士的故事，知道中华民族重要传统节日，了解家乡的生活习俗，明白自己是中华民族的一员；初步了解传统礼仪，学会待人接物的基本礼节；初步感受经典的民间艺术。引导学生孝敬父母、尊敬师长、友爱同学、礼貌待人，养成勤俭节约、吃苦耐劳、言行一致的生活习惯和行为规范，培育热爱家乡、热爱生活、亲近自然的情感。

9. 小学高年级，以提高学生对中华优秀传统文化的感受力为重点，开展认知教育，了解中华优秀传统文化的丰富多彩。熟练书写正楷字，理解汉字的文化含义，体会汉字优美的结构艺术；诵读古代诗文经典篇目，理解作品大意，体会其意境和情感；了解中华民族历代仁人志士为国家富强、民族团结作出的牺牲和贡献；知道重要传统节日的文化内涵和家乡生活习俗变迁；感受各民族艺术的丰富表现形式和特点，尝试运用喜爱的艺术形式表达情感；培养学生对传统体育活动的兴趣爱好。引导学生学会理解他人，懂得感恩，逐步提高辨别是非、善恶、美丑的能力，开始树立人生理想和远大志向，热爱祖国河山、悠久历史和宝贵文化。

10. 初中阶段，以增强学生对中华优秀传统文化的理解力为重点，提高对中华优秀传统文化的认同度，引导学生认识我国统一多民族国家的文化传统和基本国情。临摹名家书法，体会书法的美感与意境；诵读古代诗词，初步了解古诗词格律，阅读浅易文言文，注重积累、感悟和运用，提高欣赏品位；知道中国历史的重要史实和发展的基本线索，理解国家统一和民族团结的重要性，认识中华文明的历史价值和现实意义；欣赏传统音乐、戏剧、美术等艺术作品，感受其中表达的情感和思想；参加传统礼仪和节庆活动，了解传统习俗的文化内涵。引导学生尊重各民族传统文化习俗，珍视各民族共同创造的中华优秀文明成果，培养作为中华民族一员的归属感和自豪感。

11. 高中阶段，以增强学生对中华优秀传统文化的理性认识为重点，引导学生感悟中华优秀传统文化的精神内涵，增强学生对中华优秀传统文化的自信心。阅读篇幅较长的传统文化经典作品，提高古典文学和传统艺术鉴赏能力；认识中华文明形成的悠久历史进程，感悟中华文明在世界历史中的重要地位；认识人民群众创造历史的决定作用和杰出人物的贡献，吸取前人经验和智慧，培养豁达乐观的人生态度和抵抗困难挫折的能力；感悟传统美德与时俱进的品质，自觉以中华传统美德律己修身；了解传统艺术的丰富表现形式和特点，感受不同时代、地域、民族特色的艺术风格，接触和体验祖国各地的风土人情、民俗风尚，了解中华民族丰富的文化遗产。引导学生深入理解中华民族最深沉的精神追求，更加全面客观地认识当代中国，看待外部世界，认识国家前途命运与个人价值实现的统一关系，自觉维护国家的尊严、安全和利益。

四、把中华优秀传统文化教育系统融入课程和教材体系

13. 在课程建设和课程标准修订中强化中华优秀传统文化内容。围绕中华优秀传统文化教育的主要任务，适时启动课程标准修订和课程开发的研究论证、试点探索和推广评估工作。在中小学德育、语文、历史、艺术、体育等课程标准修订中，增加中华优秀传统文化内容比重。地理、数学、物理、化学、生物等课程，应结合教学环节渗透中华优秀传统文化相

关内容。鼓励各地各学校充分挖掘和利用本地中华优秀传统文化教育资源，开设专题的地方课程和校本课程。面向各级各类学校重点建设一批中华优秀传统文化精品视频公开课。加强中华优秀传统文化相关学科建设。

14. 修订相关教材和组织编写中华优秀传统文化普及读物。根据修订后的中小学课程标准，修订相关教材。制作内容精、形式活、受欢迎的数字化课件。鼓励有条件的地方结合地方课程需要编写具有地域特色的中华优秀传统文化读本。组织知名专家编写多层次、成系列的普及读物。

15. 充分发挥中小学德育课和高校思想政治理论课的重要作用。促进思想政治教育与中华优秀传统文化教育的紧密结合，以爱国主义教育为核心，深入挖掘中华优秀传统文化中蕴含的丰富思想政治教育资源，进一步丰富中小学德育课和高校思想政治理论课的教学内容，创新教学方法和手段，提升教学效果。

六、着力增强中华优秀传统文化教育的多元支撑

18. 建设不断适应时代需要的中华优秀传统文化网络教育平台。利用好现有全国文化资源共享工程、公共电子阅览室建设工程、数字图书馆推广计划等数字文化惠民工程的数据资源成果，推动优秀传统文化网络传播，制作适合互联网、手机等新兴媒体传播的传统文化精品佳作。重点打造一批有广泛影响的传统文化特色网站，支持和鼓励学校网站开设传统文化专栏。加强校园网络建设，依托高校网络文化示范中心、大学生网络文化工作室等，拓宽适合青少年学生学习特点的线上教育平台。选取一批有代表性的中华优秀传统文化经典诗文，建设"中华经典资源库"。

19. 加强中华优秀传统文化校园教育活动。利用学校博物馆、校史馆、图书馆、档案馆等，结合校史、院史、学科史和人物史的挖掘、整理和研究，发挥其独特的文化育人作用。深入开展创建中华优秀传统文化艺术传承学校活动，邀请传统文化名家、非物质文化遗产传承人等进校园、进课堂。依托少先队、共青团、学生党支部、学生会、学生社团等，开展

主题教育、理论研讨、社会实践、志愿服务、文艺体育等形式多样、丰富多彩的活动。

20. 构建互为补充、相互协作的中华优秀传统文化教育格局。充分利用博物馆、纪念馆、文化馆（站）、图书馆、美术馆、音乐厅、剧院、故居旧址、名胜古迹、文化遗产、具有历史文化风貌的街区等，组织学生进行实地考察和现场教学，建立中小学生定期参观博物馆、纪念馆、遗址等公共文化机构的长效机制。积极配合文化、新闻出版广电等部门，提倡和扶持弘扬中华优秀传统文化的各类文艺作品创作，在评奖、宣传等方面加强引导，办好青少年电视频道，做好图书出版规划，创作、出版一批青少年喜爱的影视片、音像制品和文学艺术作品，为加强中华优秀传统文化教育提供丰富、生动的教育资源。

21. 充分发挥家庭在中华传统文化教育中的重要作用。要重视发挥中小学家长委员会以及各级各类家长学校、家庭教育指导机构、校外活动场所的作用，把学校教育与家庭教育紧密结合起来，积极组织开展学生和家长共同参与的传统文化体验、主题教育实践活动、志愿者服务和公益性活动，践行中华优秀传统美德，弘扬中华优秀传统文化。倡导家长通过言传身教，形成爱国守法、遵守公德、珍视亲情、勤俭持家、邻里和睦的良好家风，营造弘扬中华优秀传统文化的家庭教育氛围。

## 二、关于开展中华优秀传统文化传承基地建设的通知

教育部

2018 年 5 月 10 日

二、建设目标

计划到 2020 年在全国范围内建设 100 个左右中华优秀传统文化传承基

地，探索构建具有高校特色和特点的中华优秀传统文化传承发展体系，在教育普及、保护传承、创新发展、传播交流等方面协同推进并取得重要成果。

四、建设任务

中华优秀传统文化传承基地建设内容包括课程建设、社团建设、工作坊建设、科学研究、辐射带动、展示交流等六个方面。

（一）课程建设。将中华优秀传统文化课程纳入高校公共艺术和公共体育课程体系，通过客座教授或购买服务等形式，组织各地民族民间艺术家、非物质文化遗产传承人、民间艺人、民族传统体育项目传承人面向非艺术类/体育类专业学生开设选修课并实行学分化管理，每个传承基地应该有若干门面向全校学生的选修课程，每门课程设置 36 个学时，2 个学分。

（二）社团建设。面向全校学生，在二级院系的平台上成立规模和形式灵活多样的传承项目传习所（学生兴趣小组），在此基础上建设 2—3 个校级的传承项目学生艺术/体育社团，包括传承项目大学生艺术/体育社团、传承志愿者联盟、艺术/体育爱好者俱乐部等，开展内容丰富、形式多样的实践活动，加强对传承项目的推介和传播，推进校园文化创新建设。

（三）工作坊建设。整合学校和社会资源，配备优质师资以及充足的器材、设施设备和场地，建设 1 个以传承项目为主打的中华优秀传统文化实践工作坊，组织开展有关传承项目的系列主题活动和现场实践体验活动。

（四）科学研究。依托学校现有相应研究机构或创建专门研究中心，加强以传承项目为重点的中华优秀传统文化教育研究，厘清中华优秀传统文化传承创新的价值与内涵，探索新时代背景下中华优秀传统文化传承创新的理念与路径。

（五）辐射带动。利用基地建设丰富的师资与课程资源，辐射带动当地3所左右的中小学校和1个社区，开展基于传承项目的中华优秀传统文化普及教育活动，不断扩大覆盖面和受益面。

（六）展示交流。每年结合传统节日，组织开展学校体育艺术教育弘扬中华优秀传统文化展示活动，充分展现传承项目的建设成果。加强高校校际间、高校与中小学、高校与社会在传承中华优秀传统文化方面的经验与成果交流，创新交流方式，丰富交流内容，共享建设成果。

五、申报条件和遴选程序

（一）申报条件

具有独立法人地位和具备相关传承项目建设工作基础的高等学校均可申报。申报的基本条件：

1. 全面贯彻党的教育方针，高度重视美育、体育工作，领导班子对基地建设工作认识到位、规划清晰、保障有力。

2. 有校级领导分管，有相关机构牵头，在中华优秀传统文化课程建设、实践活动开展、科学研究等方面有较好的基础，形成了代表性的成果，在全国有一定地位和影响力。

3. 有相关学科和领域的牵头人和知名学者，能够建立稳定的、结构合理的传承项目专兼职教师队伍。

4. 具有充足的开展传承项目教学和实践活动的器材设备、场地设施条件，能够提供传承项目建设可持续发展的经费和条件保障。

六、组织管理

基地实行多主体参与共管共建的组织管理机制。

（一）教育部根据改革与发展规划、结合建设整体布局，组织开展基地的立项建设，按批次公布传承基地名单，对认定的基地予以经费、课题、平台、政策上的支持。教育部体育卫生与艺术教育司负责具体年度建设工作的部署，组织传承基地的申报和遴选，组织或委托相关机构及专家组开展政策研究、理论研究、运行机制研究等工作，实施对基地建设效果与质量的跟踪监测和综合评价。分年度分批次的传承基地遴选申报通知由教育部体育卫生与艺术教育司另行印发。

（二）省级教育行政部门结合区域高校分布和专业布局，制定本区域内的传承基地建设规划，推动相关高校开展基地建设。加强对基地的指导、扶持和监管，积极发挥基地的辐射、带动、引领作用。负责遴选汇总本地高校的申请，统一向教育部推荐报送。

（三）传承基地高校加强对传承基地建设工作的领导，要有学校领导牵头负责，明确工作责任人，成立工作组，有专门的部门负责具体实施。要制定发展规划，形成建设方案，完善工作机制，落实保障配套条件，创造性地组织实施，切实推进中华优秀传统文化的传承发展。传承基地每年按要求上报传承基地工作年度报告。

# 三、加强和改进中小学中华优秀传统文化教育工作方案

教育部

2019 年 3 月 11 日

## 四、任务

（一）健全中华优秀传统文化进课程教材有关标准要求

1. 研究制定中华优秀传统文化进课程教材指导纲要。结合学科特点，贴近学生实际，明确目标任务、总体要求、途径方式等，分领域遴选经典篇目、曲目以及有代表性的活动项目，统筹学段学科安排，规范学习内容，作为国家、地方、学校三级课程（教材）编修指南。

2. 编制中华先贤和中华民族历史英雄人物进课程教材图谱。对有关内容进行结构化、系统化安排，保持相对稳定性。体现主流价值观，注意

反映优秀军事传统文化。

（二）依据纲要、图谱组织课程教材修订

3. 修订课程方案和课程标准。组织修订义务教育和普通高中课程方案及各学科课程标准，强化中华优秀传统文化教育内容要求。结合职业教育特点，在中等职业学校思想政治、语文、历史三科及有关专业课程中充实、丰富中华优秀传统文化教育内容。指导地方和学校开发相关地方课程和校本课程，切实保证课程质量。

4. 组织编写或修订教材。全面完成道德与法治（思想政治）、语文、历史教材统编统审统用。跟踪了解义务教育道德与法治、语文、历史教材的使用情况，及时组织修订。统一组织编写普通高中和中等职业学校思想政治、语文、历史教材，充实中华优秀传统文化教育内容。全面修订义务教育、普通高中国家课程和中等职业学校公共基础课程非统编教材，根据学科特点，进一步强化中华优秀传统文化教育内容。组织对各学科教材纳入中华优秀传统文化情况进行专题审查，确保纲要和图谱有关要求的系统落实。

（三）强化学生对中华优秀传统文化的活动体认

5. 研制中小学生中华优秀传统文化体验活动指南。对学生课堂内外体验活动的设计和组织实施进行具体指导，强调立德为重、践行为要、树人为本。

6. 继续开展"少年传承中华传统美德"、中等职业学校"文明风采"等系列主题教育活动。

7. 深入实施中华经典诵读工程。开展经典诵写讲文化实践活动，举办中小学生书写活动、诗词大会、中国节庆日诵读活动等，打造一批"最美读书声"等校园诵读品牌，推出一批中小学优秀传统文化社团。组织诵读、书法、诗词等名家进校园活动。

8. 深入实施中华传统体育推进工程。探索建设学校中华传统体育基地，以武术、中国跤、中国象棋、围棋以及民族传统体育项目为抓手，推动形成"一校一品""一校多品"发展格局。鼓励地方、学校将中华传统体育项目纳入学校运动会、大课间活动，全面提升中华传统体育项目的文化影响力和辐射力。

9. 深入实施学校艺术教育传承中华优秀传统文化推动工程。以中华优秀文化艺术传承学校为抓手，从传统琴棋书画以及戏曲、民族音乐、民族舞蹈等项目中，篆刻、剪纸等非物质文化遗产中选取优秀内容，推动中小学生艺术实践，形成"一校一品""一校多品"。积极探索通过学校艺术教育专家工作室和义工联盟等形式，创新推动中华优秀传统文化传承方式。增加传统文化艺术在全国中小学生艺术展演活动中的比重，设立戏曲、民族音乐、民族舞蹈、中国书画（篆刻）等项目。鼓励中小学与当地艺术类院校在专业教学、师资培训等方面开展深度合作。持续推进传统戏曲进校园。

（四）健全中华优秀传统文化教育考核评价体系

10. 加强中小学生中华文化素养评价。将中华文化素养有机融入中高考、初高中学业水平考试相关学科内容和学生综合素质评价。深化考试命题改革，加强考试命题评估工作，指导各地提高命题能力和水平。将开展中华优秀传统文化教育情况作为区域、学校教育综合质量评价的重要内容。

11. 健全中华优秀传统文化教育督导评估制度。将中华优秀传统文化教育情况纳入对省级及以下政府履行教育职责评价，适时组织开展督导，并把中华优秀传统文化教育开展情况作为责任督学挂牌督导的经常性事项，加强日常督导。对学校有关课程设置、教材使用、学生活动等方面情况进行监测，并根据监测情况修订完善有关课程标准和教材，加强和改进教学、考试评价、教师培训等工作，形成良性循环。

（五）提升中小学教师中华文化素养

12. 推动师范院校开设有关中华优秀传统文化课程，明确考核要求，提高师范生中华文化素养。

13. 加强在职教师的培训。推动各地分层、分类、分科开展教师优秀传统文化专项培训，重点加强道德与法治（思想政治）、语文、历史教师培训，不断提升广大教师中华文化素养。发挥"国培计划"示范引领作用，为各地培训优秀传统文化教育"种子"教师。

14. 组织教师参加琴棋书画等传统文化体验活动、研修活动，着力改进培训方式，厚植教师文化底蕴。组织开展教学案例的征集、评选和交流活动，促进教师不断反思、改进教学方式。

（六）大力推进实践基地和资源建设

15. 充分利用校外优秀传统文化资源，鼓励文物保护单位以及博物馆、非遗场所等资源单位，研发中华优秀传统文化研学课程和路线，鼓励青少年校外活动场所开展中国传统手工艺体验等活动。

16. 开展经典诵读课程、读本等优质资源建设。指导编写出版《中华经典诗词分级诵读本》，建设"中小学语文示范诵读库""中华经典资源库"，推动与语文教材同步使用。

17. 引导鼓励具备条件的学校建设中华经典诵写讲基地，依托基地加强中华经典的研究阐释、教育传承和创新传播。

（七）加强中华优秀传统文化教育研究

18. 在各级社科基金、自然科学基金、教育科学规划项目中，根据各自功能定位，设立一批中华优秀传统文化教育研究项目。就中华优秀传统文化教育的内涵、外延、载体等问题，以及中小学生学习内容遴选、学习程度要求及其评价等问题开展基础研究，把握学习规律性。整合一线教师、教研员、专家学者等力量，就课程实施、育人方式改革等开展应用研究，探究教学艺术性，促进中华优秀传统文化的创造性转化和创新性发展。

（八）强化教育协同机制

19. 多种方式发挥文化志愿者、文化辅导员、文艺工作者及文化经营者的重要作用，形成人人传承发展中华优秀传统文化的良好局面。

20. 办好家长学校，健全学校家长委员会，组织开展家长专题培训活动，提高其文化素养。

21. 发挥媒体宣传引导作用。继续加大广播、电视、报纸等传统媒体以及新闻网站、"两微一端"等新媒体对中华优秀传统文化的宣传力度，积极开展公益宣传，及时宣介各地典型经验做法，为推进中华优秀传统文化教育工作营造良好舆论氛围。

22. 继续会同有关部门向中小学生推荐优秀图书、优秀影片片目，组织学生观看优秀影视作品，弘扬优秀传统文化。

# 四、关于完善中华优秀传统文化教育长效机制的实施意见

中央上海市教育卫生工作委员会、上海市教育委员会

2014 年 11 月 21 日

二、总体目标与基本要求

（一）总体目标

围绕立德树人根本任务，以培育和践行社会主义核心价值观为主线，以弘扬爱国主义为核心的民族精神为立足点，通过推动中华优秀传统文化"进教材、进课堂、进课外、进网络、进队伍建设、进评价体系"，一体化构建大中小学中华优秀传统文化教育的内容体系和实践体系；通过构建大中小学各学段纵向衔接、课堂内外和网络横向贯通、学校家庭社会三位一体的联动机制，形成科学化、规范化和长效化的制度保障，逐步完善中华优秀传统文化教育工作体系。

（二）基本要求

坚持中华优秀传统文化教育与培育和践行社会主义核心价值观、时代

精神教育和革命传统教育相结合，坚持弘扬中华优秀传统文化与学习借鉴国外优秀文化成果相结合，坚持课堂教育与实践教育、学校教育、家庭教育、社会教育相结合，要着力把握以下几方面要求：

1. 加强中华优秀传统文化教育体系的整体设计。系统推进大中小学各学段的纵向衔接，课堂内外和网络各环节的横向贯通，学校、家庭、社会三位一体的立体网络，推动课程设计、教师培养、资源利用和政策支撑的有机协调，系统推进中华优秀传统文化教育传承体系建设，保障中华优秀传统文化教育的整体性与系统性。

2. 加强中华优秀传统文化教育内容的科学规划。依据各学段学生的认知特点和接受意趣，确定启蒙教育、认知教育、认同教育、自信教育、使命教育的目标，构建分层递进、螺旋上升的教育内容序列。深入挖掘各学科蕴含的中华优秀传统文化教育资源，探索学科教学与中华优秀传统文化教育深度结合的方式方法，增强中华优秀传统文化教育的针对性与有效性。

3. 加强中华优秀传统文化教育机制的传承创新。大力传承和弘扬中华优秀传统文化，不断吸收借鉴世界各国各民族优秀的文明成果，丰富和完善中华优秀传统文化的内涵。深入总结中华优秀传统文化教育实施过程中的典型经验和成功做法，根据社会发展需求和时代要求，不断创新教育途径和方法，体现中华优秀传统文化教育的传承性与发展性。

四、完善大中小学各学段教育内容的纵向衔接

根据以天下兴亡、匹夫有责为重点的家国情怀教育，以仁爱共济、立己达人为重点的社会关爱教育，以正心笃志、崇德弘毅为重点的人格修养教育为重点的中华优秀传统文化教育的顶层内容架构，遵循各学段学生的认知特点和接受意趣，构建分层递进、螺旋上升、整体衔接的教育内容序列。准确把握中华优秀传统文化教育内容在不同学段融入的基本规律，将其系统、科学配置到各学段、各学科之中。

小学低年级，以培养学生对中华优秀传统文化的亲切感为重点，开展启蒙教育；小学高年级，以提高学生对中华优秀传统文化的感受力为重点，开展认知教育；初中阶段，以增强学生对中华优秀传统文化的理解力为重点，开展认同教育；高中阶段，以增强学生对中华优秀传统文化的理性认识为重点，开展自信教育；大学阶段，以提高学生对中华优秀传统文化的自主学习和探究能力为重点，开展使命教育。逐步将各学段的中华优秀传统文化教育内容加以序列化、体系化，推动完善中华优秀传统文化教育内容的有效衔接。

八、完善条件保障

（一）加强中华优秀传统文化教育的科学研究

加强中华优秀传统文化教育教学研究，设立一批中华优秀传统文化重大理论与实践研究项目。在上海市哲学社会科学规划课题（思政系列）、市教育规划科研项目和学校德育研究课题中设立中华优秀传统文化教育专项，支持高校教师、中小学骨干教师开展中华优秀传统文化教育教学研究。通过专题研究、学术研讨、文化交流、项目资助等方式，培养和造就一批传统文化教学名师和学科领军人物。推进德育课程、语文教育、体育教育、地理教育、历史教育、美术教育、音乐教育、综合艺术教育等上海高校"立德树人"人文社会科学重点研究基地建设，加强文化传承类协同创新中心建设和中华优秀传统文化教育智库建设，探索文化传承的模式创新，提升文化传承的效果和效率。各区（县）教育行政部门和各级各类学校要适应时代发展和育人需求，充分利用传统文化优势学科和相关科研力量，建设中华优秀传统文化教学研究基地，加强研究成果的实践推广和转化。

（二）完善中华优秀传统文化教育的评价与督导

注重对中华优秀传统文化的考查，丰富和完善上海中小学生学业评价绿色指标。增加中华优秀传统文化内容在中考、高考升学考试中的比重。

将中华优秀传统文化素养作为学生综合素质评价体系、学生评优评奖和升学就业的重要参考。将教师在学科教学和社会实践中实施中华优秀传统文化教育的能力和实绩作为教师评优评奖的重要依据。将学校在教育、管理、服务的各个环节中落实中华优秀传统文化教育的要求作为学校精神文明建设和学校整体工作评价的重要内容。各级教育督导部门要将中华优秀传统文化教育纳入对区县督政和学校督导范围，切实推进中华优秀传统文化教育的深入落实。

（三）加大中华优秀传统文化教育的经费投入

鼓励各级教育行政部门、各级各类学校设立中华优秀传统文化教育专项经费，引导社会力量和市场力量参与中华优秀传统文化教育，拓宽经费投入来源渠道。将中华优秀传统文化教育经费的绩效评价作为区县督政和学校督导的重要内容。

# 第六节　研学实践和志愿服务

## 一、关于推进中小学生研学旅行的意见

教育部、国家发展改革委、公安部、财政部、交通运输部、文化部、食品药品监管总局、国家旅游局、保监会、共青团中央、中国铁路总公司

2016 年 11 月 30 日

三、基本原则

——教育性原则。研学旅行要结合学生身心特点、接受能力和实际需要，注重系统性、知识性、科学性和趣味性，为学生全面发展提供良好成长空间。

——实践性原则。研学旅行要因地制宜，呈现地域特色，引导学生走出校园，在与日常生活不同的环境中拓展视野、丰富知识、了解社会、亲近自然、参与体验。

——安全性原则。研学旅行要坚持安全第一，建立安全保障机制，明确安全保障责任，落实安全保障措施，确保学生安全。

——公益性原则。研学旅行不得开展以营利为目的的经营性创收，对贫困家庭学生要减免费用。

四、主要任务

1. 纳入中小学教育教学计划。各地教育行政部门要加强对中小学开展研学旅行的指导和帮助。各中小学要结合当地实际，把研学旅行纳入学校教育教学计划，与综合实践活动课程统筹考虑，促进研学旅行和学校课程有机融合。

2. 加强研学旅行基地建设。各地教育、文化、旅游、共青团等部门、组织密切合作，根据研学旅行育人目标，结合域情、校情、生情，依托自然和文化遗产资源、红色教育资源和综合实践基地、大型公共设施、知名院校、工矿企业、科研机构等，遴选建设一批安全适宜的中小学生研学旅行基地，探索建立基地的准入标准、退出机制和评价体系；要以基地为重要依托，积极推动资源共享和区域合作，打造一批示范性研学旅行精品线路，逐步形成布局合理、互联互通的研学旅行网络。各基地要将研学旅行作为理想信念教育、爱国主义教育、革命传统教育、国情教育的重要载体，突出祖国大好风光、民族悠久历史、优良革命传统和现代化建设成就，根据小学、初中、高中不同学段的研学旅行目标，有针对性地开发自然类、历史类、地理类、科技类、人文类、体验类等多种类型的活动课程。

3. 规范研学旅行组织管理。各地教育行政部门和中小学要探索制定中小学生研学旅行工作规程，做到"活动有方案，行前有备案，应急有预案"。

4. 健全经费筹措机制。各地可采取多种形式、多种渠道筹措中小学生研学旅行经费，探索建立政府、学校、社会、家庭共同承担的多元化经费筹措机制。交通部门对中小学生研学旅行公路和水路出行严格执行儿童票价优惠政策，铁路部门可根据研学旅行需求，在能力许可范围内积极安排好运力。文化、旅游等部门要对中小学生研学旅行实施减免场馆、景区、景点门票政策，提供优质旅游服务。保险监督管理机构会同教育行政部门推动将研学旅行纳入校方责任险范围，鼓励保险企业开发有针对性的产品，对投保费用实施优惠措施。鼓励通过社会捐赠、公益性活动等形式支持开展研学旅行。

5. 建立安全责任体系。各地要制订科学有效的中小学生研学旅行安全保障方案，探索建立行之有效的安全责任落实、事故处理、责任界定及纠纷处理机制，实施分级备案制度，做到层层落实，责任到人。教育行政部门负责督促学校落实安全责任，审核学校报送的活动方案（含保单信息）和应急预案。学校要做好行前安全教育工作，负责确认出行师生购买意外险，必须投保校方责任险，与家长签订安全责任书，与委托开展研学旅行的企业或机构签订安全责任书，明确各方安全责任。旅游部门负责审核开展研学旅行的企业或机构的准入条件和服务标准。交通部门负责督促有关运输企业检查学生出行的车、船等交通工具。公安、食品药品监管等部门加强对研学旅行涉及的住宿、餐饮等公共经营场所的安全监督，依法查处运送学生车辆的交通违法行为。保险监督管理机构负责指导保险行业提供并优化校方责任险、旅行社责任险等相关产品。

五、组织保障

1. 加强统筹协调。各地要成立由教育部门牵头，发改、公安、财政、交通、文化、食品药品监管、旅游、保监和共青团等相关部门、组织共同参加的中小学生研学旅行工作协调小组，办事机构可设在地方校外教育联席会议办公室，加大对研学旅行工作的统筹规划和管理指导，结合本地实际情况制订相应工作方案，将职责层层分解落实到相关部门和单位，定期检查工作推进情况，加强督查督办，切实将好事办好。

3. 加强宣传引导。各地要在中小学广泛开展研学旅行实验区和示范校创建工作，充分培育、挖掘和提炼先进典型经验，以点带面，整体推进。

## 二、上海市初中学生社会实践管理工作实施办法

上海市教育委员会、上海市精神文明建设委员会办公室、

共青团上海市委员会

2019 年 7 月 8 日

二、基本原则

1. 坚持价值导向

初中学生社会实践要坚持与社会主义核心价值观教育、中华优秀传统文化教育、革命传统教育、劳动教育、生涯教育、创新实践及生命安全教育等有机结合。要符合学生年龄特点、认知规律和教育规律，注重知行统一，体验教育，主动参与，引导初中学生在社会大课堂，自觉遵循道德规范，增长知识才干。

2. 注重统筹兼顾

以一体化发展思路，推动社会实践资源整合、学段衔接、课内外衔接和师资衔接；统筹育人方式，既要重视课堂教育，又要强化实践教育；统筹学校课程，既要重视与综合实践课程的衔接，又要兼顾社会实践资源与时空的相融一致。

3. 注重客观真实

结合培养目标、学生实际以及课程内容，有选择、有计划、有目的地

组织、引导学生在社会实践基地/场所（项目）中开展社会实践。如实记录学生社会实践过程中的主要经历和典型事例，以事实为依据，真实反映其全面发展情况和个性特长发展状况，并作为综合实践活动课程及其它相关学科学习评价的参考依据。

4. 注重公平公正

运用科学规范的记录与评价方法，促进学生健康成长；用好"上海市初中学生综合素质评价信息管理系统"（以下简称"管理系统"）和"上海市初中学生社会实践电子记录平台"，（以下简称"电子平台"），严格规范评价程序，建立信息确认制度、信誉等级制度、公示和举报投诉制度等，确保公开公平公正。

三、社会实践的主要内容

初中学生社会实践的主要内容包括社会考察、公益劳动、职业体验、安全实训等。

1. 社会考察

学校组织学生到爱国主义教育基地、革命历史类纪念地，大型公共设施、重大工程基地，国防、科技基地，农业基地，自然保护区等资源单位进行考察、调查、探究和研学实践等，培养学生主动探究和体验的兴趣，了解认识国家的历史文化和基本国情，增强学生的国家意识和社会责任感。其中每个初中学生在初中阶段至少有 1 次进入爱国主义教育基地考察学习的经历。

2. 公益劳动

学校组织学生参加校内及校园周边社区的公益劳动，主要包括校园内公共设施的卫生保洁、绿化美化、普及文明风尚、为孤残老幼服务、送温暖献爱心等，培养学生的劳动意识，珍惜劳动成果，磨练意志品质，养成服务他人的良好行为习惯。每个初中学生在初中阶段至少有 3 个劳动岗位的经历。

3. 职业体验

学校组织学生到职业院校等场所参观、学习、体验等，引导学生认识职业角色，了解职业特点，体验岗位实践，感悟体验过程，培养职业兴趣，初步形成生涯规划的意识和能力，引导学生弘扬劳动精神，尊重劳动，能够为"辛勤劳动、诚实劳动、创造性劳动"而努力。

4. 安全实训

学校组织开展各类安全演练及实训体验，安排学生在学校开展火灾、地震、校车等突发事件逃生演练，组织学生在学校公共安全教育体验教室、区域公共安全教育体验中心、市级公共安全教育场馆等场所开展实训体验，让学生掌握交通安全、消防安全、治安防范、防震减灾等相关知识和技能，切实提高学生的安全防范意识、应急避险和自救互救能力，引导学生珍惜生命、敬畏生命、热爱生命。

四、学生社会实践的课时安排

学生在初中阶段需完成社会考察136课时、公益劳动80课时（一般每学年不少于20课时）、职业体验32课时（在本市职业院校的职业体验不少于16课时）、安全实训24课时（一般在上海市级公共安全教育场馆的安全实训不少于8课时）。根据课程计划，可安排在每学年2周的社区服务社会实践课程中完成，时间可集中安排也可分散安排。

社会考察、公益劳动、职业体验和安全实训可在整个初中阶段统筹安排。社会考察（含社会调查）可主要安排在六七年级，职业体验可主要安排在八九年级，学校可根据教学计划做适当调整。

社会考察、公益劳动、职业体验、安全实训四类学生实践活动内容的划分是相对的，学校在具体记录时可以根据具体情况有所侧重，也可统筹兼顾、融合贯通。

# 三、关于加强上海市普通高中学生志愿服务（公益劳动）管理工作的实施意见（试行）

上海市教育委员会、上海市精神文明建设委员会办公室、

共青团上海市委员会、上海市青少年学生校外活动联席会议办公室

2016 年 1 月 11 日

## 一、高中生志愿服务的主要内容和要求

### （一）高中生志愿服务的内涵

高中生志愿服务指高中学生不以获得报酬为目的，自愿奉献时间和智力、体力、技能等，帮助他人、服务社会的公益行为。高中生志愿服务的主要内容包括：普及文明风尚志愿服务、送温暖献爱心志愿服务、公共秩序和赛会保障等志愿服务以及面向特殊群体提供无偿帮助等。

### （二）高中生志愿服务的形式

高中生志愿服务主要指学校团组织在市、区县两级学生社会实践基地（项目）中开展的集体性志愿服务活动。学校组织学生参加志愿服务，需经监护人书面同意，以定岗服务的方式展开，切实做好相关指导、培训和风险防控工作。

学生个人参加志愿服务，应当在其监护人陪同下或者经监护人同意后参加。

### （三）高中生志愿服务学时

学校集体组织的志愿服务是一门培养高中生社会责任感、创新精神和实践能力的重要课程。每位学生高中阶段志愿服务不少于 60 学时，一般在每学年的 2 周社区服务和社会实践课程中完成，不足部分在寒暑假、双休日或放学后完成。志愿服务课时可分散安排，也可集中安排。学校应当鼓励学生在完成学时要求的情况下，继续参加志愿服务。

（四）高中生志愿服务的记录内容

高中生志愿服务主要记录学生参加志愿服务项目内容、次数、累计时间、达标情况、受表彰的次数或在志愿服务基础上形成的调查研究报告及成果。学生参加集体组织的志愿服务内容记录在"上海市学生社会实践信息记录电子平台"（sj. 21boya. cn）；个人参加的经历可记录在"上海市普通高中学生综合素质纪实报告"中"自我介绍"部分。志愿服务所形成的调查报告或者研究报告可记录在"创新精神与实践能力"部分。

三、高中生志愿服务的工作机构与分工

（一）市校外联主要职责

市校外联要加强统筹协调，要制定相关政策、规范准入标准，定期召开联席会议，研究解决全市学生志愿服务工作中的重大问题，做好学生社会实践基地的评估管理工作。各成员单位要把这项工作纳入本系统的考核评价指标体系，确保学生社会实践活动安全、有序、有效推进。

（二）区县校外联主要职责

各区县要进一步健全校外联会议制度，加强对社会实践基地（项目）的确认、发布、认证指导以及落实报备管理制度；促进馆校合作、社校合作及校际合作，发展多元化志愿服务项目；做好社会实践基地（项目）的满意度测评等评价工作。

区县教育局要切实加强对高中学校志愿服务工作的管理和指导，要将学校在课程中实施高中生志愿服务的情况纳入办学考核评价体系。区县教育局要加强与区文明办、团区委的沟通协调，牵头定期召开会议，协调解决相关问题。总结学校开展志愿服务的典型经验，推进本区县高中生志愿服务工作。

区县文明办是协调整合区域资源的牵头单位。要动员区域内各企事业单位和社会力量，为学生提供适合的志愿服务岗位；要依托街道（乡镇），拓展社区资源，建立与学校的对接机制，为就近就便在社区开展高中生志愿服务创造条件；要把做好高中生志愿服务工作纳入文明社区、文明单位评估体系；要指导本区县学生社区实践指导站会同社区志愿者服务中心明确专人负责高中生志愿服务工作，学生社区实践指导站要加强对所属学生社会实践点的指导和管理，为引导高中生成为社区文化、文明传播的志愿者搭好实践平台。

区县团委要充分发挥共青团的组织优势，开发整合相关社会资源。要加强对学校团组织的指导，组织开展志愿服务活动；要促进街道团工委积极探索开展高中生志愿服务的新模式；要动员学生社会实践基地团组织为学生志愿服务提供支持和帮助。

（三）学校主要职责

学校是高中生志愿服务工作的责任主体，校长是第一责任人。要统筹校团委、德育、教务等相关部门形成合力，全面推进高中生志愿服务工作；要按照课程计划的要求，切实落实学生志愿服务的组织、实施和评价；切实加强对学生、教师、家长的宣传发动指导，形成协同参与教育综合改革的合力；要主动对接基地（项目），发挥家长、校友等作用，精心设计学生志愿服务岗位和项目，有序组织学生以团支部或团小组为单位开展集体性志愿服务；学校团组织尤其要做好跨区县学生志愿服务组织实施工作；要精心做好学生志愿服务档案记录工作。

# 四、志愿服务条例

（2017 年 6 月 7 日国务院第 175 次常务会议通过）

**第二条**　本条例适用于在中华人民共和国境内开展的志愿服务以及与志愿服务有关的活动。

本条例所称志愿服务，是指志愿者、志愿服务组织和其他组织自愿、无偿向社会或者他人提供的公益服务。

**第三条** 开展志愿服务，应当遵循自愿、无偿、平等、诚信、合法的原则，不得违背社会公德、损害社会公共利益和他人合法权益，不得危害国家安全。

**第四条** 县级以上人民政府应当将志愿服务事业纳入国民经济和社会发展规划，合理安排志愿服务所需资金，促进广覆盖、多层次、宽领域开展志愿服务。

**第五条** 国家和地方精神文明建设指导机构建立志愿服务工作协调机制，加强对志愿服务工作的统筹规划、协调指导、督促检查和经验推广。

国务院民政部门负责全国志愿服务行政管理工作；县级以上地方人民政府民政部门负责本行政区域内志愿服务行政管理工作。

县级以上人民政府有关部门按照各自职责，负责与志愿服务有关的工作。

工会、共产主义青年团、妇女联合会等有关人民团体和群众团体应当在各自的工作范围内做好相应的志愿服务工作。

**第十一条** 志愿者可以参与志愿服务组织开展的志愿服务活动，也可以自行依法开展志愿服务活动。

**第十二条** 志愿服务组织可以招募志愿者开展志愿服务活动；招募时，应当说明与志愿服务有关的真实、准确、完整的信息以及在志愿服务过程中可能发生的风险。

**第十三条** 需要志愿服务的组织或者个人可以向志愿服务组织提出申请，并提供与志愿服务有关的真实、准确、完整的信息，说明在志愿服务过程中可能发生的风险。志愿服务组织应当对有关信息进行核实，并及时予以答复。

**第十四条** 志愿者、志愿服务组织、志愿服务对象可以根据需要签订协议，明确当事人的权利和义务，约定志愿服务的内容、方式、时间、地点、工作条件和安全保障措施等。

**第十五条** 志愿服务组织安排志愿者参与志愿服务活动，应当与志愿者的年龄、知识、技能和身体状况相适应，不得要求志愿者提供超出其能力的志愿服务。

**第十六条** 志愿服务组织安排志愿者参与的志愿服务活动需要专门知识、技能的，应当对志愿者开展相关培训。

开展专业志愿服务活动，应当执行国家或者行业组织制定的标准和规程。法律、行政法规对开展志愿服务活动有职业资格要求的，志愿者应当依法取得相应的资格。

**第十七条** 志愿服务组织应当为志愿者参与志愿服务活动提供必要条件，解决志愿者在志愿服务过程中遇到的困难，维护志愿者的合法权益。

志愿服务组织安排志愿者参与可能发生人身危险的志愿服务活动前，应当为志愿者购买相应的人身意外伤害保险。

**第十八条** 志愿服务组织开展志愿服务活动，可以使用志愿服务标志。

**第十九条** 志愿服务组织安排志愿者参与志愿服务活动，应当如实记录志愿者个人基本信息、志愿服务情况、培训情况、表彰奖励情况、评价情况等信息，按照统一的信息数据标准录入国务院民政部门指定的志愿服务信息系统，实现数据互联互通。

志愿者需要志愿服务记录证明的，志愿服务组织应当依据志愿服务记录无偿、如实出具。

记录志愿服务信息和出具志愿服务记录证明的办法，由国务院民政部门会同有关单位制定。

**第二十条** 志愿服务组织、志愿服务对象应当尊重志愿者的人格尊严；未经志愿者本人同意，不得公开或者泄露其有关信息。

**第二十一条** 志愿服务组织、志愿者应当尊重志愿服务对象人格尊严，不得侵害志愿服务对象个人隐私，不得向志愿服务对象收取或者变相收取报酬。

**第二十二条** 志愿者接受志愿服务组织安排参与志愿服务活动的，应当服从管理，接受必要的培训。

志愿者应当按照约定提供志愿服务。志愿者因故不能按照约定提供志愿服务的，应当及时告知志愿服务组织或者志愿服务对象。

**第二十三条** 国家鼓励和支持国家机关、企业事业单位、人民团体、社会组织等成立志愿服务队伍开展专业志愿服务活动，鼓励和支持具备专业知识、技能的志愿者提供专业志愿服务。

国家鼓励和支持公共服务机构招募志愿者提供志愿服务。

**第二十五条** 任何组织和个人不得强行指派志愿者、志愿服务组织提供服务，不得以志愿服务名义进行营利性活动。

**第二十七条** 县级以上人民政府应当根据经济社会发展情况，制定促进志愿服务事业发展的政策和措施。

县级以上人民政府及其有关部门应当在各自职责范围内，为志愿服务提供指导和帮助。

**第二十八条** 国家鼓励企业事业单位、基层群众性自治组织和其他组织为开展志愿服务提供场所和其他便利条件。

**第二十九条** 学校、家庭和社会应当培养青少年的志愿服务意识和能力。

高等学校、中等职业学校可以将学生参与志愿服务活动纳入实践学分管理。

**第三十条** 各级人民政府及其有关部门可以依法通过购买服务等方式，支持志愿服务运营管理，并依照国家有关规定向社会公开购买服务的项目目录、服务标准、资金预算等相关情况。

**第三十一条** 自然人、法人和其他组织捐赠财产用于志愿服务的，依法享受税收优惠。

**第三十二条**　对在志愿服务事业发展中做出突出贡献的志愿者、志愿服务组织，由县级以上人民政府或者有关部门按照法律、法规和国家有关规定予以表彰、奖励。

国家鼓励企业和其他组织在同等条件下优先招用有良好志愿服务记录的志愿者。公务员考录、事业单位招聘可以将志愿服务情况纳入考察内容。

**第三十三条**　县级以上地方人民政府可以根据实际情况采取措施，鼓励公共服务机构等对有良好志愿服务记录的志愿者给予优待。

**第三十五条**　广播、电视、报刊、网络等媒体应当积极开展志愿服务宣传活动，传播志愿服务文化，弘扬志愿服务精神。

## 五、学生志愿服务管理暂行办法

教育部

2015 年 3 月 16 日

**第三条**　学生志愿服务，是指学生不以获得报酬为目的，自愿奉献时间和智力、体力、技能等，帮助他人、服务社会的公益行为。十周岁以上的未成年学生，经其监护人同意，可以申请成为学生志愿者。未成年学生参与志愿服务，根据实际情况应当在其监护人陪同下或者经监护人同意参与志愿服务。

**第四条**　学生志愿服务要遵循自愿、公益原则。学生志愿服务内容主要包括：普及文明风尚志愿服务、送温暖献爱心志愿服务、公共秩序和赛会保障志愿服务、应急救援志愿服务以及面向特殊群体的志愿服务等。学生志愿者在志愿服务过程中要弘扬"奉献、友爱、互助、进步"的志愿精神。

**第七条** 学生志愿服务组织方式包括学校组织开展、学生自行开展两类。中小学生以学校组织开展为主，高校学生可由学校组织开展，鼓励学生自行开展。未成年学生自行开展志愿服务，遵照第一章第三条规定实施。

**第八条** 学校组织学生参加志愿服务，应充分尊重学生的自主意愿，按照公开招募、自愿报名（未成年人需经监护人书面同意）、择优录取、定岗服务的方式展开，切实做好相关指导、培训和风险防控工作。学校应结合实际，制订学生志愿服务计划，有计划、有步骤地组织学生参加志愿服务。

**第九条** 高校应给予自行开展志愿服务的学生全面支持，扶持志愿服务类学生社团建设，并将志愿服务纳入实践学分管理。

**第十条** 学生志愿服务程序

（一）学生志愿服务负责人向学校工作机构提交志愿服务计划等材料；

（二）学校工作机构进行登记备案，包括进行风险评估、提供物质保障、技能培训等；

（三）学生开展志愿服务活动；

（四）学校工作机构按照规定程序对学生志愿服务进行认定记录。

有条件的学校应实行学生志愿服务网上登记备案、认定记录。

**第十一条** 学校应安排团委、少先队辅导员等教职员工担任志愿服务负责人，具体负责学生志愿服务的组织、记录、保障工作。

**第十二条** 学生参加志愿服务，学校、学生志愿者、服务对象应签订服务协议书，明确服务内容、时间和有关权利、义务。

**第十三条** 学校组织开展志愿服务，应切实做好风险防控，加强学生安全教育、管理和保护，必要时要为学生购买或者要求服务对象购买相关保险。学生自行开展志愿服务，学校应要求学生做好风险防控，必要时购买保险。

**第十九条** 地方教育部门应完善各学段志愿服务教育体系，系统开展志愿理念、志愿精神、志愿服务基本要求和知识技能、志愿者权利和义务、志愿服务安全知识等基础教育。

**第二十条** 高校应建立健全学生志愿者骨干专业化培训体系，提高学生志愿者骨干参加专业化志愿服务的素质和能力。对于应急救援、特殊群体等专业性要求高的志愿服务，未经专业化培训合格不得参加。

**第二十一条** 学校应在基础教育、专业化培训基础上，根据志愿服务活动实际需要有针对性地组织开展临时性培训。

# 六、上海市志愿服务条例

（根据 2019 年 11 月 15 日上海市第十五届人民代表大会常务委员会第十五次会议《关于修改〈上海市志愿服务条例〉的决定》修正）

**第五条** 本市鼓励为老年人、未成年人、残疾人、失业人员等有困难需要帮助的社会群体和个人提供志愿服务；提倡在教育、科学、文化、卫生、体育、环保等领域以及社区服务、应急援助和社会公益活动中开展志愿服务活动。

全社会应当尊重志愿者及其提供的志愿服务。

**第六条** 国家机关、社会团体、企业事业单位和其他组织应当支持志愿服务活动。

学校应当将培养志愿服务意识纳入青少年思想品德教育内容，鼓励大学和中学学生参加适合自身特点的志愿服务活动。

广播、电视、报刊、网站等传播媒体应当积极宣传志愿服务活动。

本市确定每年中国青年志愿者服务日（三月五日）当周集中宣传和开

展志愿服务活动，倡导和弘扬志愿服务精神。

第七条　市、区人民政府应当将志愿服务事业纳入国民经济和社会发展规划，合理安排志愿服务所需资金，搭建志愿服务平台，支持和促进志愿服务事业发展。

乡、镇人民政府和街道办事处应当根据实际情况，在资金、场地等方面为本辖区内的志愿服务提供支持和帮助。

第八条　市、区精神文明建设委员会加强统一领导，建立和完善由精神文明建设委员会办公室（以下简称精神文明办）牵头、有关部门和单位参加的协调机制，统筹规划本行政区域的志愿服务工作发展，协调指导有关部门和单位、社会力量协同开展志愿服务，督促检查工作情况，总结推广工作经验和宣传表彰先进典型。

第九条　市、区民政部门负责本行政区域内志愿服务行政管理工作，拟订促进志愿服务事业发展政策措施，开展志愿者队伍建设、志愿服务组织登记和志愿服务活动规范，查处相关违法行为。

发展改革、财政、人力资源社会保障、教育、科技、文化旅游、卫生健康、应急管理、生态环境、司法行政、市场监管等部门按照各自职责，负责与志愿服务有关的工作。

工会、共产主义青年团、妇女联合会等有关人民团体和群众团体应当在各自的工作范围内做好相应的志愿服务工作。

第十条　本市志愿服务行业组织应当支持各类志愿服务组织发展，做好指导和服务工作，加强行业自律、反映行业诉求、推动行业交流，维护成员合法权益，促进志愿服务事业发展。

第十一条　志愿者可以自行注册，也可以通过志愿服务组织进行注册。

第十二条　志愿服务组织应当根据自己的章程组织开展志愿服务活动。

志愿服务组织在招募志愿者时，应当尊重志愿者本人的意愿，根据其时间、能力等条件，安排从事相应的志愿服务活动，并为其提供相关的信息和安全、卫生等必要条件和保障。

志愿服务组织应当为志愿者提供注册服务，如实记录其身份信息、服务技能、服务时间、联系方式等个人基本信息；未经志愿者本人同意，不得公开或者向第三方提供。

**第十三条** 志愿者应当具备与其所从事的志愿服务活动相适应的民事行为能力。

组织未成年人参加志愿服务活动的，应当符合其身心特点，落实安全保护措施，并征得其监护人同意。

**第十四条** 志愿者享有以下权利：

（一）根据自己的意愿和时间、能力等条件，选择参加志愿服务活动；

（二）获得与所从事的志愿服务活动相关的信息和培训；

（三）获得与所从事的志愿服务活动相关的必要条件或者保障；

（四）向志愿服务组织提出意见和建议；

（五）法律、法规规定的其他权利。

**第十五条** 志愿者应当履行下列义务：

（一）接受志愿服务组织的指导和安排，履行志愿服务承诺，完成相应的任务；

（二）尊重志愿服务对象的意愿和人格、隐私等权利；

（三）保守在志愿服务活动中获悉的依法受保护的秘密；

（四）不得利用志愿者身份从事与志愿服务活动宗旨、目的不符的行为；

（五）不能继续从事志愿服务活动时，及时告知志愿服务组织。

**第十六条** 志愿服务组织可以根据有志愿服务需求的组织、个人的申请，或者根据社会实际需要，确定志愿服务活动项目。

第十七条 志愿服务组织向社会招募志愿者时，应当将志愿服务活动项目的相关内容予以公布，并告知在志愿服务过程中可能出现的风险。

第十八条 志愿服务组织可以根据志愿服务活动的目的、要求，以及申请参与志愿服务活动的个人的实际情况，选择志愿者。

第十九条 志愿者、志愿服务组织、志愿服务对象可以根据需要签订协议，明确权利和义务，约定志愿服务的内容、方式、时间、地点、工作条件和安全保障措施等。

志愿服务组织、志愿者开展应对突发事件的志愿服务活动，应当接受有关人民政府设定的应急指挥机构的统一指挥和协调。

第二十条 志愿服务组织应当根据所开展志愿服务活动的需要，对志愿者进行相关培训。

第二十一条 志愿服务组织安排志愿者参与志愿服务活动，应当按照国家有关规定，如实记录和录入志愿者个人基本信息、志愿服务情况、培训情况、表彰奖励情况、评价情况等信息，并为有需要的志愿者无偿、如实出具志愿服务记录证明。

第二十二条 对志愿者在从事志愿服务活动中由本人所支出的交通、误餐等费用，志愿服务组织可以给予适当的补贴。

第二十三条 志愿服务组织一般应当避免安排志愿者从事需要承担重大管理责任、经济责任或者具有较大人身伤害风险的服务活动。

在特殊情形下，志愿服务组织安排志愿者从事需要承担重大管理责任、经济责任或者具有较大人身伤害风险的服务活动，应当按照本条例第十九条第一款的规定签订书面协议。

第二十四条 志愿服务组织可以根据自身条件和实际需要，为志愿者办理相应的人身保险。

志愿服务组织安排志愿者从事有安全风险的志愿服务活动时，应当为志愿者办理必要的人身保险。

**第二十五条**　任何组织和个人不得利用或者借用志愿服务的名义进行营利性和其他违背志愿服务宗旨的活动。

**第二十六条**　志愿服务组织可以通过接受社会捐赠、资助等形式，筹集开展志愿服务活动的经费。

**第二十七条**　志愿服务组织筹集的志愿服务活动经费应当用于志愿服务活动、志愿者的人身意外伤害保险和交通、误餐补贴等开支，不得挪作他用。

志愿服务活动经费的来源及使用情况应当向社会公开，并接受政府有关部门、捐赠者、资助者、志愿者的监督。

**第二十九条**　本市建立健全志愿服务统计和发布制度，市民政部门应当定期向社会发布本市志愿者和志愿服务组织的发展状况、志愿服务活动的开展情况等信息。

**第三十条**　对于有良好志愿服务记录的志愿者，在其本人需要志愿服务时予以优先安排。

鼓励有关单位在招录公务员、招聘员工、招生时，同等条件下优先录用、聘用、录取有良好志愿服务记录的志愿者。

鼓励国家机关、社会团体、企业事业单位和其他组织、公共服务机构等根据自身能力和实际情况为有良好志愿服务记录的志愿者提供优待。

**第三十一条**　本市将志愿服务工作纳入群众性精神文明创建活动。

对在志愿服务活动中表现突出的志愿者和志愿服务组织，由有关部门予以表彰、奖励。需要市、区人民政府表彰、奖励的，有关部门可以向市、区人民政府提出建议。

**第三十二条**　本市建立志愿服务领域信用信息归集机制，有关部门应当将有良好志愿服务记录或者受到表彰、奖励的志愿者和志愿服务组织信息向市公共信用信息服务平台归集，依法给予信用激励。

**第三十五条**　本市鼓励和支持国家机关、企业事业单位、人民团体、社会组织等成立志愿服务队伍开展专业志愿服务活动。

居民委员会、村民委员会、公益活动举办单位和公共服务机构开展公益活动，需要志愿者提供志愿服务的，可以与志愿服务组织合作，由志愿服务组织招募志愿者，也可以自行招募志愿者。自行招募志愿者提供志愿服务的，参照本条例关于志愿服务组织开展志愿服务活动的规定执行。

志愿服务组织以外的其他组织可以开展力所能及的志愿服务活动。

经居民委员会、村民委员会或者单位同意成立的内部志愿服务团体，可以依法开展志愿服务活动。

# 第七节  家庭教育

## 一、关于加强家庭教育工作的指导意见

教育部

2015 年 10 月 11 日

一、充分认识加强家庭教育工作的重要意义

家庭是社会的基本细胞。注重家庭、注重家教、注重家风，对于国家发展、民族进步、社会和谐具有十分重要的意义。家庭是孩子的第一个课堂，父母是孩子的第一任老师。家庭教育工作开展的如何，关系到孩子的终身发展，关系到千家万户的切身利益，关系到国家和民族的未来。近年来，经过各地不断努力探索，家庭教育工作取得了积极进展，但还存在认识不到位、教育水平不高、相关资源缺乏等问题，导致一些家庭出现了重智轻德、重知轻能、过分宠爱、过高要求等现象，影响了孩子的健康成长和全面发展。当前，我国正处在全面建成小康社会的关键阶段，提升家长

素质，提高育人水平，家庭教育工作承担着重要的责任和使命。各地教育部门和中小学幼儿园要从落实中央"四个全面"战略布局的高度，不断加强家庭教育工作，进一步明确家长在家庭教育中的主体责任，充分发挥学校在家庭教育中的重要作用，加快形成家庭教育社会支持网络，推动家庭、学校、社会密切配合，共同培养德智体美劳全面发展的社会主义建设者和接班人。

二、进一步明确家长在家庭教育中的主体责任

1. 依法履行家庭教育职责。教育孩子是父母或者其他监护人的法定职责。广大家长要及时了解掌握孩子不同年龄段的表现和成长特点，真正做到因材施教，不断提高家庭教育的针对性；要始终坚持儿童为本，尊重孩子的合理需要和个性，创设适合孩子成长的必要条件和生活情境，努力把握家庭教育的规律性；要提升自身素质和能力，积极发挥榜样作用，与学校、社会共同形成教育合力，避免缺教少护、教而不当，切实增强家庭教育的有效性。

2. 严格遵循孩子成长规律。学龄前儿童家长要为孩子提供健康、丰富的生活和活动环境，培养孩子健康体魄、良好生活习惯和品德行为，让他们在快乐的童年生活中获得有益于身心发展的经验。小学生家长要督促孩子坚持体育锻炼，增长自我保护知识和基本自救技能，鼓励参与劳动，养成良好生活自理习惯和学习习惯，引导孩子学会感恩父母、诚实为人、诚实做事。中学生家长要对孩子开展性别教育、媒介素养教育，培养孩子积极学业态度，与学校配合减轻孩子过重学业负担，指导孩子学会自主选择。切实消除学校减负、家长增负，不问兴趣、盲目报班，不做"虎妈""狼爸"。

3. 不断提升家庭教育水平。广大家长要全面学习家庭教育知识，系统掌握家庭教育科学理念和方法，增强家庭教育本领，用正确思想、正确方法、正确行动教育引导孩子；不断更新家庭教育观念，坚持立德树人导

向，以端正的育儿观、成才观、成人观引导孩子逐渐形成正确的世界观、人生观、价值观；不断提高自身素质，重视以身作则和言传身教，要时时处处给孩子做榜样，以自身健康的思想、良好的品行影响和帮助孩子养成好思想、好品格、好习惯；努力拓展家庭教育空间，不断创造家庭教育机会，积极主动与学校沟通孩子情况，支持孩子参加适合的社会实践，推动家庭教育和学校教育、社会教育有机融合。

三、充分发挥学校在家庭教育中的重要作用

1. 强化学校家庭教育工作指导。各地教育部门要切实加强对行政区域内中小学幼儿园家庭教育工作的指导，推动形成政府主导、部门协作、家长参与、学校组织、社会支持的家庭教育工作格局。中小学幼儿园要建立健全家庭教育工作机制，统筹家长委员会、家长学校、家长会、家访、家长开放日、家长接待日等各种家校沟通渠道，逐步建成以分管德育工作的校长、幼儿园园长、中小学德育主任、年级长、班主任、德育课老师为主体，专家学者和优秀家长共同参与，专兼职相结合的家庭教育骨干力量。将家庭教育工作纳入教育行政干部和中小学校长培训内容，将学校安排的家庭教育指导服务计入工作量。

2. 丰富学校指导服务内容。各地教育部门和中小学幼儿园要坚持立德树人根本任务，将社会主义核心价值观融入家庭教育工作实践，将中华民族优秀传统家庭美德发扬光大。要举办家长培训讲座和咨询服务，开展先进教育理念和科学育人知识指导；举办经验交流会，通过优秀家长现身说法、案例教学发挥优秀家庭示范带动作用。组织社会实践活动，定期开展家长和学生共同参与的参观体验、专题调查、研学旅行、红色旅游、志愿服务和社会公益活动。以重大纪念日、民族传统节日为契机，通过丰富多彩、生动活泼的文艺、体育等活动增进亲子沟通和交流。及时了解、沟通和反馈学生思想状况和行为表现，营造良好家校关系和共同育人氛围。

3. 发挥好家长委员会作用。各地教育部门要采取有效措施加快推进中小学幼儿园普遍建立家长委员会，推动建立年级、班级家长委员会。中小学幼儿园要将家长委员会纳入学校日常管理，制订家长委员会章程，将家庭教育指导服务作为重要任务。家长委员会要邀请有关专家、学校校长和相关教师、优秀父母组成家庭教育讲师团，面向广大家长定期宣传党的教育方针、相关法律法规和政策，传播科学的家庭教育理念、知识和方法，组织开展形式多样的家庭教育指导服务和实践活动。

4. 共同办好家长学校。各地教育部门和中小学幼儿园要配合妇联、关工委等相关组织，在队伍、场所、教学计划、活动开展等方面给予协助，共同办好家长学校。中小学幼儿园要把家长学校纳入学校工作的总体部署，帮助和支持家长学校组织专家团队，聘请专业人士和志愿者，设计较为具体的家庭教育纲目和课程，开发家庭教育教材和活动指导手册。中小学家长学校每学期至少组织 1 次家庭教育指导和 1 次家庭教育实践活动。幼儿园家长学校每学期至少组织 1 次家庭教育指导和 2 次亲子实践活动。

四、加快形成家庭教育社会支持网络

1. 构建家庭教育社区支持体系。各地教育部门和中小学幼儿园要与相关部门密切配合，推动建立街道、社区（村）家庭教育指导机构，利用节假日和业余时间开展工作，每年至少组织 2 次家庭教育指导和 2 次家庭教育实践活动，将街道、社区（村）家庭教育指导服务纳入社区教育体系。有条件的中小学幼儿园可以派教师到街道、社区（村）挂职，为家长提供公益性家庭教育指导服务。

2. 统筹协调各类社会资源单位。各地教育部门和中小学幼儿园要积极引导多元社会主体参与家庭教育指导服务，利用各类社会资源单位开展家庭教育指导和实践活动，扩大活动覆盖面，推动有条件的地方由政府购买公益岗位。依托青少年宫、乡村少年宫、儿童活动中心等公共服务阵地，为城乡不同年龄段孩子及其家庭提供家庭教育指导服务。鼓励和支持有条件的机关、社会团体、企事业单位为家长提供及时便利的公益性家庭教育指导服务。

3. 给予困境儿童更多关爱帮扶。各地教育部门和中小学幼儿园要指导、支持、监督家庭切实履行家庭教育职责。要特别关心流动儿童、留守儿童、残疾儿童和贫困儿童，鼓励和支持各类社会组织发挥自身优势，以城乡儿童活动场所为载体，广泛开展适合困境儿童特点和需求的家庭教育指导服务和关爱帮扶。倡导企业履行社会责任，支持志愿者开展志愿服务，引导社会各界共同参与，逐步培育形成家庭教育社会支持体系。

## 二、全国家庭教育指导大纲

全国妇联、教育部、中央文明办、民政部、卫生部、

国家人口计生委、中国关工委

2010 年 2 月 8 日

三、家庭教育指导内容及要求

（四）7—12 岁年龄段的家庭教育指导

1. 7—12 岁儿童的身心发展特点

7—12 岁是整个儿童期十分重要的发展阶段。该阶段的儿童身心发展特点主要体现在：儿童身高和体重处于比较迅速的发展阶段；外部器官有了较快发展，但感知能力还不够完善；儿童处于从以具体的形象思维为主向抽象的逻辑思维过渡阶段；情绪情感方面表现得比较外显。

2. 家庭教育指导内容要点

（1）做好儿童健康监测，预防常见疾病发生。指导家长科学安排儿童的饮食，引导儿童养成健康的饮食习惯；培养儿童良好的卫生习惯和作息习惯；为儿童提供良好的学习环境，注意用眼卫生并定期检查视力；督促儿童坚持开展体育锻炼，积极配合卫生部门定期做好儿童健康监测。

（2）将生命教育纳入生活实践之中。指导家长带领儿童认识自然界的生命现象，帮助儿童建立热爱生命、珍惜生命、呵护生命的意识；抓住日常生活事件增长儿童居家出行的自我保护知识及基本的生命自救技能。

（3）培养儿童基本生活自理能力。指导家长重视养成教育，防止因为溺爱造成孩子的依赖性，注重儿童生活自理意识的培养；创设家庭环境，坚持从细微处入手，以激励教育为主，提高儿童的生活自理能力，养成生活自理的习惯。

（4）培养儿童的劳动观念和适度花费习惯。指导家长教授儿童一定的劳动技巧，给儿童创造劳动的机会，培养儿童劳动的热情；鼓励儿童参与家庭财务预算，合理支配零用钱，防止欲望膨胀，形成量入为出的观念，培养儿童理财的意识。

（5）引导儿童学会感恩父母、诚实为人、诚信做事。指导家长为儿童树立积极的人格榜样，创造健康和谐的家庭环境；从大处着眼、从小事入手，及时抓住日常生活事件教育儿童尊敬老师、孝敬长辈，学会关心、感激和回报他人。

（6）帮助儿童养成良好的学习习惯和学习兴趣。指导家长以身作则、言传身教，创设安静的环境，引导儿童专心学习，养成良好的学习习惯；注意培养儿童的学习兴趣；正确对待儿童的学习成绩。

（五）13—15岁年龄段的家庭教育指导

1. 13—15岁儿童身心发展特点

13—15岁的儿童正处于告别幼稚、走向成熟的过渡时期，即青春期。青春期的儿童面临着生理和心理上的"巨变"：各项身体指标接近于成人；性激素分泌大大增加，引起了性的萌发与成熟；感知觉能力不断提高，能有意识地调节和控制自己的注意力；逐步采用有意记忆的方法，其抽象逻辑思维日益占据主要地位；自我控制能力有了明显的发展，情感不再完全外露，但情绪还不稳定、易冲动。

2. 家庭教育指导内容要点

（1）对儿童开展适时、适当、适度的性别教育。指导家长进行青春期生理卫生知识指导，帮助儿童认识并适应自己的生理变化；开展科学的性心理辅导，进行青春期异性交往的指导；加强对儿童的性道德观念教育，并注意控制家庭的不良性刺激；引导儿童以合理的方式宣泄情绪。

（2）利用日常生活细节，开展伦理道德教育。指导家长加强自身道德修养，发挥道德榜样作用；把"修德做人"放在首位，强化儿童的伦理道德意识；肯定儿童的自我价值意识，立足道德的积极面引导儿童；创设健康向上的家庭氛围；与学校、社会形成合力，净化家庭和社会文化环境。

（3）开展信息素养教育，引导儿童正确使用各种媒介。指导家长掌握必要的信息知识与技能；树立民主意识，做儿童的朋友，了解儿童使用各种媒介的情况；培养儿童对信息的是非辨别能力和信息加工能力；鼓励儿童在使用网络等媒介的过程中学会自我尊重、自我发展；多关心鼓励对网络等媒介使用上瘾的儿童，并根据实际情况适时寻求专业咨询和心理援助。

（4）重视儿童学习过程，促进儿童快乐学习。指导家长和儿童树立正确的学业态度和应试心理；重视儿童学习方法和学习习惯的养成；教育儿童克服考试焦虑的方法与技巧；与儿童共同制定学习目标，并对取得阶段性成绩的儿童予以及时鼓励；在儿童考试受挫时鼓励儿童。

（5）尊重和信任儿童，促进良好的亲子沟通。指导家长摆正心态，以平等的姿态与儿童相处；学习与儿童沟通的技巧，学会运用委婉、民主、宽容的语言和态度对待儿童；学会倾听儿童的意见和感受，学会尊重、欣赏、认同和分享儿童的想法；学会采取正面方式激励儿童。

（6）树立正确的学业观，尊重儿童的自主选择。指导家长帮助儿童树立信心，勇于面对现实；协助儿童综合分析学业水平、兴趣爱好、未来规划等，选择适合其发展的高中、职校或其他发展方式；宽容地对待儿童的自我选择。

（六）16—18 岁年龄段的家庭教育指导

1. 16—18 岁儿童的身心发展特点

16—18 岁的儿童经过青春期的迅速发育后进入相对稳定时期。其身体生长主要表现在形态发育、体内器官的成熟与机能的发育、性生理成熟等方面；在认知方面，儿童认知结构的完整体系基本形成，抽象逻辑思维占据优势地位；观察力、联想能力等迅速发展；情绪情感方面以内隐、自制为主，自尊心与自卑感并存；性意识呈现身心发展不平衡的特点。

2. 家庭教育指导内容要点

（1）引导儿童树立积极心态，尽快适应学校新生活。指导家长引导儿童树立健康的人生态度；经常与儿童沟通交流，掌握儿童的学习情况、思想动态；经常与学校联系，了解儿童可能遇到的适应问题并及时提供家庭支持。

（2）引导儿童与异性正确交往。指导家长根据该年龄阶段儿童个性特点，引导儿童积极开展社交活动和正常的异性交往；利用日常生活的相关事件，适时适当适度开展性生理、性心理辅导；对有"早恋"行为的儿童，指导家长学会提供经验参考，帮助儿童提高应对问题的现实处理能力。

（3）引导儿童"学会合作、学会分享"。指导家长通过召开家庭会议等形式，与儿童一起平等、开放地讨论家庭事务，并共同分担家庭事务；鼓励儿童在集体生活中锻炼自己，让儿童品尝与人合作的快乐；鼓励儿童积极参与社会实践活动，在活动中学会乐于与人相处、勇于承担责任。

（4）培养儿童做一个知法、守法的好公民。指导家长加强法律知识学习，掌握家庭法制教育的内容和方法，努力提高自身法制意识；注意以身作则，自觉遵守法律，为儿童树立榜样；与儿童建立民主平等的关系，切实维护儿童权益。

（5）指导儿童树立理想信念、合理规划未来。指导家长引导儿童从小树立社会责任感，树立国家意识；与儿童共同协商规划未来，并尊重和鼓励儿童进行自主选择；从儿童实际出发，不断调整自身期望；引导儿童学会将理想与现实的奋斗相结合。

（6）引导儿童树立自信心，以平常心对待升学。指导家长在迎考期间保持正常、有序的家庭生活，科学、合理安排生活作息，保证儿童劳逸结合，身心愉快；保持适度期待，鼓励儿童树立自信心，以平常心面对考试；为儿童选择志愿提供参考意见，并尊重儿童对自身的未来规划与发展意愿。

## 三、关于进一步加强家庭教育工作的实施意见

上海市教育委员会、上海市妇女联合会、

上海市精神文明建设委员会办公室、上海市未成年人保护委员会办公室

2017 年 2 月 15 日

三、主要任务

（三）创新载体，构建家庭教育指导的服务体系

1. 强化学校主阵地功能。各中小学（含中职）、幼儿园要充分发挥孩子与家长之间的桥梁纽带作用，建立健全家庭教育指导工作机制，建成以校长（园长）、德育主任、年级组长、未保老师、班主任等为主体，专家学者和优秀家长共同参与，专兼职相结合的家庭教育指导骨干力量。通过家长委员会、家长学校、家长会、家访、家长开放日、家长接待日、学校网站、微信等沟通渠道，交流分享家庭教育的经验、教训，共同商讨解决家庭教育中遇到的困难和问题，指导家长科学理性地开展家庭教育。

2. 推进"1+16+X"家庭教育指导机构建设。建立健全市级和 16 个

区家庭教育研究和指导中心建设，整合各方资源，为学校、家长、教师开展家庭教育指导提供切实的支持和帮助。进一步巩固发展各中小学（含中职）、幼儿园家长学校建设，做到有师资队伍、有教学计划、有指导教材或大纲、有活动开展、有成效评估，确保每年开展家庭教育指导和家庭教育实践活动不少于 4 次。同时加快建设网上家长学校，大力拓展微信和手机客户端等新媒体服务平台，探索建立远程家庭教育服务网络，为家长提供便捷、个性化的指导服务。

3. 发挥家长委员会作用。各中小学（含中职）、幼儿园要加强现代学校制度建设，以"一校一章程"为抓手，建立学校（幼儿园）家长委员会，并逐步形成学校、年级、班级三级家长委员会网络，把家长委员会纳入学校日常管理，制订工作章程，完善例会、对口联系等制度，保障家长对学校工作的知情权、参与权、建议权和监督权。鼓励有条件的区建立区级或社区家长委员会。充分发挥家长在家庭教育中的主体作用，鼓励、支持家长委员会邀请有关专家、学校校长和相关教师、家长和家庭教育指导师组成家庭教育讲师团，面向家长定期宣传科学的家庭教育理念、知识和方法，组织开展形式多样的家庭教育指导服务和实践活动。

（四）协同推进，形成家庭教育的社会支持网络

1. 完善社区协同机制。将家庭教育指导服务纳入城乡社区公共服务体系，逐步构建政府主导、社会协同、公众参与的家庭教育公共服务模式，确保儿童和家长每年至少接受 4 次规范的家庭教育指导服务活动。各街道、社区要建立完善家长学校或家庭教育指导服务站点，利用节假日和业余时间组织家庭教育指导和实践活动。各中小学（含中职）、幼儿园要加强与街道、社区家长学校或家庭教育指导服务站点的密切联系，有条件的学校（幼儿园）可派教师到街道、社区挂职，为家长提供公益性家庭教育指导服务。

2. 统筹各类社会资源。区文明办、妇联、教育局、未保办要紧密合

作，推动有条件的机关、企事业单位、社会团体创办家长学校，规范开展家庭教育指导服务工作。社区家长学校或家庭教育指导服务站点要积极向街道（镇）申请政府购买家庭教育公益岗位和活动，引导多元社会主体参与家庭教育指导服务。区教育局要依托青少年活动中心（少年宫、少科站）、学校少年宫、社区教育学院等公共服务阵地，为不同年龄段孩子及其家庭提供家庭教育指导服务。各级妇联及未保部门要会同相关部门做好特殊困境儿童群体家庭教育的支持服务工作，鼓励和支持各类社会组织发挥自身优势，关心流动儿童、留守儿童、残疾儿童和贫困儿童。

# 第八节　招生考试与学生综合素质评价

## 一、关于深化考试招生制度改革的实施意见

国务院

2014 年 9 月 3 日

（二）改革考试形式和内容

1. 完善高中学业水平考试。学业水平考试主要检验学生学习程度，是学生毕业和升学的重要依据。考试范围覆盖国家规定的所有学习科目，引导学生认真学习每门课程，避免严重偏科。学业水平考试由省级教育行政部门按国家课程标准和考试要求组织实施，确保考试安全有序、成绩真实可信。各地要合理安排课程进度和考试时间，创造条件为有需要的学生提供同一科目参加两次考试的机会。2014 年出台完善高中学业水平考试的指导意见。

2. 规范高中学生综合素质评价。综合素质评价主要反映学生德智体

美全面发展情况，是学生毕业和升学的重要参考。建立规范的学生综合素质档案，客观记录学生成长过程中的突出表现，注重社会责任感、创新精神和实践能力，主要包括学生思想品德、学业水平、身心健康、兴趣特长、社会实践等内容。严格程序，强化监督，确保公开透明，保证内容真实准确。2014 年出台规范高中学生综合素质评价的指导意见。各省（区、市）制定综合素质评价基本要求，学校组织实施。

## 二、深化新时代教育评价改革总体方案

中共中央、国务院

2020 年 10 月 13 日

（二）主要原则。坚持立德树人，牢记为党育人、为国育才使命，充分发挥教育评价的指挥棒作用，引导确立科学的育人目标，确保教育正确发展方向。坚持问题导向，从党中央关心、群众关切、社会关注的问题入手，破立并举，推进教育评价关键领域改革取得实质性突破。坚持科学有效，改进结果评价，强化过程评价，探索增值评价，健全综合评价，充分利用信息技术，提高教育评价的科学性、专业性、客观性。坚持统筹兼顾，针对不同主体和不同学段、不同类型教育特点，分类设计、稳步推进，增强改革的系统性、整体性、协同性。坚持中国特色，扎根中国、融通中外，立足时代、面向未来，坚定不移走中国特色社会主义教育发展道路。

（三）改革目标。经过 5 至 10 年努力，各级党委和政府科学履行职责水平明显提高，各级各类学校立德树人落实机制更加完善，引导教师潜心育人的评价制度更加健全，促进学生全面发展的评价办法更加多元，社会选人用人方式更加科学。到 2035 年，基本形成富有时代特征、彰显中国特

色、体现世界水平的教育评价体系。

二、重点任务

（一）改革党委和政府教育工作评价，推进科学履行职责

1. 完善党对教育工作全面领导的体制机制。各级党委要认真落实领导责任，建立健全党委统一领导、党政齐抓共管、部门各负其责的教育领导体制，履行好把方向、管大局、作决策、保落实的职责，把思想政治工作作为学校各项工作的生命线紧紧抓在手上，贯穿学校教育管理全过程，牢固树立科学的教育发展理念，坚决克服短视行为、功利化倾向。各级党委和政府要完善定期研究教育工作机制，建立健全党政主要负责同志深入教育一线调研、为师生上思政课、联系学校和年终述职必述教育工作等制度。

2. 完善政府履行教育职责评价。对省级政府主要考核全面贯彻党的教育方针和党中央关于教育工作的决策部署、落实教育优先发展战略、解决人民群众普遍关心的教育突出问题等情况，既评估最终结果，也考核努力程度及进步发展。各地根据国家层面确立的评价内容和指标，结合实际进行细化，作为对下一级政府履行教育职责评价的依据。

3. 坚决纠正片面追求升学率倾向。各级党委和政府要坚持正确政绩观，不得下达升学指标或以中高考升学率考核下一级党委和政府、教育部门、学校和教师，不得将升学率与学校工程项目、经费分配、评优评先等挂钩，不得通过任何形式以中高考成绩为标准奖励教师和学生，严禁公布、宣传、炒作中高考"状元"和升学率。对教育生态问题突出、造成严重社会影响的，依规依法问责追责。

（二）改革学校评价，推进落实立德树人根本任务

4. 坚持把立德树人成效作为根本标准。加快完善各级各类学校评价标准，将落实党的全面领导、坚持正确办学方向、加强和改进学校党的建设以及党建带团建队建、做好思想政治工作和意识形态工作、依法治校办

学、维护安全稳定作为评价学校及其领导人员、管理人员的重要内容，健全学校内部质量保障制度，坚决克服重智育轻德育、重分数轻素质等片面办学行为，促进学生身心健康、全面发展。

5. 完善幼儿园评价。重点评价幼儿园科学保教、规范办园、安全卫生、队伍建设、克服小学化倾向等情况。国家制定幼儿园保教质量评估指南，各省（自治区、直辖市）完善幼儿园质量评估标准，将各类幼儿园纳入质量评估范畴，定期向社会公布评估结果。

6. 改进中小学校评价。义务教育学校重点评价促进学生全面发展、保障学生平等权益、引领教师专业发展、提升教育教学水平、营造和谐育人环境、建设现代学校制度以及学业负担、社会满意度等情况。国家制定义务教育学校办学质量评价标准，完善义务教育质量监测制度，加强监测结果运用，促进义务教育优质均衡发展。普通高中主要评价学生全面发展的培养情况。国家制定普通高中办学质量评价标准，突出实施学生综合素质评价、开展学生发展指导、优化教学资源配置、有序推进选课走班、规范招生办学行为等内容。

（三）改革教师评价，推进践行教书育人使命

9. 坚持把师德师风作为第一标准。坚决克服重科研轻教学、重教书轻育人等现象，把师德表现作为教师资格定期注册、业绩考核、职称评聘、评优奖励首要要求，强化教师思想政治素质考察，推动师德师风建设常态化、长效化。健全教师荣誉制度，发挥典型示范引领作用。全面落实新时代幼儿园、中小学、高校教师职业行为准则，建立师德失范行为通报警示制度。对出现严重师德师风问题的教师，探索实施教育全行业禁入制度。

10. 突出教育教学实绩。把认真履行教育教学职责作为评价教师的基本要求，引导教师上好每一节课、关爱每一个学生。探索建立中小学教师教学述评制度，任课教师每学期须对每个学生进行学业述评，述评情况纳

入教师考核内容。完善中小学教师绩效考核办法，绩效工资分配向班主任倾斜，向教学一线和教育教学效果突出的教师倾斜。

（四）改革学生评价，促进德智体美劳全面发展

14. 树立科学成才观念。坚持以德为先、能力为重、全面发展，坚持面向人人、因材施教、知行合一，坚决改变用分数给学生贴标签的做法，创新德智体美劳过程性评价办法，完善综合素质评价体系，切实引导学生坚定理想信念、厚植爱国主义情怀、加强品德修养、增长知识见识、培养奋斗精神、增强综合素质。

15. 完善德育评价。根据学生不同阶段身心特点，科学设计各级各类教育德育目标要求，引导学生养成良好思想道德、心理素质和行为习惯，传承红色基因，增强"四个自信"，立志听党话、跟党走，立志扎根人民、奉献国家。通过信息化等手段，探索学生、家长、教师以及社区等参与评价的有效方式，客观记录学生品行日常表现和突出表现，特别是践行社会主义核心价值观情况，将其作为学生综合素质评价的重要内容。

16. 强化体育评价。建立日常参与、体质监测和专项运动技能测试相结合的考查机制，将达到国家学生体质健康标准要求作为教育教学考核的重要内容，引导学生养成良好锻炼习惯和健康生活方式，锤炼坚强意志，培养合作精神。中小学校要客观记录学生日常体育参与情况和体质健康监测结果，定期向家长反馈。改进中考体育测试内容、方式和计分办法，形成激励学生加强体育锻炼的有效机制。加强大学生体育评价，探索在高等教育所有阶段开设体育课程。

17. 改进美育评价。把中小学生学习音乐、美术、书法等艺术类课程以及参与学校组织的艺术实践活动情况纳入学业要求，促进学生形成艺术爱好、增强艺术素养，全面提升学生感受美、表现美、鉴赏美、创造美的能力。探索将艺术类科目纳入中考改革试点。推动高校将公共艺术课程与艺术实践纳入人才培养方案，实行学分制管理，学生修满规定学分方能

毕业。

18. 加强劳动教育评价。实施大中小学劳动教育指导纲要，明确不同学段、不同年级劳动教育的目标要求，引导学生崇尚劳动、尊重劳动。探索建立劳动清单制度，明确学生参加劳动的具体内容和要求，让学生在实践中养成劳动习惯，学会劳动、学会勤俭。加强过程性评价，将参与劳动教育课程学习和实践情况纳入学生综合素质档案。

# 三、关于推进中小学教育质量综合评价改革的意见

教育部

2013 年 6 月 3 日

三、建立健全中小学教育质量综合评价体系

（一）建立综合评价指标体系

要依据党的教育方针、相关教育法律法规、国家课程标准等有关规定，突出重点，注重导向，把学生的品德发展水平、学业发展水平、身心发展水平、兴趣特长养成、学业负担状况等方面作为评价学校教育质量的主要内容，着力构建中小学教育质量综合评价指标体系。

1. 品德发展水平。主要考查学生品德认知和行为表现等方面的情况，可以通过行为习惯、公民素养、人格品质、理想信念等关键性指标进行评价，促进学生逐步形成正确的世界观、人生观、价值观。

2. 学业发展水平。主要考查学生对各学科课程标准所要求内容的掌握情况，可以通过知识技能、学科思想方法、实践能力、创新意识等关键性指标进行评价，促进学生打好终身学习和发展的基础。

3. 身心发展水平。主要考查学生身体素质和心理素质等方面的情况，可以通过身体形态机能、健康生活方式、审美修养、情绪行为调控、人际沟通等关键性指标进行评价，促进学生形成健康的体魄和良好的心理适应

能力。

4. 兴趣特长养成。主要考查学生学习的主动性、积极性和个人爱好等方面的情况，可以通过好奇心求知欲、爱好特长、潜能发展等关键性指标进行评价，促进学生个性发展和可持续发展。

5. 学业负担状况。主要考查学生的客观学习负担和主观学习感受，可以通过学习时间、课业质量、课业难度、学习压力等关键性指标进行评价，促进减轻学生过重的课业负担，提高学习的有效性和学习乐趣。

各地要在涵盖以上 5 个方面评价内容的基础上，对照 20 项关键性指标，按照小学、初中和普通高中教育的不同性质和特点，细化评价指标、考查要点和评价标准的内容要求，完善综合评价指标框架（见附件）。要收集学校教师队伍、设施设备、教育教学管理等影响教育质量相关因素的数据资料，为全面分析教育质量成因提供参考。

（二）健全评价标准

要依据国家中小学课程方案、课程标准、学生体质健康标准和办学行为的要求等开展质量评价。对于目前操作性还不强的评价标准，要积极研究探索，通过监测跟踪、积累数据等方式，逐步调整充实和完善。

（三）改进评价方式方法

1. 评价方式。要通过直接考查学生群体的发展情况评价学校的教育质量。将定量评价与定性评价相结合，注重全面客观地收集信息，根据数据和事实进行分析判断，改变过去主要依靠经验和观察进行评价的做法。将形成性评价与终结性评价相结合，注重考查学生进步的程度和学校的努力程度，改变单纯强调结果不关注发展变化的做法。将内部评价与外部评价相结合，注重促进学校建立质量内控机制，改变过于依赖外部评价而忽视自我诊断、自我改进的做法。注重发挥各方面的作用，逐步建立政府主导、社会组织和专业机构等共同参与的外部评价机制。

2. 评价方法。主要通过测试和问卷调查等方法进行评价，辅之以必要的现场观察、个别访谈、资料查阅等。测试和调查都要面向学生群体采取科学抽样的办法实施，不针对学生个体，不得组织面向全体学生的县级及以上统考统测，避免加重学校和学生负担。要充分利用已有的学生成长记录、学业水平考试、基础教育质量监测等成果和教育质量监测和评价机构的评价工具。要科学设计评价流程，有序开展评价工作。

（四）科学运用评价结果

1. 结果呈现。对评价内容和关键性指标进行分析诊断，分项给出评价结论，提出改进建议，形成学校教育质量综合评价报告。综合评价报告要注重对学校优势特色和存在的具体问题的反映，不简单对学校教育质量进行总体性的等级评价。

2. 结果使用。要把教育质量综合评价结果作为完善教育政策措施、加强教育宏观管理的重要参考，作为评价考核学校教育工作的主要依据。要指导学校正确运用评价结果，改进教育教学，发挥以评促建的作用。对于在办学中存在困难的学校，要给予帮助和扶持。对于存在违规行为且在规定时间内不落实整改要求的学校，要进行通报批评、取消各类评优奖励资格、追究学校主要负责人的责任。要逐步将评价结果向社会公布，接受社会监督。

四、完善推进评价改革的保障机制

（一）协同推进相关改革

深化课程改革，推动中小学全面落实国家课程方案和课程标准，开齐开足课程，加强体育、艺术教育教学。强化实践育人功能，加强综合实践活动课程，组织开展丰富多彩的校园文化活动。改进和完善教学方法，提高教学效率，减轻学生过重的课业负担。加快建立分类考试、综合评价、多元录取的考试招生制度，更加注重对学生综合素质和兴趣特长的考查。

（二）加强专业基础能力建设

将中小学教育质量评价纳入有关人文社科重点研究基地的研究范围。依托有条件的高等学校、教育科研、教研部门建立中小学教育质量专业评价、监测机构。逐步培养和建设一支具有先进评价理念、掌握评价专业技术、专兼职相结合的专业化评价队伍。

教育部建立评价资源平台，组织专业机构开发科学的评价工具，促进资源共享。各地要充分利用现代信息技术，建立和完善教育质量综合评价数字化管理平台，开发评价工具，为开展评价、改进工作提供技术支撑。

（三）保障经费投入

各地要将评价所需经费纳入当地教育经费预算，保障评价工具开发、专业培训、专门测试和调查、评价日常工作等必要的经费。

## 四、上海市初中学生综合素质评价实施办法

上海市教育委员会

2019 年 4 月 2 日

三、记录和评价内容

初中学生综合素质评价内容主要有四个板块：品德发展与公民素养、修习课程与学业成绩、身心健康与艺术素养、创新精神与实践能力。具体说明如下：

1. 品德发展与公民素养。主要反映学生践行社会主义核心价值观、弘扬中华优秀传统文化等方面的表现，包括爱党爱国、理想信念、社会责任、集体意识、诚实守信、仁爱友善、遵纪守法、安全素养、文明礼仪等。重点记录学生遵守日常行为规范方面的表现，参加社会考察、公益劳动、职业体验、安全实训、共青团和少先队等德育活动、国防民防教育活

动的情况。

2. 修习课程与学业成绩。主要反映学生初中阶段各门课程知识和技能掌握情况以及运用知识解决问题的能力等。重点记录基础型课程成绩、拓展型课程和探究型课程的学习经历。

3. 身心健康与艺术素养。主要反映学生的健康生活方式、卫生保健、体育锻炼习惯、身体机能、运动技能和心理素质，对艺术的审美感受、理解、鉴赏和表现的能力。重点记录《国家学生体质健康标准》测试结果，参加体育运动、健康教育、艺术活动经历及表现水平等情况。

4. 创新精神与实践能力。主要反映学生的创新思维、调查研究能力、动手操作能力和实践体验经历等。重点记录学生参加探究学习、科技活动等方面的过程和成果。

四、记录方法与程序

建立上海市初中学生综合素质评价信息管理系统（以下简称"信息管理系统"）和上海市初中学生社会实践信息电子记录平台（以下简称"电子记录平台"），以初中学校（含完全中学和一贯制学校，下同）为记录主体，主要采用客观数据导入、学校统一录入、学生提交实证材料相结合的方式，客观记录学生的学习成长经历。

1. 写实记录。教师要指导学生收集相关事实材料，及时填写《上海市学生成长记录册》。初中学校组织在信息管理系统内统一录入学生的基础型课程成绩、拓展型和探究型课程学习经历、参加校级体育艺术科技等活动的经历与水平。学生的自我介绍、共青团和少先队等德育活动、探究学习（科学实验或社会考察）报告或创新作品说明等内容由学生填写，经学校审阅后录入信息管理系统。学生基本信息、社会实践活动参与情况、初中学业水平考试成绩、《国家学生体质健康标准》测试综合得分、参加区级及以上体育艺术科技等活动情况采用客观数据导入的方式记录，其中社会实践活动参与情况由学校在电子记录平台上录入社会考察、公益劳动、职业体验、安全实训等内容。

2. 整理遴选。每学期末，教师指导学生整理、遴选具有代表性的重要活动记录和典型事实材料，以及有关证明材料；毕业前，学生要在整理遴选材料的基础上撰写自我介绍，遴选一项最具代表性的探究学习（科学实验或社会考察）报告或创新作品说明。

3. 信息公示。由初中学校统一录入的内容（除涉及个人隐私的信息外）及相关实证材料在录入信息管理系统之前必须在教室、公示栏或校园网等显著位置公示。

4. 导入系统。学校公示后的信息及基础型课程成绩由初中学校统一录入信息管理系统，其他客观数据经相关部门确认后统一导入信息管理系统，每学期学生对信息管理系统中的信息进行网上确认，每学年由家长或其他法定监护人确认。如有异议，可以向学校提出更正申请。

5. 形成报告。学生初中毕业前，信息管理系统自动生成《上海市初中学生综合素质纪实报告》，经学生确认后在本校公示。公示无异议后，由学生本人、家长或其他法定监护人签字，再经班主任和校长签字以及初中学校盖章后存档，并供有关学校招生使用。

由外省（自治区、直辖市）转学进入本市初中就读的学生，其综合素质评价信息经相关部门认定后导入信息管理系统。初中学习期间转出本市的学生，由原就读学校提供已导入信息管理系统的信息，签字、盖章后放入学生学籍档案一并转出。

五、评价结果应用

1. 加强综合素质评价在毕业和招生录取中的运用。将综合素质评价结果作为初中学生毕业的必要条件。在高中阶段学校自主招生、高中名额分配综合评价录取等过程中，将综合素质评价和高中阶段学校综合考查结果相结合。参与自主招生和名额分配综合评价录取的高中阶段学校应在招生简章中明确综合素质评价的具体使用办法并提前公布，规范、公开使用情况。

2. 为学生生涯发展提供参考。将综合素质评价与学生生涯发展指导相结合，开展学生成长过程指导和生涯辅导，帮助学生确定个人发展目标，引导学生自我评价、自我管理，促进学生全面而有个性的发展。

六、组织管理

1. 加强组织领导。实行市、区、校三级管理制度，共同负责、协调、落实综合素质评价的组织、实施和管理。成立上海市、区初中学生综合素质评价工作领导小组，统筹协调全市和各区综合素质评价管理工作。委托市、区校外联办协调相关部门共同为学生社会考察、校外探究学习等活动提供支持。

## 五、上海市普通高中学生综合素质评价实施办法

上海市教育委员会

2018 年 11 月 8 日

三、记录和评价内容

1. 品德发展与公民素养。主要反映学生在践行社会主义核心价值观、弘扬中华优秀传统文化、革命文化和社会主义先进文化等方面的情况，包括爱党爱国、理想信念、诚实守信、仁爱友善、责任义务、遵纪守法等。重点记录学生遵守日常行为规范，参加志愿服务和公益劳动、党团活动等情况。

2. 修习课程与学业成绩。主要反映学生各门课程知识和技能掌握情况以及运用知识解决问题的能力等。重点记录学生学业水平考试成绩、基础型课程成绩、拓展型课程和研究型课程学习经历等情况。

3. 身心健康与艺术素养。主要反映学生的健康生活方式、体育锻炼

习惯、身体机能、运动技能和心理素质，对艺术的审美感受、理解、鉴赏和表现的能力。重点记录《国家学生体质健康标准》测试结果，参加体育运动、艺术活动的经历及表现水平等情况。记录学生课外锻炼情况，强化每天体育锻炼 1 小时。

4. 创新精神与实践能力。主要反映学生的创新思维、调查研究能力、动手操作能力和实践体验经历等。重点记录学生参加研究性学习、社会调查、科技活动、创造发明等情况。

四、记录方法与程序

市教委建立上海市普通高中学生综合素质评价信息管理系统（以下简称"信息管理系统"），以高中学校为记录主体，采用客观数据导入、高中学校和社会机构统一录入、学生提交实证材料相结合的方式，客观记录学生的学习成长经历。

1. 写实记录。教师要指导学生客观记录集中反映综合素质主要内容的具体活动，收集相关事实材料，每学期及时填写《上海市学生成长记录册》。高中学校在信息管理系统内统一录入学生自我介绍、军事训练、农村社会实践、党团活动、先进个人荣誉称号、违纪违规情况、基础型课程成绩、拓展型和研究型课程学习经历、研究性学习专题报告和学校特色指标等内容。学生基本信息、参加志愿服务和公益劳动信息、国防民防相关项目、高中学业水平考试成绩、《国家学生体质健康标准》测试综合得分、体育艺术科技活动项目等内容采用客观数据导入的方式记录。

2. 整理遴选。每学期末，教师指导学生整理、遴选用于撰写自我介绍的材料。高中毕业前，学生要在整理遴选材料的基础上撰写自我介绍，以及遴选最具代表性的研究性学习专题报告。

3. 公示确认。由高中学校统一录入的内容（除涉及个人隐私的信息外）及相关实证材料在录入信息管理系统之前必须于每学期末在教室、公示栏、校园网等显著位置公示。由上海市学生社会实践信息记录电子平台导入的志愿服务和公益劳动信息需先在该电子平台公示。相关部门和社会机构需要事先确认导入信息管理系统的客观信息与数据。

4. 导入系统。学校公示后的信息及基础型课程成绩由高中学校统一录入信息管理系统，客观数据由相关部门确认后统一导入信息管理系统，学生每学期对信息管理系统中的信息进行网上确认，如有异议，可以向学校提出更正申请。

5. 形成档案。学生高中毕业前，信息管理系统自动生成《上海市普通高中学生综合素质纪实报告》，经学生确认后在本校公示，公示无异议后，由学生本人签字，再经班主任和校长签字以及高中学校盖章后存档，并供高等学校招生参考使用。

由外省市转学进入本市普通高中就读的学生，其综合素质评价信息经相关部门认定后导入信息管理系统。

五、评价结果应用

1. 引导学生积极主动发展。引导学生开展自我评价并进行自我调整和自我管理，促进教师开展学生成长过程指导和生涯辅导，帮助学生确定个人发展目标，实现全面而有个性的发展。

2. 促进普通高中学校积极开展素质教育。通过综合素质评价改革，引导高中学校开展各种素质教育活动，促进学校多样化、特色化发展。

3. 作为高校人才选拔的参考。循序渐进、积极稳妥地推进综合素质评价信息在高校招生中的使用。积极引导在沪招生院校探索和参考使用普通高中学生综合素质评价信息，发挥素质教育的价值导向。相关高等学校应在招生章程中明确综合素质评价的具体使用办法并提前公布，规范、公开使用情况。

六、组织管理保障

1. 明确组织管理制度。实行市、区、高中学校三级管理制度，共同负责、协调、落实综合素质评价的组织、实施和管理。成立上海市中小学生综合素质评价工作领导小组，委托市校外联办协调市委宣传部、市文明办、市科委、市文广影视局、市体育局、团市委、市科协等部门共同为学生志愿服务和公益劳动、体育艺术科技活动、研究性学习等活动提供支持。市教委和各区教育局要建立市、区两级综合素质评价数据库。区和学校要安排专人负责综合素质评价的组织、实施和管理。

2. 坚持常态化实施。综合素质评价由高中学校组织实施。高中学校要建立健全学生成长记录规章制度，明确本校综合素质评价的具体要求。要注重在日常教育教学活动中，指导学生及时收集整理有关材料，避免集中突击。

3. 建立信息确认制度。提供综合素质评价信息的各相关社会机构、录入信息管理系统的比赛活动项目和荣誉称号等由相关管理部门进行确认。高中学校、社会机构、区和市级相关部门负责对各自录入或导入信息管理系统的信息与数据进行确认。

4. 建立信誉等级制度。对综合素质评价涉及的高中学校校长、社会机构等主体，由相关部门评定信誉等级。信誉等级评定采用等级下调的方式，一年评定一次。下调信誉等级的高中学校校长和社会机构将受到内部通报，连续两年被下调信誉等级的学校校长和社会机构将依纪依规严肃处理。

5. 建立公示与举报投诉制度。高中学校需要在全校公示本校综合素质评价的具体实施办法，学校统一录入信息管理系统的学生信息（除涉及个人隐私的信息外）都要公示。各高等学校要制定综合素质评价信息的使用办法并提前在网上公布。

# 第三章　校外实践教育的支持和保障
# 法律法规与政策（节选）

## 第一节　校外实践教育机构和场所

### 一、中华人民共和国未成年人保护法

（2020 年 10 月 17 日第十三届全国人民代表大会常务委员会
第二十二次会议第二次修订）

**第四十四条**　爱国主义教育基地、图书馆、青少年宫、儿童活动中心、儿童之家应当对未成年人免费开放；博物馆、纪念馆、科技馆、展览馆、美术馆、文化馆、社区公益性互联网上网服务场所以及影剧院、体育场馆、动物园、植物园、公园等场所，应当按照有关规定对未成年人免费或者优惠开放。

国家鼓励爱国主义教育基地、博物馆、科技馆、美术馆等公共场馆开设未成年人专场，为未成年人提供有针对性的服务。

国家鼓励国家机关、企业事业单位、部队等开发自身教育资源，设立未成年人开放日，为未成年人主题教育、社会实践、职业体验等提供支持。

国家鼓励科研机构和科技类社会组织对未成年人开展科学普及活动。

**第四十六条** 国家鼓励大型公共场所、公共交通工具、旅游景区景点等设置母婴室、婴儿护理台以及方便幼儿使用的坐便器、洗手台等卫生设施，为未成年人提供便利。

**第八十九条** 地方人民政府应当建立和改善适合未成年人的活动场所和设施，支持公益性未成年人活动场所和设施的建设和运行，鼓励社会力量兴办适合未成年人的活动场所和设施，并加强管理。

地方人民政府应当采取措施，鼓励和支持学校在国家法定节假日、休息日及寒暑假期将文化体育设施对未成年人免费或者优惠开放。

地方人民政府应当采取措施，防止任何组织或者个人侵占、破坏学校、幼儿园、婴幼儿照护服务机构等未成年人活动场所的场地、房屋和设施。


## 二、关于加强青少年学生活动场所建设和管理工作的通知

中共中央办公厅、国务院办公厅

2000 年 6 月 3 日


（一）地方各级党委和人民政府，中央和国家机关各有关部门近期要对青少年学生校外活动场所和设施进行一次全面检查，针对检查中存在的问题，及时进行整改。凡挤占、出租青少年学生活动场所的，必须在规定时限内予以腾退；凡挪用青少年学生活动场所的，要立即予以改正。各级财政部门要对需进行维修和更新设施的青少年学生活动场所优先给予经费

支持，重点保障。

（四）各级各类学校要充分利用学校内部的各种活动场所、设施和实验室、语音室、计算机室等功能教室，安排好青少年学生的课外活动和校园文化生活，节假日也要向学生开放。要配合社区教育活动，与所在社区的青少年活动场所建立密切联系，积极创造条件丰富青少年学生的校外文娱、体育、科技活动。

（五）地方各级人民政府要设法多建设健康的青少年学生校外活动场所和设施。"十五"期间，国家将对缺乏青少年学生校外活动场所的地区，特别是中西部贫困地区给予资金支持。各级人民政府要将面向青少年学生的活动场所和公共文化、体育设施建设纳入国民经济和社会发展规划。青少年学生校外活动场所作为公益性设施，所需建设投资以各级人民政府投入为主。各级人民政府计划部门要高度重视，调整投资结构，加大投资力度。各级人民政府要认真做好"十五"期间青少年宫和活动中心的建设规划，根据实际需要和建设条件，在充分利用现有设施的基础上，新建和扩建一批青少年宫和活动中心，特别是科技、体育、文化等活动场所，大力改善青少年学生校外活动场所条件。在城市建设、旧城改建、居住区建设中必须严格按照国家有关法规和标准的规定，建设青少年学生校外活动场所，并注重内部设施和软件建设，力争到"十五"末期，全国90%以上的县（市）至少有一所青少年宫或活动中心等青少年学生校外活动场所。

（十一）教育、文化、科技、体育等部门要把做好引导和安排青少年学生课余生活及活动场所的建设和管理工作列入重要日程。教育部门要将所辖的校外教育机构和各级各类学校的活动场所、设施建设及管理作为教育督导检查的重要内容。科技部门要积极创造条件，加快青少年科技教育基地的建设，推动有条件的科研机构面向青少年学生设立开放日。要在社区和旅游景点开辟青少年科普教育阵地。有条件的国家和高等学校重点实验室要定期向青少年学生开放。体育部门要采取措施，督促所有向群众开放的公共体育场馆对大中小学生参加体育健身活动提供优惠服务。

（十二）工会、共青团、妇联和科协等群众团体要积极配合政府有关部门，共同做好青少年学生校外教育工作。工人文化宫、俱乐部等要扩大服务范围，面向青少年学生开放。青少年宫、青少年科技活动中心和妇女儿童活动中心等以青少年为主要服务对象的校外活动场所，要坚持把社会效益放在首位，积极接纳青少年学生参加各种校外活动，决不允许进行以营利为目的的经营性活动。

（十三）为了加强对青少年学生校外教育工作的领导，成立"全国青少年校外教育工作联席会议"，统筹协调和指导全国青少年学生校外教育工作以及青少年学生校外活动场所建设和管理工作。地方也可参照成立相应的协调机构。全国青少年学生校外教育工作由教育部牵头，中央和国家机关各有关部门、群众团体共同参与，做好青少年学生校外教育工作。全国青少年校外教育工作联席会议办公室设在教育部。

（十四）地方各级党委和人民政府，中央和国家机关各有关部门、群众团体要从实施科教兴国战略、推进两个文明建设的高度，以对党和人民高度负责的态度，把青少年学生校外教育工作以及青少年学生活动场所的建设和管理工作作为一件大事来抓。地方党委和人民政府主要负责同志要负总责，统筹协调各有关部门和群众团体，切实加强对青少年学生活动场所的规划、建设、管理、监督、检查工作的领导，落实目标管理责任制。

# 三、关于适应新形势进一步加强和改进中小学德育工作的意见

中共中央办公厅、国务院办公厅

2000 年 12 月 14 日

一、认清形势，统一认识，进一步增强搞好中小学德育工作的紧迫感和责任感

1. 加强和改进中小学德育工作是教育工作的一项紧迫任务。改革开放以来，我国教育改革和发展取得巨大成就，中小学德育工作进一步加强，广大教师爱岗敬业、教书育人、为人师表，广大青少年学生热爱祖国、积极上进、刻苦学习、朝气蓬勃、乐于接受新知识和新事物。世纪之交，中央确定了深化教育改革、全面推进素质教育的战略任务，对中小学德育工作提出了新的要求。同时，当前我国正处在改革的攻坚阶段和发展的关键时期，社会情况发生了复杂而深刻的变化，影响着青少年学生的价值取向；国际国内意识形态领域的矛盾和斗争更加复杂；尤其是国际敌对势力加紧对我国青少年一代进行思想文化渗透；个人主义、拜金主义、享乐主义等消极腐朽思想给青少年学生带来了消极影响。

面对国内外形势的新变化、教育改革与发展的新任务和青少年思想教育工作的新情况，中小学德育工作还很不适应。突出表现在：重智育轻德育、一手硬一手软的现象依然在一些地方和学校严重存在；德育工作不适应青少年学生身心发展的特点，不适应社会生活的新变化，不适应全面推进素质教育的要求，方法与手段滞后，针对性和实效性不强；重课堂教学轻社会实践，重校内教育轻校外教育的倾向比较严重；全社会关心和支持教育的风气尚未全面形成，一些地区的社会环境不利于青少年学生健康成长；一些教师的思想道德素质与教书育人、为人师表的要求存在较大差距，教师职业道德建设亟待加强；德育工作的保障措施不够有力，体制、

机制、队伍建设和经费投入等政策措施不到位。

2. 中小学校德育工作要坚持正确的指导思想。必须坚持以马列主义、毛泽东思想，特别是邓小平理论为指导，以江泽民同志《关于教育问题的谈话》和在中央思想政治工作会议上讲话精神为思想武器和行动指南，坚持社会主义教育方向，全面贯彻党的教育方针，以培养学生的创新精神和实践能力为重点，培养有理想、有道德、有文化、有纪律的德智体美等全面发展的社会主义事业建设者和接班人。必须坚持把学校德育工作摆在素质教育的首要位置，树立育人为本的思想，将"思想政治素质是最重要的素质"的要求落实到教育工作中的各个环节。必须坚持解放思想、实事求是的思想路线，遵循中小学生的身心发展规律，从中小学生的实际情况出发，提高德育工作的针对性和实效性，切忌形式主义、教条主义。必须坚持教育与社会实践相结合，理论与实际相结合，促进学生认知和行为的统一。必须坚持教育与管理相结合，依法加强对学校工作的管理，严格校风校纪，使自律与他律、内在约束与外在约束有机地结合起来。必须正确处理继承和创新的关系，在继承和发扬优良传统的基础上，认真研究、积极探索新形势下中小学德育工作的特点和规律，探求新办法，总结新经验。必须坚持在党的领导下，充分调动社会各方面的积极性，形成职责明确、齐抓共管、覆盖全社会的工作机制，共同做好青少年学生思想教育工作。

各级党委和政论，各有关部门和社会各界，各级教育行政部门和广大教师都要从战略的高度，充分认识加强和改进中小学德育工作的重要意义，深刻认识当前做好青少年思想教育工作的必要性和紧迫性，千方百计把这项工作抓紧、抓实、抓出成效。

二、切实提高中小学德育工作的针对性和实效性

3. 要把思想政治教育、品德教育、纪律教育、法制教育作为中小学德育工作长期坚持的重点，遵循由浅入深、循序渐进的原则，确定不同教育阶段的内容和要求。小学德育工作主要通过生动活泼的校内外教育教学

活动，对学生进行以"爱祖国、爱人民、爱劳动、爱科学、爱社会主义"为基本内容的社会主义公德教育、社会常识教育和文明行为习惯的养成教育。中学德育工作的基本任务是把学生培养成为热爱社会主义祖国的具有社会公德、法制意识、文明行为习惯的遵纪守法的公民，引导他们逐步树立正确的世界观、人生观和价值观，不断提高爱国主义、集体主义和社会主义思想觉悟，为他们中的优秀分子将来能够成长为共产主义者奠定基础。中学特别是高中阶段，要注重有针对性地对学生进行马列主义、毛泽东思想和邓小平理论基本观点教育，辩证唯物主义和历史唯物主义基本观点教育。要加强国情教育，帮助学生了解我国改革开放以来取得的巨大成就，正确认识当前存在的矛盾和困难，以及党和政府努力解决这些问题的决心和措施，进一步坚定社会主义信念。职业学校还要加强职业道德教育、职业理想教育和创业教育，帮助学生树立正确的择业观、创业观，培养良好的职业道德素养。中小学校都要加强心理健康教育，培养学生良好的心理品质。通过加强法制教育，不断增强学生的法制意识和法制观念，使他们从小就养成遵纪守法的良好习惯。

4. 加强中小学德育课程建设。中小学思想品德、思想政治课和职业学校德育课的教育教学活动是学校德育工作的主导渠道。要从实际出发，深入研究当前学生思想品德特点，修订小学思想品德课和中学思想政治课课程标准，调整职业学校德育课程设置，进一步改革和完善教育教学内容，努力构建适应二十一世纪发展需要的中小学德育课程体系。要加强中学生时事政策教育，保证每周安排一课时对学生进行时事政策和相关的专题教育。

中小学思想品德课、思想政治课和职业学校德育课要紧密联系学生生活和社会实际，增加实践教学和学生参加社会实践的课时。积极改进教学方法和形式，采用启发式、讨论式和研究性学习等生动活泼的方式进行教学。作为高中阶段学校招生必考科目的思想政治课，要积极进行考试内容和形式的改革。同时要建立健全学生思想道德行为的综合考核制度。

5. 德育要寓于各学科教学之中，贯穿于教育教学的各个环节。中小学语文、历史、地理、数学、物理、化学、生物、自然等学科要根据各自的特点，结合教学内容对学生进行爱国主义、社会主义、中国近现代史、基本国情、民族团结和辩证唯物主义世界观教育，以及科学精神、科学方法、科学态度的教育。体育、音乐、美术等学科也要结合学科特点，陶冶学生情操，激发爱国主义情感，培养团结协作和坚韧不拔的精神。职业学校专业课教学要结合行业特点和专业技术发展需求，对学生进行职业道德、职业理想与创业精神教育。学校的教学、管理等各项工作都要充分体现教书育人、管理育人、服务育人、环境育人的特点。各级教育行政部门要提出相关学科有机渗透德育内容的指导意见。

6. 把丰富多彩的教育活动作为德育工作的重要载体，努力培养学生的社会责任感和奉献精神。在继续减轻中小学生过重课业负担的同时，要根据青少年学生身心发展规律，寓德育于教育活动之中，积极开展有益于青少年学生健康成长的科技、文艺和体育等校园文化活动。要有计划地组织学生观看爱国主义和革命传统教育影视作品，参观爱国主义、法制教育基地。深入开展"中国少年雏鹰行动"、"手拉手互助活动"、18 岁成人仪式教育活动、"学雷锋为民服务周活动"和"青年志愿者行动"等教育活动。结合各地、各校和班级的实际情况，努力开展和组织学生喜闻乐见并积极参与的各种有益活动。积极创造条件，充分运用现代教育技术手段，开展生动活泼的教育教学活动。继续办好中等学校学生业余党校和团校，加强积极分子队伍建设。

7. 校内教育与校外教育相结合，切实加强社会实践活动。中小学校要认真组织好学生的校外活动，积极建立中学生参加社区服务制度，把组织学生参加社会实践等校外教育活动作为加强德育工作的重要途径。社会实践活动包括社会调查、生产实习、军事训练、公益劳动、社区服务、科技文化活动、志愿者活动、勤工俭学等多种形式。要把学生的社会实践活动作为必修内容，列入教育教学计划，切实予以保障，学校要制订学生参加社区服务和社会实践活动的措施。社会实践活动总时间，初中学生一般每学年不少于 20 天，普通高中学生一般每学年不少于 30 天。职业学校要加强生产实习阶段对学生的思想政治教育、品德教育、纪律教育和法制教育。大中城市要统筹规划，通过多种形式，建立中小学生社会实践活动基地。工厂、农村、企事业单位和社区都要积极支持学生的社会实践活动。农村中小学要从实际出发，引导学生积极参加社会实践活动和生产劳动。要将参加社会实践活动的表现作为评价学生的一项重要内容，除特殊情况外，不能按要求完成规定的社会实践活动的中学生，不允许毕业。

## 四、关于全面加强新时代大中小学劳动教育的意见

中共中央、国务院

2020 年 3 月 20 日

（十二）多渠道拓展实践场所。大力拓展实践场所，满足各级各类学校多样化劳动实践需求。充分利用现有综合实践基地、青少年校外活动场所、职业院校和普通高等学校劳动实践场所，建立健全开放共享机制。农村地区可安排相应土地、山林、草场等作为学农实践基地，城镇地区可确认一批企事业单位和社会机构，作为学生参加生产劳动、服务性劳动的实践场所。建立以县为主、政府统筹规划配置中小学（含中等职业学校）劳动教育资源的机制。进一步完善学校建设标准，学校逐步建好配齐劳动实践教室、实训基地。高等学校要充分发挥自身专业优势和服务社会功能，建立相对稳定的实习和劳动实践基地。

# 五、县级青少年学生校外活动场所
# 开展科普教育共建共享试点工作指南

教育部基础教育一司、中国科学技术协会科普部

2009 年 9 月 23 日

### 1. 强化校外场所的科普教育功能

按照共建共享的原则，充分依托和利用校外场所现有的场地和设施，进一步明确用于开展科普教育活动的区域及面积。校外场所所设科普活动区域的面积不少于使用面积的 1/3，并根据实际需要在室外设立相关科普设施。科普教育活动区域功能设置应主要包括科普教育演示室、科学体验制作活动室（科学工作室）、信息技术应用培训室、科普多功能展示室（区）等。阅览室要配备不少于图书总量 20% 的科普图书。各地还可根据实际情况增设具有当地特色的、具备科普教育功能的活动室或其他区域。

科普教育演示室：利用校外场所已有的报告厅或培训教室开展科普讲座、报告和培训等讨论性科学互动活动，同时具备演播科普录像等教育宣传功能。

科学体验制作活动室：主要形式是通过参与者利用活动室内已设置的科学设施，参与完成一项或多项活动内容，并能在动手拼装、制作、体验中学习到科学知识（例如：模型制作、科学实验等）。

信息技术应用培训室：利用校外场所配备的计算机开展以计算机知识和信息技术为主的学习与培训活动，具备利用网络开展科普教育的功能。

科普多功能展示室（区）：用于展示本地区具有科学性、知识性及趣味性的青少年优秀科技作品和科普展览，同时能适用于低年级青少年开展智力拼图、益智类玩具体验活动。

（二）发挥各自优势，实现互补共赢

教育部门要发挥硬件设施条件好（场所、设备、人员、编制、经费、活动时间）的优势。科协组织要发挥人才、活动、策划、科普资源的优势。宣传、科技、财政、团委、妇联等，发挥各自职能，实现互补共赢。

## 六、关于深入贯彻落实《关于进一步加强和改进未成年人校外活动场所建设和管理工作的意见》的通知

共青团中央

2006 年 5 月 16 日

积极推动青少年活动场所建设。各地团组织要抓住贯彻落实《意见》的契机，大力推动青少年活动场所建设。要积极推动大中城市逐步建立布局合理、规模适当、经济实用、功能配套的青少年活动场所，"十一五"期间要力争实现每个城区、县（市）都有一所综合性、多功能的团属青少年活动场所。要积极争取建设、民政等有关部门支持，在城市的旧区改建或新区开发建设中，配套建设青少年活动场所。要按照建设社会主义新农村和加快发展农村文化教育事业的要求，依托基础设施好的农村青年中心或其他社会资源，建立乡村少年儿童活动场所或团队活动中心，为农村未成年人就近就便参加校外活动提供条件，推动农村青少年活动场所建设。

大力加强青少年活动场所管理。要进一步建立健全团属青少年活动场所的各项管理制度，改进工作管理水平。要认真执行《未成年人校外活动场所公益性评估标准》，从服务对象、活动内容、时间安排、服务质量、经费使用等方面对青少年活动场所定期进行考核、评估，确保实现公益性原则。要认真开展团属青少年活动场所专项治理工作，坚决取缔不利于青少年身心健康的经营活动。要加强对青少年活动场所安全工作的重视，认

真落实谁主管、谁负责的原则，定期开展安全检查工作，签订安全责任协议书，确保青少年活动场所设备、设施和活动安全。

不断加强青少年活动场所队伍建设。要充实优化团属青少年活动场所工作队伍，精心选拔热爱校外教育事业、思想素质好、懂业务、会管理的优秀人才充实到领导岗位，提高青少年活动场所管理水平。要培养一批具有良好师德和社会教育专业素质经验的人才，担任青少年活动场所的专职教师。要广纳社会贤才，注意吸纳德艺双馨的艺术家、教育家、社会名人担任兼职教师。要调动整合社会力量，鼓励支持志愿者、离退休老同志，以及文艺、体育、科技工作者，为未成年人校外活动提供义务服务。

四、高度重视，加强领导，整合资源，努力为青少年活动场所建设和发展创造良好环境

进一步加强工作领导。青少年活动场所是推进青少年社会教育，促进青少年全面发展的重要阵地，是共青团和青少年工作的重要力量，各级团组织要认真贯彻中央精神，高度重视青少年活动场所在加强未成年人思想道德建设，促进未成年人健康成长中的重要作用，切实加强对团属青少年活动场所的领导和指导。各省级团委要成立由负责同志牵头的工作领导机构，明确专人负责开展相关工作，制定周密的计划，把贯彻落实《意见》工作摆上议事日程。要满腔热情支持青少年活动场所的工作，关心青少年活动场所的发展，切实帮助解决面临的实际问题，把学习贯彻《意见》工作落到实处。

进一步争取政策支持。政策支持是青少年活动场所保持公益性、长期开展公益性活动的重要条件和基本保证。《意见》明确指出，公益性未成年人校外活动场所建设和改造资金以各级政府投入为主；各级政府要把未成年人校外活动场所运转、维护和开展公益性活动的经费纳入同级财政预算，切实予以保障；实行支持公益性未成年人校外活动场所发展的税收优惠政策。贯彻《意见》要求，团中央将进一步争取有关部委支持，落实青

少年活动场所相关优惠政策。各级团组织也要结合制定贯彻落实措施，特别是抓住制定"十一五"规划的契机，推动当地政府把青少年活动场所建设纳入当地国民经济和社会事业发展总体规划中，认真落实青少年活动场所财政保障和税收优惠政策，努力为青少年活动场所创造良好环境。

进一步整合社会资源。各级团组织和青少年活动场所要进一步拓宽社会渠道支持，积极吸引和争取社会力量和民间资本兴办公益性青少年活动场所。要采取有效措施，鼓励社会各界通过捐赠、资助等方式支持青少年活动场所建设，开展公益性活动。要努力争取政府、非政府机构、企业、大众传媒等社会各界对青少年活动场所的支持，形成广泛整合社会资源的有效模式和机制。

## 七、关于进一步做好社区未成年人活动场所建设和管理工作的意见

中华人民共和国建设部、中华人民共和国民政部

2004 年 12 月 9 日

二、严格规划管理，切实加强社区未成年人活动场所的规划建设

社区未成年人活动场所包括文化、教育、科技、体育等公共设施用房以及室外活动场地。为搞好未成年人活动场所的建设，建设部已印发了《关于进一步加强和改进未成年人活动场所规划建设工作的通知》（建规〔2004〕167 号），提出大城市要逐步建立起布局合理、规模适当、功能配套的市、区、社区未成年人活动场所；中小城市要重点建设好市级未成年人活动场所。

一是各地要加大城市规划实施管理的力度，把未成年人活动场所作为城市规划的强制性内容。在城市总体规划（包括县城关镇总体规划）、详

细规划、居住区规划的编制、审批中必须严格执行《城市规划法》、《城市规划编制办法》、《城市用地分类与规划建设用地标准》（GBJ137-90）、《城市居住区规划设计规范》（GB50180-93）等法规和标准的规定，保证未成年人活动场所的建设用地。各级城市规划行政主管部门，在组织审查城市规划时，要把是否按国家标准配置了未成年人活动场所，作为审查规划的重要内容。

二是各地在城市的旧区改建或新区开发建设中，必须配套建设未成年人活动场所。

地级以上城市要建立青少年活动中心，人口规模在30000—50000人以上的居住区应（按照每千人用地200—600平方米、每千人建筑100—200平方米）建设文化活动中心；人口规模在7000—15000人的居住小区（按照每千人用地40—60平方米、每千人建筑20—30平方米）建设文化活动站；重点镇和县城关镇也要设置文化活动站或青少年之家。对未配套规划未成年人活动场所的开发建设项目，不得批准建设。

三、部门密切配合，把社区未成年人活动场所的建设和管理工作落到实处

社区未成年人基础服务设施建设和管理工作，事关居民群众特别是未成年人的切身利益，事关城市基层的稳定，各有关部门要在当地党委、政府的统一领导下，统筹规划，明确责任，积极配合，狠抓落实。

各地要严格按照法定建设程序，依法建设社区未成年人活动场所。各级建设主管部门要监督检查建设单位（房地产开发企业）按照小区规划，配套建设未成年人活动场所的实施情况，对未按规划建设未成年人活动场所的，要责令建设单位（房地产开发企业）限期纠正。对拒不改正的依法予以处罚，并将其不良行为纳入房地产开发企业信用档案。建设社区未成年人活动场所要严格按照标准进行设计和施工，并应严格按照工程建设标准强制性条文进行监督检查。严禁使用不合格建筑材料、建筑构配件、设

备和商品混凝土。严把工序验收关和工程竣工验收关，不合格的工程决不允许交付使用。确保社区未成年人活动场所建设的施工质量。未成年人活动场所建成后，不得擅自改变其使用性质。建成的未成年人活动场所的权属，按照"谁投资，谁所有"的原则确定。为保证未成年人活动场所使用安全，要建立未成年人活动场所安全责任制。对实施物业管理的住宅小区，物业管理企业要依据物业管理合同对未成年人活动场所提供物业管理服务。各级民政部门要指导社区组织加强对社区未成年人活动场所的管理，不断提高服务水平，发挥社区未成年人活动场所的综合效益。

## 八、上海市基本公共服务"十四五"规划

上海市人民政府

2021 年 5 月 21 日

（三）主要目标

到 2025 年，全面建成城乡一体、方便可及、公平高效、均衡普惠、高质量发展的基本公共服务体系，努力实现幼有善育、学有优教、劳有厚得、病有良医、老有颐养、住有宜居、弱有众扶的美好景象，不断增强市民获得感、幸福感、安全感。

体系全面建立。基本公共服务清单管理制度更加健全，清单动态有序调整；基本公共服务财政支出统计口径基本建立，事权和支出责任更加优化；基本公共服务考核评价指标体系基本建立；各领域制度和标准建设持续推进、更加完备。

均等化水平持续提升。城乡区域间基本公共服务基本均衡，各领域、各人群基本公共服务全面落实应保尽保，市民群众享有基本公共服务的便利性、可及性明显提高。卫生、养老、文化、体育等城镇社区公共服务设

施 15 分钟步行可达覆盖率达到 85% 左右。

品质和效率不断提高。基本公共服务保障水平稳步提高，服务品质不断提升，基本公共服务向市民家门口全面延伸，"互联网+"基本公共服务广泛覆盖，体制机制创新更加深入，市民的获得感、满意度显著增强，基本公共服务满意度达到 80%。

三、重点任务

（一）优化基本公共服务资源布局，更好服务人口和城市发展

根据人口、产业和城市发展需要，合理配置基本公共服务资源，加强统筹协调，扩大优质服务资源辐射覆盖范围，持续推进城乡区域基本公共服务均等化，更好发挥公共服务保障和改善民生、支撑经济社会发展的基础性作用。

1. 完善主城区公共服务功能。促进公共服务布局优化和品质提升，重点补足社区卫生、养老、托育等公共服务设施短板，在主城区率先实现 15 分钟社区生活圈高质量覆盖。挖掘盘活存量资源，通过城市更新、存量房屋改造等方式多渠道增加公共服务设施供给，大力发展养老、托育、卫生、文化、体育等领域社区嵌入式服务站点，满足不同群体的多样化需求。加强各类公共服务资源共建共享，鼓励公共服务设施综合设置、复合利用，根据区域规划条件和实际需要，合理设置家门口综合服务设施，社区公共服务设施可按照规定转换使用功能，提高实际利用效率。注重公共服务内涵提升和品牌输出，充分发挥优质资源的引领带动作用，推动提升全市基本公共服务水平。

2. 整体提升新城公共服务能级。推进落实《"十四五"新城公共服务专项方案》，按照独立综合性节点城市的建设目标，高起点、高标准、前瞻性做好"五大新城"基本公共服务设施的规划配置，让新城居民在家门口就能享受到高质量的基本公共服务。在每个新城引入三甲综合医院、优质教育等资源，发挥重大项目的示范带动作用，创新打造健康医联体、紧

密型学区集团等服务模式，促进新城基本公共教育、基本医疗卫生等基本公共服务的质量和水平整体提升。按照"因地制宜、一城一策"原则，深入挖掘每个新城的资源禀赋，打造各具特色、魅力彰显的文体品牌。推动市级文艺院团、体育赛事等资源下沉，丰富提升新城公共文化、公共体育服务供给，为新城居民参与全民健身、享受基本公共文化服务提供更多便利。结合新城未来人口发展需要，合理布局一批功能性、专业化的养老服务设施。

3. 加强农村公共服务内涵建设。全面实施乡村振兴战略，加大统筹力度，促进更多公共服务资源向农村倾斜，着力推进城乡基本公共服务均等化。落实全市统一的基本公共服务标准，按照国家和本市有关标准要求，加快提升农村基本公共服务设施能力。在教育、卫生、养老等公共服务领域实施城乡携手共进计划，引导优质资源通过委托管理、对口支援等形式在农村地区布局，提升农村整体服务水平和质量。健全公共服务领域专业人才到郊区农村工作的激励保障机制，对在农村地区扎根工作的公共服务领域专业人才，落实职称倾斜支持政策，完善交流培养机制，拓宽职业发展通道。

4. 推进公共服务区域协调发展。推进长三角公共服务便利共享，在深化本市基本公共服务标准化建设基础上，大力推进长三角区域基本公共服务领域、项目、保障范围等标准衔接。利用新技术新手段，推动长三角区域居民异地享受相关基本公共服务并便捷结算，探索建立部分基本公共服务项目财政支出跨区域结转机制。进一步发挥长三角生态绿色一体化发展示范区（以下简称"示范区"）引领带动作用，率先推进示范区在基本公共服务方面的标准衔接和政策协同，动态优化示范区公共服务共建共享清单。协同推进示范区公共服务设施规划布局，实施一批公共服务重点建设项目。推动临港新片区公共服务高质量发展，努力打造成教育改革开放先行区、高品质健康服务引领区、世界级文体旅游目的地、家门口服务样板间以及社会主义现代化城市治理新标杆。适应南北区域转型需要，加快补齐基本公共服务短板，提升南北区域公共服务能级，通过存量更新、复合利用等方式注入公共服务特色功能，助推支撑区域转型和产城融合。

（三）提升基本公共服务质量水平，持续增强市民感受度

顺应市民对美好生活的期待，统筹做好基本民生和质量民生工作，更加注重内涵建设和市民感受，努力使市民生活更有保障、更有品质、更加幸福。

1. 办好每一所家门口学校。聚焦入学入园矛盾突出区域和资源相对薄弱地区，综合考虑学龄人口增长和分布，制定完善本市基础教育基本建设规划，着力解决人口导入区入学矛盾。推进义务教育紧密型学区、集团建设，加强优质教育资源共建共享水平，进一步促进校际均衡发展。发展普惠性学前教育，加强学前教育资源供给，推进优质园创建工作。大力推进公办初中"强校工程"，加强内涵建设，促进公办初中办学质量明显提升。持续推进高中特色多样发展，扩大优质高中供给。制定实施新一轮义务教育学校办学标准，进一步改善城乡义务教育学校办学条件。落实立德树人根本任务，不断完善"五育并举"课程体系，全面发展素质教育，高质量实施国家课程，积极开展课程综合化教学，加强学生社会实践。系统推进教育评价改革，健全基础教育质量评价体系。加快推进义务教育优质均衡发展区创建，力争所有区通过国家县（区）域义务教育优质均衡发展督导评估认定。

6. 丰富公共文化体育服务。持续拓展全民健身公共空间，打造一批以体育健身为主要元素、与自然生态融为一体的体育公园，加强通勤步道、休闲步道等社区绿道网络建设，增加各类体育运动场地和休憩健身设施。到 2025 年，全市人均体育场地面积达到 2.6 平方米左右。完善公共体育场馆免费或低收费开放机制，鼓励各类体育设施公益开放，持续提升学校体育设施开放质量。推动公共体育场馆管理体制和运营机制改革，提高

场馆设施专业化管理水平和服务效能。优化管理和激励机制，做实做深全民健身指导服务，组织开展公益性群众体育赛事和健身活动。完善公共文化服务标准化建设，推动基层公共文化设施更新提升，深化社区公共文化设施专业化社会化改革。鼓励博物馆、美术馆、社区文化活动中心等公共文化设施错时、延时和夜间开放。完善公共文化内容供给机制，建立全民艺术普及资源库，优化文化配送，加强供需对接，鼓励社会力量广泛参与，增加公共文化内容供给的精准性和有效性，不断提升基本公共文化服务品质。完善公共图书馆、文化馆总分馆制，深化互联互通和共建共享，推动优质公共文化服务资源向基层倾斜和延伸。

（四）推进基本公共服务延伸覆盖，健全家门口服务体系

整合服务资源，优化功能配置，将更多资源下沉到社区，推进基本公共服务向市民身边延伸，进一步提高服务效率，促进公共服务共建共享、便利可及，让居民群众更有获得感。

1. 加强家门口服务设施规划建设。以服务半径、服务人口为基础，优化卫生、养老、文化、体育等家门口服务站点布局，采用资源整合、功能复合、优势叠加等模式，提升服务站点规划和建设水平，打造城乡社区15分钟生活圈和"一站式"服务综合体。统筹各类资源配置和设置引导，制定15分钟社区生活圈行动指南。总结推广浦东新区等建设经验，鼓励各区因地制宜深化涵盖教育、医疗、养老、文化体育、社区商业等内容的15分钟社区生活圈规划建设标准。将家门口综合服务设施作为构建15分钟社区生活圈的核心内容，按照"功能优先、复合利用"要求，引导各区制定优化设施设置标准，推进社区综合服务设施广泛覆盖和标准化建设。鼓励基层利用存量资源用于家门口服务站点建设，推进设施共建共享、错时公用。

2. 做实家门口服务功能。推动家门口服务设施功能复合设置，深化拓展全年龄段家门口服务项目，打造融党建群建、事务办理、老人就餐、

日间照料、看病配药、医疗保健、文化休闲、亲子活动等为一体的"多功能厅"，鼓励和支持各区打造各具特色的家门口服务品牌。制定完善基层管理服务项目清单，构建统一管理的信息服务平台。推动市、区两级更多公共服务资源下沉，为家门口服务设施赋能增效。因地制宜推动基本公共服务事项下沉居村办理，促进基本公共服务就近办、便利办。以家门口服务设施为平台，促进体医养结合、"一老一小"融合，推动实现资源一体化整合、服务一站式享有。

3. 促进社区服务与社区治理相结合。夯实基层服务基础，强化街镇公共服务职能。以家门口服务设施为载体，打造党建引领、社区参与、自治共治平台。完善社区自治机制，发挥居民主体作用，广泛凝聚各方力量，共同参与家门口服务体系建设，以服务聚人心、以服务增认同。积极培育发展公益性社区社会组织和社区志愿服务团队，创建公益基地，打造一批社会组织服务品牌。支持鼓励各类专业社会力量参与家门口服务设施管理运营和服务供给，进一步提高服务专业化水平，提升服务效率。

# 第二节　队伍建设

## 一、关于进一步加强和改进未成年人校外活动场所建设和管理工作的意见

中共中央办公厅、国务院办公厅

2006 年 1 月 21 日

26. 充实优化未成年人校外活动场所工作队伍。各级政府要加强未成年人校外活动场所工作队伍建设，建立科学合理的队伍结构。按照《中华

人民共和国教师法》、《中小学教师职务试行条例》等有关规定，制定未成年人校外活动场所教师专业技术职务评聘办法。精心选拔热爱校外教育事业、思想素质好、懂业务、会管理的优秀人才充实到领导岗位，提高未成年人校外活动场所管理水平。

## 二、全民科学素质行动计划纲要（2006—2010—2020 年）

国务院

2006 年 2 月 6 日

加强中小学科学教育教师队伍建设。采取多种途径，开展中小学和农村成人文化技术学校科学教育教师培训工作，尤其重视县以下中小学科学教育教师的培训，提高学历层次和实施科学教育的能力和水平。鼓励师范院校设置科学教育专业，培养具有较高专业水平和职业能力的科学教育教师。

加强科学教育与培训志愿者队伍建设。发挥老科技工作者协会、老教授协会的作用，动员组织离退休科技工作者、教育工作者、公务员和企业事业单位管理者参与科学教育与培训。发展青少年科技辅导员队伍，提高辅导员的素质和能力。

（三）队伍建设。

培养专业化人才，发掘兼职人才，建立志愿者队伍，加强理论研究，为公民科学素质建设提供人才保障和智力支撑。

开展多种形式的培训和进修活动，加强业务学习，全面提升在职科学技术教育、传播与普及人员的科学素质和业务水平。

通过高等院校和有关研究机构培养大批科学技术传播与普及专门人才；改革文博专业课程内容，为不同类型科普场馆培养适应性广泛的专业人才。

建立有效机制和相应激励措施，充分调动在职科技工作者、大学生、研究生和离退休科技、教育、传媒工作者等各界人士参加公民科学素质建设的积极性，发挥他们的专业和技术特长，形成一支规模宏大、素质较高的兼职人才队伍和志愿者队伍。对在公民科学素质建设中作出重要贡献的个人和组织予以表彰和奖励。

增强科技界的责任感，支持科技专家主动参与科学教育、传播与普及，促进科学前沿知识的传播。

开展公民科学素质建设理论研究，加强国内外学术交流，把握基本规律和国际发展趋势，为公民科学素质建设的实践提供指导。

## 三、全民科学素质行动计划纲要实施方案（2016—2020 年）

国务院办公厅

2016 年 2 月 25 日

加强科普人才培养和继续教育。深入推进高层次科普专门人才培养试点工作，总结推广经验，加强教学大纲、教材、课程和师资队伍建设，加大高层次科普专门人才培养力度。依托高等院校、科研院所、科普组织、企业与相关机构建立完善科普人才继续教育基地，以科普组织管理、科技教育、科技传播、科普活动组织、科普经营管理等从业者为重点，围绕科普的新理论、新方法、新手段等，及时更新补充新知识、扩展新视野、提升创新能力，以适应科技发展、社会进步和现代科普发展的新形势新要求。

加强科普专业队伍建设。充分发挥科技社团、高等院校、科研机构等作用，搭建科学传播服务平台，发展壮大科学传播专家团队，深入开展科学传播活动。结合科技教育和课外科普活动，重点在中小学校、科普场馆、青少年宫等建立专职青少年科技辅导员队伍。依托基层各类组织，动员科技特派员、大学生村官、农村致富带头人、气象信息员、中小学教师和科普志愿者等担任科普宣传员，实现乡村社区科普宣传员全覆盖。发挥民族院校的作用，加强双语科普人才培养。结合各类社区科普设施和活动，发展壮大社区科普队伍。充分发挥企业科协、企业团委、职工技协、研发中心等作用，结合职工技能培训、继续教育和各类科普活动，培养和造就企业实用科普人才。

大力发展科普志愿者队伍。建立完善科普志愿者组织管理制度，推动各级各类科普志愿者队伍建设，推动建立科普志愿者社团组织，开展科普志愿者交流、培训、经验推广等工作。搭建科普志愿活动服务平台，充分发挥科普志愿者在各类科普活动中不可替代的作用，规范记录科普志愿者的服务信息，建立完善科普志愿服务激励机制。鼓励老科技工作者、高校师生、中学生、传媒从业者参与科普志愿服务。建立健全应对重大突发事件的科普志愿者动员机制，发展应急科普志愿者队伍。

## 四、关于强化学校体育促进学生身心健康全面发展的意见

国务院办公厅

2016 年 4 月 21 日

（九）加强体育教师队伍建设。加强师德建设，增强广大体育教师特别是乡村体育教师的职业荣誉感，坚定长期致力于体育教育事业的理想与信心。各地要利用现有政策和渠道，按标准配齐体育教师和体育教研人员。办好高等学校体育教育专业，培养合格体育教师。鼓励优秀教练员、退役运动员、社会体育指导员、有体育特长的志愿人员兼任体育教师。实

施体育教师全员培训，着力培养一大批体育骨干教师和体育名师等领军人才，中小学教师国家级培训计划（国培计划）重点加强中西部乡村教师培训，提升特殊教育体育教师水平。科学合理确定体育教师工作量，把组织开展课外活动、学生体质健康测试、课余训练、比赛等纳入教学工作量。保障体育教师在职称（职务）评聘、福利待遇、评优表彰、晋级晋升等方面与其他学科教师同等待遇。高等学校要完善符合体育学科特点的体育教师工作考核和职称（职务）评聘办法。

# 五、关于全面加强和改进新时代学校体育工作的意见

中共中央办公厅、国务院办公厅

2020 年 10 月 15 日

9. 配齐配强体育教师。各地要加大力度配齐中小学体育教师，未配齐的地区应每年划出一定比例用于招聘体育教师。在大中小学校设立专（兼）职教练员岗位。建立聘用优秀退役运动员为体育教师或教练员制度。有条件的地区可以通过购买服务方式，与相关专业机构等社会力量合作向中小学提供体育教育教学服务，缓解体育师资不足问题。实施体育教育专业大学生支教计划。通过"国培计划"等加大对农村体育教师的培训力度，支持高等师范院校与优质中小学建立协同培训基地，支持体育教师海外研修访学。推进高校体育教育专业人才培养模式改革，推进地方政府、高校、中小学协同育人，建设一批试点学校和教育基地。明确高校高职体育专业和高校高水平运动队专业教师、教练员配备最低标准，不达标的高校原则上不得开办相关专业。

13. 完善体育教师岗位评价。把师德师风作为评价体育教师素质的第一标准。围绕教会、勤练、常赛的要求，完善体育教师绩效工资和考核评

价机制。将评价导向从教师教了多少转向教会了多少，从完成课时数量转向教育教学质量。将体育教师课余指导学生勤练和常赛，以及承担学校安排的课后训练、课外活动、课后服务、指导参赛和走教任务计入工作量，并根据学生体质健康状况和竞赛成绩，在绩效工资内部分配时给予倾斜。完善体育教师职称评聘标准，确保体育教师在职务职称晋升、教学科研成果评定等方面，与其他学科教师享受同等待遇。优化体育教师岗位结构，畅通体育教师职业发展通道。提升体育教师科研能力，在全国教育科学规划课题、教育部人文社会科学研究项目中设立体育专项课题。加大对体育教师表彰力度，在教学成果奖等评选表彰中，保证体育教师占有一定比例。参照体育教师，研究并逐步完善学校教练员岗位评价。

## 六、关于全面加强和改进新时代学校美育工作的意见

中共中央办公厅、国务院办公厅

2020 年 10 月 15 日

12. 加快艺术学科创新发展。专业艺术教育坚持以一流为目标，进一步优化学科专业布局，构建多元化、特色化、高水平的中国特色艺术学科专业体系，加强国家级一流艺术类专业点建设，创新艺术人才培养机制，提高艺术人才培养能力。艺术师范教育以培养高素质专业化创新型教师队伍为根本，坚定办学方向、坚守师范特质、坚持服务需求、强化实践环节，构建协同育人机制，鼓励艺术教师互聘和双向交流。鼓励有条件的地区建设一批高水平艺术学科创新团队和平台，整合美学、艺术学、教育学等学科资源，加强美育基础理论建设，建设一批美育高端智库。

13. 配齐配好美育教师。各地要加大中小学美育教师补充力度，未配齐的地区应每年划出一定比例用于招聘美育教师。有条件的地区可以通过

购买服务方式，与相关专业机构等社会力量合作，向中小学提供美育教育教学服务，缓解美育师资不足问题。鼓励优秀文艺工作者等人士到学校兼任美育教师。推动实施艺术教育专业大学生支教计划。全面提高美育教师思想政治素质、教学素质、育人能力和职业道德水平。优化美育教师岗位结构，畅通美育教师职业发展通道。将美育教师承担学校安排的艺术社团指导，课外活动、课后服务等第二课堂指导和走教任务计入工作量。在教学成果奖等评选表彰中，保证美育教师占有一定比例。

16. 建立美育基础薄弱学校帮扶机制。各地要加强乡村学校美育教师培养，通过乡村教师公费定向培养项目，培养能够承担美育教学的全科教师。鼓励开展对乡村学校各学科在职教师的美育培训，培养能够承担美育教学与活动指导的兼职美育教师。推进农村学校艺术教育实验县等综合改革实践，建立校际教师共享和城乡学校"手拉手"帮扶机制。统筹乡镇中心学校和小规模学校美育课程设置、教学安排、教研活动和教师管理，采取同步课堂、共享优质在线资源等方式，补齐师资和资源短板。引导高校师生强化服务社会意识，支持高校开展美育浸润行动计划，支持社会力量开展美育公益项目。

# 七、关于全面加强新时代大中小学劳动教育的意见

中共中央、国务院

2020 年 3 月 20 日

（十三）多举措加强人才队伍建设。采取多种措施，建立专兼职相结合的劳动教育师资队伍。根据学校劳动教育需要，为学校配备必要的专任教师。高等学校要加强劳动教育师资培养，有条件的师范院校开设劳动教育相关专业。设立劳模工作室、技能大师工作室、荣誉教师岗位等，聘请

相关行业专业人士担任劳动实践指导教师。把劳动教育纳入教师培训内容，开展全员培训，强化每位教师的劳动意识、劳动观念，提升实施劳动教育的自觉性，对承担劳动教育课程的教师进行专项培训，提高劳动教育专业化水平。建立健全劳动教育教师工作考核体系，分类完善评价标准。

# 第三节　财政税收土地

## 一、中华人民共和国公共文化服务保障法

（2016 年 12 月 25 日第十二届全国人民代表大会常务委员会
第二十五次会议通过）

**第十九条**　任何单位和个人不得擅自拆除公共文化设施，不得擅自改变公共文化设施的功能、用途或者妨碍其正常运行，不得侵占、挪用公共文化设施，不得将公共文化设施用于与公共文化服务无关的商业经营活动。

因城乡建设确需拆除公共文化设施，或者改变其功能、用途的，应当依照有关法律、行政法规的规定重建、改建，并坚持先建设后拆除或者建设拆除同时进行的原则。重建、改建的公共文化设施的设施配置标准、建筑面积等不得降低。

**第三十一条**　公共文化设施开放或者提供培训服务等收取费用的，应当报经县级以上人民政府有关部门批准；收取的费用，应当用于公共文化设施的维护、管理和事业发展，不得挪作他用。

**第四十二条**　国家鼓励和支持公民、法人和其他组织通过兴办实体、资助项目、赞助活动、提供设施、捐赠产品等方式，参与提供公共文化

服务。

**第五十条** 公民、法人和其他组织通过公益性社会团体或者县级以上人民政府及其部门，捐赠财产用于公共文化服务的，依法享受税收优惠。

国家鼓励通过捐赠等方式设立公共文化服务基金，专门用于公共文化服务。

## 二、中华人民共和国企业所得税法

（根据 2018 年 12 月 29 日第十三届全国人民代表大会常务委员会第七次会议《关于修改〈中华人民共和国电力法〉等四部法律的决定》第二次修正）

**第九条** 企业发生的公益性捐赠支出，在年度利润总额 12% 以内的部分，准予在计算应纳税所得额时扣除；超过年度利润总额 12% 的部分，准予结转以后三年内在计算应纳税所得额时扣除。

**第十条** 在计算应纳税所得额时，下列支出不得扣除：

（一）向投资者支付的股息、红利等权益性投资收益款项；

（二）企业所得税税款；

（三）税收滞纳金；

（四）罚金、罚款和被没收财物的损失；

（五）本法第九条规定以外的捐赠支出；

（六）赞助支出；

（七）未经核定的准备金支出；

（八）与取得收入无关的其他支出。

**第二十六条** 企业的下列收入为免税收入：

（一）国债利息收入；

（二）符合条件的居民企业之间的股息、红利等权益性投资收益；

（三）在中国境内设立机构、场所的非居民企业从居民企业取得与该机构、场所有实际联系的股息、红利等权益性投资收益；

（四）符合条件的非营利组织的收入。

## 三、中华人民共和国个人所得税法

（根据 2018 年 8 月 31 日第十三届全国人民代表大会常务委员会
第五次会议《关于修改〈中华人民共和国
个人所得税法〉的决定》第七次修正）

**第六条**　个人将其所得对教育、扶贫、济困等公益慈善事业进行捐赠，捐赠额未超过纳税人申报的应纳税所得额百分之三十的部分，可以从其应纳税所得额中扣除；国务院规定对公益慈善事业捐赠实行全额税前扣除的，从其规定。

## 四、中华人民共和国增值税法（征求意见稿）

财政部、国家税务总局
2019 年 11 月 27 日

**第十一条**　下列情形视同应税交易，应当依照本法规定缴纳增值税：

（一）单位和个体工商户将自产或者委托加工的货物用于集体福利或者个人消费；

（二）单位和个体工商户无偿赠送货物，但用于公益事业的除外；

（三）单位和个人无偿赠送无形资产、不动产或者金融商品，但用于公益事业的除外；

（四）国务院财政、税务主管部门规定的其他情形。

**第二十九条** 下列项目免征增值税：

（一）农业生产者销售的自产农产品；

（二）避孕药品和用具；

（三）古旧图书；

（四）直接用于科学研究、科学试验和教学的进口仪器、设备；

（五）外国政府、国际组织无偿援助的进口物资和设备；

（六）由残疾人的组织直接进口供残疾人专用的物品；

（七）自然人销售的自己使用过的物品；

（八）托儿所、幼儿园、养老院、残疾人福利机构提供的育养服务，婚姻介绍，殡葬服务；

（九）残疾人员个人提供的服务；

（十）医院、诊所和其他医疗机构提供的医疗服务；

（十一）学校和其他教育机构提供的教育服务，学生勤工俭学提供的服务；

（十二）农业机耕、排灌、病虫害防治、植物保护、农牧保险以及相关技术培训业务，家禽、牲畜、水生动物的配种和疾病防治；

（十三）纪念馆、博物馆、文化馆、文物保护单位管理机构、美术馆、展览馆、书画院、图书馆举办文化活动的门票收入，宗教场所举办文化、宗教活动的门票收入；

（十四）境内保险机构为出口货物提供的保险产品。

# 五、中华人民共和国慈善法

（2016 年 3 月 16 日第十二届全国人民代表大会
第四次会议通过）

**第三条**　本法所称慈善活动，是指自然人、法人和其他组织以捐赠财产或者提供服务等方式，自愿开展的下列公益活动：

（一）扶贫、济困；

（二）扶老、救孤、恤病、助残、优抚；

（三）救助自然灾害、事故灾难和公共卫生事件等突发事件造成的损害；

（四）促进教育、科学、文化、卫生、体育等事业的发展；

（五）防治污染和其他公害，保护和改善生态环境；

（六）符合本法规定的其他公益活动。

**第十条**　设立慈善组织，应当向县级以上人民政府民政部门申请登记，民政部门应当自受理申请之日起三十日内作出决定。符合本法规定条件的，准予登记并向社会公告；不符合本法规定条件的，不予登记并书面说明理由。

**第十八条**　慈善组织清算后的剩余财产，应当按照慈善组织章程的规定转给宗旨相同或者相近的慈善组织；章程未规定的，由民政部门主持转给宗旨相同或者相近的慈善组织，并向社会公告。

**第七十九条**　慈善组织及其取得的收入依法享受税收优惠。

**第八十条**　自然人、法人和其他组织捐赠财产用于慈善活动的，依法享受税收优惠。企业慈善捐赠支出超过法律规定的准予在计算企业所得税应纳税所得额时当年扣除的部分，允许结转以后三年内在计算应纳税所得额时扣除。

境外捐赠用于慈善活动的物资，依法减征或者免征进口关税和进口环节增值税。

# 六、中华人民共和国民办教育促进法

（根据 2018 年 12 月 29 日第十三届全国人民代表大会常务委员会第七次会议《关于修改〈中华人民共和国劳动法〉等七部法律的决定》第三次修正)

第四十六条　县级以上各级人民政府可以采取购买服务、助学贷款、奖助学金和出租、转让闲置的国有资产等措施对民办学校予以扶持；对非营利性民办学校还可以采取政府补贴、基金奖励、捐资激励等扶持措施。

第四十七条　民办学校享受国家规定的税收优惠政策；其中，非营利性民办学校享受与公办学校同等的税收优惠政策。

第四十八条　民办学校依照国家有关法律、法规，可以接受公民、法人或者其他组织的捐赠。

国家对向民办学校捐赠财产的公民、法人或者其他组织按照有关规定给予税收优惠，并予以表彰。

第五十一条　新建、扩建非营利性民办学校，人民政府应当按照与公办学校同等原则，以划拨等方式给予用地优惠。新建、扩建营利性民办学校，人民政府应当按照国家规定供给土地。

教育用地不得用于其他用途。

# 七、中华人民共和国土地管理法

（根据 2019 年 8 月 26 日第十三届全国人民代表大会常务委员会

第十二次会议《关于修改〈中华人民共和国土地管理法〉、

〈中华人民共和国城市房地产管理法〉的决定》第三次修正）

**第二条**　国家依法实行国有土地有偿使用制度。但是，国家在法律规定的范围内划拨国有土地使用权的除外。

**第六十一条**　乡（镇）村公共设施、公益事业建设，需要使用土地的，经乡（镇）人民政府审核，向县级以上地方人民政府自然资源主管部门提出申请，按照省、自治区、直辖市规定的批准权限，由县级以上地方人民政府批准；其中，涉及占用农用地的，依照本法第四十四条的规定办理审批手续。

# 八、中华人民共和国城市房地产管理法

（根据 2019 年 8 月 26 日第十三届全国人民代表大会常务委员会

第十二次会议《关于修改〈中华人民共和国土地管理法〉、

〈中华人民共和国城市房地产管理法〉的决定》第三次修正）

**第二十四条**　下列建设用地的土地使用权，确属必需的，可以由县级以上人民政府依法批准划拨：

（一）国家机关用地和军事用地；

（二）城市基础设施用地和公益事业用地；

（三）国家重点扶持的能源、交通、水利等项目用地；

（四）法律、行政法规规定的其他用地。

# 九、中华人民共和国企业所得税法实施条例

（根据 2019 年 4 月 23 日《国务院关于修改部分行政法规的决定》修订）

**第二十一条** 企业所得税法第六条第（八）项所称接受捐赠收入，是指企业接受的来自其他企业、组织或者个人无偿给予的货币性资产、非货币性资产。

接受捐赠收入，按照实际收到捐赠资产的日期确认收入的实现。

**第二十六条** 企业所得税法第七条第（二）项所称行政事业性收费，是指依照法律法规等有关规定，按照国务院规定程序批准，在实施社会公共管理，以及在向公民、法人或者其他组织提供特定公共服务过程中，向特定对象收取并纳入财政管理的费用。

**第四十三条** 企业发生的与生产经营活动有关的业务招待费支出，按照发生额的 60% 扣除，但最高不得超过当年销售（营业）收入的 5‰。

**第四十五条** 企业依照法律、行政法规有关规定提取的用于环境保护、生态恢复等方面的专项资金，准予扣除。上述专项资金提取后改变用途的，不得扣除。

**第五十一条** 企业所得税法第九条所称公益性捐赠，是指企业通过公益性社会组织或者县级以上人民政府及其部门，用于符合法律规定的慈善活动、公益事业的捐赠。

**第五十二条** 本条例第五十一条所称公益性社会组织，是指同时符合下列条件的慈善组织以及其他社会组织：

（一）依法登记，具有法人资格；

（二）以发展公益事业为宗旨，且不以营利为目的；

（三）全部资产及其增值为该法人所有；

（四）收益和营运结余主要用于符合该法人设立目的的事业；

（五）终止后的剩余财产不归属任何个人或者营利组织；

（六）不经营与其设立目的无关的业务；

（七）有健全的财务会计制度；

（八）捐赠者不以任何形式参与该法人财产的分配；

（九）国务院财政、税务主管部门会同国务院民政部门等登记管理部门规定的其他条件。

**第八十五条**　企业所得税法第二十六条第（四）项所称符合条件的非营利组织的收入，不包括非营利组织从事营利性活动取得的收入，但国务院财政、税务主管部门另有规定的除外。

## 十、中华人民共和国个人所得税法实施条例

（2018 年 12 月 18 日中华人民共和国国务院令第 707 号第四次修订）

**第十九条**　个人所得税法第六条第三款所称个人将其所得对教育、扶贫、济困等公益慈善事业进行捐赠，是指个人将其所得通过中国境内的公益性社会组织、国家机关向教育、扶贫、济困等公益慈善事业的捐赠；所称应纳税所得额，是指计算扣除捐赠额之前的应纳税所得额。

## 十一、中华人民共和国契税暂行条例

（根据 2019 年 3 月 2 日《国务院关于修改部分行政法规的决定》修订）

**第六条**　有下列情形之一的，减征或者免征契税：

（一）国家机关、事业单位、社会团体、军事单位承受土地、房屋用

于办公、教学、医疗、科研和军事设施的，免征；

（二）城镇职工按规定第一次购买公有住房的，免征；

（三）因不可抗力灭失住房而重新购买住房的，酌情准予减征或者免征；

（四）财政部规定的其他减征、免征契税的项目。

# 十二、中华人民共和国耕地占用税暂行条例

2008 年 1 月 1 日

**第八条** 下列情形免征耕地占用税：

（一）军事设施占用耕地；

（二）学校、幼儿园、养老院、医院占用耕地。

# 十三、中华人民共和国民办教育促进法实施条例

(2021 年 4 月 7 日中华人民共和国国务院令第 741 号修订)

**第五十二条** 各级人民政府及有关部门应当依法健全对民办学校的支持政策，优先扶持办学质量高、特色明显、社会效益显著的民办学校。

县级以上地方人民政府可以参照同级同类公办学校生均经费等相关经费标准和支持政策，对非营利性民办学校给予适当补助。

地方人民政府出租、转让闲置的国有资产应当优先扶持非营利性民办学校。

**第五十四条** 民办学校享受国家规定的税收优惠政策；其中，非营利性民办学校享受与公办学校同等的税收优惠政策。

**第五十五条**　地方人民政府在制定闲置校园综合利用方案时，应当考虑当地民办教育发展需求。

新建、扩建非营利性民办学校，地方人民政府应当按照与公办学校同等原则，以划拨等方式给予用地优惠。

实施学前教育、学历教育的民办学校使用土地，地方人民政府可以依法以协议、招标、拍卖等方式供应土地，也可以采取长期租赁、先租后让、租让结合的方式供应土地，土地出让价款和租金可以在规定期限内按合同约定分期缴纳。

**第五十七条**　县级以上地方人民政府可以根据本行政区域的具体情况，设立民办教育发展专项资金，用于支持民办学校提高教育质量和办学水平、奖励举办者等。

国家鼓励社会力量依法设立民办教育发展方面的基金会或者专项基金，用于支持民办教育发展。

# 十四、志愿服务条例

国务院

2017 年 12 月 1 日

**第四条**　县级以上人民政府应当将志愿服务事业纳入国民经济和社会发展规划，合理安排志愿服务所需资金，促进广覆盖、多层次、宽领域开展志愿服务。

**第三十一条**　自然人、法人和其他组织捐赠财产用于志愿服务的，依法享受税收优惠。

## 十五、中华人民共和国城镇国有土地使用权出让和转让暂行条例

（根据 2020 年 11 月 29 日《国务院关于修改和废止部分

行政法规的决定》修订）

**第十二条** 土地使用权出让最高年限按下列用途确定：

（一）居住用地七十年；

（二）工业用地五十年；

（三）教育、科技、文化、卫生、体育用地五十年；

（四）商业、旅游、娱乐用地四十年；

（五）综合或者其他用地五十年。

**第十三条** 土地使用权出让可以采取下列方式：

（一）协议；

（二）招标；

（三）拍卖。

## 十六、关于鼓励社会力量兴办教育 促进民办教育
## 健康发展的若干意见

国务院

2016 年 12 月 29 日

（十四）落实税费优惠等激励政策。民办学校按照国家有关规定享受相关税收优惠政策。对企业办的各类学校、幼儿园自用的房产、土地，免征房产税、城镇土地使用税。对企业支持教育事业的公益性捐赠支出，按照税法有关规定，在年度利润总额 12% 以内的部分，准予在计算应纳税所

得额时扣除；对个人支持教育事业的公益性捐赠支出，按照税收法律法规及政策的相关规定在个人所得税前予以扣除。非营利性民办学校与公办学校享有同等待遇，按照税法规定进行免税资格认定后，免征非营利性收入的企业所得税。捐资建设校舍及开展表彰资助等活动的冠名依法尊重捐赠人意愿。民办学校用电、用水、用气、用热，执行与公办学校相同的价格政策。

## 十七、关于同意对科教用品进口实行税收优惠政策的批复

国务院

2007 年 1 月 5 日

同意对科研院所、高等学校等科学研究机构和学校所进口的国内不能生产或者性能不能满足需要的科学研究和教学用品，以及转制科研机构、国家工程（技术）研究中心、国家重点实验室、企业技术中心等科技开发机构在 2010 年 12 月 31 日前进口的国内不能生产或者性能不能满足需要的科技用品，免征进口关税和进口环节增值税、消费税。

## 十八、关于鼓励科普事业发展税收政策问题的通知

财政部、国家税务总局、海关总署、科技部、新闻出版总署

2003 年 5 月 8 日

对科技馆、自然博物馆、对公众开放的天文馆（站、台）和气象台（站）、地震台（站）、高校和科研机构对公众开放的科普基地的门票收入，以及县及县以上（包括县级市、区、旗等）党政部门和科协开展的科普活

动的门票收入免征营业税。

## 十九、关于全面推开营业税改征增值税试点的通知

财政部、国家税务总局

2016 年 3 月 23 日

经国务院批准，自 2016 年 5 月 1 日起，在全国范围内全面推开营业税改征增值税（以下称营改增）试点，建筑业、房地产业、金融业、生活服务业等全部营业税纳税人，纳入试点范围，由缴纳营业税改为缴纳增值税。

## 二十、关于鼓励科普事业发展进口税收政策的通知

财政部、海关总署、国家税务总局

2016 年 2 月 4 日

经国务院批准，自 2016 年 1 月 1 日至 2020 年 12 月 31 日，对公众开放的科技馆、自然博物馆、天文馆（站、台）和气象台（站）、地震台（站）、高校和科研机构对外开放的科普基地，从境外购买自用科普影视作品播映权而进口的拷贝、工作带，免征进口关税，不征进口环节增值税。

## 二十一、对检查公共文化服务保障法实施情况报告的意见和建议

全国人大常委会

2020 年 12 月 25 日

做好公共文化服务工作仅靠政府是远远不够的，需要全社会共同推动。要坚持共建共治共享理念，充分运用购买服务、委托承办、项目外包、税收优惠等方式，提高社会力量参与度。建议完善多渠道投入公共文化服务的体制机制，推广政府和社会资本合作模式，加强税收、财政补贴等政策支持，激发社会力量参与公共文化服务的活力。

## 二十二、关于进一步加强和规范教育收费管理的意见

教育部、国家发展改革委、财政部、国家市场监管总局、

国家新闻出版署

2020 年 8 月 17 日

（六）完善学校服务性收费和代收费等政策。学校在完成正常的保育、教育教学任务外，为在校学生提供学习、生活所需的相关便利服务，以及组织开展研学旅行、课后服务、社会实践等活动，对应由学生或学生家长承担的部分，可根据自愿和非营利原则收取服务性费用。相关服务由学校之外的机构或个人提供的，学校可代收代付相关费用。学校服务性收费和代收费具体政策，由各省制定。国家已明令禁止的或明确规定由财政保障的项目不得纳入服务性收费和代收费，学校不得擅自设立服务性收费和代收费项目，不得在代收费中获取差价，不得强制或者暗示学生及家长购买指定的教辅软件或资料，不得通过提前开学等形式或变相违规补课加收相

关费用。校内学生宿舍和社会力量举办的校外学生公寓，均不得强制提供相关生活服务或将服务性收费与住宿费捆绑收取。学校自主经营的食堂向自愿就餐的学生收取伙食费，应坚持公益性原则，不得以营利为目的。

# 二十三、城市居住区规划设计标准

中华人民共和国住房和城乡建设部

2018 年 7 月 10 日

配套设施应遵循配套建设、方便使用，统筹开放、兼顾发展的原则进行配置，其布局应遵循集中和分散兼顾、独立和混合使用并重的原则，并应符合下列规定：

1. 十五分钟和十分钟生活圈居住区配套设施，应依照其服务半径相对居中布局。

2. 十五分钟生活圈居住区配套设施中，文化活动中心、社区服务中心（街道级）、街道办事处等服务设施宜联合建设并形成街道综合服务中心，其用地面积不宜小于 1 公顷。

3. 五分钟生活圈居住区配套设施中，社区服务站、文化活动站（含青少年、老年活动站）、老年人日间照料中心（托老所）、社区卫生服务站、社区商业网点等服务设施，宜集中布局、联合建设，并形成社区综合服务中心，其用地面积不宜小于 0.3 公顷。

4. 旧区改建项目应根据所在居住区各级配套设施的承载能力合理确定居住人口规模与住宅建筑容量；当不匹配时，应增补相应的配套设施或对应控制住宅建筑增量。

## 二十四、上海市公共文化服务保障与促进条例

（2020 年 10 月 27 日上海市第十五届人民代表大会常务委员会
第二十六次会议通过）

**第十二条**　任何单位和个人不得侵占公共文化设施建设用地或者擅自改变其用途。因特殊情况需要调整公共文化设施建设用地的，调整后的用地面积不得少于原有面积。

因城乡建设确需拆除公共文化设施或者改变其功能、用途的，应当先建设后拆除或者建设拆除同时进行。重建、改建的公共文化设施的设施配置标准、建筑面积等不得降低。

**第二十条**　收费项目和标准应当报经同级人民政府物价部门和文化等相关部门批准。收取的费用，应当用于公共文化设施的维护、管理和事业发展，不得挪作他用。

**第五十四条**　本市采取政府购买服务等措施，支持公民、法人和其他组织参与提供公共文化服务。政府购买公共文化服务的具体范围和内容，按照规定实行指导性目录管理并依法予以公开。

**第五十七条**　公民、法人和其他组织通过公益性社会团体或者市、区人民政府及其部门，捐赠财产用于公共文化服务的，依法享受税收优惠。

财政、税务、民政等部门应当支持符合条件的公益性社会团体依法申请公益性捐赠税前扣除。

## 二十五、上海市志愿服务条例

（根据 2019 年 11 月 15 日上海市第十五届人民代表大会
常务委员会第十五次会议《关于修改〈上海市
志愿服务条例〉的决定》修正）

**第二十四条** 志愿服务组织可以根据自身条件和实际需要，为志愿者办理相应的人身保险。

志愿服务组织安排志愿者从事有安全风险的志愿服务活动时，应当为志愿者办理必要的人身保险。

**第二十六条** 志愿服务组织可以通过接受社会捐赠、资助等形式，筹集开展志愿服务活动的经费。

**第二十七条** 志愿服务组织筹集的志愿服务活动经费应当用于志愿服务活动、志愿者的人身意外伤害保险和交通、误餐补贴等开支，不得挪作他用。

志愿服务活动经费的来源及使用情况应当向社会公开，并接受政府有关部门、捐赠者、资助者、志愿者的监督。

**第二十八条** 本市建立和完善统一的志愿服务信息平台，制定统一的信息数据对接标准，依托市大数据资源平台整合志愿服务相关信息和数据资源，实现全市志愿服务数据统一归集、统一管理和共享交换。

政府有关部门、志愿服务组织、志愿服务行业组织等的相关信息系统，应当按照统一的信息数据标准与志愿服务信息平台进行对接，志愿服务信息平台应当向相关部门和组织开放相应的管理权限，实现数据互联互通。

## 二十六、上海市公益基地创建与管理办法

上海市民政局

2020 年 10 月 26 日

**第四条**　凡有意愿开展志愿服务等公益活动的企事业单位、社会组织、基层群众性自治组织等，符合下列条件的，可以创建并申报公益基地：

（一）依法登记或者成立；

（二）具有组织开展志愿服务项目和管理的能力；

（三）具有组织提供志愿者培训、保障的能力。

**第十三条**　对在志愿服务项目策划、组织服务、宣传展示等方面成效显著、社会反响良好的公益基地，由市、区民政局按照有关规定予以奖励或通过以奖代补等方式予以项目资助。

## 二十七、上海市科普基地管理办法

上海市科学技术委员会

2019 年 8 月 30 日

**第十五条**　经资质认定后，运行满 1 年且不在整改周期内的科普基地，可根据国家文件规定，享受门票收入免征增值税等相关优惠政策。

## 二十八、上海市实施《中华人民共和国土地管理法》办法

（根据 2018 年 12 月 20 日上海市第十五届人民代表大会

常务委员会第八次会议《关于修改本市部分

地方性法规的决定》第三次修正）

**第三十三条** 建设项目经批准使用国有土地的，由市或者区人民政府颁发建设用地批准书。以划拨方式使用国有土地的，由市或者区土地管理部门向土地使用者核发国有土地划拨决定书；以出让、租赁等方式有偿使用国有土地的，由市或者区土地管理部门与土地使用者签订国有土地有偿使用合同。以划拨方式取得的国有土地使用权不得转让，但因依法转让房地产等情形随之发生转让的除外。

**第三十五条** 乡（镇）村公共设施和公益事业建设使用农民集体所有的土地的，应当经乡（镇）人民政府审核，并按照本办法建设用地的有关规定办理用地审批手续。

## 二十九、上海市土地使用权出让办法

（根据 2008 年 11 月 27 日《上海市人民政府关于修改

〈上海市土地使用权出让办法〉的决定》第二次修正）

**第十一条** 除按照《中华人民共和国土地管理法》规定可以以划拨方式取得土地使用权的情形外，各类建设项目均应当以有偿使用方式取得土地使用权。其中，商品房项目应当按本办法的规定，以出让方式取得土地使用权，其他项目可以以出让或者租赁等方式取得土地使用权。以划拨方式取得土地使用权的，转让房地产时，按照前款规定应当以出让方式取得

土地使用权的，由房地产转让的受让人与出让人签订出让合同，并在按规定支付土地使用权出让金（以下简称出让金）后，取得土地使用权。

## 三十、关于促进民办教育健康发展的实施意见

*上海市人民政府*

*2017 年 12 月 26 日*

（二）实行差别化用地政策

民办学校建设用地按照科教用地管理。非营利性民办学校享受公办学校同等政策，可以按照划拨等方式供应土地。营利性民办学校按照国家相应的政策供给土地，只有一个意向用地者的，可按照协议方式供地。土地使用权人申请改变全部或者部分土地用途的，政府应当将申请改变用途的土地收回，按时价定价，重新依法供应。

## 三十一、关于中央企业履行社会责任的指导意见

*国务院国有资产监督管理委员会*

*2007 年 12 月 29 日*

（十五）参与社会公益事业。积极参与社区建设，鼓励职工志愿服务社会。热心参与慈善、捐助等社会公益事业，关心支持教育、文化、卫生等公共福利事业。在发生重大自然灾害和突发事件的情况下，积极提供财力、物力和人力等方面的支持和援助。

# 第四节　优化社会环境

## 一、中华人民共和国未成年人保护法

（2020 年 10 月 17 日第十三届全国人民代表大会
常务委员会第二十二次会议第二次修订）

**第四条**　保护未成年人，应当坚持最有利于未成年人的原则。处理涉及未成年人事项，应当符合下列要求：

（一）给予未成年人特殊、优先保护；

（二）尊重未成年人人格尊严；

（三）保护未成年人隐私权和个人信息；

（四）适应未成年人身心健康发展的规律和特点；

（五）听取未成年人的意见；

（六）保护与教育相结合。

**第五条**　国家、社会、学校和家庭应当对未成年人进行理想教育、道德教育、科学教育、文化教育、法治教育、国家安全教育、健康教育、劳动教育，加强爱国主义、集体主义和中国特色社会主义的教育，培养爱祖国、爱人民、爱劳动、爱科学、爱社会主义的公德，抵制资本主义、封建主义和其他腐朽思想的侵蚀，引导未成年人树立和践行社会主义核心价值观。

**第六条**　保护未成年人，是国家机关、武装力量、政党、人民团体、企业事业单位、社会组织、城乡基层群众性自治组织、未成年人的监护人以及其他成年人的共同责任。

国家、社会、学校和家庭应当教育和帮助未成年人维护自身合法权益，增强自我保护的意识和能力。

**第七条**　未成年人的父母或者其他监护人依法对未成年人承担监护职责。

国家采取措施指导、支持、帮助和监督未成年人的父母或者其他监护人履行监护职责。

**第八条**　县级以上人民政府应当将未成年人保护工作纳入国民经济和社会发展规划，相关经费纳入本级政府预算。

**第九条**　县级以上人民政府应当建立未成年人保护工作协调机制，统筹、协调、督促和指导有关部门在各自职责范围内做好未成年人保护工作。协调机制具体工作由县级以上人民政府民政部门承担，省级人民政府也可以根据本地实际情况确定由其他有关部门承担。

**第十条**　共产主义青年团、妇女联合会、工会、残疾人联合会、关心下一代工作委员会、青年联合会、学生联合会、少年先锋队以及其他人民团体、有关社会组织，应当协助各级人民政府及其有关部门、人民检察院、人民法院做好未成年人保护工作，维护未成年人合法权益。

**第十一条**　任何组织或者个人发现不利于未成年人身心健康或者侵犯未成年人合法权益的情形，都有权劝阻、制止或者向公安、民政、教育等有关部门提出检举、控告。

国家机关、居民委员会、村民委员会、密切接触未成年人的单位及其工作人员，在工作中发现未成年人身心健康受到侵害、疑似受到侵害或者面临其他危险情形的，应当立即向公安、民政、教育等有关部门报告。

有关部门接到涉及未成年人的检举、控告或者报告，应当依法及时受理、处置，并以适当方式将处理结果告知相关单位和人员。

**第十五条**　未成年人的父母或者其他监护人应当学习家庭教育知识，接受家庭教育指导，创造良好、和睦、文明的家庭环境。

共同生活的其他成年家庭成员应当协助未成年人的父母或者其他监护人抚养、教育和保护未成年人。

第十六条　未成年人的父母或者其他监护人应当履行下列监护职责：

（一）为未成年人提供生活、健康、安全等方面的保障；

（二）关注未成年人的生理、心理状况和情感需求；

（三）教育和引导未成年人遵纪守法、勤俭节约，养成良好的思想品德和行为习惯；

（四）对未成年人进行安全教育，提高未成年人的自我保护意识和能力；

（五）尊重未成年人受教育的权利，保障适龄未成年人依法接受并完成义务教育；

（六）保障未成年人休息、娱乐和体育锻炼的时间，引导未成年人进行有益身心健康的活动；

（七）妥善管理和保护未成年人的财产；

（八）依法代理未成年人实施民事法律行为；

（九）预防和制止未成年人的不良行为和违法犯罪行为，并进行合理管教；

（十）其他应当履行的监护职责。

第二十五条　学校应当全面贯彻国家教育方针，坚持立德树人，实施素质教育，提高教育质量，注重培养未成年学生认知能力、合作能力、创新能力和实践能力，促进未成年学生全面发展。

学校应当建立未成年学生保护工作制度，健全学生行为规范，培养未成年学生遵纪守法的良好行为习惯。

第三十条　学校应当根据未成年学生身心发展特点，进行社会生活指导、心理健康辅导、青春期教育和生命教育。

第三十一条　学校应当组织未成年学生参加与其年龄相适应的日常生

活劳动、生产劳动和服务性劳动，帮助未成年学生掌握必要的劳动知识和技能，养成良好的劳动习惯。

**第三十二条**　学校、幼儿园应当开展勤俭节约、反对浪费、珍惜粮食、文明饮食等宣传教育活动，帮助未成年人树立浪费可耻、节约为荣的意识，养成文明健康、绿色环保的生活习惯。

**第三十三条**　学校应当与未成年学生的父母或者其他监护人互相配合，合理安排未成年学生的学习时间，保障其休息、娱乐和体育锻炼的时间。

学校不得占用国家法定节假日、休息日及寒暑假期，组织义务教育阶段的未成年学生集体补课，加重其学习负担。

**第三十五条**　学校、幼儿园应当建立安全管理制度，对未成年人进行安全教育，完善安保设施、配备安保人员，保障未成年人在校、在园期间的人身和财产安全。

学校、幼儿园不得在危及未成年人人身安全、身心健康的校舍和其他设施、场所中进行教育教学活动。

学校、幼儿园安排未成年人参加文化娱乐、社会实践等集体活动，应当保护未成年人的身心健康，防止发生人身伤害事故。

**第三十八条**　学校、幼儿园不得安排未成年人参加商业性活动，不得向未成年人及其父母或者其他监护人推销或者要求其购买指定的商品和服务。

学校、幼儿园不得与校外培训机构合作为未成年人提供有偿课程辅导。

**第四十二条**　全社会应当树立关心、爱护未成年人的良好风尚。

国家鼓励、支持和引导人民团体、企业事业单位、社会组织以及其他组织和个人，开展有利于未成年人健康成长的社会活动和服务。

**第四十四条**　爱国主义教育基地、图书馆、青少年宫、儿童活动中心、儿童之家应当对未成年人免费开放；博物馆、纪念馆、科技馆、展览馆、美术馆、文化馆、社区公益性互联网上网服务场所以及影剧院、体育场馆、动物园、植物园、公园等场所，应当按照有关规定对未成年人免费或者优惠开放。

国家鼓励爱国主义教育基地、博物馆、科技馆、美术馆等公共场馆开设未成年人专场，为未成年人提供有针对性的服务。

国家鼓励国家机关、企业事业单位、部队等开发自身教育资源，设立未成年人开放日，为未成年人主题教育、社会实践、职业体验等提供支持。

国家鼓励科研机构和科技类社会组织对未成年人开展科学普及活动。

**第四十五条** 城市公共交通以及公路、铁路、水路、航空客运等应当按照有关规定对未成年人实施免费或者优惠票价。

**第四十六条** 国家鼓励大型公共场所、公共交通工具、旅游景区景点等设置母婴室、婴儿护理台以及方便幼儿使用的坐便器、洗手台等卫生设施，为未成年人提供便利。

**第四十七条** 任何组织或者个人不得违反有关规定，限制未成年人应当享有的照顾或者优惠。

**第四十八条** 国家鼓励创作、出版、制作和传播有利于未成年人健康成长的图书、报刊、电影、广播电视节目、舞台艺术作品、音像制品、电子出版物和网络信息等。

**第五十六条** 未成年人集中活动的公共场所应当符合国家或者行业安全标准，并采取相应安全保护措施。对可能存在安全风险的设施，应当定期进行维护，在显著位置设置安全警示标志并标明适龄范围和注意事项；必要时应当安排专门人员看管。

公共场所发生突发事件时，应当优先救护未成年人。

**第五十八条** 学校、幼儿园周边不得设置营业性娱乐场所、酒吧、互联网上网服务营业场所等不适宜未成年人活动的场所。营业性歌舞娱乐场所、酒吧、互联网上网服务营业场所等不适宜未成年人活动场所的经营者，不得允许未成年人进入；游艺娱乐场所设置的电子游戏设备，除国家法定节假日外，不得向未成年人提供。经营者应当在显著位置设置未成年人禁入、限入标志；对难以判明是否是未成年人的，应当要求其出示身份证件。

**第六十五条**　国家鼓励和支持有利于未成年人健康成长的网络内容的创作与传播，鼓励和支持专门以未成年人为服务对象、适合未成年人身心健康特点的网络技术、产品、服务的研发、生产和使用。

**第六十八条**　新闻出版、教育、卫生健康、文化和旅游、网信等部门应当定期开展预防未成年人沉迷网络的宣传教育，监督网络产品和服务提供者履行预防未成年人沉迷网络的义务，指导家庭、学校、社会组织互相配合，采取科学、合理的方式对未成年人沉迷网络进行预防和干预。

任何组织或者个人不得以侵害未成年人身心健康的方式对未成年人沉迷网络进行干预。

**第六十九条**　学校、社区、图书馆、文化馆、青少年宫等场所为未成年人提供的互联网上网服务设施，应当安装未成年人网络保护软件或者采取其他安全保护技术措施。

智能终端产品的制造者、销售者应当在产品上安装未成年人网络保护软件，或者以显著方式告知用户未成年人网络保护软件的安装渠道和方法。

**第八十二条**　各级人民政府应当将家庭教育指导服务纳入城乡公共服务体系，开展家庭教育知识宣传，鼓励和支持有关人民团体、企业事业单位、社会组织开展家庭教育指导服务。

**第八十九条**　地方人民政府应当建立和改善适合未成年人的活动场所和设施，支持公益性未成年人活动场所和设施的建设和运行，鼓励社会力量兴办适合未成年人的活动场所和设施，并加强管理。

地方人民政府应当采取措施，鼓励和支持学校在国家法定节假日、休息日及寒暑假期将文化体育设施对未成年人免费或者优惠开放。

地方人民政府应当采取措施，防止任何组织或者个人侵占、破坏学校、幼儿园、婴幼儿照护服务机构等未成年人活动场所的场地、房屋和设施。

## 二、关于进一步减轻义务教育阶段学生作业负担和校外培训负担的意见

中共中央办公厅、国务院办公厅

2021 年 7 月 24 日

二、全面压减作业总量和时长，减轻学生过重作业负担

8. 科学利用课余时间。学校和家长要引导学生放学回家后完成剩余书面作业，进行必要的课业学习，从事力所能及的家务劳动，开展适宜的体育锻炼，开展阅读和文艺活动。个别学生经努力仍完不成书面作业的，也应按时就寝。引导学生合理使用电子产品，控制使用时长，保护视力健康，防止网络沉迷。家长要积极与孩子沟通，关注孩子心理情绪，帮助其养成良好学习生活习惯。寄宿制学校要统筹安排好课余学习生活。

三、提升学校课后服务水平，满足学生多样化需求

9. 保证课后服务时间。学校要充分利用资源优势，有效实施各种课后育人活动，在校内满足学生多样化学习需求。引导学生自愿参加课后服务。课后服务结束时间原则上不早于当地正常下班时间；对有特殊需要的学生，学校应提供延时托管服务；初中学校工作日晚上可开设自习班。学校可统筹安排教师实行"弹性上下班制"。

10. 提高课后服务质量。学校要制定课后服务实施方案，增强课后服

务的吸引力。充分用好课后服务时间，指导学生认真完成作业，对学习有困难的学生进行补习辅导与答疑，为学有余力的学生拓展学习空间，开展丰富多彩的科普、文体、艺术、劳动、阅读、兴趣小组及社团活动。不得利用课后服务时间讲新课。

11. 拓展课后服务渠道。课后服务一般由本校教师承担，也可聘请退休教师、具备资质的社会专业人员或志愿者提供。教育部门可组织区域内优秀教师到师资力量薄弱的学校开展课后服务。依法依规严肃查处教师校外有偿补课行为，直至撤销教师资格。充分利用社会资源，发挥好少年宫、青少年活动中心等校外活动场所在课后服务中的作用。

12. 做强做优免费线上学习服务。教育部门要征集、开发丰富优质的线上教育教学资源，利用国家和各地教育教学资源平台以及优质学校网络平台，免费向学生提供高质量专题教育资源和覆盖各年级各学科的学习资源，推动教育资源均衡发展，促进教育公平。各地要积极创造条件，组织优秀教师开展免费在线互动交流答疑。各地各校要加大宣传推广使用力度，引导学生用好免费线上优质教育资源。

四、坚持从严治理，全面规范校外培训行为

13. 坚持从严审批机构。各地不再审批新的面向义务教育阶段学生的学科类校外培训机构，现有学科类培训机构统一登记为非营利性机构。对原备案的线上学科类培训机构，改为审批制。各省（自治区、直辖市）要对已备案的线上学科类培训机构全面排查，并按标准重新办理审批手续。未通过审批的，取消原有备案登记和互联网信息服务业务经营许可证（ICP）。对非学科类培训机构，各地要区分体育、文化艺术、科技等类别，明确相应主管部门，分类制定标准、严格审批。依法依规严肃查处不具备相应资质条件、未经审批多址开展培训的校外培训机构。学科类培训机构一律不得上市融资，严禁资本化运作；上市公司不得通过股票市场融资投资学科类培训机构，不得通过发行股份或支付现金等方式购买学科类培训机构资产；外资不得通过兼并收购、受托经营、加盟连锁、利用可变利益实体等方式控股或参股学科类培训机构。已违规的，要进行清理整治。

14. 规范培训服务行为。建立培训内容备案与监督制度，制定出台校外培训机构培训材料管理办法。严禁超标超前培训，严禁非学科类培训机构从事学科类培训，严禁提供境外教育课程。依法依规坚决查处超范围培训、培训质量良莠不齐、内容低俗违法、盗版侵权等突出问题。严格执行未成年人保护法有关规定，校外培训机构不得占用国家法定节假日、休息日及寒暑假期组织学科类培训。培训机构不得高薪挖抢学校教师；从事学科类培训的人员必须具备相应教师资格，并将教师资格信息在培训机构场所及网站显著位置公布；不得泄露家长和学生个人信息。根据市场需求、培训成本等因素确定培训机构收费项目和标准，向社会公示、接受监督。全面使用《中小学生校外培训服务合同（示范文本）》。进一步健全常态化排查机制，及时掌握校外培训机构情况及信息，完善"黑白名单"制度。

15. 强化常态运营监管。严格控制资本过度涌入培训机构，培训机构融资及收费应主要用于培训业务经营，坚决禁止为推销业务以虚构原价、虚假折扣、虚假宣传等方式进行不正当竞争，依法依规坚决查处行业垄断行为。线上培训要注重保护学生视力，每课时不超过 30 分钟，课程间隔不少于 10 分钟，培训结束时间不晚于 21 点。积极探索利用人工智能技术合理控制学生连续线上培训时间。线上培训机构不得提供和传播"拍照搜题"等惰化学生思维能力、影响学生独立思考、违背教育教学规律的不良学习方法。聘请在境内的外籍人员要符合国家有关规定，严禁聘请在境外的外籍人员开展培训活动。

六、强化配套治理，提升支撑保障能力

20. 保障学校课后服务条件。各地要根据学生规模和中小学教职工编制标准，统筹核定编制，配足配齐教师。省级政府要制定学校课后服务经费保障办法，明确相关标准，采取财政补贴、服务性收费或代收费等方式，确保经费筹措到位。课后服务经费主要用于参与课后服务教师和相关人员的补助，有关部门在核定绩效工资总量时，应考虑教师参与课后服务的因素，把用于教师课后服务补助的经费额度，作为增量纳入绩效工资并设立相应项目，不作为次年正常核定绩效工资总量的基数；对聘请校外人员提供课后服务的，课后服务补助可按劳务费管理。教师参加课后服务的表现应作为职称评聘、表彰奖励和绩效工资分配的重要参考。

21. 完善家校社协同机制。进一步明晰家校育人责任，密切家校沟通，创新协同方式，推进协同育人共同体建设。教育部门要会同妇联等部门，办好家长学校或网上家庭教育指导平台，推动社区家庭教育指导中心、服务站点建设，引导家长树立科学育儿观念，理性确定孩子成长预期，努力形成减负共识。

22. 做好培训广告管控。中央有关部门、地方各级党委和政府要加强校外培训广告管理，确保主流媒体、新媒体、公共场所、居民区各类广告牌和网络平台等不刊登、不播发校外培训广告。不得在中小学校、幼儿园内开展商业广告活动，不得利用中小学和幼儿园的教材、教辅材料、练习册、文具、教具、校服、校车等发布或变相发布广告。依法依规严肃查处各种夸大培训效果、误导公众教育观念、制造家长焦虑的校外培训违法违规广告行为。

七、扎实做好试点探索，确保治理工作稳妥推进

23. 明确试点工作要求。在全面开展治理工作的同时，确定北京市、上海市、沈阳市、广州市、成都市、郑州市、长治市、威海市、南通市为全国试点，其他省份至少选择 1 个地市开展试点，试点内容为第 24、25、26 条所列内容。

24. 坚决压减学科类校外培训。对现有学科类培训机构重新审核登记，逐步大大压减，解决过多过滥问题；依法依规严肃查处存在不符合资

质、管理混乱、借机敛财、虚假宣传、与学校勾连牟利等严重问题的机构。

25. 合理利用校内外资源。鼓励有条件的学校在课余时间向学生提供兴趣类课后服务活动，供学生自主选择参加。课后服务不能满足部分学生发展兴趣特长等特殊需要的，可适当引进非学科类校外培训机构参与课后服务，由教育部门负责组织遴选，供学校选择使用，并建立评估退出机制，对出现服务水平低下、恶意在校招揽生源、不按规定提供服务、扰乱学校教育教学和招生秩序等问题的培训机构，坚决取消培训资质。

26. 强化培训收费监管。坚持校外培训公益属性，充分考虑其涉及重大民生的特点，将义务教育阶段学科类校外培训收费纳入政府指导价管理，科学合理确定计价办法，明确收费标准，坚决遏制过高收费和过度逐利行为。通过第三方托管、风险储备金等方式，对校外培训机构预收费进行风险管控，加强对培训领域贷款的监管，有效预防"退费难"、"卷钱跑路"等问题发生。

八、精心组织实施，务求取得实效

27. 全面系统做好部署。加强党对"双减"工作的领导，各省（自治区、直辖市）党委和政府要把"双减"工作作为重大民生工程，列入重要议事日程，纳入省（自治区、直辖市）党委教育工作领导小组重点任务，结合本地实际细化完善措施，确保"双减"工作落实落地。学校党组织要认真做好教师思想工作，充分调动广大教师积极性、创造性。校外培训机构要加强自身党建工作，发挥党组织战斗堡垒作用。

28. 明确部门工作责任。教育部门要抓好统筹协调，会同有关部门加强对校外培训机构日常监管，指导学校做好"双减"有关工作；宣传、网信部门要加强舆论宣传引导，网信部门要配合教育、工业和信息化部门做好线上校外培训监管工作；机构编制部门要及时为中小学校补齐补足教师编制；发展改革部门要会同财政、教育等部门制定学校课后服务性或代收费标准，会同教育等部门制定试点地区校外培训机构收费指导政策；财政部门要加强学校课后服务经费保障；人力资源社会保障部门要做好教师绩效工资核定有关工作；民政部门要做好学科类培训机构登记工作；市场监管部门要做好非学科类培训机构登记工作和校外培训机构收费、广告、反垄断等方面监管工作，加大执法检查力度，会同教育部门依法依规严肃查处违法违规培训行为；政法部门要做好相关维护和谐稳定工作；公安部门要依法加强治安管理，联动开展情报信息搜集研判和预警预防，做好相关涉稳事件应急处置工作；人民银行、银保监、证监部门负责指导银行等机构做好校外培训机构预收费风险管控工作，清理整顿培训机构融资、上市等行为；其他相关部门按照各自职责负起责任、抓好落实。

29. 联合开展专项治理行动。建立"双减"工作专门协调机制，集中组织开展专项治理行动。在教育部设立协调机制专门工作机构，做好统筹协调，加强对各地工作指导。各省（自治区、直辖市）要完善工作机制，建立专门工作机构，按照"双减"工作目标任务，明确专项治理行动的路线图、时间表和责任人。突出工作重点、关键环节、薄弱地区、重点对象等，开展全面排查整治。对违法违规行为要依法依规严惩重罚，形成警示震慑。

30. 强化督促检查和宣传引导。将落实"双减"工作情况及实际成效，作为督查督办、漠视群众利益专项整治和政府履行教育职责督导评价的重要内容。建立责任追究机制，对责任不落实、措施不到位的地方、部门、学校及相关责任人要依法依规严肃追究责任。各地要设立监管平台和专门举报电话，畅通群众监督举报途径。各省（自治区、直辖市）要及时总结"双减"工作中的好经验好做法，并做好宣传推广。新闻媒体要坚持正确舆论导向，营造良好社会氛围。

各地在做好义务教育阶段学生"双减"工作的同时，还要统筹做好面向 3 至 6 岁学龄前儿童和普通高中学生的校外培训治理工作，不得开展面向学龄前儿童的线上培训，严禁以学前班、幼小衔接班、思维训练班等名义面向学龄前儿童开展线下学科类（含外语）培训。不再审批新的面向学龄前儿童的校外培训机构和面向普通高中学生的学科类校外培训机构。对面向普通高中学生的学科类培训机构的管理，参照本意见有关规定执行。

## 三、关于进一步明确义务教育阶段校外培训学科类和非学科类范围的通知

教育部办公厅

2021 年 7 月 28 日

一、根据国家义务教育阶段课程设置的规定，在开展校外培训时，道德与法治、语文、历史、地理、数学、外语（英语、日语、俄语）、物理、化学、生物按照学科类进行管理。对涉及以上学科国家课程标准规定的学习内容进行的校外培训，均列入学科类进行管理。

二、在开展校外培训时，体育（或体育与健康）、艺术（或音乐、美术）学科，以及综合实践活动（含信息技术教育、劳动与技术教育）等按照非学科类进行管理。

## 四、关于进一步加强校外培训机构登记管理的通知

民政部办公厅

2021 年 8 月 24 日

二、严格审查，进一步推进校外培训机构依法登记

做好学科类培训机构登记是民政部门承担的重要职责。各地民政部门要认真贯彻《意见》关于不再审批新的面向义务教育阶段学生的学科类校

外培训机构、面向学龄前儿童的校外培训机构和面向普通高中学生的学科类校外培训机构的要求，不再登记新的上述培训机构；按照《意见》关于对非学科类校外培训机构区分相应主管部门进行前置审批的要求，做好非学科类校外培训机构的登记工作。要进一步健全登记管理程序，按照《意见》明确的校外培训机构设立各项要求，严格执行双重管理登记规定，认真审核前置审批材料，加强对机构名称、业务范围、开办资金、活动场所、举办者等事项的审核把关。要进一步加强与教育等前置审批部门及相关社会组织业务主管单位沟通、协调和配合，对现已登记社会组织中开展校外培训活动的机构前置审批情况进行摸底排查，其中未经对应部门审批的，应责令停止培训活动，通过推动变更名称、修改业务范围或注销登记等方式要求机构及时整改，对拒不整改的，依法采取行政执法和信用信息管理等处理措施。要积极配合教育、市场监管等部门，依法依规稳妥推进现有义务教育阶段学科类校外培训机构统一登记为非营利性机构工作，做好现有线上学科类培训机构由备案制转为审批制后的登记工作。

三、加强管理，进一步规范校外培训机构运行

坚持和加强党的全面领导，强化政治引领，是健全校外培训机构内部治理，保证其正确办学方向，落实立德树人根本任务的关键。各地民政部门要配合教育等部门，在校外培训机构登记备案、章程核准、检查评估等工作中，进一步推进校外培训机构党的建设同步谋划、党的组织同步设置、党的工作同步开展。要从严审查各类培训机构的章程，坚持校外培训机构的公益属性，严禁违规开展学科类培训。要严格管理措施，加强校外培训机构年度检查、财务抽查、信用管理和执法监察，对于存在超出业务范围开展学科类培训、违反财务管理制度、内部管理混乱、侵占私分校外培训机构资产等违反社会组织登记管理法规情形的机构，依法从严从重从快处理。

四、强化联动，进一步提升校外培训机构监管水平

减轻义务教育阶段学生过重作业负担和校外培训负担是一项系统工程，需要各部门立足自身职责，形成工作合力。各地民政部门要在依法依规做好学科类校外培训机构登记工作基础上，积极配合其他部门履行相关职责。在登记管理工作中发现校外培训机构违法违规情形涉及其他部门职责的，要及时通报业务主管单位或相关部门，配合做好查处工作，协同解决监管问题，形成综合监管合力，提升综合监管水平，切实防范化解风险。

# 五、上海市未成年人保护条例

（根据 2013 年 12 月 27 日上海市第十四届人民代表大会常务委员会第十次会议《关于修改〈上海市未成年人保护条例〉的决定》修正）

**第九条** 父母或者其他监护人应当指导未成年人养成良好的学习和生活习惯，鼓励、支持其参加家庭劳动、社会公益劳动以及各类积极健康的文体活动、社会交往活动，增强其自学、自理和自律能力，促进其身心健康发展。

**第十五条** 学校应当按照教学计划和课程要求开展教学活动，积极探索和改进教育方法，减轻学生过重的课业负担。

义务教育阶段的公办学校实行免试就近入学，并予以公示。

学校在义务教育阶段，不得举行或者变相举行与入学挂钩的选拔考试或者测试；不得张榜公布学生的考试成绩名次；不得推销或者变相推销练习册、习题集等教辅材料。

学校和教师不得组织或者变相组织学生参加商业性活动以及与其年龄、身心健康不相适应的其他活动。

学校应当保证学生休息、文娱、体育、课外活动和社会实践的时间，不得将学生的活动设施、场地移作他用。

**第二十四条**　本市鼓励为未成年人创作、出版、发行、展出、演出、播放适合未成年人特点，有利于未成年人身心健康的图书、报刊、影视节目、音像制品、计算机软件、文艺节目和其他精神文化产品。

凡向未成年人提供精神文化产品的单位和个人，都应当对产品的内容、情节负责。内容、情节不利于未成年人身心健康的，严禁向未成年人提供或者展示。

**第二十五条**　各类博物馆、纪念馆、展览馆、烈士陵园等爱国主义教育基地以及美术馆等场所，对未成年人集体参观一律免票，对未成年人个人参观实行半票。

科技馆、影剧院、体育场馆等场所以及非公益性文化体育场所，应当定期开放未成年人专场，并对未成年人实行优惠。

向未成年人开放的场所应当符合国家和本市规定的安全标准。体育场馆等场所应当指派人员指导未成年人开展活动，预防和制止有害未成年人身心健康的行为。

**第三十三条**　共产主义青年团、青年联合会、学生联合会、少年先锋队应当反映未成年人的合理要求，维护他们的合法权益，并根据未成年人的特点，开展各种有益活动，促进未成年人健康成长。

**第三十四条**　居民委员会、村民委员会应当协助有关部门组织、指导未成年人在课余和闲暇时间，开展有益于身心健康的文体活动和社会实践。

居民委员会、村民委员会以及社区矫正人员的所在单位、就读学校、家庭成员或者监护人、保证人应当协助社区矫正机构开展对接受社区矫正的未成年人的帮教活动。

**第四十二条**　劳动和社会保障行政管理部门、教育行政管理部门以及街道、乡镇劳动就业服务机构应当为已经完成义务教育、但未能继续就学的未成年人，提供职业培训的信息，并为其参加培训提供帮助。

# 第五节　安全保障

## 一、中华人民共和国义务教育法

（根据 2018 年 12 月 29 日第十三届全国人民代表大会常务
委员会第七次会议《关于修改〈中华人民共和国
产品质量法〉等五部法律的决定》第二次修正）

**第二十三条**　各级人民政府及其有关部门依法维护学校周边秩序，保护学生、教师、学校的合法权益，为学校提供安全保障。

## 二、关于全面加强新时代大中小学劳动教育的意见

中共中央、国务院
2020 年 3 月 20 日

（十五）多方面强化安全保障。各地区要建立政府负责、社会协同、有关部门共同参与的安全管控机制。建立政府、学校、家庭、社会共同参与的劳动教育风险分散机制，鼓励购买劳动教育相关保险，保障劳动教育正常开展。各学校要加强对师生的劳动安全教育，强化劳动风险意识，建立健全安全教育与管理并重的劳动安全保障体系。科学评估劳动实践活动的安全风险，认真排查、清除学生劳动实践中的各种隐患特别是辐射、疾病传染等，在场所设施选择、材料选用、工具设备和防护用品使用、活动

流程等方面制定安全、科学的操作规范，强化对劳动过程每个岗位的管理，明确各方责任，防患于未然。制定劳动实践活动风险防控预案，完善应急与事故处理机制。

## 三、关于推进中小学生研学旅行的意见

教育部、国家发展改革委、公安部、财政部、交通运输部、文化部、食品药品监管总局、国家旅游局、保监会、共青团中央、中国铁路总公司

2016 年 11 月 30 日

3. 规范研学旅行组织管理。各地教育行政部门和中小学要探索制定中小学生研学旅行工作规程，做到"活动有方案，行前有备案，应急有预案"。学校组织开展研学旅行可采取自行开展或委托开展的形式，提前拟定活动计划并按管理权限报教育行政部门备案，通过家长委员会、致家长的一封信或召开家长会等形式告知家长活动意义、时间安排、出行线路、费用收支、注意事项等信息，加强学生和教师的研学旅行事前培训和事后考核。学校自行开展研学旅行，要根据需要配备一定比例的学校领导、教师和安全员，也可吸收少数家长作为志愿者，负责学生活动管理和安全保障，与家长签订协议书，明确学校、家长、学生的责任权利。学校委托开展研学旅行，要与有资质、信誉好的委托企业或机构签订协议书，明确委托企业或机构承担学生研学旅行安全责任。

5. 建立安全责任体系。各地要制订科学有效的中小学生研学旅行安全保障方案，探索建立行之有效的安全责任落实、事故处理、责任界定及纠纷处理机制，实施分级备案制度，做到层层落实，责任到人。教育行政部门负责督促学校落实安全责任，审核学校报送的活动方案（含保单信息）和应急预案。学校要做好行前安全教育工作，负责确认出行师生购买

意外险，必须投保校方责任险，与家长签订安全责任书，与委托开展研学旅行的企业或机构签订安全责任书，明确各方安全责任。旅游部门负责审核开展研学旅行的企业或机构的准入条件和服务标准。交通部门负责督促有关运输企业检查学生出行的车、船等交通工具。公安、食品药品监管等部门加强对研学旅行涉及的住宿、餐饮等公共经营场所的安全监督，依法查处运送学生车辆的交通违法行为。保险监督管理机构负责指导保险行业提供并优化校方责任险、旅行社责任险等相关产品。

# 四、中小学综合实践活动课程指导纲要

教育部

2017 年 9 月 25 日

4. 安全保障

地方教育行政部门要与有关部门统筹协调，建立安全管控机制，分级落实安全责任。学校要设立安全风险预警机制，建立规范化的安全管理制度及管理措施。教师要增强安全意识，加强对学生的安全教育，提升学生安全防范能力，制定安全守则，落实安全措施。

## 五、关于贯彻未成年人保护法实施"未成年人保护行动"的意见

共青团中央、中宣部、中央综治办、中央文明办、最高人民法院、最高人民检察院、国家发展和改革委员会、教育部、公安部、民政部、司法部、财政部、劳动和社会保障部、文化部、卫生部、国家工商行政管理总局、新闻出版总署、国家食品药品监督管理局、国务院法制办、全国妇联、中央综治委预防青少年违法犯罪工作领导小组

2007 年 7 月 5 日

3. 深化"和谐校园"创建，优化未成年人的校园环境。由教育部门牵头，综治、文明办、公安等部门参与。充分发挥综合治理效能，多方协同，改善学校及周边治安状况，创造学校及其周边地区的良好治安环境。开展对师生的法制教育、安全教育、健康教育，提高师生的安全卫生防护能力。完善各项安全、卫生、管理制度和安全应急机制，加强日常安全检查，规范校内公共设施管理，严格学生安全信息通报制度，形成良好的校园秩序和安全保障。开展内容丰富、形式多样的教育实践活动，加强校园文明和文化建设，优化有利于未成年人健康成长的校园文化环境。

## 六、关于利用博物馆资源开展中小学教育教学的意见

教育部、国家文物局

2020 年 9 月 30 日

（十二）加强安全管理。各地中小学、博物馆等要强化博物馆教育安全管理制度，加强对各类活动的组织管理和安全保障，研究制定安全预案，明确管理职责和岗位要求。要开展师生行前安全教育，定期组织应急

疏散演练，提高师生安全意识和应急避险能力。博物馆要针对中小学生实际，开展教育人员安全培训，加强场馆内设施设备的安全检查，确保活动安全有序开展。

## 七、关于加强上海市普通高中学生志愿服务（公益劳动）管理工作的实施意见（试行）

上海市教育委员会、上海市精神文明建设委员会办公室、

共青团上海市委员会、上海市青少年学生校外活动联席会议办公室

2016 年 1 月 11 日

（二）加强安全保障

学校、基地（项目）要高度重视学生参加社会实践的安全问题，明确责任，落实措施，做好安全预案。学校要开展必要的安全教育，增强学生的安全防范意识和能力。基地（项目）单位要切实保证活动场地、设施、器材的安全性，配备安全保护人员，设置必要的安全警示标志，防止意外事故发生。

# 第四章 领导管理体制（节选）

## 第一节 政府管理

### 一、关于学习贯彻《中共中央国务院关于进一步加强和改进未成年人思想道德建设的若干意见》的实施意见

教育部

2004 年 6 月 1 日

六、加强组织领导，进一步完善德育工作机制

切实加强对学校德育工作的领导。成立全国学生思想道德建设工作领导小组，统筹、协调和指导大中小学生思想道德建设工作。各级教育行政

413

部门在制定和安排年度工作时，要把加强学校德育工作摆在突出位置。集中学校、专家及社会各方面力量，加强对学生思想道德建设的理论和实践研究。依据《意见》精神，修订中小学德育工作规程、小学德育纲要和中学德育大纲，制定职业学校德育大纲。会同有关部门定期召开全国学校德育工作会议，进行工作部署和检查，总结经验、宣传典型，推动青少年学生思想道德建设。

建立健全学校德育工作的责任制。教育行政部门主要负责人对本地区青少年学生思想道德建设工作负总责，坚决纠正"说起来重要、做起来次要"的现象。各级教育行政部门和中小学校都要结合本地、本校实际，制定贯彻落实《意见》的实施方案，明确责任，落实到人，精心组织实施。进一步明确校长在学校德育工作中的领导责任。校长要主持制定切实可行的德育实施方案，通过课内外、校内外各种途径，发挥学校主渠道作用，真正落实育人为本、德育为首、注重实效的要求。学校的党组织要充分发挥政治核心作用，把师德建设和青少年学生思想道德建设作为重要职责，党员教师要在德育工作中发挥先锋模范作用。

切实落实学校德育工作的有关保障措施。各级教育行政部门要设立学校德育专项经费，建立健全中小学德育工作机构。建立健全校外辅导员制度和家长委员会制度，充分发挥学校在学校教育、家庭教育、社区教育"三结合"教育网络中的重要作用，积极动员全社会参与学校德育工作。认真做好青少年学生校外活动场所的建设和管理，充分发挥青少年校外活动场所的作用。定期对贯彻落实《意见》精神情况进行专项督查，探索建立学校德育工作的综合考评制度，把重视和做好德育工作并抓出成效作为校长任用、教师晋级、先进评定以及学校整体办学水平评价的重要依据。对工作推动不力、走过场、问题较多的地方，要限期整改，并予以通报批评。

## 二、关于进一步推进未成年人思想道德建设工作的实施意见

国家工商行政管理总局

2006 年 12 月 4 日

三、加强与有关部门的沟通协调，建立长效机制，形成整体合力

各级工商行政管理机关要对近年来查处取缔黑网吧、净化网络游戏、推动"文明办网、文明上网"活动的工作进行总结，同时结合当前监管工作中出现的新情况新问题，认真研究治本之策，努力在当地党委、政府的统一领导下建立健全长效机制。要积极争取党委政府的重视，与文化、公安、通信等部门协调配合，加强信息通报，密切关注动向，齐抓共管，形成合力。要不断完善和落实市场巡查制和工作责任制，把市场巡查与日常监管结合起来，把责任落实到基层，确保工作收到实际效果。

## 三、中华人民共和国科学技术普及法

（2002 年 6 月 29 日第九届全国人民代表大会常务委员会

第二十八次会议通过）

**第十条**　各级人民政府领导科普工作，应将科普工作纳入国民经济和社会发展计划，为开展科普工作创造良好的环境和条件。

县级以上人民政府应当建立科普工作协调制度。

**第十一条**　国务院科学技术行政部门负责制定全国科普工作规划，实行政策引导，进行督促检查，推动科普工作发展。

国务院其他行政部门按照各自的职责范围，负责有关的科普工作。

县级以上地方人民政府科学技术行政部门及其他行政部门在同级人民

政府领导下按照各自的职责范围，负责本地区有关的科普工作。

**第十二条** 科学技术协会是科普工作的主要社会力量。科学技术协会组织开展群众性、社会性、经常性的科普活动，支持有关社会组织和企业事业单位开展科普活动，协助政府制定科普工作规划，为政府科普工作决策提供建议。

## 四、全民科学素质行动计划纲要（2006—2010—2020 年）

国务院

2006 年 2 月 6 日

——在企业广泛开展科普宣传、技能培训和创建学习型组织、争做知识型职工等活动，着力加强科学方法、科学思想和科学精神教育，提高职工的科学文化素质。鼓励群众性技术创新和发明活动。充分发挥企业科协、职工技协、研发中心等组织和机构的作用。

——建立企业事业单位从业人员带薪学习制度，鼓励职工在职学习，形成用人单位和从业人员共同投资职业培训的机制。在职业培训中，加大有关科学知识的内容。

## 五、科学教育与培训基础工程实施方案

教育部、中国科协、科技部

2007 年 3 月 16 日

中小学科学教育与培训是提高公民科学素质的主渠道，其质量高低直接影响建设创新型国家战略的贯彻落实，必须采取有力措施予以实施。按

照《全民科学素质行动计划纲要实施工作方案》等有关安排，"科学教育与培训基础工程"由教育部和人事部担任牵头部门，中组部、中宣部、发展改革委、科技部、农业部、劳动保障部、中科院、社科院、工程院、自然科学基金委、全国总工会、共青团中央、全国妇联、中国科协等为责任单位。为做好该项工程的实施工作，特制定本方案。

3. 建立科技界和教育界合作推动科学教育发展的有效机制

组织科技专家为中小学科学课程标准的不断完善提供咨询服务，确保课程标准、课程内容、教材合乎提高学生科学素质的目标；推动科技培训教材质量的提高（教育部、中国科协、科技部、中科院、工程院、社科院、国家自然科学基金会）。

## 六、上海市公民科学素质行动计划纲要
## 实施方案（2016—2020 年）

上海市人民政府办公厅

2016 年 10 月 9 日

3. 进一步优化科技教育教学方法。加强中小学科技教育研究，研究建立符合青少年特点、有利于推动青少年科学素质提高和创新人才培养的青少年科学素质测评体系。加大科技教育优秀教学成果推广力度。加强学生综合实践活动指导，推动科技活动进校园，科技教育进教材、进课堂，提高学生探究性学习和动手操作能力。调动社会资源积极参与中小学科技教育网络资源建设，不断丰富网络教育内容，促进优质教学资源广泛共享。

（分工：由市教委、市科委牵头，市委宣传部、市文明办、市经济信息化委、市农委、市文广影视局、市新闻出版局、市总工会、团市委、市妇联、市科协、市社联、中科院上海分院、上海科学院、上海科技馆等单

位参加)

# 七、关于进一步开展县级青少年学生校外活动场所 科普教育共建共享试点工作的通知

教育部基础教育一司、中国科学技术协会科普部

2009 年 9 月 23 日

3. 明确职责分工

由当地县委县政府分管领导担任试点工作领导小组组长并牵头负责，县教育局、县科协和其他相关部门，根据各自职能，有所侧重，相互配合。

县教育局：负责制定试点工作方案并推进落实相关任务；研究制定校外场所相关活动与学校科学教育相衔接的办法，统筹安排各学校学生参加科普活动和科学教育项目；对校外场所进行具体业务指导，提供经费保障。

县科协：围绕科普教育的项目设计策划方案（资源包），组织编印辅导资料和参考材料；整合已有的科普资源，完善丰富科普展教设备、器材；为校外场所师资队伍建设提供智力支持（推荐科技、科普专家等），为人员培训提供科普政策法规相关资料、科普活动典型案例等；结合科普工作重点和当地实际，为校外场所推荐或设计适合其开展的科普活动，并提供活动指导。

其他相关部门：县财政局：建立经费投入的长效机制。校外场所开展科普教育经费纳入县财政预算。指导县教育局、科协在本部门年度经费预算中对试点工作给予支持。

文明办、科技局、团委、妇联、关工委等相关部门应结合各部门工作职能积极参与试点工作，并给予相应的支持和指导。

三、共建共享工作要求

（一）加强沟通协调，形成整体合力

整合各方资源和力量，充分发挥其科普教育功能，促进青少年学生科学素质的提高，是共建共享的目的和宗旨。

参与试点的各个方面要加强联系和沟通，通力合作，发挥各自的优势和专长，在人、财、物以及活动设计、时间安排等方面进行共建，在目标任务、人员配备、基本成果等方面实现共享，探索建立长效工作机制。

（二）发挥各自优势，实现互补共赢

教育部门要发挥硬件设施条件好（场所、设备、人员、编制、经费、活动时间）的优势。科协组织要发挥人才、活动、策划、科普资源的优势。宣传、科技、财政、团委、妇联等，发挥各自职能，实现互补共赢。

（三）加强宣传，营造良好环境和氛围

加强经验总结，归纳、提炼共建共享的模式，加大外部宣传，争取社会支持，营造良好的社会环境和舆论氛围。

# 八、全民健身计划（2021—2025 年）

国务院

2021 年 7 月 18 日

（十一）加强组织领导。加强党对全民健身工作的全面领导，发挥各级人民政府全民健身工作联席会议作用，推动完善政府主导、社会协同、公众参与、法治保障的全民健身工作机制。县级以上地方人民政府应将全民健身事业纳入本级经济社会发展规划，制定出台本地区全民健身实施计划，完善多元投入机制，鼓励社会力量参与全民健身公共服务体系建设。体育总局要会同有关部门对各省（自治区、直辖市）人民政府贯彻落实情况进行跟踪评估和督促指导。

# 第二节  民办校外实践教育

## 一、中华人民共和国民办教育促进法

（根据 2018 年 12 月 29 日第十三届全国人民代表大会常务委员会
第七次会议《关于修改〈中华人民共和国劳动法〉
等七部法律的决定》第三次修正）

**第六条**  国家鼓励捐资办学。

国家对为发展民办教育事业做出突出贡献的组织和个人，给予奖励和表彰。

**第十条**  举办民办学校的社会组织，应当具有法人资格。

举办民办学校的个人，应当具有政治权利和完全民事行为能力。

民办学校应当具备法人条件。

**第十一条**  设立民办学校应当符合当地教育发展的需求，具备教育法和其他有关法律、法规规定的条件。

民办学校的设置标准参照同级同类公办学校的设置标准执行。

**第十三条**  申请筹设民办学校，举办者应当向审批机关提交下列材料：

（一）申办报告，内容应当主要包括：举办者、培养目标、办学规模、办学层次、办学形式、办学条件、内部管理体制、经费筹措与管理使用等；

（二）举办者的姓名、住址或者名称、地址；

（三）资产来源、资金数额及有效证明文件，并载明产权；

（四）属捐赠性质的校产须提交捐赠协议，载明捐赠人的姓名、所捐资产的数额、用途和管理方法及相关有效证明文件。

**第十九条**　民办学校的举办者可以自主选择设立非营利性或者营利性民办学校。但是，不得设立实施义务教育的营利性民办学校。

非营利性民办学校的举办者不得取得办学收益，学校的办学结余全部用于办学。

营利性民办学校的举办者可以取得办学收益，学校的办学结余依照公司法等有关法律、行政法规的规定处理。

民办学校取得办学许可证后，进行法人登记，登记机关应当依法予以办理。

**第四十四条**　国家支持和鼓励社会中介组织为民办学校提供服务。

**第四十五条**　县级以上各级人民政府可以设立专项资金，用于资助民办学校的发展，奖励和表彰有突出贡献的集体和个人。

**第四十六条**　县级以上各级人民政府可以采取购买服务、助学贷款、奖助学金和出租、转让闲置的国有资产等措施对民办学校予以扶持；对非营利性民办学校还可以采取政府补贴、基金奖励、捐资激励等扶持措施。

**第四十七条**　民办学校享受国家规定的税收优惠政策；其中，非营利性民办学校享受与公办学校同等的税收优惠政策。

**第四十八条**　民办学校依照国家有关法律、法规，可以接受公民、法人或者其他组织的捐赠。

国家对向民办学校捐赠财产的公民、法人或者其他组织按照有关规定给予税收优惠，并予以表彰。

**第四十九条**　国家鼓励金融机构运用信贷手段，支持民办教育事业的发展。

**第五十一条**　新建、扩建非营利性民办学校，人民政府应当按照与公办学校同等原则，以划拨等方式给予用地优惠。新建、扩建营利性民办学校，人民政府应当按照国家规定供给土地。

教育用地不得用于其他用途。

**第六十四条** 违反国家有关规定擅自举办民办学校的，由所在地县级以上地方人民政府教育行政部门或者人力资源社会保障行政部门会同同级公安、民政或者市场监督管理等有关部门责令停止办学、退还所收费用，并对举办者处违法所得一倍以上五倍以下罚款；构成违反治安管理行为的，由公安机关依法给予治安管理处罚；构成犯罪的，依法追究刑事责任。

## 二、中华人民共和国民办教育促进法实施条例

（2021 年 4 月 7 日中华人民共和国国务院令第 741 号修订）

**第二条** 国家机构以外的社会组织或者个人可以利用非国家财政性经费举办各级各类民办学校；但是，不得举办实施军事、警察、政治等特殊性质教育的民办学校。

民办教育促进法和本条例所称国家财政性经费，是指财政拨款、依法取得并应当上缴国库或者财政专户的财政性资金。

**第三条** 各级人民政府应当依法支持和规范社会力量举办民办教育，保障民办学校依法办学、自主管理，鼓励、引导民办学校提高质量、办出特色，满足多样化教育需求。

对于举办民办学校表现突出或者为发展民办教育事业做出突出贡献的社会组织或者个人，按照国家有关规定给予奖励和表彰。

**第五条** 国家机构以外的社会组织或者个人可以单独或者联合举办民办学校。联合举办民办学校的，应当签订联合办学协议，明确合作方式、

各方权利义务和争议解决方式等。

国家鼓励以捐资、设立基金会等方式依法举办民办学校。以捐资等方式举办民办学校，无举办者的，其办学过程中的举办者权责由发起人履行。

在中国境内设立的外商投资企业以及外方为实际控制人的社会组织不得举办、参与举办或者实际控制实施义务教育的民办学校；举办其他类型民办学校的，应当符合国家有关外商投资的规定。

**第六条** 举办民办学校的社会组织或者个人应当有良好的信用状况。举办民办学校可以用货币出资，也可以用实物、建设用地使用权、知识产权等可以用货币估价并可以依法转让的非货币财产作价出资；但是，法律、行政法规规定不得作为出资的财产除外。

**第八条** 地方人民政府不得利用国有企业、公办教育资源举办或者参与举办实施义务教育的民办学校。

以国有资产参与举办民办学校的，应当根据国家有关国有资产监督管理的规定，聘请具有评估资格的中介机构依法进行评估，根据评估结果合理确定出资额，并报对该国有资产负有监管职责的机构备案。

**第九条** 国家鼓励企业以独资、合资、合作等方式依法举办或者参与举办实施职业教育的民办学校。

**第十条** 举办民办学校，应当按时、足额履行出资义务。民办学校存续期间，举办者不得抽逃出资，不得挪用办学经费。

举办者可以依法募集资金举办营利性民办学校，所募集资金应当主要用于办学，不得擅自改变用途，并按规定履行信息披露义务。民办学校及其举办者不得以赞助费等名目向学生、学生家长收取或者变相收取与入学关联的费用。

**第十一条** 举办者依法制定学校章程，负责推选民办学校首届理事会、董事会或者其他形式决策机构的组成人员。

举办者可以依据法律、法规和学校章程规定的程序和要求参加或者委派代表参加理事会、董事会或者其他形式决策机构，并依据学校章程规定的权限行使相应的决策权、管理权。

**第十二条** 民办学校举办者变更的，应当签订变更协议，但不得涉及学校的法人财产，也不得影响学校发展，不得损害师生权益；现有民办学校的举办者变更的，可以根据其依法享有的合法权益与继任举办者协议约定变更收益。

民办学校的举办者不再具备法定条件的，应当在 6 个月内向审批机关提出变更；逾期不变更的，由审批机关责令变更。

举办者为法人的，其控股股东和实际控制人应当符合法律、行政法规规定的举办民办学校的条件，控股股东和实际控制人变更的，应当报主管部门备案并公示。

举办者变更，符合法定条件的，审批机关应当在规定的期限内予以办理。

**第十三条** 同时举办或者实际控制多所民办学校的，举办者或者实际控制人应当具备与其所开展办学活动相适应的资金、人员、组织机构等条件与能力，并对所举办民办学校承担管理和监督职责。

同时举办或者实际控制多所民办学校的举办者或者实际控制人向所举办或者实际控制的民办学校提供教材、课程、技术支持等服务以及组织教育教学活动，应当符合国家有关规定并建立相应的质量标准和保障机制。

同时举办或者实际控制多所民办学校的，应当保障所举办或者实际控制的民办学校依法独立开展办学活动，存续期间所有资产由学校依法管理和使用；不得改变所举办或者实际控制的非营利性民办学校的性质，直接或者间接取得办学收益；也不得滥用市场支配地位，排除、限制竞争。

任何社会组织和个人不得通过兼并收购、协议控制等方式控制实施义务教育的民办学校、实施学前教育的非营利性民办学校。

**第十四条**　实施国家认可的教育考试、职业资格考试和职业技能等级考试等考试的机构，举办或者参与举办与其所实施的考试相关的民办学校应当符合国家有关规定。

**第十五条**　设立民办学校的审批权限，依照有关法律、法规的规定执行。

地方人民政府及其有关部门应当依法履行实施义务教育的职责。设立实施义务教育的民办学校，应当符合当地义务教育发展规划。

**第十六条**　国家鼓励民办学校利用互联网技术在线实施教育活动。

利用互联网技术在线实施教育活动应当符合国家互联网管理有关法律、行政法规的规定。利用互联网技术在线实施教育活动的民办学校应当取得相应的办学许可。

民办学校利用互联网技术在线实施教育活动，应当依法建立并落实互联网安全管理制度和安全保护技术措施，发现法律、行政法规禁止发布或者传输的信息的，应当立即停止传输，采取消除等处置措施，防止信息扩散，保存有关记录，并向有关主管部门报告。

外籍人员利用互联网技术在线实施教育活动，应当遵守教育和外国人在华工作管理等有关法律、行政法规的规定。

**第十七条**　民办学校的举办者在获得筹设批准书之日起 3 年内完成筹设的，可以提出正式设立申请。

民办学校在筹设期内不得招生。

**第十八条**　申请正式设立实施学历教育的民办学校的，审批机关受理申请后，应当组织专家委员会评议，由专家委员会提出咨询意见。

**第十九条**　民办学校的章程应当规定下列主要事项：

（一）学校的名称、住所、办学地址、法人属性；

（二）举办者的权利义务，举办者变更、权益转让的办法；

（三）办学宗旨、发展定位、层次、类型、规模、形式等；

（四）学校开办资金、注册资本，资产的来源、性质等；

（五）理事会、董事会或者其他形式决策机构和监督机构的产生方法、人员构成、任期、议事规则等；

（六）学校党组织负责人或者代表进入学校决策机构和监督机构的程序；

（七）学校的法定代表人；

（八）学校自行终止的事由，剩余资产处置的办法与程序；

（九）章程修改程序。

民办学校应当将章程向社会公示，修订章程应当事先公告，征求利益相关方意见。完成修订后，报主管部门备案或者核准。

**第二十条** 民办学校只能使用一个名称。

民办学校的名称应当符合有关法律、行政法规的规定，不得损害社会公共利益，不得含有可能引发歧义的文字或者含有可能误导公众的其他法人名称。营利性民办学校可以在学校牌匾、成绩单、毕业证书、结业证书、学位证书及相关证明、招生广告和简章上使用经审批机关批准的法人简称。

**第二十一条** 民办学校开办资金、注册资本应当与学校类型、层次、办学规模相适应。民办学校正式设立时，开办资金、注册资本应当缴足。

**第二十二条** 对批准正式设立的民办学校，审批机关应当颁发办学许可证，并向社会公告。

办学许可的期限应当与民办学校的办学层次和类型相适应。民办学校在许可期限内无违法违规行为的，有效期届满可以自动延续、换领新证。

民办学校办学许可证的管理办法由国务院教育行政部门、人力资源社会保障行政部门依据职责分工分别制定。

**第二十三条** 民办学校增设校区应当向审批机关申请地址变更；设立分校应当向分校所在地审批机关单独申请办学许可，并报原审批机关备案。

**第二十四条**　民办学校依照有关法律、行政法规的规定申请法人登记，登记机关应当依法予以办理。

**第二十五条**　民办学校理事会、董事会或者其他形式决策机构的负责人应当具有中华人民共和国国籍，具有政治权利和完全民事行为能力，在中国境内定居，品行良好，无故意犯罪记录或者教育领域不良从业记录。

民办学校法定代表人应当由民办学校决策机构负责人或者校长担任。

**第二十六条**　民办学校的理事会、董事会或者其他形式决策机构应当由举办者或者其代表、校长、党组织负责人、教职工代表等共同组成。鼓励民办学校理事会、董事会或者其他形式决策机构吸收社会公众代表，根据需要设独立理事或者独立董事。实施义务教育的民办学校理事会、董事会或者其他形式决策机构组成人员应当具有中华人民共和国国籍，且应当有审批机关委派的代表。

民办学校的理事会、董事会或者其他形式决策机构每年至少召开 2 次会议。经 1/3 以上组成人员提议，可以召开理事会、董事会或者其他形式决策机构临时会议。讨论下列重大事项，应当经 2/3 以上组成人员同意方可通过：

（一）变更举办者；

（二）聘任、解聘校长；

（三）修改学校章程；

（四）制定发展规划；

（五）审核预算、决算；

（六）决定学校的分立、合并、终止；

（七）学校章程规定的其他重大事项。

**第四十二条**　民办学校应当建立办学成本核算制度，基于办学成本和市场需求等因素，遵循公平、合法和诚实信用原则，考虑经济效益与社会效益，合理确定收费项目和标准。对公办学校参与举办、使用国有资产或者接受政府生均经费补助的非营利性民办学校，省、自治区、直辖市人民政府可以对其收费制定最高限价。

**第四十三条** 民办学校资产中的国有资产的监督、管理，按照国家有关规定执行。

民办学校依法接受的捐赠财产的使用和管理，依照有关法律、行政法规执行。

**第四十四条** 非营利性民办学校收取费用、开展活动的资金往来，应当使用在有关主管部门备案的账户。有关主管部门应当对该账户实施监督。

营利性民办学校收入应当全部纳入学校开设的银行结算账户，办学结余分配应当在年度财务结算后进行。

**第四十五条** 实施义务教育的民办学校不得与利益关联方进行交易。其他民办学校与利益关联方进行交易的，应当遵循公开、公平、公允的原则，合理定价、规范决策，不得损害国家利益、学校利益和师生权益。

民办学校应当建立利益关联方交易的信息披露制度。教育、人力资源社会保障以及财政等有关部门应当加强对非营利性民办学校与利益关联方签订协议的监管，并按年度对关联交易进行审查。

前款所称利益关联方是指民办学校的举办者、实际控制人、校长、理事、董事、监事、财务负责人等以及与上述组织或者个人之间存在互相控制和影响关系、可能导致民办学校利益被转移的组织或者个人。

**第四十六条** 在每个会计年度结束时，民办学校应当委托会计师事务所对年度财务报告进行审计。非营利性民办学校应当从经审计的年度非限定性净资产增加额中，营利性民办学校应当从经审计的年度净收益中，按不低于年度非限定性净资产增加额或者净收益的 10% 的比例提取发展基金，用于学校的发展。

　　**第四十七条**　县级以上地方人民政府应当建立民办教育工作联席会议制度。教育、人力资源社会保障、民政、市场监督管理等部门应当根据职责会同有关部门建立民办学校年度检查和年度报告制度，健全日常监管机制。

　　教育行政部门、人力资源社会保障行政部门及有关部门应当建立民办学校信用档案和举办者、校长执业信用制度，对民办学校进行执法监督的情况和处罚、处理结果应当予以记录，由执法、监督人员签字后归档，并依法依规公开执法监督结果。相关信用档案和信用记录依法纳入全国信用信息共享平台、国家企业信用信息公示系统。

　　**第四十八条**　审批机关应当及时公开民办学校举办者情况、办学条件等审批信息。

　　教育行政部门、人力资源社会保障行政部门应当依据职责分工，定期组织或者委托第三方机构对民办学校的办学水平和教育质量进行评估，评估结果应当向社会公开。

　　**第四十九条**　教育行政部门及有关部门应当制定实施学前教育、学历教育民办学校的信息公示清单，监督民办学校定期向社会公开办学条件、教育质量等有关信息。

　　营利性民办学校应当通过全国信用信息共享平台、国家企业信用信息公示系统公示相关信息。

　　有关部门应当支持和鼓励民办学校依法建立行业组织，研究制定相应的质量标准，建立认证体系，制定推广反映行业规律和特色要求的合同示范文本。

　　**第五十一条**　国务院教育督导机构及省、自治区、直辖市人民政府负责教育督导的机构应当对县级以上地方人民政府及其有关部门落实支持和规范民办教育发展法定职责的情况进行督导、检查。

　　县级以上人民政府负责教育督导的机构依法对民办学校进行督导并公

布督导结果，建立民办中小学、幼儿园责任督学制度。

**第五十二条** 各级人民政府及有关部门应当依法健全对民办学校的支持政策，优先扶持办学质量高、特色明显、社会效益显著的民办学校。

县级以上地方人民政府可以参照同级同类公办学校生均经费等相关经费标准和支持政策，对非营利性民办学校给予适当补助。

地方人民政府出租、转让闲置的国有资产应当优先扶持非营利性民办学校。

**第五十三条** 民办学校可以依法以捐赠者的姓名、名称命名学校的校舍或者其他教育教学设施、生活设施。捐赠者对民办学校发展做出特殊贡献的，实施高等学历教育的民办学校经国务院教育行政部门按照国家规定的条件批准，其他民办学校经省、自治区、直辖市人民政府教育行政部门或者人力资源社会保障行政部门按照国家规定的条件批准，可以以捐赠者的姓名或者名称作为学校校名。

**第五十四条** 民办学校享受国家规定的税收优惠政策；其中，非营利性民办学校享受与公办学校同等的税收优惠政策。

**第五十五条** 地方人民政府在制定闲置校园综合利用方案时，应当考虑当地民办教育发展需求。

新建、扩建非营利性民办学校，地方人民政府应当按照与公办学校同等原则，以划拨等方式给予用地优惠。

实施学前教育、学历教育的民办学校使用土地，地方人民政府可以依法以协议、招标、拍卖等方式供应土地，也可以采取长期租赁、先租后让、租让结合的方式供应土地，土地出让价款和租金可以在规定期限内按合同约定分期缴纳。

**第五十六条** 在西部地区、边远地区和少数民族地区举办的民办学校申请贷款用于学校自身发展的，享受国家相关的信贷优惠政策。

**第五十七条** 县级以上地方人民政府可以根据本行政区域的具体情

况，设立民办教育发展专项资金，用于支持民办学校提高教育质量和办学水平、奖励举办者等。

国家鼓励社会力量依法设立民办教育发展方面的基金会或者专项基金，用于支持民办教育发展。

**第五十八条** 县级人民政府根据本行政区域实施学前教育、义务教育或者其他公共教育服务的需要，可以与民办学校签订协议，以购买服务等方式，委托其承担相应教育任务。

委托民办学校承担普惠性学前教育、义务教育或者其他公共教育任务的，应当根据当地相关教育阶段的委托协议，拨付相应的教育经费。

**第五十九条** 县级以上地方人民政府可以采取政府补贴、以奖代补等方式鼓励、支持非营利性民办学校保障教师待遇。

**第六十条** 国家鼓励、支持保险机构设立适合民办学校的保险产品，探索建立行业互助保险等机制，为民办学校重大事故处理、终止善后、教职工权益保障等事项提供风险保障。

金融机构可以在风险可控前提下开发适合民办学校特点的金融产品。民办学校可以以未来经营收入、知识产权等进行融资。

**第六十一条** 除民办教育促进法和本条例规定的支持与奖励措施外，省、自治区、直辖市人民政府还可以根据实际情况，制定本地区促进民办教育发展的支持与奖励措施。

各级人民政府及有关部门在对现有民办学校实施分类管理改革时，应当充分考虑有关历史和现实情况，保障受教育者、教职工和举办者的合法权益，确保民办学校分类管理改革平稳有序推进。

# 第三节　督导评估

## 一、中华人民共和国民办教育促进法

（根据 2018 年 12 月 29 日第十三届全国人民代表大会常务
委员会第七次会议《关于修改〈中华人民共和国劳动法〉
等七部法律的决定》第三次修正）

第四十一条　教育行政部门及有关部门依法对民办学校实行督导，建立民办学校信息公示和信用档案制度，促进提高办学质量；组织或者委托社会中介组织评估办学水平和教育质量，并将评估结果向社会公布。

## 二、学校体育工作条例

（根据 2017 年 3 月 1 日《国务院关于修改和废止部分
行政法规的决定》修订）

第二十三条　各级教育行政部门应当健全学校体育管理机构，加强对学校体育工作的指导和检查。

学校体育工作应当作为考核学校工作的一项基本内容。普通中小学校的体育工作应当列入督导计划。

## 三、关于适应新形势进一步加强和改进中小学德育工作的意见

中共中央办公厅、国务院办公厅

2000 年 12 月 14 日

16. 强化中小学德育工作的表彰奖励和督导评估机制。各省、自治区、直辖市可在高中阶段评选优秀学生，省级优秀学生可获得普通高等学校保送生资格。对德育工作实绩突出的教师要进行表彰奖励。

各级政府和教育行政部门要建立中小学德育工作督导检查制度，对加强和改进中小学德育工作情况进行专项督导检查。

各级党委和政府，各有关部门和团体，各级教育行政部门和中小学校要根据本文件精神，结合实际，制定贯彻落实的具体措施，并创造性地开展工作，努力开创中小学德育工作的新局面。

## 四、深化新时代教育评价改革总体方案

中共中央、国务院

2020 年 10 月 13 日

（二）加强专业化建设。构建政府、学校、社会等多元参与的评价体系，建立健全教育督导部门统一负责的教育评估监测机制，发挥专业机构和社会组织作用。严格控制教育评价活动数量和频次，减少多头评价、重复评价，切实减轻基层和学校负担。各地要创新基础教育教研工作指导方式，严格控制以考试方式抽检评测学校和学生。创新评价工具，利用人工智能、大数据等现代信息技术，探索开展学生各年级学习情况全过程纵向评价、德智体美劳全要素横向评价。完善评价结果运用，综合发挥导向、

鉴定、诊断、调控和改进作用。加强教师教育评价能力建设，支持有条件的高校设立教育评价、教育测量等相关学科专业，培养教育评价专门人才。加强国家教育考试工作队伍建设，完善教师参与命题和考务工作的激励机制。积极开展教育评价国际合作，参与联合国2030年可持续发展议程教育目标实施监测评估，彰显中国理念，贡献中国方案。

## 五、关于全面加强和改进新时代学校体育工作的意见

中共中央办公厅、国务院办公厅

2020年10月15日

14. 健全教育督导评价体系。将学校体育纳入地方发展规划，明确政府、教育行政部门和学校的职责。把政策措施落实情况、学生体质健康状况、素质测评情况和支持学校开展体育工作情况等纳入教育督导评估范围。完善国家义务教育体育质量监测，提高监测科学性，公布监测结果。把体育工作及其效果作为高校办学评价的重要指标，纳入高校本科教学工作评估指标体系和"双一流"建设成效评价。对政策落实不到位、学生体质健康达标率和素质测评合格率持续下降的地方政府、教育行政部门和学校负责人，依规依法予以问责。

## 六、关于加强青少年体育增强青少年体质的意见

中共中央、国务院

2007 年 5 月 7 日

14. 各级政府和教育部门要加强对学校体育的督导检查。建立对学校体育的专项督导制度，实行督导结果公告制度。健全学生体质健康监测制度，定期监测并公告学生体质健康状况。加大体育工作和学生体质健康状况在教育督导、评估指标体系中的权重，并作为评价地方和学校工作的重要依据。对成绩突出的地方、部门、学校和个人进行表彰奖励。对青少年体质健康水平持续下降的地区和学校，实行合格性评估和评优评先一票否决。

## 七、关于全面加强和改进新时代学校美育工作的意见

中共中央办公厅、国务院办公厅

2020 年 10 月 15 日

18. 加强制度保障。完善学校美育法律制度，研究制定规范学校美育工作的法规。鼓励地方出台学校美育法规制度，为推动学校美育发展提供有力法治保障。健全教育督导评价制度，把政策措施落实情况、学生艺术素质测评情况和支持学校开展美育工作情况等纳入教育督导评估范围。完善国家义务教育美育质量监测，公布监测结果。把美育工作及其效果作为高校办学评价的重要指标，纳入高校本科教学工作评估指标体系和"双一流"建设成效评价。对政策落实不到位、学生艺术素质测评合格率持续下降的地方政府、教育行政部门和学校负责人，依规依法予以问责。

## 八、关于全面加强新时代大中小学劳动教育的意见

中共中央、国务院

2020 年 3 月 20 日

（十七）强化督导检查。把劳动教育纳入教育督导体系，完善督导办法。对地方各级政府和有关部门保障劳动教育情况以及学校组织实施劳动教育情况进行督导，督导结果向社会公开，同时作为衡量区域教育质量和水平的重要指标，作为对被督导部门和学校及其主要负责人考核奖惩的依据。开展劳动教育质量监测，强化反馈和指导。

## 九、关于强化学校体育促进学生身心健康全面发展的意见

国务院办公厅

2016 年 4 月 21 日

（十七）强化考核激励。各地要把学校体育工作列入政府政绩考核指标、教育行政部门与学校负责人业绩考核评价指标。对成绩突出的单位、部门、学校和个人进行表彰。加强学校体育督导检查，建立科学的专项督查、抽查、公告制度和行政问责机制。对学生体质健康水平持续三年下降的地区和学校，在教育工作评估中实行"一票否决"。教育部要会同有关部门定期开展学校体育专项检查，建立约谈有关主管负责人的机制。

# 十、关于规范校外培训机构发展的意见

国务院办公厅

2018 年 8 月 6 日

（18）强化问责考核。教育督导部门要加强对地方政府规范校外培训机构发展工作的督导评估，评估结果作为有关领导干部综合考核评价的重要参考。建立问责机制，对责任不落实、措施不到位，造成中小学生课外负担过重，人民群众反映特别强烈的地方及相关责任人要进行严肃问责。规范治理校外培训机构及减轻中小学生课外负担不力的县（区），不得申报义务教育基本均衡和优质均衡发展评估认定；已经通过认定的，要下发专项督导通知书，限期整改。

# 十一、关于推进中小学教育质量综合评价改革的意见

教育部

2013 年 6 月 3 日

（二）完善工作机制

教育部将建立中小学教育质量综合评价改革实验区，各地教育部门也要抓好一批实验区，进一步完善评价指标、标准和相关配套政策，发挥其示范带动作用。各地教育部门要组织中小学校按照评价指标的内容和要求，开展对照检查，切实改进学校教育教学工作。各地教育督导部门要将中小学教育质量综合评价纳入学校督导评估范围，避免交叉重复评价，防止加重中小学校负担。要充分发挥教育质量监测、评价（评估）、教研等机构的专业支持和服务作用。要通过现场推进会、经验交流会等形式，及

时总结、推广典型经验。教育部将对各地改革工作进行指导、检查和评估。

## 十二、中小学德育工作指南

教育部

2017 年 8 月 17 日

加强督导评价。各级教育行政部门要将学校德育工作开展情况纳入对学校督导的重要内容，建立区域、学校德育工作评价体系，适时开展专项督导评估工作。学校要认真开展学生的品德评价，纳入综合素质评价体系，建立学生综合素质档案，做好学生成长记录，反映学生成长实际状况。

## 十三、义务教育质量评价指南

教育部、中共中央组织部、中央编办、国家发展改革委、

财政部、人力资源社会保障部

2021 年 3 月 1 日

（一）加强组织领导。各地要将义务教育质量评价工作纳入地方党委政府、教育部门和学校的重要议事日程，建立党委政府领导、政府教育督导部门牵头、部门协同、多方参与的组织实施机制。实施义务教育质量评价工作，要与已经开展的对地方政府履行教育职责督导评价、中小学校督导评估、义务教育质量监测等工作有效整合、统筹实施，避免重复评价。各地可结合本地实际，制定义务教育质量评价实施细则。

# 十四、大中小学劳动教育指导纲要（试行）

教育部

2020 年 7 月 7 日

1. 加强对学校劳动教育实施情况的督查

把劳动教育纳入教育督导体系，完善督导办法。对地方各级人民政府和有关部门保障劳动教育情况进行督导。对学校劳动教育开课率、学生劳动实践组织的有序性，教学指导的针对性，保障措施的有效性等进行督查和指导。督导结果要向社会公开，作为衡量区域教育质量和水平的重要指标，作为对被督导部门和学校及其主要负责人考核奖惩的依据。

2. 建立健全劳动教育激励机制

在国家级、省级教学成果奖励中，将劳动教育教学成果纳入评奖范围，对优秀成果予以奖励。依托有关专业组织、教科研机构等开展劳动教育经验交流和成果展示活动，激发广大教师实践创新的潜能和动力。积极协调新闻媒体传播劳动光荣、创造伟大思想，大力宣传劳动教育先进学校、先进个人。

# 十五、关于深化新时代教育督导体制机制改革的意见

中共中央办公厅、国务院办公厅

2020 年 2 月 19 日

（二）主要目标。到 2022 年，基本建成全面覆盖、运转高效、结果权威、问责有力的中国特色社会主义教育督导体制机制。在督政方面，构建对地方各级政府的分级教育督导机制，督促省、市、县三级政府履行教育

职责。在督学方面，建立国家统筹制定标准、地方为主组织实施，对学校进行督导的工作机制，指导学校不断提高教育质量。在评估监测方面，建立教育督导部门统一归口管理、多方参与的教育评估监测机制，为改善教育管理、优化教育决策、指导教育工作提供科学依据。

（三）完善教育督导机构设置。国务院设立教育督导委员会，由分管教育工作的国务院领导同志任主任，教育部部长和国务院协助分管教育工作的副秘书长任副主任。国务院教育督导委员会成员包括中央组织部、中央宣传部、国家发展改革委、教育部、科技部、工业和信息化部、国家民委、公安部、财政部、人力资源社会保障部、自然资源部、住房城乡建设部、农业农村部、国家卫生健康委、应急管理部、市场监管总局、体育总局、共青团中央等部门和单位有关负责同志，办公室设在教育部，承担日常工作。教育部设立总督学、副总督学，负责具体工作落实。各省（自治区、直辖市）结合实际，比照上述做法，强化地方各级政府教育督导职能，理顺管理体制，健全机构设置，创新工作机制，充实教育督导力量，确保负责教育督导的机构独立行使职能。

（七）加强对地方政府履行教育职责的督导。完善政府履行教育职责评价体系，定期开展督导评价工作。重点督导评价党中央、国务院重大教育决策部署落实情况，主要包括办学标准执行、教育投入落实和经费管理、教师编制待遇、教育扶贫和重大教育工程项目实施等情况。各级教育督导机构要集中研究督导发现的问题，督促整改落实，确保督导发挥作用。加强义务教育均衡发展督导评估认定和监测复查工作，完善控辍保学督导机制和考核问责机制。组织教育热点难点问题和重点工作专项督导，及时开展重大教育突发事件督导。

（八）加强对学校的督导。完善学校督导的政策和标准，对学校开展经常性督导，引导学校办出特色、办出水平，促进学生德智体美劳全面发展。重点督导学校落实立德树人情况，主要包括学校党建及党建带团建队建、教育教学、科学研究、师德师风、资源配置、教育收费、安全稳定等情况。指导学校建立自我督导体系，优化学校内部治理。完善督学责任区制度，落实常态督导，督促学校规范办学行为。原则上，学校校（园）长在一个任期结束时，要接受一次综合督导。各地要加强对民办学校的全方位督导。

（九）加强和改进教育评估监测。建立健全各级各类教育监测制度，引导督促学校遵循教育规律，聚焦教育教学质量。完善评估监测指标体系，加强对学校教师队伍建设、办学条件和教育教学质量的评估监测。开展幼儿园办园行为、义务教育各学科学习质量、中等职业学校办学能力、高等职业院校适应社会需求能力评估。继续实施高等教育评估，开展博士硕士学位论文抽检，严肃处理学位论文造假等学术不端行为。积极探索建立各级教育督导机构通过政府购买服务方式、委托第三方评估监测机构和社会组织开展教育评估监测的工作机制。

（十三）强化整改制度。各级教育督导机构要督促被督导单位牢固树立"问题必整改，整改必到位"的责任意识，切实维护督导严肃性。对整改不到位、不及时的，要发督办单，限期整改。被督导单位要针对问题，全面整改，及时向教育督导机构报告整改结果并向社会公布整改情况。被督导单位的主管部门要指导督促被督导单位落实整改意见，整改不力要负连带责任。

（十四）健全复查制度。各级教育督导机构对本行政区域内被督导事项建立"回头看"机制，针对上级和本级教育督导机构督导发现问题的整改情况及时进行复查，随时掌握整改情况，防止问题反弹。

（十五）落实激励制度。地方各级政府要对教育督导结果优秀的被督导单位及有关负责人进行表彰，在政策支持、资源配置和领导干部考核、任免、奖惩中注意了解教育督导结果及整改情况。

（十六）严肃约谈制度。对贯彻落实党的教育方针和党中央、国务院教育决策部署不坚决不彻底，履行教育职责不到位，教育攻坚任务完成严重滞后，办学行为不规范，教育教学质量下降，安全问题较多或拒不接受教育督导的被督导单位，由教育督导机构对其相关负责人进行约谈。约谈要严肃认真，作出书面记录并报送被督导单位所在地党委和政府以及上级部门备案，作为政绩和绩效考核的重要依据。

（十七）建立通报制度。对教育督导发现的问题整改不力、推诿扯皮、不作为或没有完成整改落实任务的被督导单位，由教育督导机构将教育督导结果、工作表现和整改情况通报其所在地党委和政府以及上级部门，建议其领导班子成员不得评优评先、提拔使用或者转任重要职务。

（十八）压实问责制度。整合教育监管力量，建立教育督导与教育行政审批、处罚、执法的联动机制。对年度目标任务未完成、履行教育职责评价不合格，阻挠、干扰和不配合教育督导工作的被督导单位，按照有关规定予以通报并对相关负责人进行问责；对于民办学校存在此类情况的，责成教育行政主管部门依法督促学校撤换相关负责人。对教育群体性事件多发高发、应对不力、群众反映强烈，因履行教育职责严重失职导致发生重大安全事故或重大涉校案事件，威胁恐吓、打击报复教育督导人员的被督导单位，根据情节轻重，按照有关规定严肃追究相关单位负责人的责任；对于民办学校存在此类情况的，审批部门要依法吊销办学许可证。督学在督导过程中，发现违法办学、侵犯受教育者和教师及学校合法权益、教师师德失范等违法行为的，移交相关执法部门调查处理；涉嫌犯罪的，依法追究刑事责任。问责和处理结果要及时向社会公布。

# 第四节　长三角一体化

## 一、长江三角洲区域一体化发展规划纲要

中共中央、国务院

2019 年 12 月 1 日

推动教育合作发展。协同扩大优质教育供给，促进教育均衡发展，率先实现区域教育现代化。研究发布统一的教育现代化指标体系，协同开展监测评估，引导各级各类学校高质量发展。依托城市优质学前教育、中小学资源，鼓励学校跨区域牵手帮扶，深化校长和教师交流合作机制。推动大学大院大所全面合作、协同创新，联手打造具有国际影响的一流大学和一流学科。鼓励沪苏浙一流大学、科研院所到安徽设立分支机构。推动高校联合发展，加强与国际知名高校合作办学，打造浙江大学国际联合学院、昆山杜克大学等一批国际合作教育样板区。共同发展职业教育，搭建职业教育一体化协同发展平台，做大做强上海电子信息、江苏软件、浙江智能制造、安徽国际商务等联合职业教育集团，培养高技能人才。

## 二、上海市贯彻《长江三角洲区域一体化 发展规划纲要》 实施方案

2020 年 1 月 10 日

（五）强化政策协同制度衔接，共享公共服务普惠便利

1. 全面实施基本公共服务标准化管理。落实国家基本公共服务标准体系，推进制度衔接和标准统一，在实现省（市）域基本公共服务均等化的基础上，促进长三角全域基本公共服务水平大致相当。适应经济社会发展和跨区域人员流动趋势，加强协作联动，逐步提升基本公共服务保障水平，逐步增加保障项目，提升保障标准。创新跨区域服务机制，共同探索建设长三角基本公共服务平台。

4. 在互动合作中扩大优质教育资源供给。联合开发长三角教育现代化指标体系，协同开展监测评估应用，推动率先实现区域教育现代化。发挥长三角研究型大学联盟等平台作用，鼓励大学大院大所开展跨区域全面合作，推进校校、校企协同创新，联手打造具有国际影响力的一流大学和一流学科。推进校长和教师联合培训、交流合作，鼓励上海一流大学、科研院所面向长三角设立分支机构，鼓励上海学校开展跨区域牵手帮扶。推进区域开放教育和社区（老年）教育联动发展。加强与国际知名高校合作办学，强化长三角国际化人才服务。统筹区域职业教育院校和专业布局，做大做强联合职业教育集团。探索教育人才评价标准互认机制。

7. 促进体育产业联动发展。共同编制体育产业一体化发展规划，推动建立长三角体育产业联盟，搭建体育资源交易平台，完善体育产业项目库和数据库，推动体育资源共享、赛事联办、信息互通、项目合作和人才交流培养，共同打造区域性体育品牌项目。加快群众体育、竞技体育与体育产业协同发展，促进长三角"体育+"发展。

8. 提升区域文化协同发展能级。加强革命文物保护利用，打造一批彰显文化特征的示范点和城市文化地标。加快构建现代文化产业体系，协同共建一批资本化、数字化、平台化重大创意产业和文化项目，培育一批文化龙头企业，办好长三角国际文化产业博览会。建立长三角影视拍摄基地合作机制。深化国家公共文化服务合作机制，加强美术馆、博物馆、图书馆和群众文化场馆等馆际联动。强化长三角新闻宣传联动和网信协作发展机制。建立长三角非遗保护联盟，开展联合考古发掘和文化遗产保护研究，推进江南水乡古镇联合申报世界文化遗产工作。

## 三、关于支持和保障长三角地区更高质量一体化发展的决定

上海市人民代表大会常务委员会

2018 年 11 月 22 日

一、长三角地区更高质量一体化发展对服务全国改革发展大局、提升本市城市能级和核心竞争力具有重要意义。本市要全面贯彻新发展理念，推进制度创新，进一步发挥龙头带动作用，会同江苏、浙江、安徽把长三角地区建设成为我国发展强劲活跃的增长极，成为全球资源配置的亚太门户，成为具有全球竞争力的世界级城市群。

二、本市会同江苏、浙江、安徽完善长三角地区合作与发展联席会议等推进机制，协调落实国家战略和长三角地区主要领导座谈会要求，制定行动计划并组织实施。

十二、本市应当积极宣传推动长三角地区一体化发展的各项政策举措，及时推广长三角地区一体化发展的成功经验，发挥社会各方对长三角地区一体化发展的积极性，营造凝心聚力、合作共赢的良好社会环境。

# 四、关于进一步推进长江三角洲地区教育改革
# 与合作发展的指导意见

教育部

2014 年 6 月 6 日

## 二、加快教育合作重点领域改革步伐

1. 深化教育领域综合改革。在实施"国家教育体制改革试点项目"、教育部与三省一市有关教育改革试验项目的基础上，进一步深化教育领域综合改革，积极探索和推进区域合作发展的新机制。在优质教育资源共享、师资与学校管理干部队伍建设、学科专业建设、各类学校（机构）学习成果积累与转换、同质同类高校学分互认、共建实验实训基地、招生考试制度改革、中小学（含中等职业学校）教育质量综合评价、高校继续教育综合改革等方面加强合作，共同破解制约教育改革发展的共性问题，统筹区域教育协调发展，率先实现长三角地区教育现代化。

3. 推进区域教育办学体制改革。发挥长三角地区民间资本充裕、人民群众具有重视教育文化优良传统的优势，积极探索社会力量举办教育的新路径、新模式。按照"积极鼓励、大力支持、正确引导、依法管理"的方针，鼓励和支持长三角地区扶持与规范民办教育发展，加快探索营利性与非营利性民办学校分类管理办法，落实民办学校、教师、学生与公办学校、教师、学生平等的法律地位，建立和完善相应的激励机制和社会保障制度。进一步创新公办学校办学体制，鼓励和支持区域内优质学校资源扶持相对薄弱学校，深入推进教育管办评分离，探索"委托管理"、政府购买服务等新模式，办好每一所学校。

5. 推进区域性招生考试制度改革。在国家招生考试制度改革总体方案的框架下，充分运用长三角地区教育协作发展的成果优势，鼓励和支持

探索区域性招生考试制度改革，创新学生综合评价机制，优化高校选拔学生机制，增强区域和学校考试招生的自主权，逐步建立综合评价、多元录取的招生考试制度。

6. 积极探索建立区域基础教育公共服务体系。按照长三角地区经济社会一体化发展和城镇化建设的总要求，统筹协作、合理配置基础教育资源，推进城乡、区域间义务教育均衡发展，率先普及包括学前教育、义务教育、高中阶段教育在内的 15 年教育，加快实现基本公共教育服务均等化。

三、创新区域教育合作体制机制

2. 共建区域教育协作发展平台。鼓励和支持长三角地区共同深化教育教学改革，建立相对统一的学校、教师、学生评价标准及综合素质评价办法。支持建设长三角地区终身学习资源库，促进高等教育学习资源开放共享，探索建立学业资格认证框架，建立健全在线学习质量保障体系。鼓励长三角地区开放大学的资源共建共享，建设学分银行，以灵活学习、学分累积和转换互认等形式，满足人民群众终身学习的需求。

3. 构建区域内优质教育资源共享平台。充分利用信息化手段，加快区域内优质教育教学网建设，供教师、学生选用、选修；加快建立高校图书馆联盟，实施图书资料共享。鼓励和支持高校重点实验室和大型仪器设施区域内跨省市共享，各类素质教育基地、职业教育实训基地互相开放，逐步建立和完善共建共享的工作机制。

4. 推进区域性师资队伍建设合作。鼓励和支持探索区域内师资培训机构的合作与资源优化，加大互派教师交换任教、互派干部交流挂职的力度，探索和形成长三角地区师资合作培养、共同提高的新机制。鼓励共同采取措施加快区域内幼儿园教师、特殊教育教师、英语教师以及音体美教师的培养，拓展培养培训渠道。鼓励和支持长三角地区在国家有关规定的基础上，探索建立相对统一的区域性教师任职标准与专职进修要求。